普通高等教育“十二五”应用型本科规划教材
上海市“085 工程”资助出版精品教材

运输经济学

主 编 张丽娟

中国人民大学出版社
·北京·

图书在版编目（CIP）数据

运输经济学/张丽娟主编．—北京：中国人民大学出版社，2015.6
普通高等教育“十二五”应用型本科规划教材 上海市“085 工程”资助出版精品教材
ISBN 978-7-300-21466-5

Ⅰ.①运… Ⅱ.①张… Ⅲ.①运输经济学-高等学校-教材 Ⅳ.①F50

中国版本图书馆 CIP 数据核字（2015）第 127639 号

普通高等教育“十二五”应用型本科规划教材
上海市“085 工程”资助出版精品教材
运输经济学
张丽娟 主编
Yunshu Jingjixue

出版发行	中国人民大学出版社		
社　　址	北京中关村大街 31 号	**邮政编码**	100080
电　　话	010－62511242（总编室）		010－62511770（质管部）
	010－82501766（邮购部）		010－62514148（门市部）
	010－62515195（发行公司）		010－62515275（盗版举报）
网　　址	http://www.crup.com.cn		
	http://www.ttrnet.com（人大教研网）		
经　　销	新华书店		
印　　刷	北京密兴印刷有限公司		
规　　格	185 mm×260 mm 16 开本	**版　　次**	2015 年 7 月第 1 版
印　　张	23.5	**印　　次**	2018 年 3 月第 2 次印刷
字　　数	543 000	**定　　价**	49.00 元

内容提要

本书从微观和宏观两个角度，以社会主义市场经济理论为指导，全面系统论述了交通运输经济以及相关领域的基本理论和专业知识，并构建了包括运输经济基本理论、运输市场、运输企业、政府宏观调控、运输政策等内容的体系框架。

本书理论联系实际，体系结构新颖，论述较为严谨，具有鲜明的交通运输特色。可作为高等院校交通运输经济和管理专业本科生和研究生的教学用书，同时可供交通运输经济和管理领域的行业管理部门、运输企业等从事科研、经营管理等工作的人员使用参考。

前　言

改革开放以来，随着国民经济的快速增长，我国交通运输呈现出良好的发展态势。特别是社会主义市场经济的建立，我国交通运输管理体制不断完善，为交通运输发展提供了宽松的环境。当前交通运输正处于转型升级、加快发展的新阶段，大力发展综合交通、智慧交通、绿色交通、平安交通是全面建成小康社会对交通运输发展的根本要求。

运输经济学作为应用经济学的一个重要分支，是以经济学的理论和方法研究探讨与运输活动有关的各种经济问题的一门学科。在新的历史条件下，准确把握交通运输经济发展的一般规律，编写一本理论联系实际、考虑各种运输方式的协调发展，对于交通运输经济类专业培养宽口径、厚基础、强特色的人才是十分必要的。本书的特点是突出中国国情、时代背景、行业特色，理论与实务并重；框架系统完善，论述严谨；深入浅出，注重前瞻。

本书由上海海事大学张丽娟教授负责全书框架的制定。各章节编写的具体分工是：张丽娟编写绪论、第一、六、八、十三（第一、二节）、十四章；王晓惠编写第二、七、十一（第一节）章；黄顺泉编写第三、四（第一、二、三、四节）、十一（第二、三、四节）、十二章；侯剑编写第五、九、十、十五章；李杰伟编写第四章（第五节）、第十三章（第三节）。

特别要感谢上海海事大学经济管理学院陈贻龙教授，对于本书大纲的拟定给予了热情的指导，并将其《运输经济学》教材的成果无私奉献；编著者在写作过程中遇到困难，他也给予全力的支持。感谢上海海事大学经济管理学院曲林迟教授、高级国际航运学院余思勤教授，对编著者调研、收集资料等工作给予大力支持。上海海事大学水运经济研究所徐剑华教授、经济管理学院张仲言副教授、张锦博士对本书的编写提供了有益的建议，在此表示感谢！

在本书的编著过程中，参考了大量国内外有关论著和文献资料，未能在书中一一列出，在此我们谨向为本书所直接或间接引用的有关资料的原作者表示深切的谢意。限于作者水平，书中难免存在疏漏和失误之处，敬请读者不吝批评指正。

编著者

2014 年 10 月

目录

绪　论

交通运输是人类社会生产、生活中一个不可缺少的重要环节，是保证人们在政治、经济、文化、军事、改善国际关系等方面联系的重要手段，是人类借助运输工具、实现人和货物空间位置变化的有目的的活动。在历史发展的长河中，人类始终在不遗余力地扩大、探索、提高和完善人与物在空间位移方面的能力。人们从实践活动中逐渐认识到有了交通运输，人与物就可以移动，从一地到另外一地，从一点到另外一点。交通提供的移动性，使货物可以在市场进行交换，使不同地区的分工合作成为可能，使社会生活联结成为一个整体。所以说，运输的历史和人类的历史是共存的。交通运输问题在人类想克服空间阻碍时就已发生，而人类解决交通问题也同经济史甚至生活史一样长久。

现代运输包括铁路、公路、水运、航空、管道五种运输方式，每种运输方式有其不同的技术经济特征，必须综合协调发展、优势互补，才能发挥五种运输方式的最大效能。

绪论对于整个课程来说，具有总论的性质。

第一节　运输经济学的内涵及研究对象

一、运输经济学的内涵

（一）运输相关的基本概念

1. 运输的含义

运输泛指货物和旅客的载运和输送。运输的含义是随着运输业的发展逐步得到补充而丰富起来的，因而有狭义和广义之分。狭义的运输是指利用各种运输工具和通路，把人或货物从一地运到另一地的行为，是克服空间距离的一种社会经济活动。从广义的角度来看，现代运输既包括狭义的运输概念内容，还包括起点和终点的一些与运输有关的工作，如承运、托运、装卸、保管等。

2. 运输的构成要素

运输所需的要素包括：

（1）运输工具：用以装载所运送的旅客和货物，如火车、汽车、船舶、飞机等。

（2）场站设备：作为运输的起点、中转点、终点，供运输工具的到发停留、旅客和货物从运输工具上下和装卸，运输工具的维修及保养，以及中转连接等功能；如火车站、汽车站、港口、机场等。

（3）运输线路及辅助设施：作为运输的通道，运输线路供运输工具由一个场站点驶向另一个场站点；如铁路、公路、内河航道、海上航道、航空线路及管道。辅助设施包括导航设备、航路标志、各种信号、气象预报等其他辅助设备。

（4）通信设备：在于便利管理人员能迅速、准确掌握运输服务的运行状况，确保运输正常营运和安全，包括电报、电话、标志等。

（5）组织管理：运用运输设备、遵循规章制度，以便发挥最高运输能力，充分发挥运输功能，满足社会需要。

3. 运输的分类

运输活动是一项广泛存在的经济活动，按照研究的目的不同，有不同的分类。概括起来，其本身可以进行更详细的分类，见表 0—1。

表 0—1　　运输的分类

划分标准	运输类型
营业性质	公营运输、私营运输
运输对象	旅客运输、货物运输
运输主体	自有运输、公共运输
运输方式	铁路、公路、水路、航空、管道
运输范围	城市、城际间、乡村运输、国内运输、国际运输
生产过程	厂内运输（内部运输）、社会运输（外部运输）

（二）经济的含义

在古代，经济来源于希腊文的两个字，oikos 和 nemein，前者是“一家财产”的意思，后者是“管理”的意思，这两个字连起来又成为另外一个希腊文字 oikonomia，表示“对一家财产管理的方法”。从东方国家来看，如我国认为“经济”是管理国家、拯救庶民，即经邦济国、经国济民；从西方国家来看，如人们将英文的“economy”这个单词理解为“运用知识和财力来处理一家之财，务必使收入多而支出少”。无论是东方还是西方国家，经济就它本意都是“节省”的意思，扩展到全社会，就是研究怎样把稀少的资源做完善地利用。

（三）运输经济学的概念

运输经济学是以作为产业部门的运输业为研究领域的应用经济学科，是从运输角度，运用经济学的理论与分析方法，对运输相关的各种问题加以研究的一门科学，属于经济学的一个分支。运输经济学是研究处理如何有效分配资源与运输服务及设施的提供及其他可能用途，如何有效分配资源与目前提供运输服务的各种运输方式之间，及如何有效利用已经分配资源与运输部门的资源等问题的科学。

二、运输经济学的研究对象

运输经济学是研究一定历史条件下，人们在运输生产活动中发生的经济关系和各种经济现象及其规律。它研究一个国家在国民经济中如何发展交通运输事业、怎样高效率地使用各种运输工具和设备，以满足日益增长的社会生产和生活的需要。

运输经济学的研究对象，主要研究中观和微观层次上运输资源的配置方式。具体而言，在研究运输业的形成、发展的基础上，联系运输业的性质和特点，从运输市场、运输企业和政府宏观调控三个层面分别研究其地位、作用和运行方式，及其对运输资源配置产生的影响和效果，揭示其发展变化的规律性；研究运输业作为一个整体与经济社会发展的相互关系；探索解决运输资源的稀缺性和运输资源利用的有效性之间的矛盾的方法和途径，旨在使有限的运输资源达到较合理地配置，获得尽可能大的经济效益和社会效益。

第二节 运输经济学的学科体系

一、运输经济学学科发展简述

运输与人类的生产和生活息息相关，其历史与人类的历史同样悠久。从整个社会考察，随着社会生产力的发展和大宗货物运输的需要，在18世纪末19世纪初，运输逐渐从工业和商业中分离出来，形成一个独立的经济部门。但早期解决交通运输问题，主要是靠工程技术上的方法解决，至于交通运输问题成为经济问题，作为经济学家系统分析的对象，还是从经济学成为一门系统的科学开始的。运输经济学学科的萌芽可以追溯到18世纪中叶。在运输业的发展过程中，伴随其不同的发展阶段，为反映和解决当时的运输经济问题，出现了许多有关运输经济思想或有代表性的运输经济学论著。从时间的跨度分析，主要有以下几个阶段。

（一）18世纪中叶

在18世纪中叶，运输业处于发达的工场手工业阶段，经济学家就研究了运输与经济发展的关系。1776年，英国古典政治经济学家亚当·斯密在《国民财富的性质和原因的研究》（也称《国富论》）中，论述了运输业对社会分工、对外贸易、城市和地区经济繁荣所起的促进作用。亚当·斯密认为：经济活动的效率源泉主要来自分工，在高度分工的社会里，个人要获得自身的生活资料，就必须通过交换，而最自然的交换方式就是通过市场。在这里他强调了分工的作用。而劳动分工受市场范围的限制，受交换能力大小的限制。有了良好的道路、运河或可通航的河流，不仅可以减少运输费用，更主要的可以开拓更大的市场，反过来又可推动劳动分工。“一国商业的发达，全赖有良好的道路、桥梁、运河、港湾等公共工程”，上述观点都是亚当·斯密有关运输经济问题研究的结果。

（二）19世纪中叶及后半期

铁路在欧洲出现以后，有更多的欧洲学者参加了对运输经济问题的讨论。

1841年，德国古典经济学家、历史学派的先驱弗里德里希·李斯特在《政治经济学的国民体系》中，为了与英国古典学派的自由贸易和价值理论抗衡，从振兴资本主义工商业的角度，提出了发展国民生产力的理论，把交通运输作为国民生产力的一个因素进行研究。李斯特认为：“英国使全世界看到了运输便利对生产力增长可以发生如何有利的影响，从而促进国家财富、人口与政治力量的增长”。他强调，运输业的发展进步与当时社会生产力发展水平相联系。一个国家交通运输真正大规模的改善，只有在工业化开始以后才有可能。有了工业和运输业的发展，国家的财富才会大幅度地增长。机械运输产生于工业化，同时其自身又成为带头产业，反过来进一步推动工业化的进步。

1844年，法国工程师兼经济学家朱勒·杜普伊在《关于公共事业的效用测度》论文中，运用成本—效益理论研究了运输业的投资决策和运输设施的定价，被后人认为是第一篇运输经济学专论，主要是论证如何评价桥梁工程或其他公共事业（公共产品）的经济收益和效用问题，首次提出边际概念。由于其对西方经济学发展的贡献，后人据此把杜普伊称为“现代福利经济学的有智慧的奠基人”。

1850年，伦敦大学教授D. 拉德那（D. Lardner）在《铁路经济》中讨论了运输进步的历史及其影响，铁路的各种运营管理和成本、运费、利润等问题，以及铁路与国家的关系。1853年德国经济学家克尼斯出版了《铁路经营及其作用》；1857年他在《作为交通工具的电报》中，论述了交通运输的经济作用及其对文化发展的影响。

在经典经济学家中，马克思是对运输经济理论做出重大贡献的第一人。1867年，马克思的《资本论》第一卷出版。在《资本论》和其他著作中，马克思提出了大量宝贵的运输经济思想，研究了运输的性质和特征，运输与流通的关系，运输价值和运输费用等重要经济问题，并作了科学的论证。在运输业的性质方面，马克思认为：“除了采掘工业、农业和加工工业以外，还存在着第四个物质生产领域，这个领域在自己的发展中，也经历了几个不同的生产阶段：手工业生产阶段、工场手工业生产阶段、机器生产阶段。这就是运输业，不论它是客运还是货运。”①

马克思还从多个方面论述了运输给社会经济带来的影响，包括：运输为工业从较远的地方运来了廉价的原料，运输不断为工商业开拓远方市场，使商品的生产地和消费地的空间位置和距离发生相对变化；运输业的发展加强了地区间的联系，拓宽了商品流通的范围；运输加速了人口和资本的集中，促进了城市的发展等等；马克思上述宝贵的理论财富，对运输经济实践活动具有重要的指导作用。

1875年，俄国学者朱蒲洛夫出版了《铁路经济》，该书系统地分析了铁路运输经济问题，在大量实际数据资料的基础上，进行了比较深入的理论研究。

1878年，奥地利经济学家E. 萨克斯出版了《国民经济中的运输工具》一书，该书在维也纳的初版为两卷，1918—1922年柏林修订再版时改为三卷。这本书注重采用理论分

---

① 《马克思恩格斯文集》，1版，第8卷，419页，北京，人民出版社，2009。

析的方法，把边际效用学说引入了运输经济学；在体系上既讨论一般的运输政策化，即国家在运输方面的作用，也讨论了个别运输方式运营活动的经营论。他的思想对运输经济学学科的形成起了很大的作用，在其后一段时期内，运输经济理论的主要内容是沿着政策论和经营论两个方面发展，直到后来经营论中的运输财务、运输会计、运输统计等内容因学科的分化和发展而逐一分离出去形成独立的应用经济学科，应该说萨克斯对运输经济理论体系的建立做出了杰出的贡献。

（三）20世纪及以后

进入20世纪，随着美国经济实力的增强，交通运输经济问题的研究在美国受到重视，一些专家和学者出版了专著。美国的运输经济学著作大多以历史叙述为主，着重讨论政府运输法规和政府对运输业的控制，以运价和运输成本为重点，兼及财政和劳务，并且还有一些有关运输经济论著散见于管理、会计、工程、数学等学科。比较有代表性的有：1940年，E. 约翰逊（E. Johnson）在《交通运输：经济原理与实践》一书中全面讨论了铁路、航空、管道、水运和公路运输，以及它们之间的竞争与协作；1946年，T. 毕格海姆（T. Bigham）出版了《交通运输：原理与问题》；1950年，M. 费尔（M. Fair）的《运输经济学》；1959年——约翰·梅耶（J. Meyer）的《运输业的竞争经济学》，该书从政策角度论述了鼓励竞争以替代严格的政府管制，充分发挥运输市场的作用；D. 劳克林（D. Locklin）（美国）的《运输经济学》（此书多次再版）；70—80年代，R. 桑普森（R. Sampson）的《运输经济——实践、理论与政策》；D. 哈泼（D. Harper）的《美国运输：使用者、运送者和政府》。

前苏联的学者对运输经济的问题也是十分关注的。20世纪30年代，前苏联院士哈恰图洛夫出版了《运输配置》一书；40年代，哈恰图洛夫又出版了《铁路运输经济学原理》；50年代，达尼洛夫教授的《运输经济学》；60—70年代，哈努科夫教授的《铁路运输经济学》等；前苏联有关运输经济学的专著，其特色是以计划经济和强调经济效益为主线，多数是专论一种运输方式，比较重视生产力发展规律的经济分析和技术政策的经济研究，讨论运输、运营、物质技术基础、劳动工资、经济核算、运价等经济问题，大体上属于运输经济学的经营论。

此外，英国学者肯尼斯·巴顿（K. Button）出版的《运输经济学》（先后已修订到第3版），综合地讨论了运输市场、运输产业、运输需求、运输的直接成本和外部成本、运输服务定价、运输的经济管制等。

二、运输经济学与其他相关学科的关系

按照运输的内容和性质，通常将这一学科大致分为运输经济学（Transportation Economics）、运输规划学（Transportation Planning）、运输工程学（Transportation Engineering）和运输管理学（Transportation Management）等学科；这四者彼此之间是相互关联的。一般而言，运输经济是基石，在运输规划前应进行经济可行性分析；运输规划后则继之以运输工程；而运输工程之中和之后，又必须施以运输管理。对四个学科而言，它们代表四个工作阶段，而且以运输经济为理论基础，四者以运输经济学为开端，构成一个

循环，以达到运输政策的目标。

此外，西方经济学者认为，运输经济学的理论基础是福利经济学。运输业是提供公共产品的行业，在相当长的历史时期内，道路、航道、运河、港湾等或是由自然界所提供，或是由政府修建，使用者不必付费，运输基本属于外部经济，存在着外在性。20 世纪 20 年代，庇古的《福利经济学》出版，专门研究了运输业提供的公共产品具有外在性，运输经济学的理论基础据此奠定，在很大程度上促进了运输经济学学科的发展。

三、运输经济学的指导思想和研究方法

（一）运输经济学的指导思想

本书对运输经济问题的研究，主要以马克思主义理论为指导。马克思主义政治经济学关于社会主义生产目的的理论、关于商品经济和垄断与竞争的理论、关于社会再生产和关系的理论等，是指导进行运输经济分析和制定产业政策的重要理论依据和基础。运输经济学在其形成和发展中，也吸收了西方经济学的研究成果及相关理论。立足中国国情，兼顾国外运输经济学的发展情况，注重局部与整体的关系，也是本书的立意所在。

（二）运输经济学的研究方法

1. 系统理论与方法

运输经济的研究对象是一个系统，因而运输经济的研究方法首先必须着眼于系统分析的角度，既要研究组成系统的各个单元即各个单个经济主体间的相互作用关系，又要研究这些相互作用的关系结构是怎样通过各个层次的整合最后达到一个总体的结果。系统论的观点是运输经济学研究方法论的基本观点之一。系统论首先强调整体的观点，所以研究运输经济要注重以运输业整体最优为导向，而不是以组成整个运输业中的某种运输方式的最优为目的；系统论其次强调平衡的观点，所以研究运输经济要强调各种运输方式之间以及组成各种运输方式内部要平衡发展；系统论还强调动态的观点，所以研究运输经济要着眼于整个运输业系统的动态过程；系统论最后还强调整个系统与周围环境的和谐适应，所以研究运输经济不能局限于运输业内部或某一国家本身，而应将运输业放在整个国际经济大环境中加以分析研究。

2. 唯物辩证观点和方法

唯物辩证观点和方法是研究任何事物、任何系统的根本方法论，研究运输经济也不例外。唯物辩证法表明：事物是运动的，事物是普遍联系的以及事物是发展的；同样运输业也是运动发展的，所以研究运输经济要从发展的角度来分析问题。在研究运输经济过程中，要客观分析运输业各种运输方式的优势和劣势以及它们之间协调发展的关系，不能盲目单独发展某种运输方式，或者割裂其与其部门的联系。唯物辩证法还告诉我们，事物的运动发展是由事物的内部矛盾所推动的，事物的矛盾有主要矛盾也有次要矛盾；矛盾本身有矛盾的主要方面和矛盾的次要方面。同样，运输业系统的发展也是由组成该系统的内部各个子系统的矛盾作用所推动的。因此，在研究运输经济系统的运动规律时，应有所重点，理论联系实际，并使运输经济理论研究具有前瞻性。

3. 实证分析与规范分析相结合

实证分析是经济学研究的基本方法，同样也是运输经济学的基本分析方法。实证分析主要研究经济现象“是什么”，即考察人类社会中的经济活动实际是怎样运作的，而不回答这样的运作效果是好还是坏。实证研究又分为理论研究和经验研究两部分。理论研究是通过考察实际经济运作状况，从中归纳出可能的经济运行规律，然后从一定的先验假设出发，以严密的逻辑推理演绎证明这些经济规律并推演可能有的规律。经验分析则往往是用理论分析得到的经济规律考察经济运作中的实际案例，来进一步实际验证理论分析得到的经济规律并指导实际的经济管理。规范分析是研究经济活动“应该是怎样的”。也就是说，在有关理论的研究分析中，其有关判断或结论的得出是以一定的经济价值标准为前提的。例如，市场充分公平的竞争、经济发展、社会福利和经济效率等都是常常被作为判定市场结构与市场行为“好”、“坏”的标准和依据。运输经济研究的目的是为了更好地管理好运输业的发展，以促进国民经济发展。

4. 定性分析和定量分析相结合

对于运输经济的研究采用定性方法较多，这是由于：第一，定性分析是定量分析的前提；第二，许多定量分析就是定性分析所得到的对于某个行业的认识的定量化；第三，定性分析往往能减少定量分析的复杂性；第四，越是复杂的系统，定量的研究越有困难。运输业是一个系统，往往涉及众多的因素、多个变量等各方面的问题。面对如此庞大而复杂的问题，要想从总体上获得最优化结果，只有尽力将系统各方面的关系数学化，用抽象的数学关系表述真实的系统关系，然后建立模型，进行计算或试验，探讨系统的规律性，所以定量分析方法也是研究运输经济要尽量采用的方法。然而，虽然定量分析是必须尽量采用的，但也离不开定性分析。尤其是运输经济中的许多经济因素或指标还不能定量或精确定量化，这时，定性分析往往能更有效地简化分析和得到有益的思想。如运输经济研究中广泛应用的案例分析方法等就是一种定性与定量相结合的方法。

5. 静态分析与动态分析相结合

静态分析是指考察研究对象在某一时间点上的现象和规律。在计量分析中，常常将这种用于分析比较处于不同发展阶段的研究对象在同一时间点上，或研究某一对象在同一时刻内部结构的数量指标的方法称为横截面分析法。虽然在许多场合静态分析是动态分析的起点和基础，但是运输经济学研究更要着眼于动态的、发展的观点，所以动态分析更是运输经济研究的主要方法。动态分析是指研究运输业随着时间的推移所显示出的各种发展、演化规律，特别是运输业运输方式之间的关系在经济发展中此长彼消的规律。在计量分析中，称之为时间序列分析法。运输经济学中的经验性规律大多都是综合运用动态分析与静态分析相结合的研究方法研究得到的。

四、运输经济学的体系框架

（一）运输经济学体系构建的特点

运输经济学的学科体系是按照现代市场经济运行的模式构建的。这一模式具有以下特点：

第一，企业是国民经济的基本细胞，是独立自主、自负盈亏、充满生机和活力的市场主体，构成社会主义市场经济的微观基础。运输企业以经济效益最大化为基本目标，按照市场经济规律和市场规则参与运输市场的经济活动，以实现资源的初次优化配置。

第二，市场是经济主体从事经济活动的舞台。市场机制是经济调节的基本机制，也是一种竞争机制。在竞争的条件下，价格信号将指挥企业行为。运输企业为了自身利益就必须对价格信号做出灵敏反应，积极而迅速地调整自己的生产经营活动，调整其资源，以便将其投入能获取最大经济利益的地方去。运输企业在完成这种调整的过程中，客观上也调整了社会运输资源流向，以达到其合理配置。

第三，政府是市场的管理者和宏观经济调节者。政府作为社会总体利益的代表，主要通过制定运输政策等间接调控手段，纠正微观市场主体配置资源的不足或空缺，最终实现资源的优化配置。而行政协调机制主要用于弥补运输市场机制的失灵。

（二）运输经济学的体系结构

运输业作为国民经济的基础产业，其经济运行必须遵守现代市场经济运行的一般规律。运输经济学主要包括以下相互联系的几个部分：运输经济基本理论方面，主要涉及运输业的形成与发展、运输业的性质、运输结构与运输布局、运输与社会经济发展、绿色运输与可持续发展。运输市场方面，主要涉及运输市场的基本理论、运输成本、运输价格等。运输企业方面，主要涉及运输企业建制、运输企业集团、运输企业投资、运输企业融资等。政府宏观调控方面，主要涉及运输业宏观调控与管制、运输业管理体制和运输政策等。

第一章 运输业的形成与发展

运输业是社会的基础设施，又是国民经济中的基础产业。从原始运输到现代化运输的发展，经历了漫长的历史过程。18 世纪产业革命后兴起并发展起来的机械运输方式，根本改变了旧有运输状况，奠定了由五种运输方式构成运输业的基本格局，揭开了现代运输的序幕。现代化运输在现代社会中的作用与日俱增。从发展看，我国现代化交通运输体系初具规模，但交通运输发展还很不平衡，总体运输能力仍然不足，交通网络的覆盖广度与通达深度还很不够，各种运输方式的衔接不够高效，仍不适应社会经济发展和现代化建设的需求，与发达国家相比尚有较大差距。因此，建设适合我国国情的现代化综合运输体系，是一项重要的战略任务。

第一节 运输业的形成和作用

一、运输业的形成

运输业是商品经济发展的产物。从整个人类社会看，运输劳动从生产过程中分离而独立，形成一个独立的产业部门，经历了漫长的历史过程。运输业的形成与商品生产、商品流通的发展密切相关。流通领域中的运输需求直接来源于商品交换的需要，商品交换与商品运输互为条件，相辅相成。商品交换规模和范围的扩大，引起运输规模和范围的扩大，客观上要求运输劳动独立化、专门化和社会化。

在人类社会的发展中，原始社会愚昧时期发生的第一次社会大分工—畜牧业同农业的分离，使经常的交换即商品交换成为可能。在原始社会瓦解时期，手工业同农业分离是第二次社会大分工，出现了直接以交换为目的的商品生产。奴隶社会形成时期发生的第三次社会大分工，出现了专门从事商品交换的商人，使商品经济进一步发展，商品交换的规模有所扩大。然而，在以后人类社会的长期发展中，居于统治地位的是自给自足的自然经济，商品经济发展缓慢，商品交换的规模和范围都受到限制。起初，由商品交换而产生的运输活动是由商品生产者自己完成的，是为交换而运输的。其后，运输活动与商业活动结合在一起，商人主要从事商业而兼搞运输，运输成为实现商品交换的辅助手段，具有明显的依附性质。如在海运发展史上，就曾出现过所谓“商人船主时代”。在我国，起源于秦代的漕运，是大宗长途的粮食水上专业运输，为封建王朝所垄断，是很特殊的独立的官办运输形式。在封建社会中虽曾出现过船帮车行，但也是零星和分散的。然而，流通过程中的运输活动从商业中分离出来，并形成独立的产业部门，却是生产力、商品经济发展到一定阶段的产物。这个过程，从世界范围看，大体上是在封建社会解体、资本主义产生的时期完成的。

运输业和工农业一样，在其发展中经历了手工业生产、工场手工业生产和机器生产几个阶段。早期的运输发展是很缓慢的，普遍没有受到重视。18 世纪开始的欧洲产业革命，标志着以手工劳动为基础的工场手工业生产转变为机器生产。英国工业革命后，对运输工具的发展起到了推动作用。工业化、都市化使人们的来往增多，贸易的发展，对运输需要更为迫切，而 1765 年瓦特蒸汽机的发明，带来了交通运输工具的革命。资本主义大工业的兴起，生产规模的扩大，要求扩大商品销售和原材料的供应范围；地方性市场发展为全国性市场，进而发展为世界性市场。旧有的运输工具不能适应经济的迅猛发展和市场急剧扩大的要求。工业和农业生产方式的革命，使社会生产的一般条件—运输业的革命成为必要。作为新型动力的蒸汽机在生产中广泛应用，为机械运输业的出现提供了物质条件，促成了日式水陆交通工具的根本性变革。

1807 年世界上第一艘轮船“克莱蒙特”号（时速 7.75 公里，由美国罗伯特·富尔顿制造）在北美哈德逊河试航成功，揭开了机械运输的新纪元。其后，各种新型机械运输形式相继出现：1825 年世界第一条铁路——英国斯托克顿到达林顿的铁路正式通车（英国的乔治·史蒂芬森制造了第一辆实用的蒸汽机车，这辆车由 33 节车皮组成，时速 24 公里），1861 年世界第一条输油管道在美国宾夕法尼亚州铺设，1886 年世界第一辆以汽油为动力的汽车在德国问世［德国的本茨（Carl Benz）和戴姆勒（Gottlieb Daimler）分别研制成功了内燃机汽车］，1903 年世界第一架以汽油为动力，用螺旋桨推进的飞机在美国上天（由美国莱特兄弟驾驶，这是人类历史上第一次真正的空中飞行）。至此，经历了整整近一个世纪，五种新型机械运输工具相继问世，并以它们为运输手段逐渐奠定了铁路、公路、水路、民航及管道五种运输方式所构成的运输业的基本格局。机械运输业的产生和发展，极大地推动了生产的发展，缩短了商品流通时间，减少了商品流通费用，开拓了新的商品市场。而商品生产的发展，市场的扩大，又越来越依赖运输条件的改善。马克思曾指出，生产越是以交换价值为基础，因而越是以交换为基础，交换的物质条件—交通运输工具—对生产来说就越是重要。机械运输业的形成，最终确立了运输业作为一个独立产业部门的地位，也成为现代化运输业发展的基础。交通运输工具的迅速发展，充分体现了生产与运输的密切关系。商业资本与运输资本合为一体，并随着金融业的发展、都市的出现，使运输成为现代经济系统的一个重要部门。

二、运输业的作用

交通运输是人类进步、社会发展、经济增长、科技繁荣的基础。没有交通运输就没有人类社会的发展；没有现代化的交通运输也就没有现代物质文明和精神文明。交通运输对国民经济和社会发展的作用可以归结为以下几个方面：

（一）交通运输是人类社会与经济发展的基础

所谓基础，是指运输业是促进国民经济发展的动力，是社会和国民经济发展的前提条件。很多学者特别强调交通运输在社会经济发展中的作用，这些学者共同认识到：交通运输在国民经济发展中十分重要；交通运输业的进步与工业化是相互促进、相互制约的；只有交通运输才能使人与物通过空间位移联结起来。例如德国经济学家弗里德里希·李斯特1841年就曾以英、法、美等国为例论述过运输革命对社会经济的巨大影响，他认为，这些国家“使全世界看到了运输便利对生产力增长可以发生如何有力的影响，从而促成国家财富、人口与政治力的增长”。J. 西蒙1981年在论述不发达国家经济发展的条件时，认为交通运输在多方面起着重要的作用，他说：“如果经济发展的关键因素只有一个，那么它不是文化，也不是制度和心理特征，而是交通运输和通讯系统。”

1. 交通运输构成了人类社会发展的基础

从人类社会发展的进程来看，由于人类社会直接的物质资料生产同运输生产相辅相成，因而交通运输影响着人类的几乎一切活动，并构成了人类社会发展的基础。人类从原始社会、奴隶社会向前发展时，牲畜的驮运起了很大的推动作用。随后，约四千年前出现的马匹运输，马和人、马和圆形轮结合之后，完成了经济、文化、技艺以至宗教的传运。秦王朝的“车同轨”和修建“驰道”，使封建帝国在辽阔的疆土上建立起来。“丝绸之路”和鉴真东渡推动了中外经济文化的交流。哥伦布通过航海而发现新大陆，达·加马绕过非洲的航行，以及麦哲伦的环球航行，极大地推动了资本主义的发展。马克思、恩格斯在《共产党宣言》中指出：“美洲的发现，绕过非洲的航行，给新兴资产阶级开辟了新的活动场所”，“工业、商业、航海业和铁路愈是发展，资产阶级也愈是发展”；“由于交通的极其便利，把一切民族甚至最野蛮的民族都卷到文明中来”。一百余年历史的航空运输对社会发展的巨大推动作用，更是尽人皆知。现代文明就是把更多的人和物用更快的速度和更节省的方法投入空间运输，投入更遥远的空间运动。

2. 交通运输的社会功能

交通运输缩短了人和货物在时间和空间上的距离，使不同地区之间的接触和交往不断增加，并通过接触、沟通，增进相互间的了解，强化相互间的各种社会联系，并逐渐结为一体。运输对民族的形成、国家的统一、社会的进步、政治制度的完善、文化传统的形成和文化水准的提高，以及国防力量的增强都发挥着重要的作用。

（1）运输是国家统一、政治进步的首要条件。

从历史和现实情况看，有效的运输使广阔地理区域上的政治统一成为可能。运输业对于民族国家所产生的凝聚力，以及在国家政治进步的过程中发挥的作用不可忽视。各个民族国家通过运输，加强了地区间的贸易往来和经济上的交流，打破了彼此的孤立和封闭，增进了相互的依赖和了解，促进发展。国家在运输建设上，包括线路（铁路、公路）设计、港口建设等，都需要政府参与。如美国政府批准并支持修筑的第一条横贯铁路，在很大程度上促成了国内战争时期加利福尼亚留在联邦内部，澳大利亚在澳洲大陆上修建穿越沙漠地区的铁路，保证了国家在政治上的统一。运输业的发展，有效地支撑着民族国家的统一和有效的管理。

(2) 运输是文化进步、国民素质提高的重要保证。

人类文明起源和进步与运输业的发展息息相关。不同地域的生存条件，会产生不同的人类文明。文化是人类生活方式中的重要内容。从古代的文化起源到现代文化的发展无不和交通运输紧密相连，人类历史上的"流域文化"，就是人们傍水而居，通过水道进行交往而产生的，如埃及文化起源于尼罗河，印度文化起源于恒河，中国文化起源于黄河。便利发达的交通会增进文化和科技事业的发展，促进不同地域、不同民族、不同国家之间的科技、教育和文化的交流。因此，运输对一个国家的文化进步和国民素质的提高发挥着重要的作用。

(3) 运输是国防事业、现代战争的有效保障。

运输的状况对国家的国防事业有着深刻的影响。历史上很多交通运输设施和道路的建设都是出于军事目的，今天很大一部分运输设施仍是出于政治和军事需要。运输既是一种武器，也是一种威慑力量。战争中人员的运送、装备的补充、给养的保障均离不开快速的运输。现代战争中兴起的特种反应部队，也主要是依赖于运输的快捷和迅速。即使是核武器的战争，同样离不开运输的作用。所以，运输业的发展壮大是国防力量增强的重要保障。

(4) 运输是国际交往、经济文化交流的重要桥梁。

当今的世界，是一个开放的世界，世界经济全球化的趋势和区域经济集团化在同时向前发展，在国家与国家之间、地区与地区之间的国际交往中，国际运输发挥着越来越大的作用。现代化的运输，缩短了国家之间在时空上的距离，促进了世界的国际交往和经济交流。国际运输的发展必将进一步推动世界经济全球化和经济生活国际化的进程。

3. 交通运输的经济作用

运输生产是一切经济部门生产过程的延续，没有运输，生产过程无法延续，产品无法送到市场，消费也无法进行。因而运输业和其他产业部门的联系要比其他部门更为广泛，它几乎和所有企业都发生直接或间接的联系。

交通运输不仅是国民经济中的重要部门之一，而且它的存在和发展还可以诱导经济的发展。运输的发展包括运输业务、服务水平和服务质量的改进，运输费用的降低或运输速度的提高。运输有助于新资源的开发，发展落后地区经济，降低社会生产成本，最终促进社会生产的发展和有助于社会的繁荣；运输业是保证社会生产和生活有序运行的必要条件。

随着不同运输方式之间联运的迅速发展，运输业已起到了补充、协调、增强整体配合的作用，并结成了高效率的运输链，实现了高效率运输服务。现代运输业已融入物流体系之中，是运输业发展进入新阶段的一个重要标志，将进一步促进社会经济的发展。现代物流是指为客户提供从生产地到消费地的原材料、中间产品和制成品的运输、储存、装卸、搬运、包装、流通加工、配送以及信息服务的全过程。运输作为现代物流中的一个重要环节，对物流活动的顺利开展有着重要影响作用。

(二) 交通运输是形成城市的重要因素

德国人文地理学的奠基人 F. 拉采尔有一个著名的论断—"交通是使城市形成的力"。著名地理学家克里斯勒曾提出关于城市和居民点分布的"中心地理论"。他指出，交通运输是独立的经济因素，它起着“中间介质”的作用，使得物质的空间交换成为可能。必须通过运输去克服一定的距离障碍，这要付出高低不等的消耗，因此会在很大程度上影响到中心地市场到达的范围。

城市的形成基本上有三个因素，即政治的需要、商品生产和交换的需要，以及交通便利的条件。历史事实证明，城市往往建设在交通方便的地方，如大路边、河边、海边特别是水陆交通枢纽、两河汇合处或者海港附近。交通方便的地方起初一般是商品的集散地。其后，商品生产也搬到商品集散地来，这样，原来的商品集散地形成了商品的生产地。商品生产和交换的集中地最终发展成为城市。不仅手工业、商业、运输业兴盛起来，而且出现教育、科技、信息、建筑、城市管理、公共设施等部门和行业。随着商品经济的不断发展，城市不断地出现。特别是发展到资本主义社会以后，随着第一次产业革命、第二次科技革命和第三次科技革命的实现，农村人口不断被工业所吸引，城市人口占了总人口的70%～80%，发达的资本主义国家终于完成城市化的过程。

在以上三个因素中，第二、第三个因素是主要的，第一个因素将随着第二、第三个因素的变化而变化。如吉林省省会从吉林市迁往长春市，河南省省会从开封市迁往郑州市，河北省省会从保定市迁往石家庄市等，都是工商大城市兴起之后，将政治中心迁往交通比较方便的地方，便于对工业、农业、商业、政治、经济和文化进行管理。由此可以看出交通运输在城市化进程中起到重要的作用。特别是现代都市，一般都以现代交通为基础，没有现代交通就不可能有现代城市。当今城市兴起的地方，除了工矿区以外，一般都出现在高速公路立交桥附近，铁路沿线的车站群中，或者河港、海港、航空港的附近，因此，交通运输是实现城市化的重要条件。

（三）交通运输促进社会分工、大工业和规模经济的实现

1. 交通运输能引起劳动的地区分工

从社会生产过程来看，运输一个重要作用就是促进劳动分工和地区专业化。由于不同地区在自然资源、环境、资本、劳动力、气候、文化等方面具有不同特点，所以每个地区的生产力、生产特点都会有别于其他地区。劳动的地区分工是指每一地理区域专门生产一种或有限的几种货物的生产体系。这样的地区分工对国民经济发展的好处是明显的，如果每一地区专门从事其最适合的行业活动，就可以用较少资金和劳动支出取得较多的产品。如果有运输作保证，各地区就会生产自己有优势、对自己有利的产品，从而形成不同地区的劳动分工和生产专业化。

A、B两地区对某一货物来说，A地区的生产费用高于B地区。如果运输此种货物的费用（从B到A）加上B地区生产这种货物的费用低于A地区的生产费用，则由B来专门生产这种货物显然是合算的。当然实际情况要比这复杂得多，这里存在一个广泛应用的“比较利益”原则。运输在大规模生产和地区分工方面的作用，也决定了它在社会生产力布局方面具有不可替代的影响。

亚当·斯密特别强调分工的作用，至于交通运输，他认为良好的道路、运河或可通航河流由于减少了运输费用，可以开拓更大的市场，因而推动劳动分工，于是他得出在“一切改良中，以交通改良为最有效”的结论。马克思对近代运输与资本主义大生产之间的重要联系也做过大量论述。理查德·索斯塔克在20世纪80年代论证了改善运输对英国当年

工业化进程产生了重要影响，他认为标志着英国产业革命的几个特征（地区专业化、工业生产规模化、新产业迅速出现和技术革新的明显加快），都可以用英国运输网在18世纪获得的巨大改善而加以解释。他指出运输改善大大降低了生产成本和商品售价，同时改变了商品的供给曲线和需求曲线，因而成为能够在微观层次上说明工业革命发生原因的少数几个理由之一。

经济发展与工业化进程密切相关。大工业按其本性来说是力求超出一切空间界限的。运输改善导致速度提高和运输时间节约，而节约出的时间又可以进一步扩大资本所能达到的空间范围。马克思称此为“用时间去更多地消灭空间”。近代及现代交通运输业的发展，加速瓦解了小生产的生产方式，促使大工业的经济体系全面形成，特别是包括能量和信息传递的广义交通运输，更是构筑了全国的能源供给和信息传播系统，使各个地区之间煤炭、石油、电力的输送问题和信息联系问题得到解决。交通运输越发达，能够发挥地区优势的生产专业化就越有可能。近代运输工具促进了各国统一市场的形成，二次大战后现代运输工具的全面发展更使得全球性的统一世界市场得以形成。超级油船、大型散货船、高速集装箱船、大型喷气式飞机、国际高速铁路和高速公路，以及把多种运输方式有机地连接成为一体的国际多式联运，已基本上克服了国际经济交往的地理限制，满足了全球生产体系的需要，给现代国际分工与国际贸易提供了空间广大的世界舞台。

2. 交通运输促进产业带的形成

从空间结构变化看，工业化是按照“点——轴——带”的顺序逐渐演进的。即大工业首先聚集在个别城市，然后沿交通干线，特别是水运航道和其他重要基础设施轴线发展，继而向周围地区辐射扩散，经过相当长时期的开发建设，在一国内形成拥有若干人口、各类城市、工业和经济活动密集的重要带状集聚区—产业带。交通运输加强了原料地、加工地和消费区三者之间的地域联系，工业的空间分布也就从集中于某个地点，逐渐变为沿交通线向新的、更广的地域扩散，形成了沿交通干线分布的带状产业密集区。

产业带的形成是经济较为发达的空间的结构标志，也是经济技术获得进一步发展的有利空间结构形式。这种“点——轴——带”式的演变规律已被各国工业化的进程所证实。目前世界上已经形成的著名工业集聚带有美国东北部沿海城市带和密西西比河沿岸地带，德国莱茵河地区，西欧环北海地区，日本太平洋带状工业地带，原苏联伏尔加河沿岸地区等，这些产业带都是所在国家或跨国区域的工业和经济重心地区。现代大经济通过这种“点——轴——带”式的渐进发展，从点到线到面进行空间扩散和推移，使各地区的国土资源获得充分和相对均衡的开发利用。我国珠江三角洲、长江三角洲、环渤海湾和沪宁铁路沿线、京津唐地区、沈大铁路、胶济铁路和其他一些交通干线周围，已经形成若干比较密集的城市和工业区，整个沿海和长江地区在开发过程中也正在形成最重要的国家级产业聚集带。产业带的开发需要建立发达的基础设施，其中包括交通、能源、通讯、金融、贸易和流通体系等。特别是重要产业带的形成需要有强大的束状交通运输体系作为基础条件。经济越发展，运输需求越多样化，越需要各种运输方式去满足多种需要。因此，在重点产业带开发过程中，沿水运干线修建铁路以及沿铁路线修建高等级公路，以形成强大高效的束状运输通道，是完全必要的。例如我国从20世纪80年代末起最先开始修建的沈大、京津唐、济青、沪宁和广深珠等几条高速公路和汽车专用公路，都是在交通比较发达的产业带形成地区，与既有铁路平行修建的。而我国沿海和沿长江这两条最主要的开发轴线上至今还没有形成贯通的铁路线，这对产业带的开发已形成不利影响。

（四）交通运输构成国民经济的重要比例关系

国民经济的比例关系，如积累和消费的比例；农业、轻工业、重工业的比例；第一部类和第二部类的比例等等是重要的比例关系，历来都很受重视。而交通运输和社会经济发展的比例关系，相对来说，重视不够。一个合理的产业结构和经济结构，应当在多大规模上，用多少资源去实现人和物的空间位移，是社会经济最基本的比例关系之一。如果忽视这种比例关系，就必然导致交通运输与国民经济的比例失调，制约国民经济发展的规模和速度。西方发达国家在工业化初期，都曾把相当大比例的投资用于修建铁路，在其后的运输网更新中又继续投入巨额资金。一般在经济进人高速发展前后，交通运输投资在总投资中的比例会超过20%，有些甚至高达40%～50%。在经济起飞时期，不少发达国家交通运输和其他基础设施投资占国民生产总值的比例竟高达10%。美、英、德、法等国在工业革命时运输业在国民生产总值中的比例迅速上升，都曾达到或超过10%。目前发达国家运输邮电业在国民生产总值中的比重一般仍在6%～7%之间。如果不计邮电，运输业都超过其本国农业的比重。从事运输业及其相关产业的劳动力，在经济发达国家劳动力总数中的比例也相当高，如美国为11%，原苏联为10%，法国甚至宣称以运输业为生的人约占全国人口的七分之一。运输业同时又是能源和物资的重要消费部门。发达国家的运输能耗要占总能耗的15%～25%，例如美国约25%，原联邦德国20%，日本14%，法国16.4%，原民主德国约15%，原苏联10%。此外，运输业一向是钢铁、机械、电子、水泥、橡胶等工业品的最大消耗行业之一。居民平均生活费支出中交通费所占的比重在发达国家中已普遍接近或超过10%。根据世界银行按各国人均收入分组，交通费所占比重最低的也有5.5%。据统计，美国每年支出的客货运费总额相当于其国民生产总值的20%以上，运输以及与运输有关的各类资产总值约占到美国国民财富的三分之一，其他发达国家的情况也基本与美国类似。

（五）交通运输是现代工业的先驱

交通运输对工业社会的促进作用是双重的：一方面，它通过不断扩大人与物空间位移的规模刺激流通，并使自己成为现代社会生存的基础；另一方面，它通过本身提出的巨大需求，又刺激其他部门生产的扩大，推动了工业和科技的进步。发展运输就是发展工业。一百多年来，西方国家不断地扩大和更新已有的运输工具和运输设施。铁路、港口、公路和机场的大规模修建和更新，促进了建筑业的崛起；运输业的巨大能源消耗，促进了煤炭和石油工业的兴旺；铁路和运输机械对金属的需求，是采矿和冶金工业取得迅猛发展的基本动因之一；而各种运输工具的大量生产，则无疑极其有力地推动了机械制造工业的发展。运输业还是各种成熟技术应用的广阔市场，在吸收新技术方面有着巨大潜力。交通运输业就是这样以其多种多样的巨大需求，强有力地推动了资本主义大工业的发展。为运输业提供技术装备、能源和运输设施的建筑业、煤炭工业、石油工业、钢铁及冶金工业、机车车辆工业、造船工业、汽车工业、航空工业等等，无一不发展成为工业国家在不同时期的支柱产业。这是交通运输在支持和促进流通以外，从另一方面对工业化做出的贡献。

以工业化过程中最为重要的产业部门之一的机械工业为例，运输机械制造业一直是发达国家机械工业中发展最快、比例最高、出口地位最重要的部分。在铁路高潮时期的1907年，美国一年就生产了7 362台机车、352辆客车和27.5万辆货车。可以想象，如此巨大的生产规模对美国当年的工业产生了多么巨大的影响。随后，强大的造船、汽车、航空工业又相继发展起来，在各工业国中占有举足轻重的地位。据统计，在很长一段时期内，各西方发达国家的运输设备产值在全部制造业中的比例一直名列前茅，占到10%以上。而且，运输设备的出口能力也一直被作为一个国家工业水平的标志。值得注意的是，新兴工业国家的机械和运输设备生产与出口增长都很快。例如，自20世纪70年代以来，巴西、韩国等国家在汽车工业和造船工业等方面迅速崛起，而以美国、日本为代表的主要工业国家则进一步实行产业更新，转向技术更密集、加工程度和附加价值更高的航空工业。

（六）交通运输促进资源的合理分配

生产力布局在很大程度上是一个空间运输状况的概念。一定的资源和生存空间在不同的交通运输系统支持下，其可承受的经济总量是不同的。交通运输系统越强大，经济规模也就越大。某一区域的经济可通达性一旦提高，就可以促使其资源和空间得到充分利用。对全社会来说，经济可通达性的提高可以促使各地的资源和空间更大程度地吸引到全社会和经济循环中来。经济学家早就指出了运输与土地利用及土地价格之间的关系。优良的运输可以使土地获得多种用途，而土地产出品的价值又决定于它在给定市场上的价格，这在很大程度上也建立在运输的基础上。

运输扩展了为市场进行有利生产的地域范围，例如农业，如果没有运输将产品运往远方市场，许多土地将对农业生产是不利的，同样对于开发自然资源也是不可能的。在铁路修筑以前，美国中西部许多肥沃土地几乎没有什么价值，而在铁路建成时，土地价值发生了剧烈变化，农业生产在西部大量增加，因此造成的谷物价格下降（约下降40%～50%），连英国都能感觉到，给英国的农民和地主造成了很大困难。

农业的级差地租理论表明，距离城市越近的土地地租越高。这是因为在这样的土地上生产的农产品，用不着花多少运费就可以送到市场上去进行交换。而同样肥沃的土地，如果远离城市，远离现代化的交通运输线，则要付更高的运费才能将产品运到市场，结果可能无利可图。因此，距离城市越近的土地，其价值也越高。但是，自从有了先进的交通工具以后，产地和销地的距离相对缩小了，商品交换的地域范围扩大了，市场距离不如从前那么重要了。假定人力、畜力运输的市场半径是100公里，则轮船、火车、汽车和飞机运输的市场半径就可能达到500公里，甚至1 000公里以上。凡是在现代交通运输网辐射的地域内，其土地价值必然大大提高。如一条高速公路建成前后的土地价值必然有明显的差别。由此可见，运输是影响土地价值的重要因素。

上述原理，对于其他自然资源的开发与价值实现也同样适用。自然资源在地理上的分布是不均匀的。交通运输状况和距离市场的远近对资源的开发及经济价值，往往具有决定性的影响。例如煤炭的大规模开发和使用与近代运河和铁路的出现是紧密联系在一起的；特大型矿石运输船则对澳大利亚和南美等地的铁矿石进入洲际贸易起了决定性的作用；水电资源的开发也都是由交通比较便利的发达地区和靠近耗能中心的位置向边远地区依次推进。现代运输可以改变传统的经济地理概念，即扭转由自然力量规定的资源分配状况，使缺少资源的国家和地区处于使用资源的优越地位，日本就是一个典型的实例。我国广大国土上的经济空间和自然资源的利用还很不充分，要逐步减缓经济空间结构的不平衡，其途径是加强区域性基础设施建设，提高欠发达地区的可通达性。要通过运输网的建设与完善，减少运输短缺对经济带来的不利影响，促进社会经济资源的合理配置。

（七）交通运输有利于降低和稳定物价

数百年来，交通运输在运费低廉化方面的持续进展，使得社会经济分工进一步深化、生产布局进一步合理和社会生产规模进一步扩大成为可能。工业化首先是依靠不断降低原来昂贵的运输费用，从而把越来越多的人和物投入空间运动才发展起来的。与畜力运输相比，水运与铁路运输的绝对费用下降了；与水运和铁路相比，汽车和航空的单位运费绝对数上升了，但由于运输质量的提高，由于在时间、损耗和包装等方面的节约，以及由于工业产品加工程度的深化、附加价值的增大和人均收入的提高，其相对费用仍是下降的。

运输的改善有利于价格的降低。这是因为运输的改善允许更多的生产者进入市场参加价格竞争。产品成本最低的生产者把其生产成本加上运费作为自己商品的定价基础，其他卖主也就必须以此为基准制定相应的价格，以避免在竞争中失利。由于地区专门化的作用，市场价格可能实际上是由远方的低成本供应者决定的，更多竞争者的参与也避免了价格的不适当提高。因此，一般而言，充足的运输鼓励商品市场上的竞争和较低的价格。

运输的改善还有助于保持价格的稳定。很多产品的生产在一年中是不均衡的，农产品在这方面特别明显。在运输不足的情况下，地区市场只能自产自销，这些产品在收获期的价格会跌得很厉害，而在其他时间价格就会上涨。但是，运输的改善却允许地区之间参加某一地区市场的竞争。在当地供过于求的情况下，产品可以运出；而在供给不足时，外地货源又可以运来满足市场需求，这样，该产品的价格就有可能保持稳定。在市场经济条件下，运输的时效作用有助于稳定物价。

（八）交通运输增加外汇收入和国民收入创造

现代化的运输为社会化大生产提供了各种生产要素自由流动的载体，它缩短了世界各国的距离，密切了联系，构成了全球经济运行的庞大网络。国际运输与对外贸易密切相关。随着对外贸易总额的增长，外贸货运总量也随之增长。外贸总额的增长和外贸产品结构的升级，对外贸运输提出了更高的要求。国际运输（包括国际航运和国际航空运输）以无形贸易的方式为国家创收外汇。这是因为，国际运输的运费是用国际货币支付的，本国运输工具承揽国外货物时可以赚取外汇，本国运输工具运输本国货时，可以节省外汇支出。国际运输所创收的外汇净额，可以纳入国家收入的总平衡，增强国家的国际支付能力。同时运输业创造新价值，即国民收入，为国家积累资金。

第二节　各种运输方式概述

综合运输体系是指铁路、公路、水路、航空和管道五种运输方式，在社会化的运输范围内和统一的运输过程中，按照各自的技术经济特征，组成的合理分工、有机结合、优势互补、联系贯通的交通运输总体。

一、水路运输

水路运输简称“水运”，它是一种传统的运输方式，是指使用船舶、浮囊、排筏或其他浮运工具，在江、河、湖、海、水库、人工水道等航道上运送客、货的一种运输方式。按服务对象有客运和货运之分；按航运区域有海运、河运之分，其中海运又有沿海、近洋、远洋之分；水路运输适于大宗货运；小海湾、小河流的水运，可深入小港小站，对沟通水网地区城乡交流有重要作用；海岛之间和陆岛之间的交通，尤其要依靠水运。在国际贸易大宗物资运输中，水运发挥了十分重要的作用，其主要特点是：

（一）占地少

水路运输可利用江、河、湖、海等天然水道作为运输线路，建设港口，也是利用天然岸线或盐碱滩涂，不必占用大量耕地。因此，在土地占用方面，水路运输比其他运输方式要少得多，一般只有公路运输的1/6或铁路的1/20。

（二）投资省

水路运输的投资主要用于船舶购置和港口建设。海洋运输的线路在海上，无需投资建设和维护。内河航道建设仅需少量的初始投资和维护费用，例如，建设千吨级内河航道每公里投资不超过100万元，仅相当于高等级公路或电气化铁路的几十分之一，结合航道建设还可兼收防洪、发电、灌溉等多重效益。

（三）运能大

船舶的运输能力是其他运输工具无法比拟的。就海运而言，世界上最大的油轮载重量曾达54万吨，20万～32万吨是其主力船型；最大的散货船载重量达40万吨，12万～22万吨是其主力船型；最大的集装箱船载箱能力达到18 000TEU，8 000TEU以上的集装箱船已成为主要国际集装箱运输干线的主力船型。内河的船队也很大，如美国密西西比河分节驳顶推船队载货能力达8万吨，我国长江干线分节驳顶推船队载货能力可以达3万吨以上，一般为1万吨左右，远远大于普通铁路载货列车3 000～5 000吨的能力。

海洋运输除受港口吞吐能力和进港航道水深的制约外，其线路的通过能力几乎不受限制。世界各主要河流的运输能力也很大，如美国的密西西比河和欧洲的莱茵河，其年货运量已分别达5亿多吨和3亿多吨，2007年我国长江干线年货运量突破11亿吨，是密西西比河的2倍和莱茵河的3倍，规模稳居世界内河第一；京杭运河年运货量约为1.4亿吨，远远超过一条普通铁路2 000万～3 000万吨的年通过能力。

（四）能耗低

水路运输船舶载重量大，单位能耗（每吨公里油耗）远低于其他运输方式。据1996年统计，我国远洋、沿海和内河运输的燃油单耗分别为4.1、3.3和7.1公斤/吨公里，仅为同期柴油货运汽车的1/16～1/8，民航飞机的1/130～1/60。

（五）成本低

由于运能大、运距长，水路运输单位运输成本较低，在内河航运较发达的国家，内河运输成本仅为铁路的1/4～1/3，公路的1/15～1/5。我国水路运输由于技术装备和管理手段比较落后，加之长期形成的体制问题，内河运输成本比国外高，长江干线大致与铁路相当，但海上运输的成本比较低，仅为铁路的1/2左右。

（六）公害小

一般情况下，水路运输在环境污染和交通事故等方面造成的公害在各种运输方式中最小。德国卡尔·杜伊斯堡基金会在《物流—地区经济发展的重要因素》报告中所列的调查结果表明（见表1—1），水路运输外部成本较小。

表1—1　　货物运输中特殊的外部成本　　单位：德国芬尼/吨公里

成本类型	铁路	公路	内河
空气污染	0.19	1.37	0.20
对土壤、水的影响	—	0.40	—
噪声	0.68	0.35	—
交通事故	0.12	1.78	0.01
场地占用	0.02	0.06	0.01
合计	1.01	3.96	0.22

注：芬尼为原德国货币单位，1马克＝100芬尼。

水路运输因利用天然水道，受水资源分布等自然条件的限制较大，覆盖面窄、通达性差，两端一般都需要其他运输方式集疏，不能实现门到门运输，而且运输速度较慢，准时性较差。

水路运输适于大批量、低价值、远距离的大宗货物运输，以及超大件、超重件货物的运输。从发展趋势看，水路货物运输难以被其他运输方式所取代。在现有的水运技术水平条件下，普通的水路旅客运输逐渐萎缩，但是水路旅游客运、陆岛滚装运输仍有很大发展潜力。

二、铁路运输

铁路运输是指以铁路作为运输线路，由机械动力牵引车辆运送旅客和货物的运输。铁路运输始于1825年，英国在斯托克顿和达灵顿之间修建的运输煤炭和旅客的铁路是世界上第一条营业性的公用铁路。紧接着欧美主要工业化国家相继兴修铁路，19世纪下半叶，亚、非、南美和大洋洲许多发展中国家也先后修建铁路，铁路运输成为一种重要的运输方式。中国第一条营业性铁路，是英商1876年在上海修建的窄轨道的由上海经江湾至吴淞，长约14.51公里的吴淞铁路，第二年因故拆毁。1897年清政府出资重建标准轨道的铁路，改名为淞沪铁路，至此中国加入了铁路运输行列。中华人民共和国成立后，大规模修建铁路，现今全国各省市自治区都有了铁路，铁路运输在中国交通运输业中仍具有重要地位和作用，适合于大宗货物长途运输和大量旅客运输。铁路运输的主要特点是：

（一）运能大

普通重载列车载重能力一般为 3 000～5 000 吨，最大超过万吨，旅客列车载客能力一般为 2 000 人。复线铁路每昼夜可通过货物列车 100 余对，单向年货运能力超过 1 亿吨。就运输工具的载重能力而言，铁路运输虽明显低于水路运输，但高于公路运输和航空运输。

（二）速度较快

铁路运输的速度较快是指技术速度较快。常规列车时速一般为 60～80 公里，少数达 140～260 公里，高速列车可达 300 公里左右，最高达 600 多公里。

（三）成本低

铁路运输的运输能力较大，运距较长，成本较低，适宜长途客运及大宗物资运输。与航空运输比较，其成本低，

（四）受气候影响小

铁路运输一般在雨雪、暴风、浓雾中仍可运营，与航空、水运相比，受气候影响小。受气候影响和地理条件限制小，能连续运行并保证其准确性；安全程度高。

但铁路建设投资费用大，建设周期长，占用土地多。而且铁路运输覆盖面窄，旅客和货物到离车站都需公路运输集疏，不能实现门到门的运输。

三、公路运输

公路运输是指使用交通工具将人或物沿公路的移动。现代公路上使用的交通工具主要是汽车，故一般又称之为汽车运输。公路运输分为旅客运输、货物运输、集装箱运输、营业性运输、非营业性运输等。与其他运输方式相比，公路运输具有灵活、机动、方便、直达等优点。世界公路运输在 19 世纪末兴起时，只是水路运输和铁路运输的辅助手段，到 20 世纪初至 40 年代，公路运输成为短途运物的主要运输方式。之后世界各国公路运输发展迅速，而且在长途运输方面开始同铁路运输和水路运输竞争。中国在清末和北洋政府时期，现代意义上的公路运输才开始萌芽。但在半殖民地半封建的旧中国，公路建设进展很慢，时建时废，往往修筑与破坏交替发生，不仅公路通车里程少，且分布极不合理。中华人民共和国成立后，随着国民经济的迅速恢复，公路运输的管理机构的设立，重要法规的颁布，全面恢复并改善原有的公路，加快了高等级公路的建设。在全国范围，不仅通车里程逐年增加，而且路况质量不断提高。

公路运输是目前普及最广、承担全社会运量最大的一种运输方式，其主要特点是：

（一）覆盖面广

公路通达城乡并形成网络，使各地之间得以连通。在各种运输方式中，公路运输覆盖

面最广、通达性最强。2006 年按国土面积计算公路密度为 36.0 公里/百平方公里，全国通公路的乡（镇）占全国乡（镇）总数的 98.3%，通公路的建制村占全国建制村总数的 86.4%；可以说，公路交通为我国城乡居民提供了最基本的通行条件。

（二）适应性强

公路运输能够满足城镇、乡村、矿区、林区、边疆的运输需求，可以适应各种陆上运输环境，适应厂矿企业、农村、商店、部队、机关、学校以及不同家庭、个人的各种使用要求。不论旅客、货物的集散与多少，甚至随走随停等特殊要求都能得到满足。

（三）直达性好

公路运输最大的优势是直达性好，可以实现门到门运输。水路、铁路、航空运输一般只能将客货运至港站、机场，两端则需汽车集疏，周转、装卸环节增加。而公路运输避免了这种缺陷，运客可以招手即停、送客到家，运货可以上门取货、送货到门，减少了周转环节。

（四）机动灵活

汽车单位运量小，调度灵活，既易于集中，也利于疏散，在突击抢运时优势更加明显。因此，公路运输是连接其他交通方式的纽带，也大量用于救灾抢险第一线和战争前线的物资运输。

（五）交通工具购置费用少，容易驾驶

汽车造价比飞机、火车、轮船低得多，不但经营者投资少，不少家庭也有能力购置，加之驾驶技术容易掌握，所以汽车可以在全社会普及，成为使用最广泛的现代交通工具。

公路运输的缺点是占地多、交通事故多、对环境的影响大、能耗高，运价也相对较高。

四、航空运输

民用航空是指利用各类民用航空器从事除执行军事、海关和警察任务以外的民用航空飞行活动，包括民用航空运输和通用航空。民用航空运输简称航空运输，又称“商业航空”，是指使用航空器从事定期或不定期的运送旅客、货物、邮件的运输活动。通用航空是指利用民用航空器从事为工业、农业、林业、牧业、渔业生产和国家建设服务的作业飞行，以及从事医疗卫生、抢险救灾、海洋及环境监测、科学实验、教育培训、文化体育等项飞行活动。

现代航空运输主要使用飞机，其次是直升机，其他航空器也有少量应用。它是国民经济中交通运输业的重要组成部分。其主要特点是：

（一）速度快

航空运输速度最高，运输时间短。现代喷气运输机的时速一般为 800 公里左右，速度是船舶的 20～30 倍，是火车、汽车的 5～10 倍。与地面运输相比，航空运输的运距越长，所能节约的时间就越多，快速的特点就越显著。

（二）机动性好

飞机可以按班期在固定航线飞行，也可以在非固定航线做不定期飞行，而且可以根据客货流量的大小和流向的变化及时调整航线和机型。航空运输几乎不受自然条件和地形限制，不受中途地面上各种人为或自然因素的影响，跨地区的长途运输及时方便。

（三）舒适、安全

喷气式民航运输飞机的飞行高度一般在 1 万米左右，不受低空气流的影响，飞行平稳、舒适。特别是大型宽体客机的使用，使客舱更加宽敞、噪音小，舒适程度大大提高。由于航空技术的进步和严格的管理，航空旅行的安全系数是各种运输方式中最高的，既每亿客公里死亡人数在海运、铁路、公路运输方式中是最低的。

（四）国际性

航空运输自开始出现就具有国际间合作的性质，1944 年成立国际民航组织以后，航空运输有了国际性的管理协调机构，建立和确认了多种国际立法，使它全面国际化，成为国际间人员交往的最主要的运输形式。

航空运输主要缺点是：营运成本高，货物的体积、重量都受限制。空中飞行能量消耗大，技术装备复杂，人员素质要求高，使航空运输的成本较其他运输方式的成本高出几倍至十几倍。受到起飞和降落地点的天气或其他自然条件的限制。不能实现门到门的运输，机场距城市中心都有相当的距离，一般来说不适于短途运输。

航空运输适用于运送地形复杂、较长距离旅行的旅客、高价值并有时间要求的鲜活货物和邮件等。

五、管道运输

管道运输是指用管道长距离输送大宗货物的一种运输方式，即利用输送设备（如泵、压缩机等）增压以驱动流体，通过大多埋设于地下的管道输往目的地。管道运输是随石油和天然气的开发而兴起的，1865 年美国宾夕法尼亚州修建了第一条管径 50 毫米、长 9 756 米输送原油的管道。20 世纪 50 年代以来，管道运输迅速发展，现已成为独立的技术门类和工业体系，已建成不少跨国的油气供应网。当今世界上大部分的石油、绝大部分的天然气是用管道运输的。近二三十年来，已建成多条固体料浆管道，用于输送煤、石灰石、铁矿砂、铜矿砂等；有少数管道输送氢、氮、二氧化碳和液态硫。中国早在公元前 200 年就有用竹筒连接起来输送卤水的管道。

管道运输的原理是通过压力差，使管内的流体从高压处向低压处流动。管道运输主要特点是：

（一）连续性好，运能和运量大

管道运输受气候环境影响小，便于长期稳定运行。一条直径 720 毫米的输油管道每年可输送原油 2 000 万吨左右，直径 2 200 毫米的输油管道每年可输送原油 1 亿吨以上；运输量大。

（二）运费低，能耗少

管道的直径越大，单位运费越低。运费比铁路和内河低，但高于海运。据国外有关资料表明，管道∶铁路∶公路∶内河∶海运的能源消耗比为 1∶2.5∶8∶2∶0.5；管道∶铁路∶公路∶内河∶海运的成本比为 1∶4.6∶20∶1.4∶0.4。另外，管道运输挥发损耗和漏失污染均少，对环境污染小。

（三）建设投资相对较小，受地理条件限制少

管道建设投资少、成本低，投资和施工周期均不到铁路的 1/2。管道埋在地下，投产后有 90%的土地可以耕种，占用土地少，占地只有铁路的 1/9。管道也可以从河流、海洋等水下穿过，其允许铺设的坡度较铁路、公路大，易取捷径，缩短运距。

（四）安全可靠，劳动生产率高

管道运输的介质密封在管道内，且管道一般埋于地下，较其他运输方式安全。现代化的油气管道设备可靠性高，均可远程控制，场站无需人员值守，易于实现自动化管理。

管道运输的主要缺点是：技术要求高，不如其他运输方式灵活；对于已建成的管道，其最大输送量受泵或压缩机的性能、管道强度的限制。只适用于流向单一、定点、量大的液体、气体货物运输，运用范围受限制。

第三节　各种运输方式的技术经济特征

现代运输业是由铁路、公路、水路、航空和管道等五种运输方式组成，每种运输方式有各自特定的技术经济特征、经济性能和合理有效的使用范围。在现代市场经济条件下，各种运输方式——铁路、水路、公路、航空、管道等，联结成为统一的运输体系，为满足社会的运输需要而协调地发展。为适应现代化的需要，必须综合利用和发展各种运输方式，既要各扬其长，充分发挥各自的优势，又要取长补短，协作配合，以取得最好的综合利用经济效益。为此，必须研究各种运输方式的技术经济特征，并结合各种运输线路和工农业生产布局的适应程度以及现有运输状况，作为在它们之间合理运输资源的一个重要依据。

各种运输方式的技术经济特征，是通过各种技术经济指标来反映的。技术经济指标的优劣，反映出它们的技术经济效果的大小。各种运输方式技术经济特征的指标主要有：货物送达速度、运输成本、劳动生产率、基本建设投资、金属需要量和燃料需要量等。

一、货物送达速度

送达速度是指旅客、货物在运输过程中每小时被运送的距离，采用和发展速度快的运

输方式有重大的经济意义。运输速度快，可以缩短商品的流通时间和再生产周期，使社会扩大再生产加速进行。同时，缩短商品在途时间能使大批货物从在途运输的“积压”状态下解放出来，把它们投入生产消费和生活消费。这不仅可以大大节约流动资金，加速物资周转，从而减少物资积压，而且可以大大提高运输设备的利用率，加速运输工具的周转，相应地减少运输设备和运输工具的需要量。资金的周转时间，除由生产时间决定外，还由流通时间决定，而流通时间又取决于商品的购买和售卖时间，这两者又与运输时间紧紧联系在一起。运输时间在商品流通总时间中占有相当比重。要缩短运输时间，就必须加快货物送达速度。因此，货物送达速度这个指标是从流通领域的角度反映了运输业与工农业物质生产部门的关系，或者说流通与生产的关系。

各种运输方式的货物送达速度取决于运输工具的技术速度。技术速度是决定货物送达速度的基本条件。马克思说：“交通运输工具的改良，会绝对缩短商品的移动期间。”① 近代，无论陆上、水上或空间运输工具，由于采用了各种先进技术，其技术速度普遍有提高的趋势。然而，货物送达速度不仅受到运输工具技术速度的影响，而且还受到其他一系列因素的影响。货物运输时间包括货物始发和到达作业（装卸作业）时间、货物在港站等待装卸的时间、途中作业时间，以及联运时还包括在换装地点的停留时间。所以，各种运输方式的技术速度、始发和到达作业时间以及途中作业时间不同，是决定它们的送达速度不同的主要因素。

铁路列车的技术速度较高，但是在列车运行过程中，需要进行会让（单线）或越行（复线）及其他技术作业，因而营运速度比技术速度低，加上中途列车的编解作业，更降低了货物的送达速度。因此，缩短列车的技术和编解作业时间，提高始发直达列车在运输中的比重，可以提高货物的送达速度。

水上运输船舶的技术速度一般比铁路低。它的营运速度占技术速度的比重高于铁路，这是由于船舶途中技术作业少，可以不间断地连续航行的缘故。但终因技术速度不高，运输船舶尤其是拖驳船队的营运速度，一般低于铁路。

货物送达速度还取决于始发和到达作业时间和货物在库场停留的时间。目前，铁路、水运的始发和到达作业时间在运输时间中所占比重较大，影响了货物送达速度的提高。为了减少运输工具在港站的停留时间，必须改善港站组织工作，加速装卸作业。汽车运输的装卸作业时间很短，又无途中作业，因此货物送达速度较高。航空运输则具有明显的速度优势。一般来说，运输工具的载重量大，每次货物发送批量大的运输方式，其始发、到达作业时间较长。

各种运输方式运输或通航的经常性，对货物送达速度也有一定影响。铁路运输的高度经常性，是保证货物送达速度较高的重要条件之一。水运因通航期不同，水位季节的变化和气象因素的影响，经常性较差，这在一定程度上限制了水运货物送达速度的提高，此外，货物送达速度还受实际运输距离的影响和受运网衔接条件的约束。

不同的货物送达速度是各种运输方式分工的基本条件之一，并非在任何条件下都应选择速度高的运输方式，其实不同的货物对送达速度的要求并不一致，应根据需要在耗费和速度之间作出最佳选择。

---

① 马克思：《资本论》，2版，第2卷，277页，北京，人民出版社，2004。

二、运输成本

运输成本是指运输生产部门在完成一定运输任务时的成本和费用的支出（包括始发。运行、中转、到达等各个环节的成本和费用的支出）。运输成本是运输业的一项综合性经济指标。它包括运输总成本和单位运输成本。

运输总成本是指全部运输生产过程，即客、货始发，运行、中转、到达等各个环节上的全部费用支出的总和。单位运输成本是指单位运输周转量（吨公里、人公里）所形成的费用支出。单位运输成本是一个综合性的质量指标，它反映了运输方式在运输生产过程：劳动生产率的高低，燃料的节约与浪费，运输设备利用率的高低，运输组织工作的改进与否等状况。

运输成本是反映运输耗费的综合性经济指标，它在很大程度上取决于运输方式的技术特征。采用先进的技术设备、合理的组织技术作业过程和科学的劳动方法，可以获得较高的劳动生产率和设备利用率，节约燃料和材料，从而降低运输成本。

国民经济的费用支出中运费占有很大比重。从节约社会劳动耗费的观点看，能够保证货物运输中劳动耗费最少的运输方式，对国民经济的发展具有重要意义。目前我国各种运输方式货物运输成本水平的相对情况是：沿海的运输成本最低，长江干线和远洋运输的成本接近，居第二，铁路运输再次，地方内河运输较高，汽车运输较贵，而以航空运输为最高。输油管道的运输成本低于铁路和公路，而高于水运。综合比较，铁路运输能力大，大宗货物运输成本低；水运运输工具载重量大，单位运输成本较低；汽车载重量小，单位成本较高；航空运输成本最高。

运输方式的成本水平受众多因素的影响，主要有：货运密度、运输距离、运输工具的载重量、运输工具类型及其利用程度、动力装置的类型、货物种类及运输时间和方向均衡程度等。成本中各项费用构成的特点与影响其水平的因素密切联系着。

货运密度对运输成本有重大影响。各种运输方式的运输成本中，与运行无关支出（固定费用）的比重各不相同，铁路最高，水运次之，公路最小。在一定条件下，货运密度的增加与运行无关支出并不增加，单位运量所分摊的与运行无关支出减少，使单位运输成本降低。铁路运输成本受货运密度的影响程度大于其他运输方式。

货物运输距离对运输成本亦有重大影响。单位运输成本中始发和到达作业成本的比重是随运距的增减成反比例变化。这项比重，水运最高，铁路约比水运低一半，公路最小。因此长距离运输水运更为有利。

运输工具的载重量对运输成本的影响亦十分显著，水运中尤为明显。一般地说，采用载重量大的运输工具更有利，因为运输费用不随载重量的增加而成比例增加。

各种运输方式的运输成本的构成各有特点，而且就一种运输方式内部而言，各环节的运输成本也存在差异。因此应该使运输成本具有可比性。

首先，必须考虑各种运输方式在成本构成和支出科目所包含的内容上存在着的某些差别。如河运成本中不包括航道及其设备的维修费，海运成本中不包括灯塔、航标的维修支出，这些费用由国家按事业费开支。公路运输成本中不包括线路、车站的折旧、维修费。这种养路费由国家或地方预算拨款解决。只有铁路运输成本中才包括线路、车站的折旧或维修费用。

其次，由于各种运输方式所运货物种类、运输线路和运输方向不同，因而使得运输成本有很大差别，有必要分别货种、运输线路和运输方向计算运输成本才较为接近实际。

再次，物资从生产地到消费地，因运输方式不同，其运输距离也不同。当货物经过几种运输方式联运时，还要进行中转换装作业，因此只有比较全程运输成本（包括装卸作业成本和换装作业成本）才较为合理。

三、运输基本建设投资

运输基本建设投资主要包括线路投资和运输工具投资，即线路的每公里造价和运输工具单位载重吨的造价以及其他附属设施的投资。比较各种运输方式基本建设投资的经济效果时，首先是比较建设线路投资和运输工具投资，这两项投资占基本建设投资的绝大部分。基本建设投资是确定各种运输方式综合利用和发展的一项重要指标。大力发展建设费用省的运输方式，可以为国家节约大量人力、物力和财力。运输方式投资的大小，取决于物质技术基础的构成和性质。各种运输方式物质技术基础的构成各有特点，形成了初期投资和后期投资的差异。一般地说，固定设施（线路和港站建设）比重大而活动设备（运输工具）比重小的运输方式，所需初期投资大，后期投资小。

水路运输是线路投资较省的运输方式。整治航道每公里投资大约只及公路的1/5～1/10；渠化航道仅及铁路的1/2～1/5。这是由于天然河流为航道建设提供了基础条件，而且航道开发还具有可与其他部门综合利用水资源的优点。水运运输建港投资巨大，而且船舶尤其是海船，单船造价非常贵，比铁路机车车辆的造价要高得多。所以对水运运输投资的评价，单从线路建设的费用方面来看是不充分的。还需要从港、站和运输工具的投资等方面，才能全面评价一种运输方式的投资大小。

铁路运输由于固定设施的工程费和建筑材料、劳动力消耗大，因此它的线路投资高。我国铁路线路建设和机车车辆购置投资比例大致是7∶5∶2。

汽车运输的线路投资介于铁路与水运之间，但高速公路的投资却很大，而且需要占用大量耕地。路况对于汽车营运效益影响很大，改善路况具有重要的社会效益。

管道运输由于要铺设管道、建筑加压站和贮存罐及其他设施（如北方寒带地区还需建设加温站等），所以需要巨额的一次性投资。但输送管道可以铺设得比铁路更短些。故管道运输需要的投资比具有同样运输能力的铁路要少。

航空运输的机场和地面设施投资巨大，但由于机场建设的数量是一定的，所以相对于其他运输方式来说，其基础设施投资比较小。航空运输的运输工具投资巨大，所以许多航空公司采用融资租赁方式来解决这个问题。

因各种运输方式线路在单位时间内所通过的客货流量不同，所以完成一定运输工作量所需要的线路投资也不同。如果考虑到运输工具的利用情况，当完成一定工作量时，所需运输工具的投资，铁路最少，其次是水运和公路，航空运输最高。如果从线路、港站、机场、运输工具及其附属设施整个固定资产来考虑，情况又有所不同。在比较各种运输方式的基建投资时，不应忽视其营运费用的支出。如航空运输的基建投资小，但营运支出很高。因此在选择运输投资方向时，必须全面、综合考虑各方面，经过充分的可行性研究后确定。

四、金属消耗量

金属是相对稀缺的重要资源，各种运输方式对金属的需要量各不相同。以线路而言，水运需要金属最少，铁路最多。建设一公里标准单线铁路需要钢材 120～140 吨，如果用钢筋混凝土枕则总共需要钢材 165～200 吨，而开发天然河道则几乎不需钢材。石油管道每公里约需钢材 100 吨。

各种运输工具单位载重量的金属需要量取决于运输工具本身的载重量和自重系数（即运输工具自重与载重量之比）。船舶的自重系数为 20%～30%，铁路车辆达 40%左右，汽车则更高。运输工具单位载重量的金属需要量，船舶最少，汽车最多，铁路车辆居中。如果考虑到各种运输工具的运用效率，完成一定运量的金属需要量，河运最少，海运与铁路次之，汽车最多。

五、燃料消耗量

燃料消耗量是一项重要的资源消耗量指标。各种运输工具的运行速度、运行条件（如线路坡度、公路路面质量、飞行高度等）、发动机类型以及燃料不同，它们为完成相同运输工作量的燃料消耗量差别很大。汽车的燃料消耗量比轮船、机车都高，飞机则更高。即使就一种运输方式而论，其全国平均水平和每一具体运输线路之间、各条线路之间差别也很大，这在水运中表现得非常明显。

运输工具的燃料消耗量与运行阻力有关，阻力又取决于运行速度。速度越高，阻力越大，单位运量的燃料消耗量就越高。但是，陆上、水上和空中运输工具，因速度提高而产生的运行阻力增大的状况各有特点。低速情况下，船舶的单位阻力比火车低得多，但由于船舶的运行阻力具有因速度的提高而急剧增大的特点，即阻力与速度的平方成正比，发动机功率与速度的立方成正比，而发动机功率的增加又与燃料的消耗量成正比。因此，当速度提高到某一水平时，船舶阻力的猛增会使燃料消耗量成倍增加。汽车的运行阻力在很大程度上取决于道路状况。

由于各种运输方式采用的燃料单耗计算方法不同，燃料种类不一，运输条件各异，因此需注意指标的可比性。如果考虑到各种运输工具总重和载重的比例不同，以载重吨公里的标准燃料消耗量计算为宜。

六、劳动生产率

劳动生产率是一项反映活劳动消耗的指标。各种运输方式的劳动生产率因运输工具的载重量和运输能力不同而有显著差异。一般说来，水运干线的船舶或船队载重量大，通过能力一般不受限制，比其他运输方式有较高的劳动生产率。铁路运输的经常性。持续性强，具有较高的劳动生产率；汽车运输载重量小，占用劳动力较多，小吨位汽车更为不利，劳动生产率比较低。

在分析运输方式劳动生产率时，除了考虑实际水平与平均值之间的差异外，还应注意计算方法的问题。如铁路包括全部运营人员，而水运不包括港口和航道工作人员，汽车运输不包括养路维修人员等。

除上述各项指标外，运输能力，运输连续性与灵活性也必须予以考虑。水运和铁路都是具有通过能力大，能够负担大量运输任务的运输方式。铁路运输的连续性最强，汽车运输次之，水运较差。而灵活性以汽车为最好，铁路次之，水运受到天然河流分布的限制，就差一些。但是，在洲际间大宗货物的长距离运输上，远洋船舶运输则具有为其他各种运输方式所无法取代的突出优点。

综上所述，可以看出，各种运输方式各自都具有某些为其他运输方式所不具有或者不完全具有的优点，也就是说，各种运输方式都有其最有利的应用范围。而且，从各种运输方式的技术经济特征的某一方面看，这一运输方式较另一种运输方式优越的情况是有的，但若是全面加以考察时，就会发现各种运输方式是互有优劣，各有其存在和发展的必要。应该指出，各种运输方式在国民经济中的作用大小，还受着其他许多重要因素的影响，诸如国家幅员的大小，自然地理条件的优劣，生产力的构成及其分布状况，生产与消费联系的特点，运输线路的布局和生产力布局的适应程度，等等。

另外，在分析比较各种运输方式的技术经济特征时，还必须考虑安全性及对环境保护等方面的影响。铁路运输较少受气象、季节等自然条件的影响。而相反，水路运输受气象自然等条件影响较大。汽车运输运行的持续性较差，对空气有污染。航空运输受气象等自然条件影响较大，噪音大，对空气也有污染；管道运输受各种条件的影响小，安全性较好，运输流程无噪音，漏失污染小。

第四节　运输业的发展趋势及前景

一、运输业的发展梗概

运输业的发展历史在相当大的程度上反映了人类文明的发展史，人类文明的每一次进步都与运输业技术革命分不开。

（一）水路运输的发展

水路运输是最早形成的运输方式之一。早期人类受水中浮物的启发，发明了将圆木挖空的船，即独木舟。随着经验的积累及造船技术的提高，建造出了以风力为动力的帆船。到了 11 世纪左右，出现了可跨洋运输的商船。我国科学家发明的指南针被用于航海，使航海技术得到了飞跃发展。18 世纪，在帆船上使用了机械动力，使造船技术实现了重要突破。在 19 世纪中期又制造出以烧煤为动力，以螺旋推进器为主要机械装置的轮船。内燃机用于轮船提高了其经济性和机动性。

当代水路运输发展的总趋势是：

1. 货物运输船舶专业化、大型化、高效化

在世界货运船队沿着专业化方向发展的进程中，相继形成了油船、散货船、液化气船、化学品船、集装箱船、汽车运输船等专用船舶。为降低单位造价和单位运输成本，提高运输效率，特别是在货源充足、运距较长的情况下，世界商船队加快了向大型化发展的步伐。船队的平均吨位不断增加，特别是油轮、干散货船、集装箱船的大型化趋势更为明显。世界主流船型，油船是20万吨级以上，干散货船是15万吨级以上。集装箱船从1957年第一艘全集装箱船、274TEU（标准箱）的“盖特威城”号问世起，到1987年的30年内，船型载箱量从第一代的750TEU发展到第四代的4 000TEU左右。1988年，美国总统轮船公司（APL）建造了世界第一艘超巴拿马型集装箱船—4 341TEU的C10级船揭开了集装箱船舶大型化的序幕。据德鲁里咨询公司统计，截至2014年2月，8 000TEU以上集装箱船已占到世界全集装箱船队的33%。内河使用的驳船队载重量最大的已达到数万吨。与此同时，船舶的航行速度不断提高，而平均停港时间则越来越短。

2. 水上客运旅游化、高速化、滚装化

在世界旅游业高速发展的带动下，长途客船朝旅游化方向发展，旅游船正处在各种豪华大型船、小型船和帆船并进的多样化时代。与此同时，为了在短途客运市场上争得一席之地，许多国家把发展高速客船作为水上客运技术的发展方向。当前世界各国研制高速客船的种类繁多，主要有水翼船、气垫船等，主要营业方式是高速客运、车/客渡运输和旅游客运，高速客船、新型车/客渡船、豪华旅游船已成为客运船队的主体。传统水路客运会逐渐转向包括滨水旅游、游艇旅游、游船旅游、邮轮旅游以及船艇运动娱乐等方式的水路旅游的发展。因此，高速化、舒适化、旅游化已成为世界水路客运发展的总趋势。从20世纪70年代开始，特别在西北欧国家出现了一股“客滚船热”，即旅客的轿车滚装随船运输，由于大量客滚船的建造和投入营运，再加上岛屿之间、陆岛之间滚装化的兴起，滚装运输方式得到了很大的发展，运输效率和经济效益都明显提高。

3. 码头泊位的深水化、专业化和装卸机械自动化

随着船舶大型化趋势的发展，港口水域、航道、码头泊位前沿对水深的要求越来越高。大型油轮、散货船和超1万TEU集装箱船的投入使用，要求港口航道和泊位前沿的水深不断加深。同时，为满足流量大而稳定的货物，如石油、铁矿石、煤炭、粮食、集装箱货物运输的需求，港口也朝着专业化的方向迈进，形成油、矿石、煤、粮食、木材、集装箱、汽车等各种专用码头。在专业化码头配备专用、自动化的装卸机械，提高了码头泊位的装卸效率和港口的通过能力。

4. 水运管理和航行安全系统信息化

为适应适应集装箱运输和综合物流发展，电子数据交换（EDI）、电子商务等在港航企业普遍应用，水运管理的信息化程度不断。如中远集团开发和建成了网上货运系统（该系统通过互联网Internet向全球客户推出了具有网上订舱、中转查询和信息公告等多项业务操作功能的国际货运网上服务系统，使客户可以直接在网上与公司开展商务活动）、网络基础平台、集装箱运输管理信息系统（IRIS2：Integrated Regional Information System）、船岸管理信息系统（SSIS）、财务管理信息系统（SAP系统）、物流信息系统（LMIS）、办公自动化（OA）系统等。中海集团建成具有特色的一网（Internet网），一台（电子商务

平台），一主系统（中海集箱运输管理系统）、二辅系统（物流系统和集团信息内部管理系统）。上海国际港务集团已建成公司内部生产管理系统，应用了集装箱码头管理系统TOPS和CTMS等。

通过网络与信息技术，水运企业既可以改善现有业务流程，使信息流、资金流、物流等有机结合，创造出新的生产力；同时也可以整合一切有利资源，优势互补，联合开拓市场，有效突破客户和企业之间在时间与空间上的局限性，进而提高为客户服务的能力。

随着造船和航海技术及自动化技术的不断进步，船舶的自动化程度越来越高。全球卫星定位系统（GPS）、电子海图显示与信息系统（ECDIS）、船舶交通管理系统（VTS）、船舶自动识别系统（AIS）、全球海上遇险和安全系统（GMDSS）、船舶维修与保养系统（CWBT）等系统的广泛应用，使船舶管理的信息化程度大大提高。航运公司依靠现代化通讯技术，将通讯导航、碰撞、配载、维修、支持等各个分散独立的系统连成综合性网络。

（二）铁路运输的发展

人类在陆路上最早的非人力运输是以牲畜为直接动力的畜力车运输。由于有一定的载荷，原始状态下形成的路面无法承受，出现了车辙，影响道路运输的畅通。后来人们在圆木制成的车轮行驶的地方铺设了以石料为主的硬路面或铺上木板，以减少行车阻力，这就是铁路的最初形式。16世纪前后，世界上首先在矿山采用了轨道，并使用了有轮缘车轮的车辆。钢铁工业的发展为铁轨和铁车轮的使用提供了条件。具有现代色彩的铁路运输是随着蒸汽机车的发明和锻铁铁轨的出现，于19世纪初开始在世界上投入使用的。由于铁路运输能高速、大量地运输旅客和货物，因而铁路建设得到了很快的发展。到了19世纪后半期，全球各大洲都大量建造铁路，使铁路成为陆路交通的主要运输工具。

当代铁路运输发展的总趋势是：

1. 牵引动力内燃化、电气化

从20世纪50年代开始，为了提高运输能力，合理使用能源，并取得最大的经济效益，世界上许多国家都以电力和内燃牵引取代蒸汽牵引作为实现铁路现代化和铁路技术发展的方向。西欧、原苏联、日本等国家以发展电力牵引为主，在70年代初就基本上完成了运输繁忙干线的电气化改造；而美国和加拿大等国家则几乎全都采用内燃牵引。世界铁路电力、内燃技术更加先进，设计更加合理，牵引动力技术将继续向大功率方向发展。

2. 铁路客运高速化

铁路在同其他运输方式竞争中能够生存和发展的前提是快速、可靠、舒适、经济以及对环境的改善。20世纪60年代以后，日本新干线高速铁路的成功运营，为当时已开始衰落的铁路旅客运输带来了新的希望。20世纪90年代，法国和其他国家也在高速铁路的研制方面取得重大进展。当今世界各国旅客列车时速达到300公里及以上的高速技术已日臻成熟，许多国家正在积极新建或改建高速铁路干线，以发展高速客运，实现铁路的振兴。

3. 大宗散货运输重载化

自20世纪60年代以来，世界上越来越多的国家重视铁路重载运输。在一些幅员辽阔、资源丰富，矿石、煤炭等大宗散货占较大比重的工业发达国家和发展中国家，运输重载化趋势明显。美国、加拿大、原苏联、澳大利亚等国是铁路重载技术先进的国家。原苏联的重载客货运输都很繁忙，行车密度高，而美国的重载列车只运送货物，行车密度低。

4. 信息技术电子化

由于铁路运输具有流动、分散，通讯联络频繁、系统联系紧密等特点，其运营管理信息网络化程度越来越高。一方面，信息设备从以继电技术为基础发展到以计算机为主体，如微机调度集中、微机连锁和无线电子闭塞，以及列车和编组站自动控制系统等。另一方面，由完成连锁、闭塞等单一功能向以运输业务为主体的多功能综合系统发展，包括运输计划的实施和调整、行车和调车作业的指挥和控制、旅客向导和货主服务等。以及时传递和实时处理各种信息，实现铁路运输现代化。

（三）公路运输的发展

在陆路运输中最早形成的是人类交往与生产过程中产生的天然小道。农业和畜牧业分离，驯养的畜力取代了人力的原始运输。畜力车运输的发展对道路质量提出了新要求，进而产生了人工建造的道路。在古代中国为统一全国而修建的道路被公认为世界上最早的公路的雏形；为进行国际交往而形成的丝绸之路更成为世界陆路交通中具有划时代意义的里程碑。现代公路的雏形取决于汽车的产生和使用，以汽油机为动力的汽车对公路的标准及质量都提出了更严格的要求。大批量的汽车投入使用又极大地推进了公路建设的发展。

1. 干线公路高等级化

交通量的密集化以及汽车数量和载重量的增长，必然要求干线公路由量的增加发展到质的提高，因而干线公路高等级化就成为当今世界公路建设的基本趋势。二次大战以后，发达国家竞相建设高速公路，其中美国州际高速公路系统的里程就达 8 万公里，其他发达国家也都建成了全国高速公路网，并进而连接成跨国高速公路系统。发展中国家在 20 世纪 70 年代以后也纷纷开始发展高速公路。

2. 汽车运输高效化

为改善运输装备，提高运输效率和效益，汽车运输向着高效化的方向发展。在客运方面的趋势是快速化、舒适化。在货运方面发展大型拖挂车和专用车。拖挂车运输发展迅速的主要原因是运载量大（载重量一般是单车的 2～3 倍）、油耗省、运输成本低。以专用汽车代替普通栏板式卡车也是汽车运输业进步的重要标志。专用车的主要优势包括：安全可靠、运输质量好、货物不易变质和损坏；减少或取消包装费用；货物装卸时间缩短，运输效率提高。专用车在发达国家载货汽车保有量中占有很大比重。

此外，公路运输技术发展的趋势还有公路设计、交通指挥控制管理和车辆诊断自动化，以及公路工程作业机械化等。

（四）航空运输的发展

航空运输是人类最向往的运输方式，也是实现较晚的运输方式。人类第一次离开地球在空中飞行用的飞行器是气球，当时无法控制飞行速度和方向。以蒸汽机为动力的气球是飞艇的雏形，直到汽油发动机的采用，才使滑翔机的螺旋桨式飞机成为现实。航空发动机技能的改进，增强了运输能力，延长了航程，提高了速度。1933 年，被称为世界第一架现代运输机—全金属的单翼波音 247 型飞机诞生；1936 年具有可收缩起落架的 DC—3 型飞机投产。20 世纪中期喷气飞机（第一代喷气飞机——贝尔 XP59A）的出现，较大幅度增加了航行距离和飞行速度。电子和信息技术的发展，使航空运输飞行安全保障能力不断提高，航空运输已成为中远距离旅客运输的主要方式。

当代航空运输发展的趋势主要有：

1. 干线飞机巨型化、超高速化，安全性、舒适性进一步提高

在近 10 年内，主要研制的是载客量在 1 000 人以上的巨型机和马赫数（流速对高速之比）在 2～3.2 之间的超音速飞机。在新型飞机上将采用已经证实的各项最新技术和新材料、新工艺。现代飞机机舱布局已经有了很大改进，达到简明、自动化、自动监控和故障集中报告。电传飞行操纵系统和桨扇发动机的技术将进一步提高，以保证飞行安全，提高飞机的适航性，改善乘客乘坐飞机的舒适程度。

2. 安全保证系统自动化

1983 年，国际民用航空组织成立了未来空中航行系统专门委员会，着重规划、研讨、制定到 2010 年前将采用的更现代化的和更高效的未来空中航行系统（FANS）。新系统实质上是一个全球范围的通信、导航和监视系统，主要依靠卫星通信、卫星导航和依靠数据链传送航空器位置信息的自动相关监视系统。在未来的飞机上将使用在通信、导航、监视方面的最新技术成就，安装卫星通信系统、全球卫星导航系统、自动相关监视系统、防撞警告系统以及微波着陆系统。利用综合卫星/机载系统，实现机上导航、定位、避撞以及常规飞行；利用机载自动监测系统、卫星和地空数据链，实现航空器运行状态的实时监控，以提高安全保障性。

3. 空中交通管制现代化

20 世纪 60 年代末，雷达应用于民用机场，空中交通管制从程序管制进人了雷达管制时代。现在除一次雷达外，二次雷达已广泛使用。空中交通管制不仅限于新设备、新技术的应用，而且要强调空中交通管理。国际民用航空组织未来航行委员会所采用的空中交通管理（ATM）这一概念，包括空中交通管制、空中交通流量管理和空域管理。它强调飞机与地面的密切配合，强调空域的高效管理，以及对交通流量进行战略上的规划，使交通流量的增长同规划的能力相适应。

4. 航空运输管理信息化

航空运输的信息处理与管理系统已从早期的计算机订座系统发展到全球分销系统，进而发展到民航电子商务系统。同时，客户关系系统、收益管理系统、财务管理系统等信息系统在航空运输企业普遍采用。激烈的市场竞争，促使航空公司、民航机场、航务、机务维修、燃料供应等企业进一步提高信息化管理水平，通过计算机专家系统辅助决策会越来越完善。

（五）管道运输的发展

从管道发展史来说，中国是最早使用管子输送流体的国家。约在公元前 200 年前左右，我国秦汉时期就已经出现用打通的竹子连接起来输送卤水的管道。现代管道始于 19 世纪。1861 年美国开始出现世界第一条运输原油的管道，长 57 公里。1880 年和 1893 年相继出现 100 毫米管径的成品油管道和天然气管道。二次大战期间，美国在国内用两年多时间修建了原油管道 2 158 公里，成品油管道 2 745 公里。自此以后，各种油气管道技术已经达到成熟的阶段。无论从工程规模、经济效益或技术水平来看，管道运输都已达到同

其他运输方式相同的水平。除了油气管道以外，还有固体浆液管道，主要用于输送煤、赤铁矿、铝矾土和石灰石等。目前在运行的世界著名的煤浆管道是从美国亚利桑那州北部里梅萨地区的露天煤矿到内华达州的英哈电厂的输煤管道。里梅萨煤浆管道从1970年11月建成投产以来，已经成功地运行了30多年，设计能力年输煤500万吨。由于煤浆中煤水重量比接近1∶1，所以用水量过大，到终点以后要进行脱水才能供电厂使用，同时，脱水后的污水污染环境，处理也比较困难。近来一些国家在进行实际应用试验，在煤浆中加人添加剂，减少掺水量，以达到可以直接用于锅炉燃料燃烧。

当代管道运输发展的趋势主要有：

1. 油气输送干线向长距离、大输送量方向发展

管道运输的发展与能源工业，特别是石油天然气工业的发展密切相关。由于石油资源经一个多世纪的开发，易于开发的地区已经进入低产期，所以石油开发的趋势是走向边远地区，向极地和海洋延伸。修建管道的工程规模越来越庞大而艰巨，技术要求越来越高。世界新开发的大型气田大多远离天然气消费市场，再加上国际天然气贸易量的迅速增加，导致全球新建输气管道的平均长度增加。降低管道输气成本的需求促使干线输气管道向大口径、高压力、大输量的方向发展。

2. 成品油管道运输发展速度加快

从世界管道运输的发展来看，原油管道发展缓慢，成品油管道发展趋势明显。这一趋势是因各国原油产量衰减而转为进口中东和南美的原油。原油进口主要依靠海运，因此原油管道建设较少，而根据市场情况却对成品油的需求增加，这也促进了成品油管道的建设。

3. 油气管道的安全受到高度重视

管道运输所输送的油气具有高度的易燃易爆的特点，油气管道安全的可靠性受到世界各主要工业国家的十分重视。美国在20世纪60年代末就有油气管道安全的立法，其能源部设有管道安全办公室，其他国家也设有类似的职能机构。为提高管道风险管理水平，世界管道运输发达国家都在制定和完善管道风险评价的标准，建立油气管道风险评价的信息数据库，管道风险评价技术正向定量化和智能化的方向发展。

总之，从各种运输方式的发展趋势看，高速化、重载化、智能化和环保化成为交通运输发展的共同趋势。

二、我国交通运输业的发展前景

（一）构建综合交通运输体系

发展综合运输体系是当代运输业发展的总趋势和方向。交通运输作为国民经济的基础产业，随着社会经济的发展，社会总运量在稳步增长。特别是改革开放以来，我国多次明确提出要加快综合运输体系的建设，而且在国民经济和社会发展规划中将交通运输业作为“继续加强”的社会经济领域。

早在1996年3月17日第八届全国人民代表大会第四次会议上批准的《中华人民共和国国民经济和社会发展“九五”计划和2010年远景目标纲要》指出，“以增加铁路运输能

力为重点，充分发挥公路、水运、空运、管道与多种运输方式的优势，加快综合运输体系的建设，形成若干条通过能力强的东西向、南北向大通道。合理配置运输方式，贯彻统筹规划、条块结合、分层负责、联合建设的方针，加快交通干线建设，突出解决交通薄弱环节，提高运输效率”。

2001年3月15日第九届全国人民代表大会第四次会议上批准的《中华人民共和国国民经济和社会发展第十个五年计划纲要》指出，“健全综合交通体系”。“交通建设要统筹规划，合理安排，扩大网络，优化结构，完善系统，推进改革，建立健全畅通、安全、便捷的现代综合运输体系”；“充分发挥各种运输方式的优势，发展和完善城市间旅客快速运输、大城市旅客运输、集装箱运输、大宗物资运输和特种货物运输五大系统”。

2006年3月14日第十届全国人民代表大会第四次会议上批准的《中华人民共和国国民经济和社会发展第十一个五年规划纲要》指出，“优先发展交通运输业”。“统筹规划、合理布局交通基础设施，做好各种运输方式相互衔接，发挥组合效率和整体优势，建设便捷、通畅、高效、安全的综合运输体系”；在优化运输资源配置方面进一步指出：“强化枢纽衔接和集疏运配套，促进运输一体化。开发应用高速重载、大型专业化运载、新一代航行系统等高新技术，推广集装箱多式联运和快递服务。应用信息技术提升运输管理水平，推广智能交通运输体系。发展货运代理、客货营销等运输中介服务。建设上海、天津、大连等国际航运中心”。“十一五”时期综合交通运输发展的目标是：落实科学发展观，以体制创新、科技创新、管理创新为动力，初步建成以铁路、高速公路为主骨架，能源运输通道，快速旅客运输系统和集装箱运输系统为重点的通畅，便捷、安全、经济、可持续发展的综合运输体系，全面缓解交通运输对国民经济发展的制约，满足人民生活水平提高和保障国家安全的运输需要。

2011年3月16日第十一届全国人民代表大会第四次会议上批准的《中华人民共和国国民经济和社会发展第十二个五年规划纲要》进一步指出：“按照适度超前原则，统筹各种运输方式发展，基本建成国家快速铁路网和高速公路网，初步形成网络设施配套衔接、技术装备先进适用、运输服务安全高效的综合交通运输体系”。

为适应《九五纲要》的要求，国家有关部门在当时明确了“中国未来发展交通运输的战略目标”：通过加快交通设施建设，优化运网布局，改善运输结构，改进技术装备，提高运输服务质量，用二三十年的时间，建立起适合中国国情的现代化综合交通运输系统。主要运输设施与装备接近和基本达到世界先进水平，运输能力在总体上适应国民经济和社会发展的需要，到2040年实现交通现代化。为此，国家对发展交通实行高投入政策，国家投资重点用于建设全国性或跨地区的重要设施，并优先为骨干交通项目安排建设资金和国际金融组织及国外政策贷款；国家建立发展交通专项基金，并逐步实行有偿使用，滚动发展，以保证交通建设有一个长期稳定的资金来源。鼓励中央、地方、部门、企业合资建设铁路、公路、港口、机场，积极吸引和利用外资。

自改革开放以来，我国加快了运输业建设，已初步形成了横贯东西、沟通南北、联系世界、水陆空并举的综合运输体系。特别是经过“九五”、“十五”、“十一五”的持续发展，我国综合交通运输在基础设施总量规模和质量、运输能力供给方面取得了显著成就。但是，从总体水平分析，我国的交通运输业仍不能满足国民经济和社会发展的需要。21世纪头20年，是我国国民经济、社会发展极其重要战略机遇期。根据我国土地辽阔、资源有限、人口众多、发展不平衡的社会经济条件，我国的交通运输业发展的总方针为：以铁路为骨干、公路为基础，充分发挥水运，包括内河、沿海和远洋航运的作用，积极发展航空运输，适当发展管道运输，建设全国统一的综合运输体系。

综合运输体系是一个系统工程，要逐步建成具有我国特色的综合运输体系，必须从我国国情出发，处理好综合运输系统与国民经济大系统的关系，各种运输方式子系统与综合运输系统的关系，以及各种运输方式内部各个环节之间的关系。集中力量加快推进综合交通、智慧交通、绿色交通、平安交通的发展。综合交通是核心，智慧交通是关键，绿色交通是引领，平安交通是基础，“四个交通”相互关联，相辅相成，共同构成推进交通运输现代化发展的有机体系。

（二）铁路运输在综合运输体系中的骨干作用

1. 铁路运输的发展概况

铁路运输组织主要包括货运组织、客运组织和行车组织三大部分。从我国铁路运输的发展来看，货物运输重载化、集中化和旅客运输快速化、高速化的态势明显。

根据我国疆域辽阔的国情以及铁路运输的技术经济特性，铁路应该承担运距长的一些大宗货物运输。我国社会经济发展不平衡的现实，使铁路货物运输集中体现为西煤东运，北煤南运，北粮南调，南矿北运，西棉东运。我国第一条万吨级重载铁路是大秦线（大同—秦皇岛），主要运输山西的煤炭，年运输量可达到 1 亿吨以上。尽管铁路承运的大宗货物种类大多集中在整个社会生产过程中的上游初级产品，具有数量大、单位价值含量低，要求运输费用低，运输速度低的特点，但是这些初级产品的加工过程则涉及国民经济许多行业和部门。因此，铁路运输在综合运输体系中发挥着骨干作用。

随着人民生活质量的显著改善，旅游业得以迅速发展，各地利用各自的自然、地理、历史等特殊优势，挖掘、整理、建设了各具特色的参观、游览、休闲等景点和景区。人们对游览区域、种类、距离、时间、方式等的偏好都有很大的变化。整个运输业必须做出相应的变化。为适应旅客运输需求的变化，铁路部门从 1997 年 4 月 1 日起实施铁路客货运输新方案，即提速客运列车。通过大提速，形成以北京、上海和广州为中心的“三个提速圈”，半径在 500 公里左右的城市间“朝发夕至”，半径在 1 200～1 500 公里左右的城市间“夕发朝至”，半径在 2 000～2 500 公里左右的城市间“一日到达”。我国铁路客运已进行了六次大的提速。

1997 年第一次大提速首先在客流量大的京广、京哈、京沪线等主要干线实施提速。全路客车平均旅行速度由 48 公里/小时提高到 55 公里/小时，长途旅客列车最高旅行速度达 98 公里/小时，部分干线超过 110 公里/小时。京九线南浔段首次提速试验成功，最高速度 111 公里/小时。同时在旅游点之间增开双层列车和快速列车。

1998 年 10 月 1 日第二次大提速，以京沪、京广、京哈三大干线为重点，进一步提高列车速度。最高运行时速达 140～160 公里，非重点提速区段快速列车运行时速达 120 公里。全路客车平均旅行速度达到 55.16 公里/小时，广深线采用新时速摆式列车最高时速达 200 公里，其他线路具备条件的区段列车运行速度也有一定幅度的提高。

2000 年 10 月 21 日，第三次大提速以中西部地区的重点，在陇海、兰新线实施全面提速，最高运行时速 140～160 公里，全路客车平均旅行速度 60.28 公里/小时。京九线北京

—南昌段、浙赣线部分区段实施提速，最高时速120公里。

2001年10月21日，第四次大提速。提速重点是京九线，汉丹线、京广线南段、哈大线和沪杭线，提速重点是浙赣线、襄渝线和达成线。京九线北段时速140公里，南段130公里。全路旅客列车平均旅行速度61.92公里/小时。

2004年4月18日，第五次大提速。京沪、京广、京哈等干线部分地段线路基础达到时速200公里的要求。直达特快列车在京广、京沪等繁忙干线以160公里/小时速度长距离运行。全路旅客列车平均旅行速度65.7公里/小时，直达特快列车旅行速度129.2公里/小时，特快列车旅行速度92.8公里/小时。

2007年4月18日，第六次大提速后铁路客运能力增加18%，货运能力增加12%；京哈、京沪、京广、胶济等现有铁路干线实施200公里速度级的提速（国产化动车组），部分区段列车时速达到250公里。

随着摆式列车的普及、高速列车的开发，高速铁路的建设，铁路客运具有良好的发展前景。

2. 铁路运输的发展规划

铁道部曾在铁路《十五计划》中提出，建设改造“八纵八横”（八纵包括京哈、沿海、京沪、京九、京广、大湛、包柳和兰昆通道；八横包括京兰（藏）、煤运北、煤运南、陆桥、宁西、沿江、沪昆、西南出海通道）铁路主通道，扩大西部铁路网，加快铁路既有线技术改造，提高列车运行速度。建设青藏铁路、京沪高速铁路和西北、西南进出境铁路。

2004年国务院批准了《中长期铁路网规划》，铁路建设掀起了新的高潮，特别是高速铁路的建设。中国是世界上高速铁路发展最快、系统技术最全、集成能力最强、运营里程最长、运营速度最高、在建规模最大的国家。我国开通的第一条真正意义的高速铁路是2008年8月1日开通运营的350公里/小时的京津城际高速铁路；2011年6月30日正式开通运营的京沪高速铁路客运专线最高时速达到380公里。

《中长期铁路网规划》提出的发展目标为：到2020年，全国铁路营业里程达到10万公里，主要繁忙干线实现客货分线，复线率和电化率均达到50%，运输能力满足国民经济和社会发展需要，主要技术装备达到或接近国际先进水平。具体而言，规划主要特点：

第一，实现客货分线。专门建设客运专线，在建设较高技术标准“四纵四横”客运专线的同时，为满足经济发达的城市密集群的城际间旅客运输日益增长的需求，规划以环渤海地区、长江三角洲地区、珠江三角洲地区为重点，建设城际快速客运系统。

第二，完善路网布局。2020年前，以西部地区为重点，新建一批完善路网布局和西部开发性新线，全面提高对地区经济发展的适应能力。集中力量加强东西部之间通道的建设，在西北至华北及华东、西南至中南及华东间形成若干条便捷、高效的通道，形成路网骨架，满足东西部地区客货交流的需要。东中部地区新建一批必要的联络线，增强铁路运输机动灵活性。新建和改扩建新疆通往中亚，东北通往俄罗斯，云南通往越南、老挝等东南亚国家的出境铁路通道，为扩大对外交流服务。

第三，提升既有能力。在建设客运专线和其他铁路线路的同时，加强既有铁路技术改造，扩大运输能力，提高路网质量。（1）以京哈、京沪、京九、京广、陆桥、沪汉蓉、沪昆等七条既有干线为重点，增建二线和电气化改造。（2）根据煤炭行业发展规划，结合铁路煤炭运输径路的实际，对既有煤运通道进行扩能改造，形成铁路煤运通道18亿吨的运输能力。(3) 在加快新线建设和既有线改造的同时，系统安排枢纽建设，强化重点客站，并与其他交通运输方式有机衔接；完善枢纽结构，使铁路点线能力协调发展，系统提高运输能力、运输质量和运输效率，最大限度地发挥路网整体作用。(4) 在北京、上海、广州等省会城市及港口城市布局并建设18个集装箱中心站和40个左右靠近省会城市、大型港口和主要内陆口岸的集装箱办理站，发展双层集装箱运输通道，使中心站间具备开行双层集装箱列车的条件。

第四，推进技术创新。以客运高速和货运重载为重点，坚持引进先进技术与自主创新相结合，快速提升铁路装备水平，早日达到或接近发达国家水平。时速200公里以上的机车车辆及动力组，充分整合国内资源，采取国际合作，科研攻关等措施尽快实现国产化。重载货运机车、车辆系统引进关键技术，提升设计制造水平。适应客运高速、快速和货运重载的要求，提高线桥隧涵、牵引供电、通信信号技术水平。广泛应用信息网络技术，实现铁路信息化。装备水平的提升要与铁路体制的改革相结合，提高劳动生产率、资源使用效率和运输效益。

《国民经济和社会发展十二五计划纲要》指出：加快铁路客运专线、区际干线、煤运通道建设，发展高速铁路，形成快速客运网，强化重载货运网。

"十二五"铁路发展的总体目标是：路网布局更加完善，技术装备先进适用，运输安全持续稳定，创新能力不断增强，信息化水平全面提高，运输能力和服务水平大幅提升，经营效益和职工收入同步增长。初步形成便捷、安全、经济、高效、绿色的铁路运输网络，基本适应经济社会发展的需要。铁路运输"十二五"规划提出的重点任务是：建设发达完善铁路网，全面推进技术装备现代化，确保铁路运输安全，大力推进铁路信息化建设，不断提升服务水平，有序推进多元化经营，加强绿色铁路建设和深入推进铁路改革开放。

(三) 公路运输在综合运输体系中的基础作用

高速公路运输的迅速发展，拉开了现代公路交通的序幕。实际上，高速公路运输、干线公路运输和一般公路运输这三个层次分别发挥着不同的作用。高速公路运输作为我国大交通构架的组成部分，直接成为参与我国重要物资的运输和城市间旅客的运输。按综合运输规划要求，公路运输也应该参与各种运输方式的合理分工。若以干线的高速公路运输为主确定公路运输的技术经济特征，则公路运输可承揽1 000公里左右的客货运输业务。尽管与其他运输方式的运输工具相比，单位车辆（如每辆汽车）的载荷量有限，但通过"集团式"群体参与，同样可完成不同批量的运输业务。因此，在1 000公里运距间，公路运输具有很强的竞争优势。若组织得力，更兼有机动、灵活、可集、可散的运输特点。公路运输借助高速公路所拥有的高通过性能，高档次客车的舒适功能，完全可以分流铁路和民航中的部分旅客。由于汽车工业的发展，各种车辆的附带功能为公路货物运输业兴起奠定了基础。公路货运承担时鲜蔬菜及水果等特殊商品的运输，使公路货运在综合运输体系中的地位和作用得到巩固和提高。

1. 公路运输发展概况

1993年，我国在国道网基础上，提出了国道主干线系统，即通过新建和改造，形成以高等级公路为骨架，纵横全国的国家级干线道路网。其技术标准是以汽车专用公路为主的高等级公路，即高速公路、一级公路和二级汽车专用公路。这个主干线系统是全国综合运输大通道的组成部分，具有比较完善的安全保障、通信和综合管理服务系统。国道主干线连接了北京与各省会和所有 100 万以上人口的大城市和绝大部分 50 万以上人口的城市。

国道主干线布局为“五纵七横”共 12 条和 2 条干线。“五纵”路线是：同江—三亚，从我国最北边的黑龙江省的同江开始，贯穿东北地区，在大连跨海至山东省的烟台，沿东南部海岸直至广东省湛江，再跨琼州海峡至海南省的海口市，终点为海南省的三亚；北京—珠海，即从首都北京到广东省珠海的公路，途经京、冀、豫、鄂、湘、粤六省市，是贯穿南北的第二条公路干线；重庆—北海（湛江），从西南重镇重庆市开始，途经贵州省至广西壮族自治区的出海口北海，是我国大西南通向出海口的大通道；北京—福州，即北京到福建省的省会城市福州的南北向公路；二连浩特—河口，是与蒙古国边界相连内蒙古的二连浩特穿越我国的中原地区直至与越南相连的云南省河口，是很重要的南北大通道。“七横”路线是：连云港—霍尔果斯，即江苏省沿海城市的连云港到我国最西部新疆维吾尔自治区的霍尔果斯口岸的公路，与欧亚铁路大陆桥走向基本一致，贯穿中原地区和广阔的西北地区，直达中哈边界，对缩小东西部社会经济差距和发展少数民族地区经济，加强对外交往具有特别重要的意义；上海—成都，我国现代化的工业城市上海至四川省省会成都的公路，穿越江苏、安徽、湖北三省，经过三峡库区到重庆直辖市，再经成渝高速公路到成都，基本沿长江的走势；丹东—拉萨，辽宁省的丹东市到西藏首府拉萨之间的公路；青岛—银川，即山东省海滨城市青岛到宁夏首府银川市之间的公路；上海—瑞丽，即上海市到与缅甸接壤的云南省边境城市瑞丽之间的公路；绥芬河—满洲里，黑龙江省的绥芬河到内蒙古自治区的满洲里之间，两端都是我国与俄罗斯接壤的边境城市的公路；衡阳—昆明，湖南省内重要城市衡阳到云南省省会城市昆明之间的公路。两条主要干线路段，一是北京经天津、济南到上海；一是北京经山海关到东北重镇沈阳。

“九五”期间成为公路发展较快的时期，路网建设步伐加快，服务范围和整体技术水平大幅度提高。以高等级公路为主体的国道主干线系统建设取得重大进展，初步形成连接一些重要城市及地区的高速公路通道，部分经济较发达地区的高速公路网开始形成并发挥出规模效益；路网通达深度有较大提高；站场设施有较大改善。

“十五”期间，我国公路基础设施建设取得巨大成就，全国共新增公路里程 25 万公里，其中高速公路 2.47 万公里，超过了 2000 年以前高速公路建设的总和，截至 2005 年，我国公路网总里程达到 193 万公里，其中高速公路达到 4.1 万公里。在旅客运输方面，高速公路与其他高等级公路相结合的连接主要省会城市的旅客快速运输系统发展较快；在货物运输方面，国际集装箱、零担、快件、冷藏保鲜、危险品和散装货物运输有长足进步，汽车运输企业提供仓储、包装、运输等全过程一体化的第三方服务有进一步发展；公路运输的发展有力地支持了国家经济发展和社会进步的需要。

交通运输部在《公路水路交通十一五发展规划》中提到的公路建设任务基本完成，2010 年，国家高速公路网骨架基本形成，国省干线公路技术等级进一步提高；“五纵七横”12 条国道主干线、西部开发 8 条省际公路通道基本建成。东部地区基本形成高速公路网，长江三角洲、珠江三角洲和京津冀地区形成较完善的城际高速公路网络；中部地区基本建成比较完善的干线公路网络，承东启西、连南接北的高速公路通道基本贯通；西部地区公路建设取得突破性进展，实现内引外联、通江达海。农村公路交通条件得到明显改善。全面实施并基本完成农村公路“通达工程”（指乡镇、建制村通公路）建设任务，加快推进“通畅工程”（指乡镇、建制村通沥青或水泥路）建设，进一步为解决“三农”问题提供支撑和服务。

2. 公路运输发展规划

2004年12月国务院审议通过的《国家高速公路网规划》，其布局目标是：连接所有目前城镇人口超过20万的中等及以上城市，形成高效运输网络。具体而言，连接省会城市，形成国家安全保障网络；连接各大经济区，形成省际高速公路网络；连接大中城市，形成城际高速公路网络；连接周边国家，形成国际高速公路通道；连接交通枢纽，形成高速集疏运公路网络。国家高速公路网采用放射线与纵横网格相结合布局方案，由7条（北京—上海、北京—台北、北京—港澳、北京—昆明、北京—拉萨、北京—乌鲁木齐、北京—哈尔滨）首都放射线、9条（鹤岗—大连、沈阳—海口、长春—深圳、济南—广州、大庆—广州、二连浩特—广州、包头—茂名、兰州—海口、重庆—昆明）南北纵线和18条（绥芬河—满洲里、珲春—乌兰浩特、丹东—锡林浩特、荣成—乌海、青岛—银川、青岛—兰州、连云港—霍尔果斯、南京—洛阳、上海—西安、上海—成都、上海—重庆、杭州—瑞丽、上海—昆明、福州—银川、泉州—南宁、厦门—成都、汕头—昆明、广州—昆明）东西横线组成，简称为“7918”网，总规模约8.5万公里，其中主线6.8万公里，地区环线、联络线等其他路线约1.7万公里。此外，国家高速公路网还包括辽中环线、成渝环线、海南环线、珠三角环线、杭州湾环线等共5条地区环线，2段并行线和37段联络线。《国家高速公路网规划》总体上贯彻了“东部加密、中部成网、西部连通”的布局思路，建成后可以在全国范围内形成“首都连接省会、省会彼此相通、连接主要地市、服务全国城乡”的高速公路网络。

2007年交通运输部出台的《国家公路运输枢纽布局规划》，是对国家高速公路网规划的进一步完善，国家公路运输枢纽将与国家高速公路网共同构筑全国便捷、高效的公路快速运输网络。国家公路运输枢纽是位于重要节点城市的国家级公路运输中心，由客运枢纽站场和货运枢纽站场组成，提供公共交通运输服务。布局的目标是覆盖直辖市、省会城市、计划单列市、特大城市及重要城市节点，构建跨区域和省际间的快速客货运输系统；覆盖主要港口、大中型枢纽机场及重要的铁路枢纽，完善综合交通运输体系；覆盖重要的国家开放口岸、国家级经济技术开发区、AAAA级旅游景点城市以及区域性的客货集散地，构建国家公路运输网络。国家公路运输枢纽总数为179个，其中12个为组合枢纽，共计196个城市。

《国民经济和社会发展十二五计划纲要》指出：完善国家公路网规划，加快国家高速公路网剩余路段、瓶颈路段建设，加强国省干线公路改扩建。

交通运输部发布的《交通运输“十二五”发展规划》提出，公路交通要坚持建、养、运、管并重，完善国家公路网规划，基本建成国家高速公路网，加大国道改造力度，加强公路科学养护，优化营运车辆结构，创新运输组织模式，规范建设和运输市场管理，全面提升公路运输保障能力和服务水平。

2013年交通运输部发布了《国家公路网规划（2013年—2030年）》，提出构建“两张网”：一个是普通国道网，包括12条首都放射线、47条北南纵线、60条东西横线和81条联络线，覆盖全国所有县，总规模约 26.5 万公里；另一个是国家高速公路网，由 7 条首都放射线、11 条北南纵线、18 条东西横线以及地区环线、并行线、联络线等组成，总计约 11.8 万公里。到 2030 年，我国将基本实现首都辐射省会、省际多路连通、地市高速通达、县县国道覆盖的目标。

（四）加强水运建设

水运以其低廉的运输费用，在航道通达的地区，起着很重要的作用。虽然限于河流、湖泊的通过能力，内河水路运输发展规模常受到限制，但是，远洋运输和沿海运输则有着广阔的发展前景，是水路运输发展的重点。远洋航线是我国对外贸易的主要通道，沿海航线是我国南北的主要运输干线之一，长江干线航运是我国东西交通的大动脉，内河航道在我国分布较普遍，如南北向的京杭大运河、东西向的西江航线和淮河。长期以来，水路运输主要承担煤炭、矿石、粮食、化肥、原油和成品油等大宗货物以及集装箱和散装杂货运输任务。

1. 水路运输发展概况

（1）海洋运输

海洋运输作为水路运输的重要组成部分，对国民经济发展特别是对我国对外贸易的发展具有不可或缺的作用。我国外贸物资 90%以上是通过远洋运输完成的。近年来，我国海洋运输的发展主要以能源、外贸运输为重点，把结构调整作为主线，坚持在发展中推进结构调整，在结构调整中保持快速发展。强化了上海国际航运中心和沿海主枢纽港口的建设，合理调整港口布局，重点建设了集装箱码头、大型专业化原油、铁矿石接卸码头；通过新建和技术改造使沿海港口适应货物的结构性变化和专业化、大型化、集约化的运输发展要求，积极推动部分老港区的功能调整；大力改善主要出海口航道及主要港口进出港航道的通航条件，发展港口多种集疏运能力，扩大港口综合吞吐能力；相应发展地区性重要港口，适度建设地方中小港口，岛屿交通条件得到继续改善。因地制宜地发展水上过驳运输，使港口具有对内、对外两个辐射功能。我国沿海港口基本实现大中小港口、大中小泊位、专业与通用泊位相结合、公用码头和业主码头相配合的港口体系。远洋运输船舶重点发展了大型散货船、大型油轮、集装箱船、滚装船、客滚船、液化气船等。积极开发新船型，如浅吃水肥大型船、自卸船、客货兼用滚装船、江海直达运输船、节能船及高速客船等。实现了“船舶大型化，船队专业化、企业经营集约化”，基本建立了统一开放、竞争有序的水运市场体系。

（2）内河运输

在我国广大的内陆江、河流域地区，内河航道和港口是支撑流域经济社会可持续发展的战略资源，是综合运输体系的重要组成部分。经过多年的建设与发展，长江干线已成为世界上水运最为繁忙和运量最大的河流，西江航运干线已成为沟通西南与粤港澳地区的重要纽带，京杭运河已成为我国“北煤南运”的水上运输大动脉，长江三角洲、珠江三角洲航道网已成为区域综合运输体系的重要组成部分。依托内河航道和城镇的分布，我国内河港口初步形成了长江干线、珠江三角洲集装箱运输系统的框架，以及长江干线矿石运输系统，长江水系、珠江水系，京杭运河与淮河水系煤炭运输系统的港口布局。内河运输的发展重点围绕建设一纵（京杭运河）、三横（长江、西江、黑龙江）和两网（长江、珠江三角洲）。

全国内河航道划分为两个层次：包括高等级航道和其他等级航道。高等级航道是全国内河航道的核心和骨干，是国家综合运输体系的重要组成部分，有条件的还可与其他交通方式共同组成发展为综合运输大通道，主要指可通航千吨级船舶的三级及以上航道，个别地区的航道受条件限制为可通航 500 吨级船舶的四级航道。全国内河港口划分为三个层次：包括主要港口、地区重要港口和一般港口。内河主要港口是指地理位置重要、吞吐量较大、对经济发展影响较广的港口。

2. 水路运输的发展规划

2006 年 9 月交通运输部（原交通部）出台的《全国沿海港口布局规划》，根据不同地区的经济发展状况及特点、区域内港口现状及港口间运输关系和主要货类运输的经济合理性，将全国沿海港口划分为环渤海、长江三角洲、东南沿海、珠江三角洲和西南沿海 5 个港口群体，强化群体内综合性、大型港口的主体作用，增强为腹地经济服务的能力。港口群内部和港口群之间港口分工合理、优势互补、相互协作、竞争有序。形成煤炭、石油、铁矿石、集装箱、粮食、商品汽车、陆岛滚装和旅客运输等 8 个运输系统的布局。全国沿海港口布局规划在方案和效果上总体上贯彻了适应经济、区域协调、突出重点、综合运输、资源节约的布局原则和思路，形成的 5 大港口群体能基本适应区域经济协调发展和全面建设小康社会及现代化建设的要求，突出了港口群内综合性、大型港口的重点作用，采用系统化布局理念形成的与国计民生密切相关的八大运输系统，也是衔接和促进国家综合运输体系发展和完善的重要体现，规模化、专业化、集约化、效益优先的港口发展方向将引领港口节约资源、提高资源利用率，促进港口可持续发展。

2007 年交通运输部（原交通部）发布的《全国内河航道与港口布局规划》规划的实施期限为 2006 年—2020 年，其发展目标为：按照科学发展观的要求，与水资源开发利用和综合交通网发展相协调，合理开发和有效利用水运资源，用 20 年左右时间，建成干支衔接、沟通海洋的高等级航道，为船舶标准化、规范化创造基础条件；与航道发展相适应，形成布局合理、功能完善、专业化和高效的港口体系。充分发挥内河水运的优势，提供畅通、高效、安全、环保的运输服务，适应流域经济社会发展和国家安全需要。远期根据流域经济社会发展要求，结合水资源开发利用，进一步扩展覆盖面，提高通达度，延伸内河水运的服务范围。在水资源较为丰富的长江水系、珠江水系、京杭运河与淮河水系、黑龙江和松辽水系及其他水系，形成长江干线、西江航运干线、京杭运河、长江三角洲高等级航道网、珠江三角洲高等级航道网、18 条主要干支流高等级航道（两横一纵两网十八线、简称 2—1—2—18）和 28 个主要港口布局。规划内河高等级航道约 1.9 万公里（约占全国内河航道里程的 15%），其中三级及以上航道 14 300 公里，四级航道 4 800 公里，分别占 75%和 25%。实现了主要资源腹地和消耗地的有效联接以及主要江河的江海直达运输，可进一步加强区域间的经济和物资交流，促进沿江、沿河产业密集区的形成，发挥区域内主要城市的经济辐射带动作用，推进协调发展。

《国民经济和社会发展十二五计划纲要》指出：大力推进长江等内河高等级航道建设，推动内河运输船舶标准化和港口规模化发展。完善煤炭、石油、铁矿石、集装箱等运输系统，提升沿海地区港口群现代化水平。

《交通运输“十二五”发展规划》提出，继续有序推进沿海港口基础设施建设，优化沿海港口结构与布局，着力拓展港口功能，提升港口的保障能力和服务水平。充分发挥内河水运优势，发挥内河水运对沿江产业布局的引导作用，认真贯彻落实《国务院关于加快长江等内河水运发展的意见》，加快以高等级航道和主要港口为重点的内河水运基础设施建设，大力提高运输服务水平，建设现代化的内河水运体系。具体而言，发展目标主要有：

(1) 有序推进沿海港口建设

第一，优化港口布局。强化主要港口的核心地位。继续推进主要港口大型综合性港区建设，充分发挥主要港口在综合运输体系中的枢纽作用，提升对腹地经济社会发展的综合服务能力。推进新港区开发。贯彻落实国家区域发展规划，结合产业布局，统筹规划、科学推进服务于区域经济发展的新港区开发。完善煤炭、外贸进口原油、外贸进口铁矿石和集装箱等主要货类运输系统港口布局，提升沿海地区港口群现代化水平。

第二，重点推进煤炭、原油、铁矿石和集装箱码头建设。结合国家煤炭铁路外运通道的扩能和新建，推进装船码头建设，提高保障能力；加快建设华东、华南地区煤炭公用接卸码头，结合国家煤炭中转储备基地布局、建设相应码头。原油运输系统：根据炼厂扩能与布局，以及原油管道建设、战略储备和能源安全供应的需要，相应建设大型外贸进口原油接卸码头。加快建设环渤海地区、长江三角洲地区外贸铁矿石一程接卸码头。结合沿海大型钢铁基地布局，配套建设外贸进口铁矿石码头。把握建设节奏，充分发挥既有设施能力，稳步推进干线港集装箱码头的建设，相应发展支线港、喂给港集装箱码头。加快形成内贸集装箱运输体系。

第三，加强航道、防波堤、公共锚地等港口公共基础设施：重点建设主要港口、地区性重要港口深水航道和防波堤，推进新港区航道、防波堤建设。加快主要集装箱港区疏港高速公路建设，推进大型综合性港区建立客货分离的集疏运公路体系，加强港口铁路集疏运通道及场站建设的协调，加快长江三角洲、珠江三角洲地区港口内河集疏运体系建设。进一步改善陆岛交通运输设施，提升滚装运输适应能力，提高陆岛码头服务水平。

第四，促进港口结构调整。发展专业化、规模化港区。通过建设专业化码头和整合港区作业货类，提升港口专业化、规模化水平。加强老港区改造，提高既有设施的技术水平和生产能力，合理调整港区功能，协调港城关系。鼓励发展公用码头，鼓励企业专用码头提供社会化服务，提升港口的公共服务水平。

(2) 加快发展内河水运

第一，按照“规划指导、项目牵引、加强管理、有序推进”的原则，加快长江干线上、中、下游干线航道系统治理，全面改善通航条件。实施“中游荆江河段航道治理工程”和“南京以下 12.5 米深水航道建设工程”两大重点工程，继续实施长江口河段航道治理工程，带动长江干线航道发展上一个新台阶，力争到 2015 年，基本实现《长江干线航道总体规划纲要》提出的规划目标。

第二，加快以高等级航道为重点的内河航道建设。“十二五”时期共改善三级及以上航道里程 3 500 公里。到 2015 年末，长江干线以及西江航运干线、京杭运河和珠江三角洲高等级航道网全面或基本达到规划标准，长江三角洲高等级航道网 60%达到规划标准。扶持中西部、少边穷地区水运基础设施建设。加强黑龙江、额尔古纳河、鸭绿江等界河航道建设，积极推进澜沧江—湄公河等水运通道建设，加快构建国际水运通道。

第三，发展规模化港区。推进重庆长江上游航运中心和武汉长江中游航运中心建设，以主要港口为重点，加快内河港口规模化、专业化港区建设，建成一批集装箱、汽车滚装、大宗散货等专业化泊位。加强内河主要港口铁路、公路集疏运通道建设，发展港口物流，拓展港口功能，增强港口对临港工业和腹地经济发展的支撑带动作用。

第四，推进内河船型标准化。继续推进长江干线和京杭运河船型标准化，全面展开西江航运干线和珠江三角洲高等级航道网船型标准化，启动其他高等级航道重点船型的标准化工作。通过资金引导和管理措施，推广标准化船型，鼓励现有老旧运输船舶提前退出航运市场，加快更新改造安全、环保设施达不到规范要求的船舶。到2015年末，长江干线、西江航运干线和京杭运河船型标准化率达到70%。

第五，加强航道养护管理。着力提高航道养护水平，保障内河水运畅通安全。坚持分类养护，以长江干线等高等级航道为重点，全面提高航道养护和应急保通能力，加强界河航道养护和管理。健全航道养护技术标准和规章制度，推动航道养护工作规范化和制度化。提升航道养护设施、设备能力建设，加快养护船舶更新改造。加大航道养护资金投入，建立稳定的资金渠道，保证日常维护资金需求。深化航道养护机制改革，发挥航道管理机构专业化管理与市场机制的双重作用，提高航道养护效率和水平。积极推进数字航道、航标遥测遥控等新技术应用，提升航道养护管理的现代化水平。加强航道养护技术研究，提高航道设施服务能力。

（3）提升水运服务能力和水平

第一，提升运输装备水平。调整运力结构，促进运输船舶向大型化、专业化方向发展，到“十二五”末，远洋、沿海、内河船舶平均吨位分别提升到25 000吨、6 500吨和800吨。壮大海运国轮船队，提高进口能源、重要原材料运输保障能力。提升沿海船舶技术水平，鼓励发展液化气船、商品汽车滚装船等专业化船舶。加快推进内河船型标准化，大力发展江海直达船舶。严格实施和完善老旧船舶强制报废制度，加大船舶技术更新改造力度，改善安全性能，提高技术水平。

第二，加快提升港口服务水平。积极发展港口现代物流功能。依托主要港口打造区域物流中心，构建以港口为重要节点的物流服务网络，拓展仓储、货物贸易服务等功能。加强港口物流园区、货运场站及物流通道建设，推进港口物流公共信息平台和电子商务平台建设，推进内陆无水港发展。发挥保税港区政策优势，积极发展国际中转，促进配送、出口加工等保税业务发展。利用现代信息技术，提升港口服务效率和水平。重点推进港口集装箱多式联运信息服务系统示范工程，基于港航EDI中心，结合航运中心建设，依托沿海和长江沿线主要港口，建立多种运输方式一体化单证体系和信息服务体系，实现信息共享和通关一体化服务。

第三，完善运输组织体系。继续完善远洋、沿海和内河运输体系。推进内河干支直达和江海直达运输发展，有条件的地区发展顶推船队运输，提高运输效率，降低运输成本。大力发展内河集装箱运输，完善集装箱、大宗物资、汽车滚装运输网络。积极推进多式联运，重点推进集装箱、大宗物资水铁联运、江海联运。

第四，大力发展现代航运服务业。在环渤海、长江三角洲、珠江三角洲、海峡西岸等区域大力发展航运金融、保险、海事仲裁、信息、航运交易等高端航运服务业，拓展航运服务产业链，建设航运交易信息平台，探索建立国际航运发展综合试验区。进一步提升船舶代理、无船承运、船舶管理等传统航运服务业水平。进一步提升国际航运合作水平，积极参与重要海上运输通道的合作，完善国际海运航线网络，保障能源等战略物资运输安全。支持大型港口及航运企业实施国际化发展战略，增强能源、原材料运输保障能力。推进澜沧江—湄公河国际航运便利化，推进东北亚地区陆海联运发展。

第五，提升水上客运服务品质。推动水上客运向高速化、舒适化方向发展。大力发展海峡、岛屿间高速客轮、客滚运输和水上旅游客运。推进大连、天津、青岛、厦门、深圳、北海等港口邮轮运输，重点建设三亚、上海等邮轮母港，逐步延伸产业链条和服务范围，提高邮轮运输发展水平。有序发展游艇码头，加强安全监管。

（五）大力发展航空运输

1. 航空运输的发展概况

航空运输体系包括飞机、机场、空中交通管理系统和飞行航线 4 个基本部分。我国航空运输体系是在 1978 年以后逐步发展起来的，并已形成了以航空公司、机场、政府交通管理部门等为主体的基本格局。特别是改革开放以来，我国民航事业无论在航空运输、通用航空、机群更新、机场建设、航线布局、航行保障、飞行安全、人才培训等方面都保持了持续快速的发展。随着我国国民经济的发展和对外联系的加强，航空运输的重要性将会日益凸现出来。

根据所服务的航线和规模，我国的民航运输机场大致可分为：连接国际、国内主要城市，航线密集的大型枢纽机场；以国内航线为主、空运量较为集中的干线机场；机场规模比较小、等级也较低的地方航线或支线机场。近年来，国际、国内经济发展，特别是我国经济持续快速发展，促进了我国航空运输的高速发展。随着商贸交易、人员出行、旅游参观人数的增加，民航客运是增长速度最快的运输方式。经过多年的建设和发展，我国已基本形成了以北京、上海、广州机场为中心，以省会、旅游城市机场为枢纽，其他城市机场为支干，功能齐全、布局较合理、设施先进、联结国内外的航空运输网络。

在“十五”期间，突出了支线机场建设并向西部地区倾斜，完善枢纽机场和干线机场，提高了空管技术装备水平。通过购置新机型和租赁大中型干线客机及其他机种，我国民航机型已基本接近和达到国际水平，机队结构趋于合理，民航机队规模不断扩大。民航系统按市场经济客观规律的要求，进行了政企分开的体制改革，组建了中国航空集团公司、东方航空集团公司、南方航空集团公司、中国民航信息集团公司、中国航空油料集团公司、中国航空器材进出口集团公司六大集团公司。在国内航线上，基本体现了“适度竞争，协调发展”的原则。成立后的集团公司与民航总局脱钩，交由中央管理。2004 年 10 月 2 日，在国际民航组织第 35 届大会上，中国以高票首次当选该组织一类理事国。

“十一五”期间，航空业务规模快速增长，航空运输旅客周转量在综合交通运输体系中的比重提升 2.7 个百分点。运输机队总量达到 1 597 架，是 2005 年的 1.85 倍。基础设施建设五年共投资 2 500 亿元，约为前 25 年民航建设资金之和，基础设施能力大幅提高。2010 年运输机场达到 175 个，五年新增 33 个，覆盖全国 91％的经济总量、76％的人口和 70％的县级行政单元。空管设施建设加快，飞行高度层垂直间隔缩小，管制能力提高。电子客票全面普及，简化商务不断扩展，电子政务系统基本建成，行业管理能力逐渐增强。

2. 航空运输的发展规划

2007年12月，民航总局发布了《全国民用机场布局规划》（不含通用航空机场），到2020年，初步形成规模适当、布局合理、层次分明、功能完善的现代化民用机场体系。按照“加强资源整合、完善功能定位、扩大服务范围、优化体系结构”的布局思路，重点培育国际枢纽、区域中心和门户机场，完善干线机场功能，适度增加支线机场布点，构筑规模适当、结构合理、功能完善的北方（华北、东北）、华东、中南、西南、西北五大区域机场群。通过新增布点机场的分期建设和既有机场的改扩建，以及各区域内航空资源的有效整合，机场群整体功能实现枢纽、干线和支线有机衔接，客、货航空运输全面协调，大、中、小规模合理的发展格局，并与铁路、公路、水运以及相关城市交通相衔接，加强集疏运建设，共同构成现代综合交通运输体系。

《国民经济和社会发展十二五计划纲要》指出：完善以国际枢纽机场和干线机场为骨干、支线机场为补充的航空网络，积极推动通用航空发展，改革空域管理体制，提高空域资源配置使用效率。

交通运输部在《交通运输“十二五”发展规划》提出：以建设民航强国战略统领民航业发展，以确保持续安全为前提，加快基础设施建设，完善航空运输网络，全面提升运输质量，积极发展通用航空，显著提高民航综合保障能力和服务水平。力争到2015年，民用机场覆盖全国81％以上的县级城市单元、83％以上的人口和94％以上的经济总量。并从增强机场保障能力、建设现代空管服务系统、提高民航服务能力、加快发展通用航空、确保航空持续安全等方面提出具体发展目标。

民航总局在《中国民用航空发展第十二个五年规划》进一步强调了其主要目标：到2015年，航空运输持续安全，基础保障能力全面增强，服务能力基本满足需求，转变发展方式取得成效，竞争能力和国际影响力显著提高，在国家综合交通运输体系中的作用更加突出，对国家经济社会的贡献明显增大。具体而言，第一，安全水平稳步提升。初步建成具有中国特色的行业安全管理体系和运行机制，运输航空每百万小时重大事故率低于0.20。第二，保障能力整体提高。运输机场数量达到230个以上，初步建成布局合理、功能完善、层次分明、安全高效的机场体系。空域不足的瓶颈有所缓解，空管保障能力稳步提高，保障起降架次达到1 040万架次。第三，运输能力显著增强。运输总周转量达到990亿吨公里，旅客运输量4.5亿人，货邮运输量900万吨，年均分别增长13％、11％和10％。航班正常率高于80％，公众对民航服务基本满意。第四，通用航空规模快速扩大。基础设施大幅增加，作业领域不断扩展，运营环境持续改善，标准体系初步建立，作业量和飞机数量翻番。第五，节能减排全面推进。能源节约和污染排放控制取得明显成效，吨公里能耗和二氧化碳排放量五年平均比“十一五”下降3％以上，新建机场垃圾无害化及污水处理率均达到85％。

中国疆域辽阔，人口众多，资源丰富，发展空中交通运输有着广阔的市场和空间。有理由相信，在未来一段时间内，民航仍是客运发展速度最快，具有广阔发展前景的运输方式。航空运输在国家综合运输体系中所占比重将有较大提高，通用航空应用范围扩大，在国家民用航空中的地位显著提高。

（六）适度发展管道运输

管道适用于石油及其制品、天然气、煤气以及生产和民用水等单相流体货物的专门运输。随着我国石油开采的增长和石油化学工业的兴起，在主要油田和石油加工企业，转运港口之间以陆续修建了输油管道。固体物料液化技术的发展，管道亦用于煤炭、矿石等固体物料的运输。

我国于1958年修建的第一条长距离原油管道，是从新疆克拉玛依油田到独山子炼油厂，全长147公里。1963年建成第一条长距离天然气管道，将四川南部的天然气输送到重庆市，全长55公里，为我国第一条穿越长江的管道。1976年建成第一条长距离成品油管道，由青海格尔木至西藏拉萨，顺序输送汽油、煤油和柴油。我国大规模开展管道建设，是在发现大庆油田以后。20世纪70年代建设了从大庆经铁岭至秦皇岛、大连和北京的原油输送干线，将华北、中原、胜利等油田的原油输送到江苏仪征和山东黄岛。原油管网还通过大连、秦皇岛、黄岛和仪征等水运港口，将原油经海运和长江运往南方各炼油厂，及向国外出口。在我国内地的河南、湖北、陕甘宁和新疆等地区，也敷设了一些原油管道，将原油从各个油田直接输往炼油厂，显著减轻了铁路的负担。我国浆体管道输送技术已日趋成熟。我国经济的快速发展使对能源的需求快速增长。从而对能源的管道运输提出了更高的要求。2000年2月国务院批准启动“西气东输”工程，是目前我国距离最长、管径最大、投资最多、输气量最大、施工条件最复杂的天然气输气管道。全线采用自动化控制，供气范围覆盖中原、华东、长江三角洲地区。西起新疆塔里木轮南油气田，向东经过库尔勒、吐鲁番、鄯善、哈密、柳园、酒泉、张掖、武威、兰州、定西、西安、洛阳、信阳、合肥、南京、常州等大中城市，终点为上海。东西横贯新疆、甘肃、宁夏、陕西、山西、河南、安徽、江苏、上海等9个省区。“西气东输”管道工程，全长4 200公里，管道直径1 016毫米，采取干支结合、配套建设方式进行，管道输气规模设计为每年120亿立方米。2004年10月1日，来自新疆塔里木的天然气与陕北长庆天然气混合在一起，离开陕西靖边向上海进发，这标志着西气东输工程全线投产。“西气东输”二期工程年输量将达到180亿立方米。“十五”期间，我国进一步加强了油气管道建设，初步形成管道运输网。

“十一五”期间，我国加快了油气干线管网和配套设施的规划建设，逐步完善全国油气管线网络，建成西油东送、北油南运成品油管道，同时适时建设第二条西气东输管道及陆路进口油气管道。未来15年是我国管道工业的黄金期，除得益于我国经济的持续快速发展和能源结构的改变，建设中的中俄输气管线、内蒙古苏格里气田开发后将兴建的苏格里气田外输管线、土库曼和西西伯利亚至中国的输气管线等，不仅为中国也为世界管道业提供了发展机遇。

随着国民经济的持续、快速、健康发展，我国交通运输业进入了一个新的发展时期。铁路、公路、水路、民航及管道运输都有广阔的发展前景，各种运输方式应该发挥各自的经济技术特长，优势互补，在国家宏观调控下，运用市场机制，形成全国统一和开放的综合运输体系，为我国社会发展和经济增长发挥更大的作用。

第二章 运输业的性质

运输业在整个国民经济体系中具有十分重要的地位，但在相当长的时期运输业是制约国民经济发展的一个瓶颈产业。造成这种状况的重要原因之一就在于我们对运输业的性质、特点及其功能缺乏足够的认识。因此，正确认识运输业在整个国民经济中的地位，研究运输业的性质，是运输经济学的一个基本问题，也是分析运输经济问题的一个基本出发点。研究这个问题的实质在于如何认识运输活动的性质，将运输业划归何种部门、产业或领域。对运输业的性质的认定，关系到如何认识运输业在社会经济生活中的地位和作用，如何处理运输业与其他部门或产业之间的关系，以及如何对运输业及其内部进行管理，等等。不同的经济学理论，由于其研究问题的角度和目的不同，提出了不同的看法。总体来看，在我国较为流行的主要有三种理论，权且称为"运输性质三论"，即物质生产部门论、第三产业论、基础设施论。三种理论的立论依据、研究角度和目的各不相同，从不同的方面去阐释运输业的特性，从而加深人们对运输业的地位和作用的认识。从这个意义上讲，运输业有多重属性。实际上，在现实经济生活中，一般也是从上述三个方面来认识运输业的。

总之，运输业既是创造物质财富的生产部门，又为全社会提供服务，是物流服务中重要的环节，是支持社会经济总体运行的基础。全面认识运输业的经济社会性质，对于加快我国运输业的发展，有重大的理论意义和实际意义。

应当指出的是，将运输业划归物质生产部门的马克思的再生产理论与三次产业理论的基础理论是两种完全不同的理论。马克思的再生产理论认为，社会再生产的要素，仅为劳动力、劳动手段、劳动对象三个要素；全部社会产品和国民收入是由物质生产部门创造的；只有从事生产劳动创造物质产品和增加产品价值的部门才属于物质生产部门，否则属于非物质生产部门。三次产业理论的基础是西方经济学理论。按照这种理论，劳动、资本、土地是一切社会生产所不可缺少的三个要素，社会产品和国民收入是由土地、资本和劳动三个"生产要素"共同作用的结果。它没有区分物质生产与非物质生产、生产劳动与非生产劳动的界限，认为一切产品的生产和劳务的提供都是生产；利润、利息、租金同工资一样都是"要素收入"。这种理论认为，一个国家的所有部门，在一定时期内生产的全部物质产品和提供的劳务，就构成其国民生产总值。

上述两种理论分别是世界上两大国民经济核算体系，就是原计划经济国家采用的《物质产品平衡表体系》（简称 MPS）和市场经济国家采用的《国民经济账户体系》（简称 SNA）的理论基础。第三产业与基础设施的区别是：首先，第三产业同第一、第二产业一样，都称为独立的产业（industry），它是第一、第二产业的资本和劳动力逐渐转移的产业。而基础设施则是为社会生产和社会生活创造共同条件而提供公共服务的。其次，第三产业作为三次产的一部分，可以同第一、第二产业共同反映整个国家经济结构的组成状况，因此它常被用来研究经济部类、部门结构及其变化。而基础设施作为与各直接物质生产部门相区别而又为之服务的另一类整体，并不构成部门结构意义上的“部门”。它同国民经济中的其他部分，可以共同反映社会生产力和社会生活服务设施的状况，常被用来研究社会再生产运行的条件和国民经济的全面平衡问题。

第一节　运输业是物质生产部门

19世纪中叶，马克思主要在《资本论》中，系统而深刻地论述了运输业的性质，指出它既具有物质生产的共性，又具有区别于一般物质生产的特性，认为运输业是生产过程在流通过程内的继续，属于物质生产领域。这就是“物质生产部门论”的理论依据。

在马克思主义的政治经济学体系中，国民经济被划分为两大门类，就是物质生产部门和非物质生产部门。这种分类旨在研究与区分国民收入的创造和国民收入的分配，研究与区分经济基础和上层建筑。按照这种划分，物质生产部门是指从事物质资料生产的部门，例如生产粮食的农业，生产机器的机械制造业，生产矿石的采掘业等等。马克思还将物质生产部门的范围扩大到那些直接为物质资料生产服务的部门。例如，那些与物质资料实物形式和运动相联系的活动也被归为物质生产部门的范畴。对于运输业，马克思就认为应划归物质生产部门，而且阐明了它的特殊性。

一、运输业的物质生产特征

物质资料的生产，是人们借助于劳动工具，对劳动对象进行物质的变化，使之适合于自己需要的有目的的活动。劳动对象的物质变化有各种形态：金属冶炼使矿石产生化学成分的变化，机械加工使工件发生形状的变化，而发电则是将煤或油等的热能转变为电能。劳动对象这种化学的、物理的变化是物质的变化，是冶金、机械、电力等工业的生产特征。此外，还有一种物质的变化，就是劳动对象空间位置的变化。运输业，不论是客运还是货运，“在这里，劳动对象发生某种物质的变化—空间的、位置的变化。”① 运输本是物质生产过程中的有机组成部分，即表现为生产内部运输。生产和分工的发展，商品经济的发展，出现了流通领域中的社会化运输，不过，它只是在更大的规模上表示着与生产内部运输同样的现象。其实，还有就其本质来说是运输的工业部门，如采掘工业，天然矿产资源的开采，除了从矿体上分离的作业，基本上是运输活动；采掘工业区别于加工工业的，就是它的本质是运输。与采掘工业比较，运输业则纯粹是实现劳动对象在空间上转移的物质生产部门。在市场经济条件下，商品的价值的实现及使用价值的变换，要求商品实现从

① 《马克思恩格斯文集》，1版，第8卷，419页，北京，人民出版社，2009。

所有者到使用者的转移，然而，由于商品生产和消费存在着地域上的隔离，使得实现商品从生产领域向消费领域的空间上的流通即商品运输成为必要，从而使承担商品运输职能的运输业的追加生产过程成为必要。运输的物质生产特征还主要表现在：

第一，运输改变商品的使用价值状态，完成消费的准备。

运输使商品的空间位置发生变化，虽不改变其自身的使用价值，却改变了商品的使用价值的状态，就是使其由潜在状态进入可消费的现实状态。商品在作为完成的产品离开生产过程以后，进入流通过程，一般都必须经过运输，“产品只有完成这个运动，才是现成的消费品”①。

第二，“运输业所出售的东西，就是场所的变动本身。”②

运输所产生的效用是和其他商品完全一样的。“如果它是个人消费的，那么，它的价值就和消费一起消失；如果它是生产消费的，从而它本身就是处于运输中的商品的一个生产阶段，那么，它的价值就作为追加价值转移到商品本身中去。”③ 这种追加价值的数量等于使商品的使用价值发生位置改变所需要的劳动量：它一部分决定于生产资料的耗费，即转入商品的物化劳动量，另一部分决定于活劳动量。运输劳动的追加使得商品的生产和消费在空间上的矛盾得以解决，使商品的使用价值进入现实的可消费状态，为消费者以购买的方式予以承认，实现其价值。因此，“凡是适用于其他一切物质生产领域的，同样适用于运输业：在这个领域里，劳动也体现在商品中，虽然它在商品的使用价值上并不留下任何可见的痕迹。”④ 运输产品也是商品，具有价值和使用价值。

所以，马克思称运输业是“第四个物质生产领域”。他说：“除了采掘工业、农业和加工工业以外，还存在着第四个物质生产领域，这个领域在自己的发展中，也经历了几个不同的生产阶段：手工业生产阶段、工场手工业生产阶段、机器生产阶段。这就是运输业，不论它是客运还是货运。”⑤但是，从严格的科学意义上说，并不是所有的运输活动都可以划归为物质生产活动，例如个人出行需求而产生的旅客运输，其生产过程中所消耗的生产资料价值和运输工人劳动所创造的价值，就不构成物质产品的生产费用，而是伴随着客运过程的结束而消失。这种旅客运输的效用只是满足了个人出行的需求，实现了其出行的目的（如探亲、访友、旅游等），这一部分不能被视为是物质生产活动。马克思说：“至于旅客运输，这种位置变化只不过表现为企业主向乘客提供的服务”。⑤ 实际上，这是马克思在分析运输活动的物质生产属性的同时对一部分运输活动具有的服务性质的肯定。

二、运输业生产的特殊性

运输生产的特殊性主要表现在运输生产活动所处的领域、运输生产过程和运输产品都具有自己的特点这两大方面，从而使运输业成为一个特殊的物质生产部门。

---

① 马克思：《资本论》，2版，第2卷，168页，北京，人民出版社，2004。

②③ 同上书，65页。

④⑤⑥ 《马克思恩格斯文集》，1版，第8卷，420、419页，北京，人民出版社，2009。

（一）运输生产是在流通过程中进行的

从整个社会再生产的角度来考察，运输业“表现为生产过程在流通过程内的继续，并且为了流通过程而继续”①。也就是说，运输业虽然具有物质生产的一般性质，直接同一般商品生产过程相连结，但它却是在流通过程内进行的，即是在实现商品实体从生产地向消费地转移的过程中完成的。所以，运输业直接构成流通过程得以进行的物质条件和重要组成部分，并且成为社会生产的一般共同条件，具有先行的特征，这是与其他物质生产部门不同的。运输业在流通过程中继续生产过程，并非是一个孤立的过程；运输活动与商业活动共处于流通领域，并行不悖，相辅相成。商品的流通过程是价值的实现和使用价值的变换的统一。“商品的形态变化，它们的运动，1. 在物质上由不同商品的互相交换构成；2. 在形式上由商品转化为货币和货币转化为商品，即卖和买构成。”② 正如马克思所言，这一整套交换行为，从使用价值来看，是物质变换，从价值本身来看，则是形式变换。商品所有者要使包含在商品中的价值得以实现，必须以在交换中让渡商品的所有权为前提；同样，商品只有通过交换从生产者或经营者手中转移到最终的消费者手中，其使用价值才能成为现实的使用价值。前者是商品在交换中发生的价值形态的变化和所有权的转移，称为商品价值流通，简称商流；后者是商品实体从生产地向消费地的实际运动，称为商品实体流通，简称物流。商流与物流的关系在不发达的商品流通中表现得比较简单；随着商品生产的发展，市场的扩大，生产和消费在空间和时间上的距离的加大，商流与物流运动不仅相互分离，而且两者之间的关系也大大复杂化了。商流与物流的分离大致有三种基本类型：一是商流在前，物流在后；二是物流在前，商流在后；三是商流和物流在某些环节上的分离。此外，在某些商品流通的某一环节中，也存在着只有商流没有物流，或只有物流没有商流的特殊形态。所以，一般地说，只有运输活动与商业活动的正确结合，才能顺利完成商品的流通，从而实现社会的再生产过程。

（二）运输生产过程及其产品具有自己的特殊性

“旅客和货物是和运输工具一起运行的，而运输工具的运行，它的场所的变动，也就是它所进行的生产过程。”③ 不论是客运还是货运，运输的结果都是场所的变动。运输对象空间的位移，是运输业的效用，也是运输业的产品。运输产品的主要特点是：它的形态的非实体性、生产和消费的同时性及效用的同一性。

1. 运输不生产新的物质产品

货物作为劳动对象进人运输过程并不像一般商品生产那样，劳动对象经过物理的或化学的变化取得新的使用价值形态。“产品总量不会因运输而增大，”④，而是使运输对象发生空间位置的变化，从而改变了它的使用价值的状态，完成消费的准备。

2. 运输产品的生产和消费是同一过程

工农业产品的生产和消费，表现为在空间上和时间上相分离的两种行为；产品作为成

---

① 马克思：《资本论》，2 版，第 2 卷，170 页，北京，人民出版社，2004。
② 马克思：《资本论》，2 版，第 3 卷，363 页，北京，人民出版社，2004。
③ 马克思：《资本论》，2 版，第 2 卷，65 页，北京，人民出版社，2004。
④ 《马克思恩格斯文集》，1 版，第 6 卷，167 页，北京，人民出版社，2009。

品离开生产过程之后，作为和生产过程分离的商品转入流通，最后进入消费。而运输产品的生产和消费，非常独特。马克思强调运输业是特种产业，它不同于其他的产业，因为它的产品，即它创造的使用价值，不能同它的生产过程相分离，因而不能像商品那样在这个生产过程本身之外流通。它“只能在生产过程中被消费”①，在它被生产的同一瞬间被消费。换言之，运输业创造的使用价值依附于它所运输的商品的使用价值的固有形态上，与运输过程同始同终。因此，运输产品的生产和消费这两种行为是合二而一的，在空间上和时间上是结合在一起的。

3. 运输业生产的是同一的产品

各种运输方式具有不同的技术经济特征，使用不同的运输工具承载运输对象，在不同的运输线路上运行，进行运输生产活动，不论运输对象是人还是物，也不论货物种类如何众多繁杂，但是各种运输方式生产的是同一的产品，即运输对象的位移，它对社会具有同样的效用；而工农业生产部门则不同，其产品多种多样，千差万别，具有不同的效用。运输产品的同一性决定了在一定条件下各种运输方式的相互替代性。

除以上两个主要特殊性外，运输业还具有运输生产场所的广阔性、运输生产过程的流动性，运输对象的非选择性等特点。

三、认识运输业物质生产特征的意义

认识运输业的物质生产特征，尤其是它的特殊性，对于运输经济管理工作有着重要的意义。

第一，运输需求的多重性要求建立各种比例关系，要求经济管理方式的多样性，以保证运输业与其他部门协调发展。运输需求具有普遍性、派生性和可替代性多重特征。运输是社会生产和生活的一般共同条件，运输需求几乎是所有经济主体的普遍需求，生产决定流通，运输业是生产过程在流通过程中的继续，本源性需求决定派生需求，运输产品的同一性决定着在一定时空范围内各种运输方式相互间的可替代性。这些特点客观上要求运输业与国民经济各个部门之间、各种运输方式之间以及每种运输方式内部各环节之间必须保持一定的比例关系。在社会主义市场经济条件下，要结合运输业的技术装备和经济管理水平、运输经济结构等情况，采取多种调节方式，通过宏观调控和市场调节，并引入竞争机制，以促进各种运输方式的择优发展和与其他部门比例关系的实现。

第二，运输的先行性和运输产品的非储存性要求运输建设超前和留有后备，以便能及时调整供求关系，满足运输需要。运输需求的增长要求有相应的运输能力的增长来满足，而运输能力无论是外延扩大还是内涵提高，运输项目从兴建或改造到形成运输能力，一般都有较长的周期，还需要相关建设的配合。因此，对运输建设必须以科学的调查和预测为基础，做好可行性研究，统筹规划，适当超前建设，力避运输建设滞后，阻碍国民经济发展。运输产品不以实物形态而独立存在，决定运输储备不能采取产品的形式，而只能采取运输能力的形式，这就要求运输能力的建设应留有适当的后备，以调节运输供求矛盾。运输活动是在广阔的空间内进行的，运输线路和港站一经建立，就不能作地区间的调剂，因

① 马克思：《资本论》，2 版，第 2 卷，65 页，北京，人民出版社，2004。

此，对于运输能力在地域上的分布，应力求与客货流的分布相适应。

第三，运输生产及其产品的特殊性决定了运输产品的特性，对质量管理提出了特殊要求。运输的效用仅仅在于改变运输对象的空间位置，因此，必须以保证旅客的安全和货物的完好无损为基本前提。运输生产是在流通领域中进行的，运输时间构成了商品流通时间的主要部分，保证社会再生产的顺利进行要求运输及时，在时间上和空间上准确无误。运输货物所耗费的社会劳动，实质上是在流通领域内对产品社会生产费用的一种追加，因此要求这种追加劳动量最大限度地节约。所有这些决定了运输产品的主要质量特性—安全性、准确性、及时性和经济性。这些质量特性是运输产品—旅客和货物的位移所以能满足运输使用者需要的一般属性。运输企业只有根据运输产品的质量特性，加强运输的全面质量管理，才能全面满足客观运输需要。

第四，运输不生产新的实物形态的产品，使运输生产资本结构和运输成本结构独具特点，因而提出对其管理的特殊要求。在运输生产资本中，由于流动资金中没有原料和成品储备资金，使固定资金比重相对高；在运输成本结构中没有原料费用这个项目，而与固定资产有关的费用，如折旧、修理、燃料等费用则占有很大的比重。

基于以上特点，要求运输企业在资本和成本管理中，要重视固定资产的管理，安排好固定资产的再生产，提高资本使用效果，降低运输成本，提高经济效益。

第二节　运输业属于第三产业

运输业被列入第三产业，源于三次产业理论。20 世纪 30 年代，出现了三次产业理论，其后，西方经济学家运用三次产业结构分类法研究了经济发展同产业结构之间的变化规律，并使三次产业分类法得以广泛传播。按国际上比较流行的分类，认为运输业具有服务特性，将它列入第三产业。这就是“第三产业论”的理论依据。

一、三次产业及其分类

三次产业是第一产业、第二产业、第三产业的总称。第一产业、第二产业两个经济学名词最早出现在 20 世纪 20 年代的澳大利亚和新西兰。1935 年新西兰经济学家阿·费希尔（A. G. B. Fisher）在《安全与进步的冲突》一书中，提出了第三产业的概念。1940 年，英国经济统计学家克拉克（C. G. Clark）在《经济进步的条件》一书中发展了费希尔的理论，明确提出了三次产业的划分方法，并通过实证研究，揭示了经济发展同产业结构变化之间的规律，从而开拓了产业结构理论应用性研究的领域。50 年代后期，三次产业分类法便成为世界上通用的一种经济统计分类方法。

三次产业的分类，实际上是根据产业发展顺序、需求、结构的变化和对自然资源的依赖程度等所做的一种经济统计分类。按照克拉克的分类方法，第一产业以农业为主，包括畜牧业、狩猎业、渔业、林业等；第二产业以制造业为主，包括矿业；其他各业为第三产业。这种产业分类法虽已有五六十年历史，但是迄今为止，关于三次产业的具体划分问题，国际上尚无完全一致的看法。主要分歧是：采掘业是属于第一产业还是第二产业；建筑、运输、邮电、煤气、电力、自来水等各业，是属于第二产业还是第三产业。例如，对三次产业结构演变规律的研究做出杰出理论贡献而荣获诺贝尔经济学奖的美国经济学家库兹涅茨，对产业的具体划分与克拉克也不完全一致，例如，他就把运输业列入第二产业，而非第三产业。①

国际上对三次产业的划分没有统一的标准，但多数国家和国际组织划分的三次产业范围大体是一致的。即将农、林、牧、渔业划为第一产业；将采矿业，制造业，电力、燃气及水的生产和供应业，以及建筑业划为第二产业；将其他行业划为了第三产业。

1985 年，国家计委、国家经委、国家统计局和国家标准局首次联合颁布了《国民经济行业分类和代码》国家标准，规定了我国产业划分方法。按照这一标准，第一产业为农业（包括林业、牧业、渔业等）；第二产业为工业（包括采掘业、制造业、自来水、电力、蒸汽、热水、煤气等）和建筑业；第三产业为除第一、第二产业以外的其他各业。鉴于第三产业包括的行业多、范围广，根据我国的实际情况又将其分为两大部门：一是流通部门，二是服务部门。具体又分为四个层次：第一层次为流通部门，包括交通运输业、邮电通讯业、商业饮食业及物资供销和仓储业；第二层次是为生产和生活服务的部门，包括金融业、保险业、地质勘察业、房地产业、公用事业、居民服务业、旅游业、咨询信息服务业和各类技术服务业；第三层次是为提高科学文化水平和居民素质服务的部门，包括教育、文化、广播电视、科学研究、卫生、体育和社会福利事业等；第四层次是为社会公共需要服务的部门，包括国家机关、党政机关、社会团体以及军队和警察等。

随着社会经济的不断发展，我国的国民经济行业变化较大，为了及时准确地反映我国三次产业的发展状况，同时更好地进行国际比较，国家统计局在 2003 年修订的《国民经济行业分类》（GB/T 4754—2002）国家标准的基础上，对 1985 年三次产业的划分范围进行了调整，制定了新的《三次产业划分规定》。三次产业划分的具体范围是：第一产业包括农、林、牧、渔业；第二产业包括采矿业，制造业，电力、燃气及水的生产和供应业，建筑业；第三产业包括除第一、二产业以外的其他行业，具体包括：交通运输、仓储和邮政业，信息传输、计算机服务和软件业，批发和零售业，住宿和餐饮业，金融业，房地产业，租赁和商务服务业，科学研究、技术服务和地质勘查业，水利、环境和公共设施管理业，居民服务和其他服务业，教育，卫生、社会保障和社会福利业，文化、体育和娱乐业，公共管理和社会组织，国际组织等。

与原划分方法相比较，新规定的变化体现在两方面：第一，根据经济活动性质，新的三次产业划分规定将农、林、牧、渔服务业从原第三产业划归了第一产业。第二，新的三次产业划分规定不再对第三产业划分层次。之所以取消层次划分，首先是由于随着社会经济的发展，原划分方法中第三产业四个层次之间的界限已不很清晰；其次是《三次产业划分规定》是以《国民经济行业分类》（GB/T 4754—2002）国家标准为基础制定的，行业分类的划分层次非常明确，完全能够满足三次产业统计的需要 。

---

① 库兹涅茨的三次产业分类是：A 为第一产业，即农业部门，包括种植业、林业、渔业及狩猎业等；I 为第二产业，即工业部门，包括矿业、制造业、建筑业、电力、煤气、供水、运输、邮电等；S 为第三产业，即服务部门，包括商业、银行、保险、不动产、政府机关、国防及其他服务业。

2012年，根据国家质检总局和国家标准委颁布的《国民经济行业分类》（GB/T 4754—2011），国家统计局再次对2003年《三次产业划分规定》进行了修订。

三次产业划分范围如下：第一产业是指农、林、牧、渔业。第二产业是指采矿业；制造业；电力、热力、燃气及水生产和供应业；建筑业。第三产业是指除第一、二产业以外的其他行业。包括：交通运输、仓储和邮政业；住宿和餐饮业；信息传输、软件和信息技术服务业；金融业；房地产业；租赁和商务服务业；科学研究、技术服务业；水利、环境和公共设施管理业；居民服务、修理和其他服务业；教育；卫生、社会工作；文化、体育和娱乐业；公共管理、社会保障和社会组织；国际组织。

根据经济活动的需要，对三次产业划分进行了修订，将“农、林、牧、渔业”中的“农、林、牧、渔服务业”，“采矿业”中的“开采辅助活动”，“制造业”中的“金属制品、机械和设备修理业”等三个大类调入第三产业。调整后，第一产业为4个大类；第二产业为2个门类和36个大类；第三产业为15个门类和3个大类。并明确第三产业即为服务业。

三次产业分类法虽然广为流行，但是对产业（industry）一词并未做出科学的界定。什么是产业？“产业原指各种物质生产部门。一般不包括商业，有时专指工业。第三产业兴起后，泛指各种制造或提供物质产品、流通手段、服务劳动等的企业或组织”。这一定义，也不免失之笼统。以产业作为研究对象的产业经济学产生以后，对产业这一概念的科学内涵，作了进一步的研究。

“产业”是介于企业和国民经济之间的一个层次，指具有某类共同特性的企业集合。某类共同特性是将企业划分为不同产业的基准。然而，同一企业有许多不同特性，用不同的视角审视各类共同特性，可将同一企业划归不同“产业”。但是，产业经济学对“产业”划分的基准——企业的某类特性，是有选择性的。这种选择一般服从于两种分析需要。其一，是服从于企业市场关系的分析需要，以便于分析同一产业市场上企业间的垄断与竞争态势。为此，“产业”是指“生产同类或有密切替代关系产品、服务的企业集合”，这就是产业组织理论对“产业”的界定。其二，是服从于社会再生产过程中，大类部门之间、制造业各工业行业之间，以及行业内各中间产品之间的均衡状态的分析需要。为适应这种分析需要，这里的“产业”应指“具有使用相同原材料、相同工艺技术或生产产品用途相同的企业集合”；这就是产业结构理论对“产业”的界定。上述两种“产业”的界定，比较起来，产业结构中的“产业”概念有较大的伸缩性，既可以是广义的概念，如第一产业、第二产业、第三产业；也可以是狭义的概念，如机械工业、电子工业、石油工业等。而产业组织中的“产业”，其涵盖范围较窄，仅指生产具有密切替代关系的产品和服务的企业集合。总之，作为产业经济学研究对象的产业，是指具有某类特性的企业集合。而产业究竟由哪些特性的企业来集合，这要服从于经济分析的需要，因此，产业划分很难说出前后一贯的分类原则。

二、第三产业的服务特性

第三产业（tertiary industry）又称服务产业或服务业。按其服务对象大体上可以分为两大类，即为生产服务和为生活服务。为生产服务的主要包括：交通运输、通讯、批发商业、金融、保险、不动产业、信息服务（情报、咨询、广告等）、科学研究等。为社会生活服务的主要包括：文化、教育、卫生保健、饮食业、旅游业、住宅和公用事业、个人服务、社会保障服务等。事实上很多行业都既为生产服务，也为生活服务，是沟通生产与生活的行业。上述划分只是从该行业以哪一方面为主来确定的。第三产业还可按其经济的服务功能来划分，如流通服务，知识服务，信息服务，生活服务等。与第一、第二产业劳动不同，第三产业劳动是服务劳动，其共同特征表现为服务性。经济学上的“服务”又称为“劳务”，是指以劳务活动形式，而不是以实物形式提供某种使用价值满足人们需要的经济活动过程。

服务劳动的特殊性，主要表现在以下几个方面：

1. 服务业劳动者所提供的劳动不是去制造物质产品，而是通过提供服务直接地去满足人们某种需要。正如马克思指出：“服务这个词，一般地说，不过是指这种劳动所提供的特殊使用价值，就像其他一切商品也提供自己的特殊使用价值一样；但是，这种劳动的特殊使用价值在这里取得了‘服务’这个特殊名称，是因为劳动不是作为物，而是作为活动提供服务的。”①

2. 服务同样是使用价值和价值的统一物。马克思曾经论述过，服务劳动“以自己的物质规定性给自己的买者和消费者提供服务。对于提供这些服务的生产者来说，服务就是商品。服务有一定的使用价值（想象的或现实的）和一定的交换价值”。服务产品的使用价值同其他任何有形产品一样，是能够满足人们某种需要，其价值也是由生产服务产品所需要的劳务支出的社会平均必要劳动时间所决定的。因此，服务与商品相交换，或不同种类的服务产品之间的相互交换，都要以商品交换的同一尺度和流通手段为前提。不过，其特殊性表现为提供的劳务活动与货币的交换。

3. 服务业劳动者付出劳动，即形成服务产品的过程，在一般情况下，是与需要者消费这种服务产品的过程，同始同终；服务劳动所创造的特殊使用价值和价值，是在消费过程中同时表现出来的。

由于运输业与其他产业之间特殊的依存关系，使得运输生产实际上成为其他行业生产活动的函数。正是在这一点上，构成了运输生产的服务性。

运输生产为社会提供的“产品”仅仅是旅客和货物的位移和这一位移过程中的服务：为旅客舒适安全提供的服务和货物的保管及装卸等服务，因此运输生产为社会提供的效用不是实物形态的产品，而是一种劳务。劳务量的大小，取决于运输量和运距。也就是说，运输业的存在和发展水平，要根据社会再生产过程中的需要和人们生活的需要以及发展的预测来决定，从根本上受到社会生产和消费水平的影响。

为了统一服务业的口径、范围，有利于服务业统计和服务业核算及加快发展服务业，我国国家统计局在 2013 年修订的三次产业划分规定时，已经明确第三产业即为服务业。

三、三次产业结构及其演变

分析研究三次产业结构及其演变规律，是产业结构理论的重要内容。所谓产业结构理论是关于产业之间的联系与联系方式的理论。例如，它研究不同经济发展水平所对应的不同的产业结构状态；用动态方法分析研究伴随技术进步、经济发展，产业间的关系结构变化及其规律，等等。这种分析研究产业结构的演变趋势，是以经济发展的长期性、阶段性

① 《马克思恩格斯文集》，1 版，第 8 卷，409 页，北京，人民出版社，2009。

经济运动作为考察背景的。所谓经济发展，与经济增长不同，它是指社会经济运动的长期发展变化趋势。它不仅包括一国经济规模的数量，即经济增长“量”的扩大，还包括经济结构及产业结构的演进，也包括社会生活质量等的提高。研究经济发展与产业结构的关系及其演变规律，通常是分析劳动力、国民收入或国内生产总值等指标在三次产业间的分布和变动状况来加以揭示的。

（一）三次产业的演进

在人类社会产业形成和发展史上，明显地呈现出以农业为主、以机器大工业为主和服务业占主体地位的三个生产发展阶段。克拉克和库兹涅茨分别以19世纪末20世纪初到20世纪50年代的有关国家，尤其是欧美主要发达国家的统计资料，开展系统的实证研究。克拉克揭示了随着经济发展，人均国民收入的提高，劳动力从第一、第二产业向第三产业移动的规律，并认为引起这种移动的原因是由于经济发展，各产业间出现了收入的相对差异。这一观点渊源于威廉·配第的理论，所以人们将这种劳动力在三次产业之间的移动规律，称之为“配第—克拉克定理”。库兹涅茨则进一步了研究了各产业之间的收入差异如何变动，采用国民收入或国民生产总值指标，对产业结构的演进作了深入探讨，从而揭示了随着经济发展，国民收入在三次产业之间变动的规律。

近半个世纪以来，在第一、第二产业发展的基础上，以服务形式满足生产和生活需要的第三产业迅速发展起来。在经济发达国家，第三产业在国民生产总值中所占的比重已超过第一、第二产业的总和，其发展速度超过了国民经济的平均增长速度；第三产业所占用的劳动力也超过了第一、第二产业的总和。进入20世纪80年代，第三产业占国内生产总值的比重，英国为62%（1985年），法国为57.6%（1982年），而美国则达到68.5%（1982年）。20世纪90年代初，世界第三产业占国内生产总值的比重平均约为60%，其中34个低收入国家平均为31%，48个中等收入国家为50%，22个高收入国家即发达国家平均为65%左右。21世纪初，主要发达国家第三产业占国内生产总值比重达到70%左右，中等收入国家达到61%，低收入国家达45%。可见，经济发展水平越高，第三产业也越发达，其在社会经济生活中的地位越是重要。这些数据表明，当今发达国家中，第三产业已成为国民经济的主体产业。但是应当看到，发达国家的产业结构演变为当今这种格局，是以生产力发展，科学技术进步，农业和制造业劳动生产率的极大提高为基础的，而且经历了几百年的发展历程。例如，三次产业产值比重，英国在工业化基本完成的1847年就已达到21∶35∶44。发展中国家第三产业占国民生产总值的平均比重1984年也达到了37.3%，印度达到47%，高于我国1990年的27.3%，我国第三产业占国内生产总值的比重2000年33.2%，2006年达到了40%，2013年第三产业占国内生产总值的比重达46.1%，首次超过第二产业（43.9%）2.2个百分点，第三产业在GDP中的比重提升和增速居前的历史性变化，表明中国经济发展进入一个新的发展时期，从投入型发展经济进入到效率推动型发展经济阶段。

通常，一个国家由低收入水平向高收入水平发展的过程，是第一产业逐渐下降至一个稳定的较低比重，发达国家国内生产总值中第一产业所占比重一般不超过5%；第二产业比重经历由低到高再回落的过程，发达国家第二产业一般不超过国内生产总值的30%，且以高端制造业为主；第三产业比重则逐渐提高并达到70%左右。2009年美国以现代服务业为主的第三产业占国内生产总值的比例达76.9%，欧盟服务业比重平均值亦在70%左右；第三产业比重的提升，有利于生产与消费的协调发展，也有利于万元GDP能耗的持续下降，更符合经济转型升级的战略要求。但从总体上看，我国对第一产业依赖程度过高，严重依赖的制造业在相当程度上处于产业价值链的低端，我国第三产业发展仍显滞后，发展水平不高，所占份额偏低，知识密集型服务业比重很低在规模、结构和质量等方面，与发达国家和很多发展中国家相比还有一定差距，第三产业发展之路任重道远。在今后发展中，应从我国的具体情况出发，正确借鉴国外经验，促进经济转型升级，尽快提升第三产业在经济发展中的份额。

（二）运输业在第三产业中的作用

在长期的经济发展过程中，三次产业结构的变动呈现阶段性，而其中第三产业自身的发展也呈现阶段性。发达国家第三产业发展，经历了第三产业初步形成、第三产业服务功能增强和第三产业广泛发展三个阶段。这三个阶段是伴随着生产力发展、科技进步，服务部门增多、功能增强等而相继出现的。而运输业的发展则是第三产业发展的先行行业和重要基础。

在资本主义工业化初期，产业资本和市场的形成有赖于商业、运输和通讯业的配合发展，1788—1801年，英国第一产业占经济的比重由40%下降为33%，第二产业由21%上升到23%，而第三产业则由39%上升到44%，（其中，商业、运输业和通讯业在三次产业中的比重由12%上升为17%）。这些上升是靠发展商业和交通运输业实现的。到工业化基础完成的1847年，三次产业结构由1788年的40∶21∶39变成21∶35∶44。1776年美国独立后初期，经济的支柱产业是种植业。进入19世纪，随着工业化和开发西部，商业、运输业和通讯业在经济中的比重上升到27.6%，成为第三产业的主要行业，超过了第一产业（20.5%）和第二产业（21%）的水平。

在现代市场经济中，第三产业发挥着基础产业的作用。市场经济是商品经济的高级形态。商品的价值是通过需求与供给的结合来实现的，它的实现形式是交换，它不仅包括物质产品的交换，还包括资金、人才、技术、知识、信息的交换。在所有这些交换中，交通运输业有着特殊的作用。第一、第二产业的生产越是以交换为基础，交通运输对于生产和流通的作用就越是重要。运输在很大程度上决定着商品生产的发展和产品的商品化程度。运输对于商品的流通规模、范围、速度和效益，均有着重要的影响。运输业状况，直接决定着作为商品生产前提的市场销售条件。运输线路的开辟，运输工具的改善和运输效率的提高，可以大大地拓展市场，增加市场容量，扩大商品销售范围，从而为第一、第二产业生产规模的扩大提供市场基础。交通运输业不仅为第一、第二产业的发展创造条件，而且其自身也是创造国民收入的部门。据专家测算，经济效益比较好、运输业比较发达的国家，交通运输业增加值一般占国内生产总值的7%左右。

我国第三产业内部结构的变化特点主要是：1952—1978年，交通运输和通讯发展较快，金融保险业稳步上升，商业相对下降。1978—1990年，商业、交通运输和通讯的比重下降，金融、产业服务、社会服务和个人服务持续上升。从20世纪90年代以来，情况有所变化，第三产业占国内生产总值的比重在31%～38%之间。进入21世纪，2006年第三产业比例首次达到40%，2013年我国三次产业结构，第一产业占10%，第二产业占

43.9%，第三产业占46.1%。

第三节　运输业是基础设施

从全社会、从国民经济总体运行的角度来看待运输业，运输业又是经济与社会的基础结构。英文infrastructure，用作经济学上的特定概念，可翻译为基础设施或基础结构。这个概念是20世纪40年代出现的，50年代以后，前苏联、东欧和西方国家开展了广泛的研究。尽管对基础设施的实质、内容、职能和分类，各国经济学者认识不尽相同，但是因运输业具有同一的服务职能和服务的公共性特点，将运输业纳入基础设施却是共同的看法，并且把它划归直接为基本生产过程服务的生产性基础设施。这就是"基础设施论"的理论依据。

基础设施论把运输业视为国民经济的基础产业，是对运输业本质的认识。这表明了运输业是其他生产部门正常运转、协调发展的前提，是现代社会化大生产高效率的先决条件，也是使社会再生产得以延续的不可缺少的基本环节。

一、运输业是基础设施

（一）基础设施的含义

什么是基础设施，以及对基础设施的职能、内容和分类等，在学术界尚有不同的认识。一般认为，基础设施是一国为发展生产和保证生活供应创造共同条件而提供公共服务的部门、设施和机构的总称。

世界银行1994年的世界发展报告给基础设施下的定义是：基础设施被称作一国经济的社会管理资本（social overhead capital）。它们都程度不同地存在着规模效益递增规律，存在着使用者与非使用者之间利益的溢出性（spillovers from users to nonusers）。它包括以下几个方面：

（1）公共设施——电力、通信、自来水、卫生设施，污水排放设施、垃圾收集与处理设施、管道煤气供给设施。

（2）公共工程——道路、为灌溉和泄洪而建设的大坝和运河工程设施。

（3）运输设施——市区与城市间铁路、市区交通设施、港口与航道、飞机场等。

由此可见，基础设施是维系一个国家社会生产和生活正常进行，促进国民经济发展的必备条件和基础保证。以道路、铁路、航道和各种客货运枢纽为基础设施，再加上汽车、火车、轮船和飞机等运载工具所构成的运输业，是支撑一国经济、决定该国经济活力水平的前提，是国家最主要的基础产业之一。

（二）运输基础设施可以是公共产品，也可以是私人产品

现代经济学将所有的社会产品（goods and service）划分为公共产品（public goods

and service）和私人产品（private goods and service）。它们已经成为现代经济学中广泛使用的概念。所谓公共产品，是指那些不具有消费排他性的产品，是政府向全体社会成员提供的各种产品的总称，包括范围很广，如国防、警察、司法、教育等等。私人产品指一般生产要素的供给者通过市场经济机制所提供的产品与劳务，日常衣、食、住、行活动中所接触的绝大多数产品和服务基本上都是私人产品，它们由千万个生产厂商在市场经济的竞争体制中生产出来并提供给社会上的消费者。公共产品和私人产品在性质上有很大的区别：

（1）公共产品的提供者是政府，提供公共产品的资金来源是政府向社会成员强制收取的税金或费收。由于税费是强制性的，所以它在某种意义上可以说是政府向社会成员收取的“垄断价格”。政府向社会提供公共产品并通过税金收取费用的事实，意味着政府参与了社会成员之间收入的再分配。而私人产品的提供者则是具有法人地位的企业或千千万万的个体生产者、经营者。私人产品生产的资金来源是通过在市场价格条件下的买卖交换来实现的。所以，公共产品和私人产品在生产、交换、价格补偿等方面都不相同。

（2）公共产品在享用上不具有排他性，它由社会全体成员共同享用；公共产品不因某一社会成员的享用，而排除其他社会成员的享用。而私人产品的享用则具有排他性，只有私人产品的购买者（所有者）有权支配其用途，其他人不能干涉。

（3）私人产品是谁享用谁交费，而公共产品则不一定在交费和享用上一一对应，或者说有时不享用者可能也要交费。例如作为纳税人，纳税是带有普遍性的，但用税金提供的公共产品，有些免税人或享受减税优待的人则同样享用。经济学上将这种现象叫利益的溢出性。

（4）从产品的提供过程或叫决策过程来说，公共产品的提供过程要比私人产品的提供过程复杂得多。私人产品是通过市场经济这只“无形的手”提供的，只要买卖双方取得一致意见就可以实现，也就是说，不需要政府的干预或者履行一系列行政程序，竞争的市场机制就可以确定生产什么、生产多少和为谁生产（分配）的问题。但是，公共产品的提供就不那么简单了，它需要通过一定的行政程序，受到众多的政治因素的制约。

一般来说，经济学家将公共产品的决策方式划分为三种类别，第一是少数人决策，第二是通过一定的民主形式，少数服从多数决策，第三是一种理想的方式，即全体通过决策。经济学家将公共产品提供的成本划分为两类，即决策成本（decision making cost）和外部成本（external cost）。决策成本指达成此项决策所需要的时间、精力和各种费用的总和；而外部成本则指达成此项决策所引起的外部负效果，例如一部分社会成员的不满以及因决策失误造成的损失等等。一般来说，在公共产品提供中，少数人说了算的好处是决策成本低，而外部成本可能较大；而全体民主通过的决策成本可能很高。因此，在公共产品的决策上应在上述三种方式中权衡比较，选择适当的方式，使决策成本与外部成本之和尽可能小。

还有一类产品，如运输基础设施、教育、卫生保健等在许多国家既可以由政府提供，也可以由其他社会成员提供．因此它们可能既是公共产品，又是私人产品。在教育领域，政府向全体社会成员提供的义务教育就是公共产品，而各国允许政府外的其他组织或个人办的各种私立学校则提供私人产品。在卫生保健领域，政府向全体社会成员提供的公费医疗和各种卫生保健福利服务属于公共产品的范围；而在许多国家为数不少的私人行医或私立医院，则属于提供私人产品的范围。运输基础设施，包括铁路、公路、航道、港口、机场、输油管道等在许多国家既有政府投资建设的部分，也有政府以外其他经济组织或个人投资建设的部分，因此说，运输基础设施可以是政府投资的公共产品，也可以是非政府投资的私人产品。

运输基础设施的这种性质在我国交通运输发展中表现得非常明显。例如我国已建成高速公路中，其中既有政府的投资，也有向社会的集资。有的地方成立高速公路股份有限公司，向社会发行股票，集资建设高速公路，也有的地方引进外资修路，还有的把公路经营权有偿转让给外商等等。上述这些作法都是把公路当成私人产品提供的。

（三）运输基础设施的特点

作为运输业基础设施的道路、铁路、航道、客站、货站、港口、机场等固定资产具有一些不同于一般其他基础设施的特性，主要有：

1. 社会公益性

根据经济学原理，基础设施都有不同程度的公益性，交通运输基础设施也不例外。例如前面定义中讲的基础设施溢出性，国家用纳税人缴纳的税费修建的基础设施，其受益者虽然也是社会成员，包括纳税人自己，但受益者和贡献者并不一定一一对应；对于一个普通的社会成员，他的贡献与受益也并不完全相当。这种现象本身反映了运输基础设施的社会公益性质，反映其作为全社会使用，全社会拥有的社会公益特性。

2. 运输基础设施的价值和使用价值

运输基础设施具有价值和使用价值。商品满足人们的需要所发挥的效用即形成其使用价值，它是商品的最重要属性。运输基础设施能使货畅其流，人便于行，实现客、货位移效用和时间效用，这是它们的使用价值。运输基础设施也同其他商品一样凝结着无差别的人类劳动，并且由社会必要劳动时间所决定，这是它们的价值。由此可见，运输基础设施也具有价值和使用价值这个一般商品所固有的属性。同其他商品一样，该属性是由生产运输基础设施的劳动二重性，即具体劳动和抽象劳动所决定的。

3. 运输基础设施的级差效益

有些运输基础设施，尤其是公路具有级差效益。公路等级不同，提供相同服务时所产生的效益也不相同。完成相同运输工作量，使用高等级公路高出使用一般公路的效益，就被称为级差效益，正如不同等级的土地具有差异的级差地租一样。正是这种特别的效益性质决定了高等级公路的补偿形式可以采用区别于一般公路产品的补偿形式，具体讲就是可以对使用者进行“直接买卖交易”，即通过交费过路的方式对高等级公路进行价值补偿。目前，我国对高速公路实行过路收费（toll road）就体现了这种性质。其他运输基础设施也有类似的情形，但公路是比较典型的一种。

4. 运输基础设施的商品属性

运输基础设施在本质上是公共产品，但是它们也程度不同地具有一些商品属性。例如它们有使用价值和价值，有级差效益等等，这些都是运输基础设施具有商品属性的表现。因此，世界上一些国家对运输基础设施的建设采取多渠道集资，发行股票，经营权转让等形式进行或对其采用收费（类似一般商品的一手交钱一手交货的交换形式）的方法进行。对这些运输设施既不能看成纯粹的公共产品，也不能看成纯粹的社会公益事业。当然，在具体操作中也不能片面强调它们的商品属性，从而简单地以市场竞争机制来运作和规范，以免走弯路，造成浪费和混乱。

（四）运输业作为基础设施在经济发展中的先行性

任何国家或地区的经济发展、国家或者地区之间的专业分工、商品的交流都是以安全、高效的运输为前提的。经济的发展必然要求先建设运输通道和相关的基础设施。只有具备了高效率的运输体系，才能实现地区的经济发展，才能把国民经济的各个部分连接起来，才能使一国的国民经济加入国际市场的商品交换和经济交流。相反，如果一个国家的运输业滞后于经济的发展速度，则势必导致对经济发展的制约和干扰，造成不必要的浪费，从而阻碍经济的发展。一个能充分发挥作用、完全满足国民经济不断增长的运输需求的优良的交通运输体系，是对国民经济和社会发展具有决定意义的前提。

世界各发达国家的经济发展历程表明，在其整个发展经济的过程中，都有一个运输业超前发展的经验，这条经验被经济学家总结成一个普遍性的经济规律，叫作交通运输对国民经济发展的适当超前性规律。美国、日本、韩国等，从工业化初期直到 20 世纪 60 年代之后，在其发展经济的过程中，无不超前发展自己的运输基础设施，包括铁路、公路、管道、航空、乃至港口。总之，运输基础设施的建设是启动其经济发展的龙头。综上所述，在经济建设过程中，交通运输业超前发展，并保持一定的储备能力，是商品经济高度发展和社会化大生产的客观要求。这是由商品经济的本质特征所决定的，是社会经济规律的要求和体现。

二、运输基础设施的不可分割性和规模效益

（一）运输业是资金密集型产业

一般来说，运输业的固定资产由两大部分构成，一类是不可移动的固定资产，另一类是可移动的固定资产。它们的数量和质量标志着一个国家的交通运输业，乃至国民经济发展的水平。因为运输业不生产有形的物质产品，所以构成运输业的资本与其他产业不同，只包括垫付在劳动资料和劳动者方面的资本这两部分。这就造成运输业中固定资本所占的比重异常巨大，资本的有机构成比一般产业要高，公路、铁路线路的修建、运河的开凿、航道的疏浚，场、站、港等基础设施的建设需要大量甚至是巨额的投资，在国民经济各产业部门中，运输业是固定资产总值数量最大的部门，是国有资产的重要组成部分。以我国的公路为例，高速公路的建设成本每公里平均达六千多万元，山区及路况条件差的地区修建高速公路每公里成本上亿元。其他运输方式，如铁路、水运、管道也都需要大量的投资。交通运输业的可移动固定资产，如飞机、火车、轮船、汽车等运输工具和设备，价值大，数量多，也是构成运输业固定资产的重要部分，如 1.8 万标准箱（TEU）的集装箱船造价达到 1 亿美元以上。由此可见，交通运输业是很典型的资金密集型产业。也正是由于这一点，运输业的规模经济十分突出，是容易形成自然垄断的产业之一。再加上特殊的地理位置和气候、水流等自然条件等因素的制约，更使运输业成为具有一定程度垄断性的资本密集型的产业。

（二）运输基础设施的不可分割性

运输基础设施在建设和使用上有很强的不可分割性。对于公路、铁路和航道等运输线路而言，其建设一次至少要求在两个社会经济活动中心点之间全线完成。它不同于一般商品，生产规模可大可小，销售数量可批可零；公路、铁路和航道却不能在建设规划或使用中按里程任意截取而破坏其整体性。

运输基础设施除了具有不可分割性之外，无论是线路和枢纽，其地面及其以上的设施与其所占土地之间也是不能分割的。例如公路路面上的设施（栏杆、路标、路灯等）与公路路面、路基与所占土地密不可分。在形成的公路路产价值中，既包括公路设施的路基、路面价值，又包括所占用土地的价值。两者的关系是地价影响公路工程的价格，而公路工程的建成使用反过来又会提高其影响波及范围内土地的价格。铁路、航道也具有与公路上述相类似的性质。

（三）运输业的规模效益

规模经济是指因生产规模变动而引起的收益的变动，在所有生产要素同时增加或减少时，也就是当整个生产规模变动时，所发生的收益就会出现变动。但是收益的变动往往和生产规模的变动是不同比例的。当规模扩大后，如果收益增加的幅度小于规模扩大的幅度，则称为规模收益递减；当规模扩大后，如果收益增加的幅度大于规模扩大的幅度，则称为规模收益递增。如果规模增加幅度与收益的增加幅度相等，则称为规模收益不变。规模收益不变就是从规模收益递增转化为规模收益递减之间的过渡阶段所发生的一种状态，通常不能持久。运输基础设施在一般情况下，都具有较高程度的规模收益递增规律。以高速公路为例，如果将日通行 10 000 辆次的 4 车道高速公路规模扩大 50%，达到 6 车道时，日均通行能力可以增加 150%，达到 25 000 辆次，当车道数继续增加时，其通行能力继续以规模收益递增的规律变化。据运输经济学家研究，当高速公路达到 12 车道后，规模收益就由递增转化为递减了。其他交通运输基础设施，如飞机场、港口、客货站等都有与公路相似的规律。掌握运输基础设施的规模效益规律，对于交通运输规划、交通运输建设项目的可行性论证及其他运输问题研究都有重要的指导意义。

三、运输业与市场经济原理

在经济社会中，对不同的商品类别，有不同的生产规范方式。在一定的经济条件下，有些商品适合以市场机制来解决其生产多少、如何生产和为谁生产的问题，例如农副产品、百货、证券乃至房地产等，都可以用市场经济的原则来规范其生产、流通、消费的过程。而有些产品，则不适合以市场机制或者不完全适合以市场机制来规范它，例如广播电视服务、城市自来水供给、邮电通讯事业、国防武器生产等等。交通运输业中有一部分属于后者。从经济学的角度来分析，由于以下的原因运输业不能完全以市场经济学的一般原则来规范：

1. 运输业都有很强的社会公益性和基础性，其产品和劳务中，有许多属于典型的公共产品，因而不能完全以市场机制来规范其生产活动。

2. 运输业是一个产生外部性很强的行业。外部性可以分为外部经济效益和外部负效益。外部经济效益包括，运输业可以稳定物价，可以使土地等自然资源增值，可以为实现劳动分工和社会化大生产提供保证，可以带动地区经济的繁荣等等。运输业的外部负效益有对社会生态环境中的负面影响，它排出的废气会污染环境和大气，它的噪声会使人们的生活环境恶化等等。运输业在提供劳务过程中，外部性存在于整个运输劳务的生产、交换、消费之外，运价和费收并不反映或者包括外部经济效益的价值。然而，政府必须考察其价值，既要发展经济造福人民，又要保护公众的利益不受侵害，这些溢出的正、负外部效益导致了运输业的运作不能完全遵循市场的一般规则。

3. 运输基础设施的不可分割性。运输基础设施的不可分割性和投资额巨大，使一般的市场规则较难在运输业发挥完全的作用。例如，对于运输基础设施的大量投资成本如何在使用该结构的各种不同的运输业用户中分摊其成本的问题，经济学家达彼特曾提出过："最好的费率应是能使所有使用交通工具的人所支付的运输成本与他们在运输中所得到的效益成比例地分摊"。然而，这种理论的状态是不可能充分实现的。

4. 规模报酬递增与垄断。规模报酬递增范围大的行业容易形成垄断，例如铁路，由于铁路基础设施投资额巨大，规模效益非常显著，一般都以垄断或者寡头的形式经营。市场经济的生命是竞争，而垄断往往使竞争的市场规则难以运行。

第三章 运输结构与运输布局

第一节 运输结构概述

一、运输结构的概念

运输结构是指各种运输方式内外部的各个方面的构成和联系。内部指各种运输方式内各个环节的构成比例，包括运输工具与运输线路的构成、点与线的协调、投入与产出的比例和运输企业组织结构等。外部指各种运输方式从适合国民经济整体发展角度出发，对提供的运输能力与必须满足的运输需求的分工合协作，包括各种运输方式的构成、各种运输方式的线网规模与地区分布、各种运输方式的运力比例、运量（含种类、批量和距离等）比例。

合理的运输结构可以保证按照各种运输方式的特点和优势来发展运输业，促使各种运输方式扬长避短，达到整体优化组合，用最少的投入取得最大运输综合效益，满足国民经济发展的需要。

二、运输结构的优化

由于运输结构涉及运输业的宏观控制，涉及运输发展的全局优劣，因此，运输结构的优化必须按照运输经济规律和运输科学技术规律的客观要求，来平衡和协调运输业内部各种运输方式之间、运输业同国民经济之间的各种关系，注意在空间上陆、水、空相结合，在时间上长、中、短期相结合，充分发挥各种运输方式的现有和潜在能力，从而形成运输大系统的整体优势。

（一）运输结构的优化原则

1. 运输结构的优化要适应产业结构的需求

由于不同的产业结构会导致不同的运输需求，包括不同的运输方式的选择和运输过程中价值目标的指向等。因此，应当根据不同的产业结构来优化运输结构。当产业结构是以资源密集型为主时，运输结构必须考虑运量大，规模大，在运输过程中价值目标成本低，对运输方式的选择要求就要重载化和大型化；当产业结构是以资金密集型为主时，运输结构必须考虑运量小，批量小，速度快，对运输方式的选择要求就是小型化、灵活化和快捷化。

2. 运输结构的优化要适应人民生活水平的需求

随着国民经济的发展和人民生活水平的提高，运输需求、特别是客运需求必然会朝着快速、方便和舒适发展，因此，应当根据人民生活的实际需求，组建专业运输企业，发展舒适型、豪华型和快速型运输工具以及客、货运输线。

3. 运输结构的优化要适应实际的需求

由于各种运输方式都有自己的技术经济特点，有各自的优势和劣势。因此，应当根据各地自然地理条件、地区经济特点，因地制宜，扬长避短，使运输结构最大限度地满足实际的需求。

4. 运输结构的优化要适应经济效益和社会效益的需求

运输结构的优化的最终目标就是争取以最少的投入取得最大的效益，这里的效益是一种广义的效益，包括经济效益和社会效益。

（二）运输结构优化的对策

1. 适应社会主义市场经济的要求

要树立适应社会主义市场经济的现代企业制度的改革观念和合理运输结构观念，要建立健全有关我国合理运输结构的政策和法规，以指导我国运输业朝着正确的方向改革和发展。

2. 注意先进的经济增长方式

要注重将运输业的经济增长方式由粗放型向集约型转变，建立正确合理的投资政策。一要把握好运输业投资与国民经济总投资的比例关系，强调运输先行，避免运输业投资偏低，二要把握好运输业内部的投资比例，集中力量加强基础设施的建设，实现生产力要素的合理配置，提高运输业的劳动生产率。

3. 设立综合管理体制

要设立统一、集中的运输业综合管理体制，避免重叠、繁多的运输管理部门自成体系，各行其是。彼此之间应该加强协作和配合，使我国的运输结构做到统一决策，统一规划和统一管理。

4. 保持合理的运价体系

运价的制定要适应市场经济的发展需求。运价的制定应有一个科学合理的测算依据，避免运价过分集中管理，建立合理的运输差价和比价关系，最终形成合理的运价体系。

第二节 运输布局的依据与原则

一、运输布局的依据

运输布局是指研究各种运输方式的合理分布和合理配备以及发展规律。从客观上说，是根据国家或地区的自然条件、资源分布、生产力水平、人口分布、消费地点设置和农业现代化等来配置运输问题。从微观上说，是把某种运输设施，如运输线路、运输站点、运输网络等落实到专门的地区，按照已经存在着及未来可能发生的客货流和固定设施的通过能力，来配置活动设施（车、船和飞机等），并同其他运输方式、同其他生产部门发生联系，形成各部门的运输产业结构。运输布局的主要依据有：

（一）国民经济的发展水平

国民经济的发展水平主要包括：国家经济社会和贸易发展的需要、工业布局、农业布局、城镇与人口分布和生产组织形式等。

全面建设小康社会要求运输设施不仅在数量上，而且在质量、效益、集约化、竞争力等方面要满足经济社会快速发展对能源、原材料、产成品和人员运输的巨大需求，需要按照合理的运输设施布局规划加快建设。

工业布局要考虑工业布局是否合理，是否同生产配套，工业生产规模的大小是否合适等，要有利于资源的开发利用，减少运量，节省运费，降低成本。同时，对某些大规模工业生产而引起的必要运输需求，应尽量注意合理布局，以充分节约和利用运输能力。

农业是国民经济的基础。农业结构，农业生产力布局，农产品的商品率的提高，农产品生产和消费的季节性，都对运输布局提出了新的要求。

城镇与人口分布对确定交通运输枢纽、集散客货源有很大影响。因此在运输布局时，要考虑生产与生活的方便，保持运输畅通。

要根据符合社会大生产发展要求的生产组织形式，生产专业化的提高程度，来组织安排运输布局。如生产的联合化和综合化可以缩短资源生产地和消费地的距离，可以减少运输量以取得较好的经济效益，如坑口发电等。

（二）自然条件

自然条件主要包括地形、地质、气候和水文条件等。

地形是制约铁路和公路建设发展的主要因素。地形好坏会产生反差很大的建设工程量和造价、建设技术要求、运输工具的磨损以及燃料消耗等。

地质因素是指在运输建设时要避开岩溶、冻土、矿石区域、滑坡带等。

气候因素是指浓雾、大雪、烈风和暴雨等影响运输正常运行的诸因素。

（三）科学技术条件

科学技术条件主要包括与运输业发展相配套的条件、科学技术水平是否已经得到突破，如高速铁路需要的大功率的先进牵引机车；大型客机需要抗压、承重量大的长跑道；管道运煤需要煤浆脱水、干燥等先进技术。这些都是制约运输发展和运输布局的重要因素。

（四）国家经济安全和增强综合国力

随着经济全球化进程的加快和我国对石油、天然气、原材料等重要物资对外依存度的增加，运输设施作为外贸物资进口的接卸点、中转或储备基地，其对国家经济安全的作用更显重要。运输工具大型化、专业化、运输组织联盟化的趋势日益增强，要在激烈的国际运输市场竞争中提升我国运输业的竞争能力和经济安全保障，要完善运输设施布局。

（五）国防、旅游和环境保护

国防上要注意平时和战时相结合，要居安思危，要考虑到战时对运输的特别需求。

旅游对运输的需求是舒适、安全、迅速和方便。

可持续发展是我国的基本国策之一。因此，在发展运输业时，要注意保持可持续发展，要防止和减少噪音、废气和污水对环境的影响。

（六）国家综合运输网发展

运输设施是国家综合运输体系的重要节点，运输布局要保障其与其他各种运输方式在能力、网络、布局等方面的协调、衔接，促进综合运输网的形成与发展。

（七）运输资源合理利用

运输布局要有利于加强运输规划和建设的宏观管理，合理利用和有序开发有限的运输资源，防止或避免出现运输设施盲目建设。

二、运输布局的原则

（一）运输通道原则

运输通道是指在某一长条地域内，存在流向相同的密集交通流量，有多种运输方式为其服务。运输通道内包括有运输基础设施的用地范围和客货流赖以发生的经济区域等。

运输通道的形成是客观经济规律发展的必然结果，由于随着规模经济的发展，地区间物资交流量的增加，会出现两个集约化趋势：一是客货流的发生地和目的地的运量集约化；二是运输路径的集约化。这种由生产力布局而形成各大经济地域所形成的“点”和以各种运输方式将他们连接起来的“线”，就是运输通道形成的条件和进行建设的基础。

运输通道的布局要根据地理条件、近期、远期、客货流的流量、流向、流时、货种结构、平均运距、市场变化和运价等多因素综合考虑。运输通道形成的前提是流量大和效率高。流量大指运输通道内有密集的客货流；效率高指运输通道内能节约运输时间，降低运输成本。

运输通道形成后，又会产生综合交通效应，可以促进土地的综合开发和利用，促进新资源的开发，促进不发达地区的经济发展，促进生产布局的相对均衡分布，并从总体上促进国民经济的发展。

（二）综合运输原则

综合运输是指各种运输方式有机结合、相互协作、连接贯通、分布合理的运输综合运输体。综合运输就是从国民经济发展的全局出发，综合运用现代经济理论、系统科学理论和运输科学理论，研究包括铁路、公路、水路、航空和管道等运输方式的整个运输系统布局、生产、发展的规律。由于各种运输方式都存在独立的运输线路和运输工具，在此基础上，形成了各自的技术运营特点、经济性和合理适用范围。我国幅员辽阔，各地区的自然条件和经济条件不尽相同，各种运输方式要适应这些不同情况。随着国民经济的发展，科学技术的进步，运输方式由单一向多样化发展，运输工具由简陋向现代化发展。因此运输生产发展的本身要求把多种运输方式组合起来，形成统一的运输过程，这样各种运输方式在各有分工基础上有优势互补，协作配合，就形成了各种优势方式的有机结合，在各个优势环节上的连接贯通、各种运输网和运输工具设备的合理布局。在规划国民经济与运输业的协调发展时，要充分考虑各种运输方式的优劣势和适用条件。结合国民经济综合开发规划和生产力布局，实行合理分工与协作，根据各地自然条件和经济条件特点，因地制宜，形成完整的运输体系，发挥运输系统的整体功能。

（三）运输效益原则

运输效益是指运输业的投入和产出的比例结果。运输效益是综合效益，可以划分为经济效益和社会效益；微观效益和宏观效益；短期效益和长期效益；定量效益和定性效益。

由于运输业的投入是人、财、物等各种资源，运输业的产出是旅客和货物的“位移”，可以表现为“有形”的成果，如一定的运量、周转量、吞吐量、营业收入和利润等，但也可以表现为“无形”的成果，如运输业发展对国民经济和人民生活的直接和间接影响等。因此，在评价运输效益时，应该以满足国民经济和人民生活对运输的需求、以最小的综合投入获取最大的综合产出作为总目标。在这个总目标下，各种运输方式都有各自的子目标，但并非追求每一运输方式的最大效益，而是追求每一运输方式都在相应的社会需求下得到最合理的协调发展，从而使整个运输系统取得最大综合效益。

第三节　运输布局的基本方法

一、运输发展四阶段法

运输发展四阶段法是由美国运输地理学家伊塔费在研究运输网的空间布局及其随时间

变化的规律时所提出的经典方法。见图 3—1 至图 3—4。

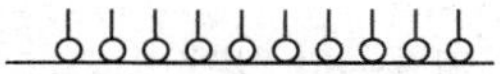

图 3—1 “点”阶段

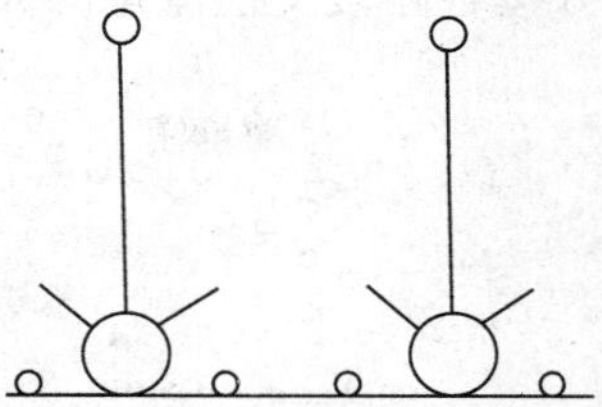

图 3—2 “线”阶段

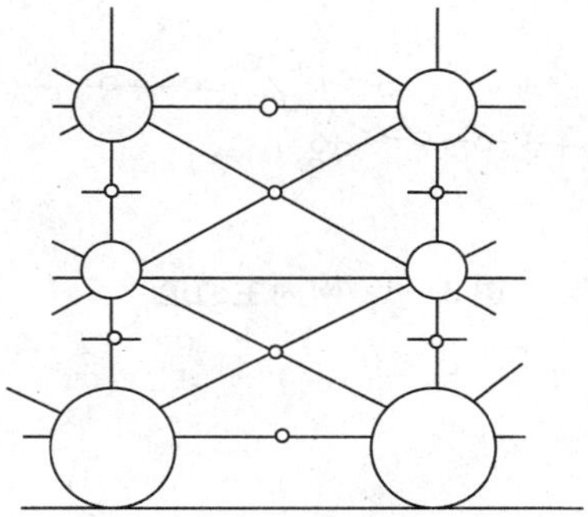

图 3—3 “网”阶段

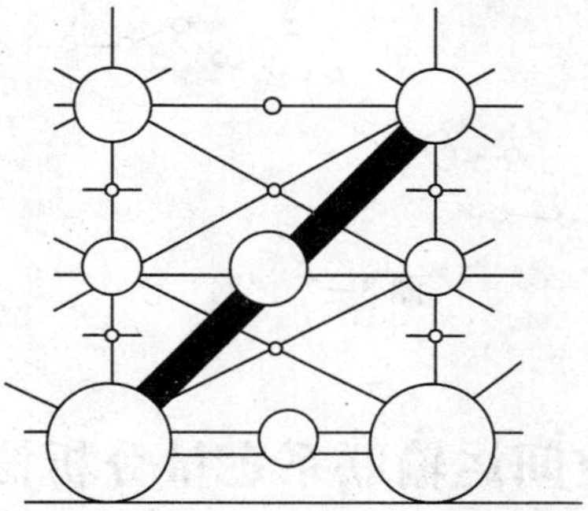

图 3—4 高度优先连接阶段

“点”阶段的经济发展主要处于自给自足，对外联系极少的封闭经济时期。这时，相对发达地区在沿海等地发展形成了港口。这些港口只是一些孤立的“点”，缺少同内地的联系，港口运输仅仅为港口各自小范围的腹地服务。

“线”阶段的经济发展速度加快，港口与内地的联系大大加强。为了加快内地经济开发，运输不断向内地延伸，必须建设一些延伸线路与对应选择的港口连接起来，使原来港口的腹地范围扩大，逐渐形成中心港口。而这些运输线路的周围，就形成了一些具有运输集散作用的城镇中心。

“网”阶段的经济发展达到相当高度，网形成区域经济。随着运输线路的扩散和辐射作用形成了运输网。这种运输网把互不连接的腹地互相联结起来，形成内地中心。当位于运输网内的战略枢纽点形成时，就发展成中心城市，由此向外扩展联系范围，又形成新的产业带和城镇带。

高度优先连接阶段是在运网内某些长条地域内，出现了密集的交通流量，需要优先发展这里的连接运输线。这些运输线使重要港口城市、内地中心城市之间的联系继续加强。重要中心城市不断扩大其腹地，成为大交通流的发生地，导致它们之间联系集中程度越加明显，运输通道（图 3—4 中阴线部分）就因此而产生。

二、最小生长树规划法

最小生长树规划法的原理类似运输发展四阶段法，规划步骤见图 3—5 至图 3—8。

图 3—5 需要连接的地理点，是一些有空间运输需求的孤立的“点”。

图 3—6 把有空间运输需求的最近的点连接起来，成为部分的“线”。

图 3—7 把最近距离的各“点”之间联系的线连接起来就成为“网”。

图 3—8 按各路段交通流量的大小和紧密程度，形成了网内主通道。

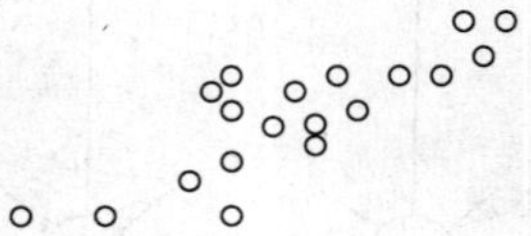

图 3—5 “点”

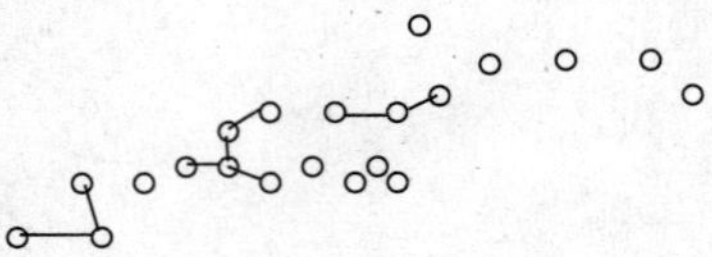

图 3—6 “线”

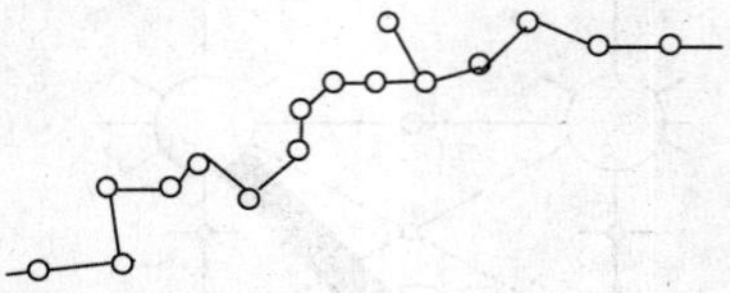

图 3—7 “网”

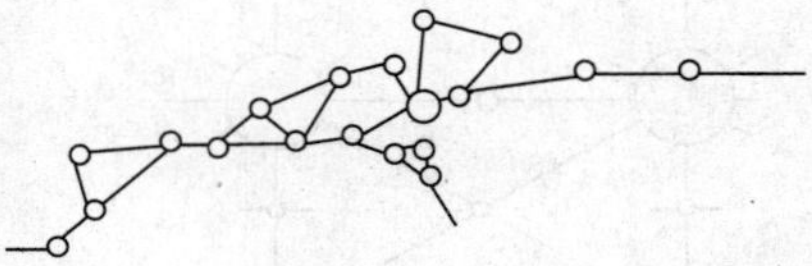

图 3—8 网内主通道

三、空间运输联系定量分析法

（一）运输联系强度的计算

运输联系强度是利用 $O—D$ 流分析方法，分析中心城市间相互作用强弱的一个指标，用以确定通道中节点的地位，其计算公式如下：

$$H_{ij}=a_i\left(\frac{O_{ij}}{O_i}+\frac{D_{ij}}{D_i}\right)+a_j\left(\frac{O_{ij}}{O_j}+\frac{D_{ij}}{D_j}\right) \qquad (i,j=1,2,3...n) \qquad (3—1)$$

式中：H_{ij} 表示中心城市 i、j 间的运输联系强度；

O_{ij} 表示 $i \longrightarrow j$ 的运输量；

D_{ij} 表示 $j \longrightarrow i$ 的运输量；

O_i，O_j 表示 i 与 j 的输出量；D_i，D_j 表示 i 与 j 的输入量；

α 表示标准化系数；

i，j 表示中心城市标号，包含其腹地。

α 可以表示各中心城市在整个运输通道系统中的地位，实际上是权数。α 的计算公式为：

$$\alpha_i=\frac{V_i}{V};\alpha_j=\frac{V_i}{V}; \qquad (3—2)$$

式中：V 表示运输通道范围内的 GDP（国内生产总值）；

V_i，V_j 表示 i 和 j 中心城市的 GDP。

（二）运输通道规划的操作方法

H_{ij} 值越大，则表明中心城市间相互作用程度越强。按以上公式分别计算出每个中心

城市对其他 $n-1$ 个中心城市的运输联系潜力值，根据运输通道规划的层次、规模和需要，确定出符合某一要求的运输潜力值。所有运输潜力值大于或等于此确定值的中心城市便可确定为运输通道节点，将这些主要节点连接起来，便成为该经济区域或跨区域的运输主通道。

（三）对运输通道节点的要求

第一，该节点既是区域经济活动中心，也是集散中心。第二，该节点必须是运输干线上的主要运输枢纽。第三，该节点必须同属一个规划层次。

第四节　综合运输网布局

一、综合运输网的概念

综合运输网是指在一定空间范围内（国家或地区），由几种运输方式的固定技术设备，按一定历史条件下的经济、政治和国防等社会运输要求组成的运输线路和运输枢纽的综合体。综合运输网布局就是综合运输网的各种固定技术设备，按一定规律在空间上进行分布与组合。综合运输网布局，实质上就是综合运输体系的建立。

综合运输网按其空间范围，可划分为国家运输网和地区运输网。根据各地区的自然地理条件和运输需要，可以形成由两种运输方式组成的综合运输网，如铁路和公路、公路和水运、公路和民航等；也可以形成由几种运输方式组成的综合运输网，如铁路、公路、水运、民航和管道等。

综合运输网主要由运输线路和运输枢纽组成，在综合运输网布局中要十分重视运输线路和运输枢纽的布局。

二、运输线路的布局

运输线路的布局运输线路包括铁路、公路、内河航道、海上船舶航行的一定海域、航空线路和管道，它是运输生产的主要场所。由于它在空间上固定在一定的地理位置，从一定意义上说，它体现和决定着运输生产的布局。

影响运输线路的布局有三个要素：运输线路的走向、运输线路的类型和运输线路的技术标准。正确地确定三个要素，对于减少运输建设投资，节省运输费用，提高社会效益具有重要作用。

（一）确定运输线路的走向

社会的运输需求，决定着各条运输线路的始终点，但运输需求是多种多样的，运输线路沿线生产的产品品种数量各异，自然地理条件各有不同，因此，这不仅要求按运输需求的主要集中地确定始终点，还必须考虑运输线路所经过地区的运输需求和自然地理条件，确定始终点间运输线路的具体布局。此外，当运输方向上已有运输线路时，还要考虑充分利用现有运输线路的可能性。

（二）正确选择运输线路的类型

运输需求是多种多样的。在客运方面，旅客的职业不同，各地人民的消费水平不同，旅客旅行距离不同，出行次数不同，则对运输速度、舒适程度、客流量要求不同；在货运方面，线路沿途的经济发展程度不同，生产产品不同；从而引起货流的构成不同，对装卸条件、运送速度、运输质量、运输数量的要求不同，因此，应根据社会运输需求、自然条件、各种运输方式的技术经济特征以及国家的财力、物力的可能，来选择运输线路的类型。

在一般情况下，运输线路类型的选择应当是：

1. 对于数量大、价值低、距离长的大宗物资，在有水运条件的地方，应充分利用水运，在没有水运的地方，则使用铁路运输。

2. 对于运输量小、运距短的客货运输，应选择公路运输。

3. 对于运距长的旅客运输，或贵重货物或地形条件很差的方向上，可考虑使用民航运输。

4. 对于石油及其制品或天然气，应尽量使用管道运输。

（三）选择运输线路的技术标准

运输线路的技术标准，是指运输线路必须达到的技术要求。不同的运输方式其技术标准不同，应根据选择的运输类型、运输需求量及国防、政治和经济发展的远景预测来选择不同的技术标准。

三、运输枢纽的布局

（一）运输枢纽的类型

运输枢纽是指在两种以上干线运输方式的衔接地区，共同为办理长途、短途、城市和企业客货运输所需要的各种运输技术设备的综合体。在运输枢纽内，完成着复杂的运输作业，包括各种运输方式的客货到发，同一运输方式间客货中转，不同运输方式的客货联运以及相应的运输工具的技术作业。

运输枢纽按其运输方式的组成，主要有三种类型：铁路—水运—公路枢纽；铁路—公路枢纽；水运—公路枢纽。

1. 铁路—水运—公路枢纽

这种枢纽位于水运、铁路干线的交汇处，在运输网中居重要地位。这些枢纽主要是水陆联运的换装点，又是铁路、水运两种运输方式的结合部。水运有海运和河运之分。因此，铁路—水运—公路枢纽又可分为：铁路—海运—公路枢纽和铁路—河运—公路枢纽两种。

2. 铁路—公路枢纽

这种枢纽主要由两条以上铁路干线汇合而成，并有公路与铁路衔接的运输枢纽。铁路运输在枢纽中起骨干作用，公路一般担负集疏客货的任务。这种枢纽，很多属于大中型铁路枢纽，在全国铁路运输中起着重要作用。

3. 水运—公路枢纽

这种枢纽是在海港或河港没有铁路相通的地方，形成了水运—公路枢纽。在海运—公路枢纽内，公路担负为海港集疏客货的任务。在河运—公路枢纽中，内河和公路的作用，要根据具体情况而定。

（二）运输枢纽在运输网中的布局

运输枢纽是运输线路的交汇处，不仅运输线路的布局影响着运输枢纽的形成和发展，运输枢纽在运输网上的布局，对运输线路布局，能否保证运输系统畅通和运输建设投资的节省以及运行时运输费用的降低都有很大的影响。因此，运输枢纽在运输网中的布局，除遵循运输布局的一般原则外，还有其具体的布局原则：

1. 保证旅客和货物有最短的运输径路，花费最少的运输费用；
2. 必须与运输线路协调发展，以最少的投资进行运输网的建设；
3. 要有利于促进各种运输方式的综合发展；
4. 要与大型工矿企业布局及城市布局相适应；
5. 在能力上要与运输线路相协调；
6. 大、中、小型运输枢纽要协调发展。

（三）运输枢纽内各种运输设备的布局

运输枢纽内完成着大量的客货运输及运输工具的技术作业和技术服务作业，主要有：

1. 客运作业，包括旅客到发和换乘。
2. 货运作业，包括货物到发和换装。
3. 运输工具的技术作业，包括铁路车辆的取送，列车到发，会让与编解，更换机车，船队编解、驳运，以及相应的技术服务作业，如车辆修理、清洗等。

要完成这些复杂的作业，需要相应的技术设备。铁路有客运站、货运站、编组站、中间站、机务段、车辆段、客技站以及各种线路，如正线、联络线、专用线等。水运有港口、货主码头、航道、修船设施以及相应的通讯导航设施。公路有客运站、货运站、停车场以及相应的修理设施。民航有机场、飞机库以及空中控制设施；管道有管线、泵站和储油库以及城市的管线网等。

在运输枢纽使用庞大的运输设施，完成大量的复杂作业，除了要有科学的管理外，各种运输设施的合理布局，是提高运输效率、节省运输建设投资和运输费用，满足运输网及城市运输需要的主要途径之一。

第四章　运输与社会经济发展

第一节　运输与经济发展的关系

运输与经济发展之间的关系一直是中外经济学家、经济史学家、经济地理学家和运输经济学家关心的中心内容。经济学家很早就已经开始对运输与经济发展的关系予以关注，在运输的意义或其对经济所产生的各种影响进行过大量分析。

人类的生活和社会的发展都离不开运输。运输是满足人与货物对空间位移需求的生产活动。经济的发展必然伴随人与货物对空间位移需求的剧增，因此，经济的发展必须以运输系统的完善和运输效率的提高为前提。而轮船、火车、管道、汽车和飞机等各种运输工具的出现和成长，使规模更大、效率更高、速度更快捷、质量更优的运输方式满足了不断变化的运输需求，成为经济发展的重要推动力量。

运输与经济发展之间的关系可以归结为运输发展的前向和后向联系效应。运输的前向联系效应主要表现为运输费用的降低对扩大商品市场的影响，后向联系效应则是指运输业发展所产生的对国民经济其他产业的需求影响。运输的发展不但为经济发展开拓了广阔的市场，而且因铁路、港口、公路和机场等交通设施的大规模修建，促进了为运输业服务的建筑业、能源、工业、钢铁及冶金工业、交通工业等的发展。

经济发展的不同阶段对运输要求不同。20 世纪 70 年代以来，经济与技术的发展更多地要求运输方式之间以及它们与社会物流系统的各环节之间的更有效、更合理地衔接与配合。人类正在大步走向信息时代，信息化将使部分运输需求被信息所替代，但运输业对经济发展的重要作用仍在不断增强。

一、运输对经济发展的地位和作用

运输是国民经济的重要基础产业，在经济社会发展起着十分重要的地位和作用。它在社会发展中形成和发展，又反作用于人类社会的发展，对社会经济产生着巨大的影响。现代社会中，一个地区、一个国家运输业的发展程度，决定了该地区、该国家的经济和社会的发展程度。

（一）运输对经济发展的基础作用

“衣、食、住、行”从来就是人们生存的四大基本要素。其中的“行”，就是指社会经济生活中人与货物的空间位移。人与货物对空间位移的需求，是人类社会的生产活动和社会活动的一项基本需求，也是社会经济和人民生活水平提高的一项基础性需求。经济的发展离不开人与货物在空间上的位移。经济发展的速度越快、层次越高，人与货物的集散在规模上就越大、在空间上就越广，人与货物对空间位移的需求也就越大。而实现人与货物空间位移最根本的途径就是运输。因此可以说，运输是国民经济的基础，是现代经济社会发展的命脉，也是提高人民生活水平的基本需要和先决条件，对经济发展起着基础性的作用。发达国家的经验表明，现代经济起飞是从交通运输的发展开始的。在中国对外开放格局的形成过程中，交通运输同样起了关键性作用。改革开放以来，中国各地区外向型经济发展、进出口贸易的高速增长、经济特区和沿海开放城市的崛起，都离不开交通运输规模的扩大和技术水平的提高。即交通运输是实现工业化的先驱和必备条件，它的适度超前发展是经济快速增长必不可少的因素。

具体来说，运输对于经济发展的基础作用表现在两个方面：

1. 运输构成社会经济最重要的纽带和基础结构

运输业在国民经济体系中处于基础地位，是国民经济持续发展的根本保证，属于基础产业，在产业结构中属于基础结构，运输设施是基础设施，现代社会发展的各方面都离不开这个基础。运输业与各个国民经济部门如工业、农业、建筑业、商业等部门都紧密地联系着，发达的运输业是实现合理的地理分工、实现企业专业化和协作的必要条件。在社会化大生产过程中，生产、分配、交换和消费是在一个极其广大的空间进行的。只有依靠运输这一纽带，才能将整个复杂过程的各个环节联结起来，使社会化大生产得以实现。例如，工矿企业要生产，必须运进机器设备和原材料，加工后运出产品；农业生产要运进化肥，运出粮食；建筑业的生产更要运输大量的建筑材料和废土；对流通领域的国内和国际贸易来说，更多依靠交通运输。

2. 运输是经济布局形成的基础因素之一

经济布局既是经济发展的起点，又是经济发展的结果。从经济发展的起点看，经济布局对经济发展的影响是带有基础性的。布局合理，就能在宏观上减少运输量从而节约运输支出，降低成本，加速再生产过程。另一方面，运输自身的发展和布局又会反过来作用于社会生产力的布局。重要交通干线和沿线不断完善的束状运输设施，是引导并决定工业布局产业带形成的关键因素。通常以铁路干线和高速公路为轴线，形成“经济走廊”和“通道经济”，甚至经济产业带。世界上有名的经济产业带多集中在沿海地区、航行条件好的大河岸、铁路干线和高速公路附近，都依附于强大的运输通道。由于多种原因，我国地区经济发展不平衡，经济发达地区如长三角、珠三角等都是交通运输便利的地区。

正因为运输的这种基础作用，一切经济处于快速发展阶段的国家和地区都把发展运输业列为经济建设的重点。改革开放以来，我国经济高速持续发展，取得了令人瞩目的成就。同时，我国运输业也得到了飞速发展，运输网络初具规模，形成了包括铁路、公路、海洋及内河航运、民用航空、长输油气管道在内，水陆空并举的综合运输体系。运输布局已有显著的改善，运输基础设施和技术装备得到了明显的改进，运输效率大幅度提高，起到了横贯东西，沟通南北，联系世界的作用。

（二）运输对经济发展的动力作用

运输对经济发展的作用，既表现在它直接创造的价值和使用价值，又表现在它对国民经济的带动效益。运输业提供的产品既是国民经济其他部门进行生产所必备的基本条件，同时也构成生产和再生产的投入要素。运输业产品数量、质量和价格的变化，必然会涉及整个国民经济，从而引起一系列连锁反应。运输对于经济发展的动力作用，就是指运输刺激经济发展、充当经济发展的“发动机”的作用。运输业对国民经济具有强有力的带动作用，它就像人体中的循环系统把机体所需要的营养和血液及时输送到各个器官和部位一样，把原材料供应者与生产者、消费者联系起来，使物流、商流、资金流和信息流在各部门中有序地运动，从而有力地保证了经济生活和生产的正常运转。发达的运输系统可以减少商品在流通过程中的时间，降低运输费用，从而促进经济的高速发展。虽然由于具有投资规模大、建设周期长、产业链长、增长持续时间长等特点，其扩张速度远不及其他产业。但是如果运输不能得到先行投资和增长，整个国民经济发展就会受到制约，其他产业的扩张也会因此停顿，甚至反向收缩。

发达国家正是因为有比较廉价的运输，带动物品和人口的大量流动，因此产品生产地和消费地大多不在一起，社会分工比较发达，城市化程度比较高，其结果是运输在整个经济中所占的比重很大，但是却带来总的社会劳动的节约；而发展中国家因为运输费用比较昂贵，所以产品大多产销在同一个区域内，导致大量人力物力束缚于农业中，对应地城市化程度也较低，造成整个社会劳动的浪费。

运输对于经济发展的动力作用体现于以下几个方面：

1. 运输体系的改进和完善带动了现代化大工业的出现和发展

现代化大工业的出现和发展在人类社会经济发展中发挥了巨大的作用。现代化大工业的出现以大量耗用矿物能源的制造业为主体，以分工、集中生产和规模化生产为特征。它依赖运输业远距离地运入大量原材料，又依赖运输业远距离地运出大量半成品、产成品。从历史上看，现代化大工业的出现，是由当时运输体系的性能改进和完善达到一定程度所带动的。如果没有相对于当时便捷的、网络化的、高效的和其费用能为经济社会所承受的运输体系的建立，集中生产所能覆盖的空间就要受到限制，社会分工的程度也要受到限制，规模生产就无法实现，也就无法带动现代化大工业的出现。现代化大工业出现后，其以后每一个阶段上的进一步发展，相对于每一特定阶段而言的便捷的、网络化的、高效的和其费用能为经济社会所承受的运输体系又发挥出非常重要的作用。所以说，现代工业的建立，是由运输体系的改进和完善所带动的，而现代工业的发展，又离不开运输体系的不断改进与完善。

2. 运输业带动相关产业发展

运输业可以带动钢铁、建材、机械制造、电子设备和能源工业等一大批相关产业的发展，并可以吸纳大量的劳动力。铁路、公路、车站、港口、航道等基础设施的建设会带动建筑业的崛起；运输工具的需求会推动汽车工业、船舶工业、机车工业、航空工业等机械制造业的发展；铁轨、管道和汽车、飞机、轮船等运输工具对金属的大量消耗会促进采矿业和冶金工业的发展；运输工具对煤炭、石油等能源的大规模需求又促使能源采矿业发展。

运输业对相关产业的带动作用，尤其体现在其对交通工业发展的推动上。交通工业是运输业的后向联系产业，它包括机车车辆工业、造船工业、汽车工业、飞机制造工业等，它们支持着运输业，而它们的发展又受制于运输业的发展。而且，同运输业的其他后向联系工业不同，交通工业的前项联系唯一的是运输业。这决定了交通工业对经济发展的作用与运输业对经济发展的作用是统一的。也就是说，交通工业对经济发展的作用，就是运输业对经济发展的作用。

交通工业对于经济增长与发展的影响是不可忽视的。在经济发展的历史上，每当一种新的运输方式问世并成长时，与其相对应的交通工业总是代表着当时的新技术，这种代表新技术的交通工业就自然成了当时的支柱产业。如 19 世纪的英国和 20 世纪 50 年代以来的日本，它们所拥有的发达的造船工业及船舶出口创汇，对于它们的经济发展影响很大。

不仅如此，一些与交通工业相关的、因交通工业的发展而兴旺的其他工业，如随着汽车工业发展而兴旺的炼油工业、橡胶工业等，也成为支柱产业。就这样，运输业的发展带动了交通工业及其相关产业的发展，从而促进经济的发展，而这种作用在运输方式处于诞生和成长阶段时，就更加突出，常常是革命性的。从经济发展的历史来看，在一种新的运输工业诞生及开始应用时，支持其发展的交通工业，往往就是高技术、新兴产业的重要内容，并且常常是国民经济的主导产业之一。与此同时，它还是其他主导产业联系效应最强的产业。而那些掌握新运输技术的国家，运输工业的出口常常是它们外汇收入的主要来源，对它们的经济发展起着非常关键的作用。如在 19 世纪后半期，英国、美国、比利时、德国和法国都先后成为铁路运输设备的主要出口国，它们的经济发展与之紧密相关。又如 20 世纪以来，美国、德国、英国、法国、日本、意大利都先后成为主要的汽车出口国，汽车工业的发展及出口创汇对这些国家维持经济的高速增长作出了重要贡献。

交通工业的这种作用不是永恒的，它将随着新运输方式的发展经历一个由弱到强，再由强到弱的过程。当运输方式变得成熟时，交通工业就不再是新技术的标志、新兴产业的代表，而成为传统工业，而且与之联系效应较强的产业也大多变成传统产业，这时，交通工业对经济发展就不会再有刺激作用。

3. 运输业投资具有明显的乘数效应

运输业的投资会产生出乘数效应。运输基础设施建设，能够使所在地区增加就业人员和增加工资收入，提高人民收入和生活水平。运输业投资增加，会使 GDP 增加同等的数量，这也意味着居民、政府和企业会得到更多的收入。收入的增加会导致消费再支出，有效刺激国内需求，引致社会总需求和 GDP 的更大增加，这一系列的再支出无限持续下去，最终总和为一个有限的数量。此时，投资所引起的 GDP 增加量会大于投资本身的数显。这种现象称为运输业投资的乘数效应，由投资增加所引起的最终 GDP 增加的倍数被称为投资乘数。投资乘数说明了对运输业投资将对国民经济相关部门产生影响。

4. 运输有利于市场经济发展

发达的运输系统可以提高运输的准时性，缩短商品的流通时间，使商品生产厂家能够减少燃料、原材料、产成品等的库存量，从而减少流动资金的占用，加速资金周转，提高社会的经济效益。运输的技术进步，可以提高商品的运输效率，降低商品的运输成本，引致商品销售价格的降低，而且发达的运输业可以迅速地将某种商品从供大于求的市场运输到求大于供的市场，使不同地区供求趋于平衡，从而起到稳定物价的作用。这相当于增加了消费者的实际购买力，提高生活水平，促进了经济发展。此外，运输业的发展还有效地改变了商品时空的相对状态，拓宽了市场供求领域并刺激了市场的进一步拓展。

在一个国家或地区市场经济发展的初期，以城市为中心的半封闭的中小型商品交换市场分布在全国各地。由于运输落后，这些市场之间的联系强度还比较弱，不利于全国性商品交换市场的形成。发展运输业，可以促进统一的、分层次的、开放的立体市场体系的形成，即让全国性的交换市场、地区性的交易中心和零售市场同时并存，协调发展，从根本上改变市场"割据"状态。因此，发达的运输业对市场经济发展具有强烈的促进作用，能够促使资源和空间得到更充分地利用，更好地实现资源的优化配置。

5. 运输业对于技术向生产力的转换起着催化作用

新技术只有在某一个生产领域或方面得以实际应用才能转化为生产力。运输业对于吸收新技术有着很大的潜力，为新技术的应用提供了巨大的空间。新的运输工具的问世，总是新技术的结晶，运输业以这样的潜力推动着技术进步，催化着技术向生产力的转换。

6. 运输促进了国家政治和经济的统一以及国际经济的一体化

运输对于国家的政治和经济统一起着重要的作用，通过运输，国家才能把中央与地方、沿海与内地、工业与农业、城市与乡村、生产与消费、这一部门与那一部门联结成为一个严密的有机整体。同样，运输对于国际经济一体化有着突出的贡献。正是由于发展了原料运输领域的大型化、散装化运输和成品、半成品运输领域的国际集装箱多式联运，极大地提高了运输能力，改进了国际货物运输的快速性、便捷性、多样性、安全性、合理性、高效性，跨国生产和跨国经营才能得以蓬勃发展，从而推进国际经济一体化。而从更深层的原因来看，正是运输的发展促进了不同地区之间人员和产品的流动，增强了各民族人民在语言、观念、习俗等方面的交流，促进了不同地区人民生产、生活方式的互相交融，带动了文化、艺术和商业的繁荣以及经济活力的旺盛，从而推动了包括经济一体化在内的广泛领域的国际化。

(三) 运输为经济发展提供积累

运输业的收入是国民收入的重要来源，可以为经济的进一步发展积累财富尤其是外汇。一国的运输业往往可以通过向第三国提供运输服务而获得外汇收入，而运输业相对落后的国家，通过发展本国的运输业，改变对别国的依赖，可以节省大量的外汇支出。如果从运输项目投资建设的国民经济评价效益来衡量这个问题，则运输业及其具体项目大致可以带来以下几个方面的效益：

1. 综合运输系统效益

综合运输系统效益包括运输建设项目投资节约、总的运输费用成本节约、总运输能力增加、旅客旅行时间节约、货物运输在途时间节约、交通安全性提高、货物损失减少、运输方便性和舒适性增加以及运输对重要物质减少消耗等。

2. 国民经济效益

国民经济效益即地区经济效益，包括资源开发利用、工农业生产发展、商业金融贸易发展、国民收入增加、就业人数增加、产业结构优化；道路开发建设的效益等。

3. 社会效益

社会效益包括国防安全、生态平衡、环境保护、水资源综合利用等效果和对自然景观、土地资源的利用等影响。

二、运输与经济发展互相作用的动态过程

（一）运输业在经济发展不同阶段的发展类型

1. 经济起飞阶段

经济起飞阶段，这时国家面临着投资短缺的问题，需要对优先发展哪种产业作出选择。在这一阶段，运输业是否应该得到相对优先发展，不能一概而论，而要视运输方式本身处于何种发展阶段而定。

如果运输业处在某一种新的运输方式问世后的成长阶段，那么，运输业相对优先发展是可取的。因为这有利于刺激新兴的交通工业的发展，进而推动与其有较强联系效应的其他新兴工业的发展，并运用掌握的新的运输工具的生产技术占领其世界市场，促进经济的进一步发展；而且，新的运输方式的迅速发展所产生的运输效率的大幅度提高及运输费用的大幅度下降，对经济起飞是很大的支持。

如果运输业处在各种运输方式的成熟阶段，考虑到运输业是一种基础产业，投资规模大、建设周期长、收益慢、投资效率低，运输业就不宜相对优先发展。因为这时的交通工业及与其联系效应较强的产业都是传统产业，交通工业的发展无法刺激经济的发展；并且由于运输工具的生产技术已经成熟，为众多的国家和地区所掌握，世界市场竞争激烈，靠此出口创汇的难度较大，而且利益小。

2. 国土大规模开发阶段

国土大规模开发阶段是一个特殊的时期，在该时期，不论运输方式的发展处于什么阶段，运输业的发展都可能促成其他产业的产生和发展，推动经济的高速发展。所以，运输业在这一阶段宜采取优先发展或超前发展的战略。

3. 经济相对发达时期

经济相对发达时期，投资不再短缺，运输业的发展应与经济的发展保持基本均衡。

运输化理论指出，经济发展的运输化过程可以划分为前运输化、运输化、后运输化三个阶段，其中运输化阶段又分为初步运输化和完善运输化两个分阶段。该理论认为，在工业革命发生之前，从原始游牧经济、传统农业社会到工场手工业阶段，各国经济一直处于“前运输化”状态；运输化阶段则处于大工业时期，而运输化本身的特征又在“初步运输化”和“完善运输化”这两个分阶段中得到充分发展；随着发达国家逐步向后工业经济转变，运输化的重要性在相对地位上开始让位于信息化，从而呈现出一种“后运输化”的趋势。

（二）运输业与国民经济之间的“交替推拉关系”

运输与经济发展的关系是相辅相成的，一方面，运输是人类生存活动的基本形式之一，承载着生产和生活交往的信息、物质交换的功能，而且会带动了整个国民经济的运

动，在社会生产力发展中起到先导作用；另一方面，运输的存在和发展，完全依赖于经济系统的需求，国民经济的发展为运输的完善和发展提供了现代化的技术、原材料以及市场需求。

根据世界各国的历史经验，运输与经济发展的关系模式主要有追随型、引导型和滞后型三种。在第一个阶段，这种新的要求首先通过对现有的运输系统进行改进和扩展来顺应经济发展的需要。在这个阶段，如果运输能适应经济发展的需要，运输就会带动相关产业的发展，使资源得到合理的利用，促进经济的增长，但是这样的作用往往比较隐蔽，有时好像不存在似的，往往不为人们所关注。如果运输落后，不能适应经济发展的需要，运输就会造成资源配置的低效率和经济波动，成为制约经济增长的一个要素，也就是说，运输以阻碍经济发展的消极方式，来显示其在经济发展中的作用。这时，经济发展就得拖着交通运输业走。

当经济飞速发展而产生量大质高的运输需求时，经济发展就会反作用于运输，迫使运输的急剧变革和发展，带动运输全面融入经济发展之中，成为经济运输化的过程。运输的迅速发展，必然要向社会提出强大的物质需求，从而造就一批新兴产业的形成与壮大，推动经济的发展。因此，在这类时期，运输对于经济发展的作用比较明显，不仅表现在支持经济的增长和发展上，而且还体现在刺激经济的增长和发展上，就好像是运输业推动着经济的发展。

发展到第三阶段，运输方式变得越来越成熟，维持它们的交通工业也从新兴产业变成为传统产业。到这个阶段，运输对经济发展的作用就只体现在支持经济的增长和发展上，而其对经济的刺激作用就消失了。再以后，就又回到了第一阶段。

运输业与国民经济就是在这种交替推拉的过程中不断发展的。运输业与国民经济之间的“交替推拉关系”，在运输业比较落后的国度里，往往不是十分显现，但绝不意味这种关系的不存在，只是“推”与“拉”的力度相对小一些，时期相对长些或相对短些。

三、运输与经济增长的数量关系

（一）运输业对 GDP 的直接贡献

运输作为国民经济的一个重要部门，与国民经济增长存在极为密切的关系，属于第三产业。运输业的发展程度是衡量一个国家、地区现代化程度的标志之一。

如果从直接贡献来看，运输业增加值在 GDP 中的比重并不高。我国交通运输业增加值占 GDP 的比重约为 5%～6%。发达国家运输邮电业的比重一般仍在 6%～7%之间，如果不计邮电，它们的运输业都超过或接近本国的农业的比重。不过，发达国家工业革命时运输业在国内生产总值（GDP）中的比例是迅速上升的，美、英、德、法等国家都曾达到或超过 10%。运输业同时又是能源等生产资料的消耗大户，发达国家的运输能耗要占总能耗的 15%～25%。

（二）运输业增长对 GDP 增长的影响

我国的旅客周转量和货物周转量长期保持较快的增长速度，但通常低于 GDP 的增速。

客货运输周转量的增长反映出随着国民经济发展，全社会物资、人员流动更加活跃，对交通运输提出了更高的需求；客货运输周转量增长速度低于 GDP 增速，体现了国民经济结构调整和产业升级，体积小、重量轻、价值高的高端产品比重增加。

交通运输与国民经济增长之间的数量关系，可以用运输量增长与 GDP 增长的弹性系数，即客货运输量增长率与 GDP 增长率之比来表示。该系数又称为运输需求的生产派生弹性，多用于分析货运需求。一般为正值，说明运输需求量同生产水平呈同方向变化。即当 GDP 增长时，需要运输的产品增加，所以运输需求量增加；当生产水平降低时，需要运输的产品减少，所以运输需求量减少。但在个别情况时也会出现负值，如 GDP 出现负增长或运输需求量出现负增长。运输需求的生产派生弹性可用于总体运输需求分析，通过生产派生需求弹性的计算和分析，可以看到，无论从货运量还是从货物周转量来看，运输增长与 GDP 增长都有很大的相关性。从长期看，弹性系数是一个稳定提高的趋势。逐年间有波动，是经济增长波动的正常表现。

没有高效率的交通运输体系，是不可能实现工业化的。有了先行发达的交通运输网，就可以充分合理利用国家各种自然资源，发挥各地专业化优势，将资源优势转化地方经济优势。考察世界各国交通运输业发展与国民经济发展的关系，大致可以得出这样的结论：交通运输大发展与经济高增长呈正相关关系。交通运输发展对其他产业有极大的带动作用，运输在更大的空间上将各个经济区域连接起来，极大地促进了全国统一市场的形成，促使更多的经济主体加入到社会分工体系中，促进生产布局更加合理，发挥各地比较优势。交通运输发展的意义还不仅限于经济方面，它打破农村的孤立状态，在联结城市与乡村和边远地区的利益关系所产生的社会意义方面的价值是无法估量的。

（三）运输与经济发展的适应度

运输业的发展与经济增长之间有一个“适应度”问题。“适应度”从整体上反映了运输的供应能力对运输要求的满足程度，描述了运输供需缺口的变化情况。“适应度”的计算公式为：

$$M=D/S \tag{4—1}$$

式中：M——适应度；

S——运力供给；

D——运输需求。

例如，根据国外经验的统计分析，港口能力与吞吐量有一个合理的匹配关系，即“适应度”问题。港口适应度就是港口的吞吐量与港口吞吐能力之比。当这个比值等于 0.6～0.85 时，认为两者是相适应的；接近或等于 1.0 时为基本适应；1.1 以上时为不适应，造成港口接卸能力紧张、船舶等待排队。公路建设也有一个公路能力与需求的关系问题，其衡量指标为“拥挤度”，即公路的实际交通量（车/日）与通行能力（车/日）之比。研究表明，该值小于 0.7～0.8 时认为是适应的；接近或等于 1.0 时为基本适应；1.1 以上认为是不适应的，造成汽车排队，道路堵塞。铁路交通也可直接采用适应度指标，反映整个铁路运输系统对需求的满足程度。

各种运输方式适应度的考虑，在规划设计时，应进行具体的技术经济分析。比值定大了会出现运力浪费，定小了则会造成交通堵塞。如果把运输生产过程作为一条生产链来看待的话，那么该链的强度是由其最薄弱的环节来决定的，而且薄弱环节也是动态的，会随着环境变化而发生变化。这个发展过程是一个不断打破瓶颈的过程，因此，应该随时调整，以便使整个链中每个环节强度的平均增长率保持一致，协调发展，才能发挥最大的整体经济效益。

第二节　运输与区域经济发展

发展交通运输，可以扩大地区间的商业贸易，促进地区间的交流与经济协调发展，缩小地区间在经济等许多方面发展的不平衡，更合理地利用资源；同时促进周围地区商业繁荣，使周边一定区域内土地升值。土地升值就是交通运输基础设施投资获得间接效益的一部分。从各地区发展的情况看，发展迅速的地区，交通运输往往都比较发达。大多数地区的发展速度和水平与该地区交通运输的增长速度和水平都是正相关关系。铁路、公路密度明显超过全国平均水平的地区，一般经济发展水平都较高，而低于全国水平的，经济发展水平一般也较低。

中国幅员辽阔，经济发展与资源分布很不平衡，西部地区与北部地区资源丰富，东南部地区工商业较发达，资源不足，造成了能源、原材料供给地与消费地的分离，产生了大量长途货运，主要由铁路承担，需要以铁路作为运输大宗、长途货物的大动脉。要实现脱贫，很重要的措施就是要加强交通基础设施建设，“要想富，先修路”是很有道理的。

一、运输与区域工业发展

（一）交通运输是区域经济发展的必要条件

交通运输是区域开发和生产发展的前提，交通布局的展开要走在区域开发之前。在资本主义前期发展阶段，出现过铁路建设的高潮，由此促进并带动了工业化高潮的到来。这种交通先行多是自发的。到了现代，为了国土的合理开发，引导私人资本到落后地区发展工业，国家大力开展交通建设和其他基础设施的建设。在区域整治中，不仅对原有的交通设施进行技术改造，而且开展了高速公路、高速铁路、大型港湾的建设和河流航道的整治。如日本战后三次国土综合开发计划，都是将交通条件的改善作为地域开发的主要手段而予以先行发展。

区域工业建设的交通运输设施，无论是铁路、车站和港口的新建与改造，一定要留有余地，营运后应保留一定的能力储备。当然，为了节省长期建设资金，有些建设可以分期实现，但是应为下一步发展留有余地。

每个区域工业发展面临着这样的选择：是多投资一些于交通运输，使之先行发展，留有一定的储备能力，以保证已有的工业企业充分发挥效率；还是多投资兴建工厂而使交通运输经常处于饱和状态，企业不得不“以运定产”、开工不足？应该选择的是前者，而不是后者。为此，就应该根据各区域原有基础、发展需要及建设的难易，使区域交通运输业保持恰当的投资比例，使之均衡发展。要在区域工业建设中做到交通运输与生产在发展上相互协调，必须通过区域规划加以综合平衡解决。至于交通运输的发展超前多长时间，则需针对区域发展的不同特点以及运输方式本身的发展阶段进行具体研究。

（二）区域运输联系的类型与特点

各种区域的工业发展由于具体条件不同，有着不同的专业化方向和综合发展类型，其内外联系形式和运输特点也不同。

1. 具有区际意义的原料、燃料基地的区域

这种发展区域的主导产业为采掘工业。由于输出大量原料和燃料，运入量较小，因此其特点是发送量大于到达量，运出大于运入，其发送货物大部分运往区外以至国外。这种区域与外部联系非常密切，要求有强大的干线与外部沟通，在内部也应便于大宗货物的汇集外运。如加拿大西南部和西部四省采矿业在战后迅速发展，大部分产品运往国外。又如巴西的米纳斯吉拉斯州以伊塔比拉为中心的铁四角地带，是世界著名的铁矿富集地带，自60年代以来迅速成为世界铁矿石商品基地，大量出口国外，为此建设了兹巴伦、塞波依巴等可停靠巨型矿石船的深水港口，改造了连接矿区与港口的铁路，还修建了矿浆输送管道。另外，澳大利亚的西澳大利亚州也是典型的矿产品出口地区，其矿产品外运通过铁路送到海港，不仅利用海运出口国外，还通过海运送至本国南方的新南威尔士州，供应给位于卡斯尔市的本国最大的钢铁企业。

2. 依靠大量进口原料、燃料的大型经济地域或地带

一些地域由于具有极优越的交通位置，对外开放便利，其中有的历史上开发早，具有雄厚的技术力量和工业基础，加工工业十分发达；而当地缺乏所需的矿产资源，大量资源和燃料需靠区外供应，并有大量成品和半成品外运。因此运输上运入量大于运出量，发送量小于到达量；无论发送和到达也均以对外联系为主。这类区域也以对外交通干线最为重要，其内部联系取决于工业门类和结构，专业化发展程度越高，则越需发达的交通网相适应。这种地方虽缺乏资源，但有着市场区位有利、技术基础雄厚、信息丰富而及时等优越条件，再加上运输技术的发展和运输费用的降低，其工业得到了迅速发展。其工业聚集程度不断提高，形成了以一个或几个大城市为中心、工业高度发展的地域或地带。它们依靠运入大量原料和燃料，产品运出比例也甚高，有的甚至成为专门的出口加工工业基地。以日本为例，就其全国而言，日本是一个资源贫乏的国家，其三大工业地带—京滨工业地带、阪神工业地带、中京工业地带，就是完全靠进口原料和燃料而发展形成的，它们都位于日本列岛的太平洋沿岸，充分利用了发达的海上运输。

3. 立足于本地资源之上的综合工业基地

这类区域内外运输联系均很密切，不仅区内运输量大，运出和运入量也大。因此不仅要求有强大的对外联系交通干线，而且要求内部有发达的交通网。如德国莱茵—鲁尔区是一个以采煤工业为基础发展起来的历史悠久的综合工业区，现在是德国工业的心脏，欧洲的重要工业中心。这里煤炭资源丰富，工业用水充足，水陆交通极为方便，还可就近得到洛林的铁矿石，工业发展条件十分优越，在这样的基础上该区逐步发展成为德国的采煤、炼焦、钢铁、电力和化工工业的中心。

4. 以内部联系为主的工业基地

一些地域由于特殊的地理位置，而当地资源尚有较好的搭配，从而在一定时期内形成一个以内部联系为主、对外联系较少的工业基地。这类地区要求内部有发达的交通网。但是，随着工业基地的发展和专业化程度的提高，对外联系将会越来越密切。

（三）区域内部的运输联系

每个区域都有货流发生地、货流纳集地、集散中转地，在这些地点分别形成不同规模的城镇，而其中也会形成一个或几个工业中心城市。区域内部运输联系即主要取决于它们的数量、规模和分布。

向外提供大量原料、燃料的工业区域内，分布有多处大宗货流发生地。如何便于将货物汇集外运，是此类地区的交通面临的问题。初期会在内部线路交汇处和通向外运的适宜地点形成货流汇聚中心，随着采掘工业布局的展开以及对外运输通道的增加，汇聚中心也会增加。同时在这些中心也会发展加工工业，成为地区重要工业城市。

主要靠区外供应原料、燃料的综合经济地域内，分布有许多货流纳集地，一般都会在内外联系的集散中心附近发展起大型中心城市。随着工业的扩散和专业化的发展，形成以其为中心的许多中小城市和集镇。

二、运输与城市发展

（一）运输与城市化

交通一方面是经济社会发展的必需前提和必然结果，同时也是城市发展的必需前提和必然结果。城市是社会劳动分工和商品经济发展的产物，交通作为这一进程中的脉络和神经贯彻其中并发挥着重要而关键的作用。古代的城市多在大道的交会点、内河和沿海航运的起讫点或水陆交通交接点上兴起，近代的大城市则无不同近代交通事业的发展共生。城市化带动交通运输网的形成和发展，交通设施的完善又促进了城市的扩大与繁荣，这已成为一条共知的规律。许多城市则完全是因交通和转运的需要而产生的，被定性为交通枢纽城市。

以美国城市化过程为例。在铁路运输问世以前，其大城市都位于水上运输便利的地方，而内陆地区由于缺乏有效的运输方式无法推进城市化进程。有了铁路运输以后，这种更为有效和节省的陆运方式带动了内陆地区大规模集中生产和进一步的地区劳动分工，进而带来了贸易规模的增加和贸易活动的频繁，这就需要在某些地点建立贸易中心和运输中心，集中发挥储存、包装、加工、推销、融资、保险以及与运输有关的一些活动；另一方面，铁路运输的发展也使内陆人口向某几个地区集聚而形成城市有了可能。于是城市化便向内陆推进。

（二）运输与港口城市发展

对于沿海、沿江、沿河城市即港口城市来说，港口与城市经济发展的关系十分密切。港口除了其最基本的“中转”或“流通”功能以外，它还在城市经济的发展中发挥重要的作用，港为城用，城以港兴。世界上许多著名大城市，都是以港口作为主要因素而获得在工业、贸易、金融、信息、运输等诸业的大发展。港口城市的发展具有以下有利条件：一是可以利用港口作为交通枢纽，通过便捷的运输连接本地与外地市场、国内与国外市场。二是城市发展可以充分利用港口常有的强大的向内辐射功能（通过集疏运系统连接内陆地区）和向外辐射功能（通过海上航线连接海外腹地），从而增强城市的辐射功能。三是可以利用港口作为资金往来的汇集之地，从而创造城市便利的融资条件。四是可以利用港口集散性，在庞大的人流和物流的基础上，形成充沛和通畅的信息流，从而形成城市信息中心的功能。这些条件对于港口城市的经济发展是极其有利的。首先，可以大力发展“港口工业”。所谓港口工业，就是在港口或港口的邻近区域建设大量工厂，利用港口的有利条件，从海外或内地运来原材料、初级产品进行加工，然后再出口或销往国内各地，或直接为港口生产建设服务。世界上港口工业的发展到 20 世纪 60 年代达到高潮，被认为出现了“港口工业化”。美国、英国、法国、荷兰、比利时等国先后都实现了“港口工业化”，如荷兰鹿特丹港的工业用地面积占全港面积的 50%以上。其次，可以大力发展运输业及其他相关产业。港口作为综合交通运输网络的结合部，各种运输方式都要在此处呈现并相互衔接，于是港口城市就获得了发展水运业和陆运业的得天独厚的有利条件。与此同时，一批相关的产业也拥有了发展的巨大空间，如仓储业、代理业、保险业、船舶供应业、修船业、旅游业等。再次，可以利用其极强的辐射，功能以及融资和信息方面的优势，大力发展城市的贸易、金融、信息等第三产业。

（三）运输与陆上城市发展

对于陆上城市而言，良好的陆路运输（铁路、公路等）条件是促进城市发展的最重要的条件之一。第一，陆上交通干线的建设和运营必然促进原有城市规模的扩大和职能的多样化，并在沿线的区域中心、门户、重要资源中心等相对优越的区位点形成新城市（镇）。第二，陆上交通干线对城市的发展及城市间的联系等有着强大的导向与控制作用，这种作用是一种线状的影响，即城市或城市群往往沿交通干线呈串珠状分布，并使相互间产生多种联系。第三，陆上交通干线会影响陆上城市发展格局，决定城市对外交通口岸，影响功能分区，促成城市在空间拓展上沿交通干线的主要方向成带状发展。第四，如果将城市化过程看作是一个城市按照不同等级的序列演变过程，则交通干线通过刺激新城市的出现和使老城市升级等促进城市化的进程。

（四）运输与大城市及中小城镇发展

现代化大城市是一种经济活动过度密集、同周围地区联系极为密切、科学文化居于领先地位的国家或区域经济、文化和政治中心。交通与住宅、环境被列为现代大城市的三大问题。随着城市的发展，货物进出量递增，包括运进能源、原材料、建材和居民日常消费品，运出产品和垃圾；城市的旅客始发和到达人数也不断上升。因此，要维持城市的正常运转，促进城市的发展，必须有一个运能大、速度快、布局合理的对外交通系统。从城市内部交通而言，如何完善城市道路网，采用经济方便的交通工具，已成为保证城市生产、方便居民生活的前提条件。

为了避免伴随经济和人口增长使城市规模日益扩大，从而带来的一系列矛盾，我国早在1980年就提出了“控制大城市规模，合理发展中等城市，积极发展小城市”的方针。很明显，在我国广大的农业地区、内陆地区和边疆地区建设起星罗棋布的中小城市，对合理利用土地、资源、水源和就近吸引农业人口、繁荣各地经济有巨大意义。但是，中小城镇的出现，意味着劳动地域分工的进一步加深，不建立起联系区域、城市之间的交通干线和沟通城乡的地方交通网，中小城镇的发展便没有保证。大城市的控制，最有效的办法是在外围建设卫星城，发挥其分散和截流的作用。国内外的经验已表明，上述性质的卫星城必须是具有一定规模的综合性城市，它们距中心城市应有相当距离并位于二者的便捷交通线上。不这样，中心城市会把近郊的小居民区和工业点陆续吞并，形成滚雪球式的市区膨胀。当前，我国的特大和大城市规划和建设的迫切任务，便是完善对外辐射交通干线，在远郊逐步建成一些相对独立、又同中心城市联系方便的卫星城，从而形成集中分散结合的城市体系。

第三节　运输与国际贸易发展

一、国际贸易与国际运输的相互作用

（一）国际运输源于国际贸易

国际运输原先不是一个独立的行业，而是与商品贸易结合在一起的。当国际贸易的规模扩大到一定程度，以及交通工业和运输技术发展到一定阶段时，国际运输从商品贸易活动中分离出来，形成独立的运输业。以国际海上货物运输为例，起先就没有独立的国际航运业。当时，商人拥有自己的船舶或船队，用来贩运商品，而且商人往往随船同到商品的销地，在那里开展商务活动。这就是航运史上的“商人船主”时期。第一次产业革命之后，生产力空前发展，贸易活动规模越来越大，范围越来越广，同时，造船技术和航海技术空前提高。在这样的条件下，海上运输活动逐渐从贸易活动中分离出来，形成独立的国际航运业。

（二）国际贸易对国际运输的影响

国际贸易是国际运输的本源需求，而国际运输是国际贸易的派生需求，国际贸易的增长是国际运输发展的前提。国际贸易在商品结构、数量、价值等方面的变化都将通过对国际运输的需求反映出来。国际贸易对国际运输的影响表现在以下几个方面。

1. 国际贸易量的大小决定国际运输量的大小

国际运输是为国际贸易服务的，有国际商品贸易，才有国际货物运输。当世界经济高速增长时，国际贸易也相应地大幅度增长，随之对国际运输必然产生强烈的需求，国际运输市场则出现发展、繁荣的景象；反之，当世界经济衰退时，国际贸易也相应地萎缩，与此同时，货源不足使国际运输量下降，航运市场则出现萧条和不景气。例如，石油作为工

业的粮食，其国际贸易量极大；在国际运输方面，石油是世界海上运输运量最大的一种货物，油轮也是最大的一类船舶。从第二次世界大战结束至70年代初，世界石油贸易量增长很快；在国际运输方面，这一时期海上石油运量也呈现快速增长的景象，油轮的大型化也大步推进。70年代初石油危机以后，世界石油贸易增长减慢；在国际运输方面，海上石油运输量的增长也减慢，油轮大型化受阻。国际贸易对国际运输在量上的影响还表现在国际商品贸易量的季节性变化上，这种季节性变化也直接影响国际货物运输量，使其也呈现同样的季节性变化。以谷物为例，美国墨西哥湾沿岸的谷物出口，夏季进入低谷，到9月份收获季节开始回升；在运输方面，新奥尔良港口每年9月份到年底期间的航运业务量比夏季要多一倍。不过，由于世界经济的兴衰反映到国际贸易上有一定的潜伏期，一般为0.5～2年的时间，并且国际贸易大多数是未来的贸易，它对国际运输的需求存在着滞后性。即世界经济的发展和衰退，通常要在0.5年至2年之后，才会在国际贸易上反映出来。而国际贸易对国际运输需求的变化，通常在0.5年左右，也就是说世界经济的复苏引起国际贸易的发展，将在0.5年或1年之后在国际运输市场引起反响。

2. 国际贸易商品种类的构成决定国际运输货物的结构

国际运输货物的结构同国际贸易商品种类的构成是一致的，后者的变化必然导致前者的改变。例如，在工业化发展的过程中，石油、煤炭、铁矿石等工业原料的国际贸易量及其在国际贸易总量中的比重不断增加，相应地，大宗散货在国际运输量中的比重也不断上升；随着世界技术的发展和产业结构的调整，国际贸易商品的构成中，初级产品的比重逐渐下降，而工业成品、半成品的比重逐渐上升，相应地，大宗散货在国际运输量中的比重也逐渐下降。

3. 国际贸易的交易关系决定国际运输货物的流向和运距

例如20世纪60年代后和60年代前相比，美国从主要使用阿拉斯加的石油和进口墨西哥、委内瑞拉的石油转变为更多地从中东进口石油，欧洲和日本也把中东作为石油进口的主要贸易伙伴，于是就形成了中东至美国、中东至欧洲、中东至日本的世界石油运输的主要流向，平均运距也随之延长。70年代中期开始，美国又增加了使用阿拉斯加的石油和进口墨西哥的石油，欧洲增加了使用北海的石油，于是，世界石油运输的主要流向更加分散，平均运距也随之缩短。

4. 国际贸易的不平衡影响运输的不平衡

运输在时间和空间方向上的不平衡是普遍存在的、绝对的。时间上的不平衡主要起因于农业生产的季节性、贸易活动的淡季、旺季、旅游季节等。空间和方向上的不平衡主要起因于资源分布、生产力布局、地区经济发展水平、运输网络布局等。例如，由于原料、燃料等资源分布的不平衡，产生了这些货物自产地到消耗地之间的运输；由于经济发展的不平衡，产生了某些原材料和工业品的运输需求。这些原料和燃料以及工业品的货流分布，无论是运量还是流向都将是不平衡的，因而对运输的需求也是不平衡的。

5. 国际贸易的范围和批量决定国际运输的方式

外贸公司在进行贸易谈判时，就要考虑如何运输更有利。如采用哪种运输方式，是通过公路、铁路、水路还是航空？如果发货地和收货地陆上连接，运输距离近，如边境贸易，可选择公路；距离远一些，如我国与中亚各国贸易，可选择铁路。如果出口地和进口地之间被海洋阻隔，只能选择水路或者航空了。此外，像石油和天然气一类货物还可以采用管道运输。例如，海湾产油国家通过管道将石油输送到地中海港口，再船运出口；俄罗斯的石油和天然气通过管道输送到东欧国家。

以海上运输为例，货物运输的方式可以分为租船运输和班轮运输，决定货物采用哪一种方式运输的一个重要因素是货物的批量，而货物的批量取决于商品贸易的批量。一般来说，工业成品、半成品的贸易相对于船舶容量而言批量较小，件杂货采用班轮运输；初级产品的贸易批量较大，宜于组织整船运输，租船运输是适当的运输方式。

6. 国际贸易政策影响国际运输货物的运量、结构、流向和运距

以区域集团化的贸易政策为例，区域集团化具有双重性，集团内部向自由贸易更迈进了一步，而对外却往往筑起更牢固的贸易壁垒，这使集团内部的商品贸易及货物运输比重增加，而集团与外部的贸易和运输比重就相应下降，从而影响货物运输的流向和运距。又如，在贸易保护主义日益升级的形势下，美国和日本的汽车制造商为了避开贸易壁垒，在国外建厂，就地生产，就地销售，这影响了汽车进出口运输的流向和运距。

（三）国际运输对国际贸易的影响

在国际贸易中，合同签订仅仅是货物所有权转移（从卖方到买方），只有通过国际运输才能实现货物实体的转移，到达收货人（买方）手中。国际运输是国际商品贸易业务过程中必不可少的重要环节之一，是国际商品贸易的桥梁和纽带。运输环节开展得顺利与否，运输的快速性、准确性、安全性、可靠性以及运价的高低，都对商品贸易的范围与规模产生影响。以运价为例，国际贸易商品价格中包含运价，运价占商品价格的比例，一般商品大约为10%，有的可达30%～40%，运价的高低直接影响到商品贸易的规模。

运输对国际贸易的作用还表现在作为运输业后项产业的交通工业（如飞机制造业、汽车制造业、造船业）的出口创汇是国际贸易的重要方式之一。

另外，随着国际交往的日益扩大，国际旅游业也蓬勃兴起，而国际旅游业就是国际服务贸易的一种。配备历史名城、风景区的内、外交通线路，规划便捷的游览路线，组织快速和舒适的长短途客运，是旅游业兴旺发达的必不可少的条件。

二、国际运输本身就是一种国际服务贸易

（一）服务与国际服务贸易的含义

服务是指提供活劳动的形式以满足他人某种需要并获取报酬的活动。劳动力在提供服务时是当作商品来出售的，所以，服务同样具有商品的属性。广义的商品是包括服务在内的。国际服务贸易是指服务的进出口。服务的出口，主要是指一国劳动力向另一国消费者提供服务并获得外汇收入的过程；服务的进口，则是指一国消费者购买他国劳动力提供的各项服务。

（二）国际运输是国际服务贸易的一种

按照以上的定义，首先，国际运输就是一种服务，是提供活劳动以帮助他人实现其本身或其货物的位移并取得报酬的活动。

从狭义上讲，国际运输中的“第三国运输”就是一种国际服务贸易。一国的航运企业为别国运输旅客或非本国贸易货物并获得外汇收入的过程，就是一种服务的出口；同一过程，从相反方向看，就是一种服务的进口。

从广义上讲，与国际运输相关的国际服务贸易的范围更广，以海运为例，它包括国际船舶租赁、船舶经纪、船舶维修、集装箱维修、顶推与拖轮作业、货物仓储、货物装卸、船舶代理、船舶供应、货运代理、海事公证及检验发证、引航、通讯及气象服务、船员劳务、海上保险等。

第四节　运输与现代物流发展

一、现代物流发展概述

（一）物流的作用

人类社会生产的目的是为了消费，但是现实生活中生产与消费之间存在着多种意义的“隔离”，主要有以下三种：

一是社会的隔离，又称所有权的隔离。它是指商品的生产者和消费者所处的地位不同，而产生的隔离。例如，汽车厂生产的汽车成千上万，如果这些汽车仅停留在工厂内，它们属于工厂所有的，其所具有的功能和价值就不会体现出来，直到被消费者购买，属于消费者并驾驶着，汽车才会体现出其功能和价值。

二是空间的隔离。它是指商品的生产场所和消费场所不同而产生的隔离。例如，椅子主要产自南方，但北方消费者也需要，为了尽可能提高其经济价值，必须把部分椅子从南方运到北方卖给消费者。

三是时间的隔离。所谓时间的隔离是指商品的生产时间和消费时间不同而产生的隔离。例如，稻谷收获集中在秋季，而人们消费不可能仅限于秋季，必须把稻谷存储在仓库里，根据需要碾成大米，才能满足人们常年食用的需要。

贸易活动解决所有权隔离问题，通过贸易把商品的所有权从商品生产者转移到消费者那里，而解决空间隔离和时间隔离就要依靠运输和仓储活动了。解决所有权隔离的活动称为“商流”，解决空间和时间隔离的活动则称为“物流”。

物流与商流、信息流一起被称为现代经济运行的三大支持要素。随着社会经济与科学技术水平的提高，以及市场竞争的不断深化和加剧，企业建立竞争优势的关键，已由节约原材料的“第一利润源泉”、提高劳动生产率的“第二利润源泉”，转向建立高效的物流系统的“第三利润源泉”。20世纪60年代，管理学之父德鲁克认为，物流是“一块经济界的黑大陆”，“一块未开垦处女地”。日本早稻田大学西泽修教授提出的“物流冰山”说，认为物流是一座冰山，其中沉在水面以下的是我们看不到的黑色区域，我们看到的只是露出水面的物流一部分。现代物流管理的主要目的就是物流过程优化，以最少费用，最短的时间，按必要的数量，运达必要质量的商品。

（二）物流的定义

物流的定义和内涵随着时代发展而不断变化。1915 年阿奇·萧在《市场流通中的若干问题》一书中提出“物流是与创造需要不同的一个问题”，并提到“物资经过时间和空间的转移，会产生附加价值”。这里物资经过时间和空间的转移，后来被称作实物流通，指的是销售过程中的物流。

二次世界大战期间，盟军反攻战线推进很快，产生了一个问题：怎样把一些作战物资及时地送到前线，而且又不会造成多余，也不会因战线转移频繁而造成浪费。当时，美国根据军事上的需要，对军火的运输、补给、屯驻等进行全面管理，率先采用了“后勤管理”（logistics management），即运用当时已经成型的应用数学、运筹学以及系统工程初期的一些思想，对前方基地、后方供应基地、中间供应基地的一些分布，基地之间互相联系的海陆空的交通手段，以及战争发展的预测等因素做全面考虑，确保军事物资准时、适量地运送到指定地点，为赢得战争胜利发挥了重要作用。

“后勤管理”思想在提高资源利用效率、降低库存和提高竞争力等方面与现代经济和企业管理理论及思想有许多共同之出。因此，战后美国经济界将其应用于工、商企业和物资流通部门，称为“工业后勤”和“商业后勤”。这时的“后勤”与较早期的物流并无本质的区别。也就是说，在 20 世纪 70 年代以前，对物流的研究主要是指与商品销售有关的物流，即流通过程中的商品实体运动，通常采用的是“Physical Distribution”即“实物配送”。

随着物流实践的发展，物流的概念“Physical Distribution”逐渐被“Logistics”替代。后者与前者的不同就在于“Logistics”已经突破了商品流通的范围，把物流活动扩大到生产领域。物流已不仅仅从产品出厂开始，而是包括从原材料采购、加工生产到产品销售、售后服务，直到废旧物品回收等整个物理性的流通过程。因而，“Logistics”的概念领域较“Physical Distribution”更为宽广、连贯，更具整体性，是一个包含范围更广泛的物流概念。

又随着人们认识的深化以及对物流活动要求的提高，物流的内涵不断扩大。2003 年美国物流管理协会将其定义为：“物流管理是供应链管理的一部分，是对货物、服务及相关信息从起源地到消费地的有效率、有效益的正向和反向流动和储存进行的计划、执行和控制，以满足顾客要求。”

20 世纪 60 年代，日本正式引进了物流概念，并译成“物的流通”，简称“物流”。

我国自 20 世纪 80 年代引进“物流”概念和相关理论。为了规范物流概念，2001 年 8 月，由中国物流与采购联合会起草并由国家质量技术监督局发布了《中华人民共和国国家标准物流术语》，将物流解释为：“物品从供应地向接收地的实体流动过程。根据实际需要，将运输、储存、装卸、搬运、包装、流通加工、配送、信息处理等基本功能实施有机结合。”显然，物流的构成要素既包括使物品的空间移动和时间移动成为可能的运输和储存，也包括保障物品顺利转移或流动的各种相关活动。

由以上可以看出，现代物流概念是系统的概念，将过去看来相互独立的采购、包装、运输、仓储等活动，用物流来统一考虑，对并以资源的优化整合为手段，以信息网络技术为支撑，实现全程信息化和多功能一体化运作，构成了企业价值链的基础活动。

二、运输与物流的关系

（一）运输在物流活动中的核心作用

物流作为现代社会经济活动的重要组成部分，在其发展和运行过程中，同交通运输的关系非常密切。早期，当物流还不具有明确内涵的时候，常常被视同运输；随着物流内涵的扩展和物流功能的不断完善，物流形成了包括运输、储存、包装、装卸搬运、流通加工等环节的完整体系，但是运输在整个物流活动中，始终居于核心地位。

运输是物流活动的核心环节，是物流系统中最重要的子系统之一。当然，这里的运输并不等同于国民经济生产部门的运输。物流中的运输子系统不含旅客运输，主要解决物品在空间的位移问题。在物流活动中，运输承担了物品在空间各个环节的位置转移，解决了供给者和需求者之间的分离，是物流创造“空间效应”的主要功能要素，具有以时间（速度）换取空间的特殊功能，是城市、区域、国家以及国际物流经济发展的启动器。其重要作用具体表现在以下两个方面：

1. 物品运输是物流系统的主要内容之一，也是物流业务的中心活动

一切物品的移动都离不开运输环节，运输合理化在很大程度上影响着物流合理化。国外，尤其是经济发达国家，运输业和物流业常常是联合经营的。在我国，运输业和物流业基本上分而设之，虽然一部分物流企业也自备一定的运输工具，但大量运输任务还是要运输部门来完成，因而运输的关键作用体现得更为明显。

2. 运输费用在物流费用中占较大的比重

在物流活动中，直接耗费的费用主要有：运输费、保管费、包装费和装卸搬运费等。其中运输费所占的比重最大，是影响物流费用的主要因素之一。世界各国都十分重视对运输费用的研究，如日本曾对部分企业进行了调查，在成品从供货者到消费者手中的物流费用中，保管费占16%，包装费占26%，装卸搬运费占8%，运输费占44%，其他费用占6%，在整个国民生产总值中流通费用则占到9%～10%，可见运输费在物流费用中的比重之大。因此在物流系统中，如何搞好运输子系统的工作，积极开展合理运输，不仅关系到物流的效率，而且直接影响到物流的费用。运输系统合理化，包括运输方式的选择分工，运输范围的优化设计，以及运输路线的规划等，对于降低物流费用，提高经济效益，有着十分重要的作用。

（二）现代物流是对运输概念的延伸

现代物流实际上是对运输概念的一种延伸，是对传统运输的一个革命性的突破。

在运输发展的初级阶段，运输业还没有得到充分发展，经济增长主要依赖于社会总位移能力的增加，运输的地位比较突出，这个时期人们还没有物流观念。随着运输网络逐渐完善，运输技术与运输组织方式逐渐现代化，现代运输体系逐渐完善，运输在社会经济中的地位相对下降，再加之生产国际化、产品结构的变化和企业生产方式的转变，对货物的包装、仓储、装卸、配送等环节要求越来越高，人们对运输的认识发生了相应的改变：运输不再仅仅是单纯的、孤立的运输，而是物流过程的一个环节，是物流系统的一个子系统，它与其他子系统共同构成物流大系统。

现代物流把传统运输方式下相互独立的海、陆、空的各个运输方式按照科学、合理的流程组织起来，从而使客户获得最佳的运输路线、最短的运输时间、最高的运输效率、最安全的运输保障和最低的运输成本，形成一种有效利用资源、保护环境的“绿色”服务体系。

现代物流打破了运输环节与生产环节脱离的障碍，通过供应链与企业建立密切关系，实现货物流、资金流和信息流的有机统一，降低了社会生产总成本，使供应商、厂商、销售商、物流服务商及最终消费者都获益。

现代物流突破了运输服务中心是运力的观点，强调运输主动为客户服务，客户需求决定运输服务的内容和方式。在生产趋向小批量、多样化和消费者需求趋向多元化、个性化的情况下，物流服务提供商需要发展专业化、个性化的服务项目。

现代物流更着眼于运输流程的管理和采用电子信息技术，使传统运输的“黑箱”作业变为公开和透明的，并且与其他物流子系统相互协调、连为一整体，追求全程的最优，而不是运输环节最优。

第五节　运输的外部性

一、运输外部性的概念和类别

外部性也称外部效应或外部影响，是指某一经济主体的生产或消费活动对与该活动无直接关系的其他经济主体产生的伴生影响，并且没有为之付费或受偿。外部性是就一定的经济主体而言的，是其经济行为所产生的强加在其他经济主体身上的一种附产品，并非有关方面自愿协商的结果。在经济上表现为经济主体社会效益与私人效益或社会成本与私人成本的差异。也就是说，经济主体的本来目的是为了实现自身利润的最大化或效用的最大化，但他在实现这一目的的过程中，却有意无意地对该项活动无直接关系的人或组织造成了这样或那样、有利或有害的影响。经济学上一般认为外部性的存在是市场机制资源配置的缺陷之一，即当存在外部性时，仅靠市场机制往往不能实现资源的优化配置和社会福利的最大化。认识运输的外部性由来已久，庇古的《福利经济学》中就有关于公路拥堵和环境污染的分析。

（一）运输的外部性

运输外部性一般是指运输活动所产生的外部性，有时也包括运输基础设施本身及其建设所产生的外部性，其核心是运输经营活动对经济社会发展的影响。

1. 庇古模型的解释

用传统的庇古模型对外部性进行的解释，是在微观经济学中最常见的解释。即，运输对社会造成的成本，但是产生运输的本人却不承担相应的成本。如开车的人发出噪音，绝大部分的噪音给社会造成伤害，而司机本人并不承担。比如近年来备受关注的温室气体，汽车尾气排放无疑是非常重要的一个来源；温室气体影响时间长，危害面广，但是产生运输的本人仅仅承担一小部分，绝大部分由社会承担。如果用模型来解释，见图 4—1。

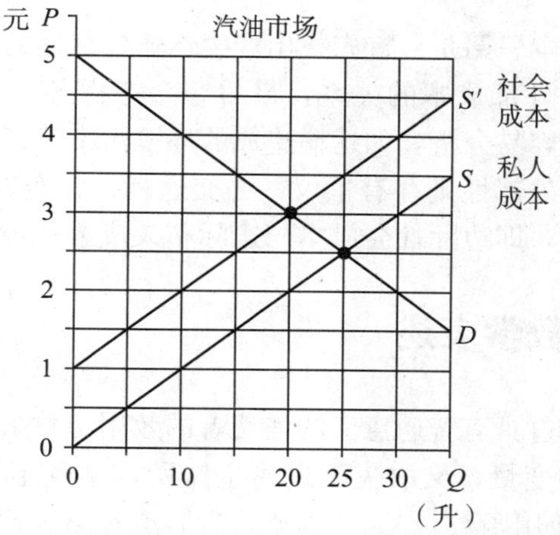

图 4—1　外部性模型

如果不考虑外部成本，那么均衡点在点 A 上，消费者边际上的收益为 2.5，该单位的私人成本为 2.5，消费量为 25 升；这 25 升消费者的效用都高于或者等于成本，因此看起来是有福利增进的。但是，我们使用汽油时，还造成了尾气、噪音等等外部性，这些成本并没有完全由私人自己承担，而是由社会承担。如果把这些成本都加上来，就是社会成本曲线 S'，在消费 25 升的均衡点上，边际收益为 2.5，社会成本为 3.5，对整个社会来说是有福利损失的，我们用 3.5 的成本生产的产品只满足了消费者 2.5 的效用，而实际上从 20 到 25 这一段，都是有福利损失的。如果社会长期在这种均衡点上运行，那么是不可持续的，就像一个工厂生产并获利，但是不断排出污染，当排出的污染超出成本时，长期运行，社会会因无法承受而崩溃。

2. 产权经济学的解释

如果从产权的角度来看，产生外部性的地方实际上是一个公共领域，比如温室气体的纷争，实际上是一个公共领域使用纷争。这个领域可以被人使用排放二氧化碳，也可以被人作为清洁空间使用。在该领域未界定之前，因为使用有收益，所有人都会付出成本来获取使用权。市场的交易谈判行为依然会发生，通过谈判、争吵甚至争斗来获得使用权，另一个外部性，噪音或许更加明显。而一旦这个空间被界定，那么就不再是公共领域，而是产权有所属，谈判的结果是出价高者得。但是，收益最终给谁，还需要法律的界定；用政府管制、矫正税还是谈判来治理，抑或不去治理，不仅取决于治理后的收益，还取决于交易成本。闻名世界的碳排放交易所，依据的即是这个理论。

（二）运输外部性的分类

根据其性质和研究的目的不同，可以将运输外部性划分为不同的分类。如根据外部性的不同性质，可以分为运输外部经济和运输外部不经济；根据不同的运输方式，可以分为水路运输外部性、公路运输外部性、航空运输外部性、铁路运输外部性等；根据具体的内容，可以分为环境污染（如大气污染、水污染、噪声污染等）、交通拥挤、交通事故等；根据运输外部性产生原因不同，可以分为运输活动产生的外部性、运输基础设施的存在而产生的外部性等。

运输外部性分析的基本思路是：首先找出产生运输外部性的客观原因（或物质媒介），然后分别分析各个因素与外部成本的关系，最后综合考虑各个因素得到总的外部性。但是，有些运输外部性比较容易分析，如运输造成的环境污染就是一个明显的外部负效应例子。而有些方面是否存在外部性则存有争议，如交通拥挤、交通事故是否产生外部性等，这就需要作进一步的分析，即边际社会成本与边际私人成本是否相等。

二、运输外部性的数学表述

运输的外部性可以通过具有普遍意义的消费者的效用函数来反映，该效用函数既依赖于消费者自身所能控制的变量，又取决于运输主体所控制且不受市场交易关系影响的变量。如用 U_i 表示者 i 的效用函数，X_{ip} 表示消费者 i 消费第 p 种商品的数量（$p=1$，…，m），Y_{jq} 表示运输主体 j 对消费者 i 产生外部影响的第 q 种运输活动水平（$q=1$，…，n），则消费者 i 的效用函数可以表示为：

$$U_i=U_i(X_{i1},X_{i2},\cdots,X_{ip},\cdots,X_{im};Y_{i1},Y_{i2},\cdots,Y_{iq},\cdots,Y_{in})$$

如果 $\frac{\partial U_i}{\partial U_{jq}}>0$，则表示运输主体 j 对消费者 i 产生运输外部正效应；

如果 $\frac{\partial U_i}{\partial U_{jq}}=0$，则表示运输主体 j 没有对消费者 i 产生运输外部效应；

如果 $\frac{\partial U_i}{\partial U_{jq}}<0$，则表示运输主体 j 对消费者 i 产生运输外部负效应。

三、运输业外部性的具体表现

（一）运输外部经济

运输外部经济，又称运输外部正效应，是指运输主体（运输企业或个人）在运输活动中得到的私人收益小于该活动所带来的社会收益时的情况，即某一运输活动给社会上其他成员带来好处，但从事该活动的运输主体却不能由此得到补偿。例如，运输设施（如车站等）的建设，可能使附近的既有房地产价格升高，对于房地产的所有者来说，这就是一种外部经济。运输的外部收益（EB）等于社会收益（SB）与私人收益（PB）之差。

运输业作为国民经济的一个重要部门，产生了十分广泛的经济和社会效益。经济效益多是运输企业或运输业自身获得的“私人收益”，但是并非运输业的所有社会效益都是外部性的，只有那些存在于市场体系之外的效益才构成运输的外部收益，主要包括：促进经济增长、区域商品流通和劳动分工；优化经济结构；提高地区知名度；带动技术进步；有利于消费方式的多样化和生活质量的改善；有利于新型经济活动空间结构的形成与发展，如生产场所的分散、居住地与工作地的分开、运输设施沿线土地价值的上升、土地利用上的专业化、劳动市场的扩大等。

（二）运输外部不经济

运输外部不经济，又称运输外部负效应，是指运输主体（运输企业或个人）为其运输活动所支付的私人成本小于该活动所造成的社会成本时的情况，即某一运输活动会对社会上其他成员带来危害，但从事该活动的运输主体并不为此支付足够补偿这种危害的成本。例如，航空运输给飞机航线下方的人们造成的噪音影响，海运油质排放物对海滨浴场的污染等，都是运输外部不经济的表现。

运输的外部成本（EC）等于社会成本（SC）与私人成本（PC）之差。

运输外部不经济的主要内容有环境污染、生态破坏、交通拥挤、交通事故等。

1. 环境污染与生态破坏

运输的环境污染主要表现为运输对土地污染、大气污染、水污染、固体废物、噪声、振动、电磁波污染等方面。例如，随着空中运输的发展，大量废热、废气和污染粒子排放到空中，给空气造成污染，特别是在对流层顶飞行的民航和军用飞机排出的氧化氮气体，是破坏臭氧的催化剂之一。运输的环境污染具体包括：土地的占用；景观的破坏；道路建设建筑材料的使用；CO，NO_x，SO_2，C_xH_x等气体和铅、粉尘等微粒物质对人类健康和财产价值的损害，甚至形成酸雨和全球温室效应；对表面水体及地下水的污染；废弃的运输工具（车辆，船等）与运输线路；等等。而且，这些环境污染还会造成不同程度的生态破坏。

2. 交通事故与道路损坏

交通事故的外部费用包括：处理事故及其遗留问题的行政费用、由政府支付的交通事故医疗费用；由于交通事故伤亡者纳税量减少所造成的社会产出降低；交通事故受害者遭受的财产损失、人身伤亡损失，尤其是对其他人所造成的潜在影响。

随着运输水平的提高，运输尤其是公路运输会产生“栅栏效应”，使受损道路的维修费用并没有完全由道路使用者负担，而且道路损坏还会影响其他使用者的舒适程度。此外它还可能造成其他车辆维护费用的增加。

3. 交通拥挤

交通拥挤是目前世界各国尤其是发展中国家所面临的最严重的交通运输问题之一。交通阻塞与拥挤的根本原因是交通供求关系不平衡所致，即交通量超过道路容量，公共交通运用不充分，交通控制管理设施不健全等。交通拥挤会造成时间价值损失，大气污染、噪声污染增加等外部不经济。航空运输由于机场容量和航线有限，也存在一定程度的拥挤。当发生拥挤现象时，飞机会排队等候起飞，或在空中盘旋等候着陆。时间的延误无疑会降低飞机的运营效率，使飞机成本增加，也增加了旅客的候机旅行时间。

运输外部不经济既具有一般性又具有特殊性。如环境污染是运输活动与其他经济活动所共同的，这是它的一般性。对于生态破坏，其他经济活动造成的影响也是存在的，但在交通运输业表现更为明显，如修建公路、铁路等基础设施就很大程度上直接改变了自然地理、地貌，而且其影响的空间是广泛的，影响的时间也是持久的。交通事故则是运输外部不经济的一个比较特殊的方面。

四、各种运输方式外部不经济比较

由于各种运输方式的技术经济特征不同、使用或存在的环境不同，所产生的外部负效应也是有差别的。各国所作的研究表明，从运输部门总体产生的外部成本来看，客运的环境影响占 76.8%，货运占 23.2%，西欧国家中的运输外部影响主要集中在客运。按运输的不同方式来看，公路运输无论在客运还是货运方面，所造成的外部成本都远大于其他三种运输方式，甚至大于三者之和；在客运方面，铁路的各种外部成本都是最低的，在货运方面，铁路和水运都是有利于环境的运输方式。如果区分公路运输方式，则小汽车是造成外部成本的最大来源，其次是货运卡车，公共汽车产生的外部成本最低。如果按外部影响程度来排列，则公路运输最严重的是事故，铁路运输最严重的是噪声，而航空对气候变化影响最大。各种运输方式外部不经济的比较（一般情况）如表 4—1 所示。

表 4—1　　各种运输方式外部不经济的比较

	大气污染	水污染	土壤污染	健康及安全	噪声污染	振动	交通拥挤
道路	***	*	***	***	***	**	***
铁路	*		**	*	**	***	**
内河运输		**	*	*	*		*
海洋运输							
空运	*	*	*	*	**	*	**

注：空白处表示影响极小或无，* 表示影响较小，** 表示影响较大，*** 表示影响极大。

第五章 绿色运输与可持续发展

现代运输方式作为现代社会工业文明的组成部分，在给人类社会带来正效应的同时，也给人类社会带来了相应的负效应。首先，运输业消耗了大量的能源，是现代社会中的主要耗能部门之一。其次，运输业是环境的主要污染源之一，它对大气、水域等的污染是工业污染的组成部分，对环境造成了危害。因此，人类社会要走上可持续发展的道路，必须对于运输业给环境带来的负面影响和耗能问题给予足够的关注，以实现运输经济的可持续发展。

第一节 绿色运输

一、绿色运输的概念和意义

绿色运输是指货物在运输过程中，抑制运输对环境造成危害的同时，实现对运输环境的净化，使运输资源得到最充分的利用。它要求从环境角度对运输体系进行改进，形成一个环境共生型的运输系统。这种运输系统建立在维护地球环境和可持续发展的基础上，改变原来经济发展与运输、消费生活与运输的单向作用关系。在抑制传统直线型运输对环境造成危害的同时，采取与环境和谐相处的态度和全新理念去设计和建立一个循环的环型运输系统，使传统运输末端的废旧物质能回流到正常的运输过程中来。现代绿色运输强调了全局和长远的利益，强调了全方位对环境的关注，体现了企业的绿色形象，是一种全新的运输形态，形成了一种能促进经济和消费生活健康发展的运输系统。

绿色交通的核心是以资源环境承载力为基础，以节约资源、提高能效、控制排放、保护环境为目标，加快推进绿色循环低碳交通基础设施建设、节能环保运输装备应用、集约高效运输组织体系建设，推动交通运输转入集约内涵式的发展轨道。绿色运输包括绿色运输过程、绿色库存和绿色包装等范畴。绿色运输过程，是指充分利用运力资源、安全、高效、节能、清洁的运输过程。绿色库存，就是无污染、无泄漏、安全、科学有序的储存方法。绿色包装，是指有利于节约资源、保护环境的包装。

实施绿色运输是实现可持续发展战略的需要。可持续发展战略是指社会经济发展必须同自然环境及社会环境相联系，使经济建设与资源、环境相协调，以保证社会的良性循环。目前我国的经济发展面临着环境污染的瓶颈问题。一些城市大气污染、噪声污染、垃圾污染严重；一些地区水资源匮乏，甚至严重污染；一些企业，资源利用率偏低，浪费现象极其严重。构建和谐社会，实施可持续发展战略，要求各级政府、各企业在管理和生产经营活动中承担社会责任，将物流活动同自然环境、社会环境的发展协调起来，使物流活动有利于环境的良性循环。

实施绿色运输是全球经济一体化的需要。随着全球经济一体化的发展，一些传统的关税和非关税壁垒逐渐淡化。为此，ISO14000 成为众多企业进入国际市场的通行证，它要求企业建立环境管理体系，使其经营活动、产品和服务的每一个环节对环境的影响最小化。实施绿色运输还是最大限度降低经营成本、提高企业生产力、竞争力的必由之路。专家分析认为，产品从投产到销出，制造加工时间仅占 10%，而几乎 90% 的时间是用于储运、装卸、分装、二次加工、信息处理等过程。可见，实施绿色运输不仅是为了节约资源和降低污染，对于提高生产经营效率的作用也是无可估量的。

20 世纪中后期，人类环境保护意识开始觉醒。1987 年，国际环境与开发委员会发表了《我们共有的未来》的研究报告，指出当代对资源的开发和利用必须有利于下一代生存环境的维护，以及资源的持续利用。于是，绿色消费运动在全球兴起，绿色物流应运而生。绿色物流，就是融入环境保护和可持续发展理念的物流活动。运输是物流的主要功能之一，任何物资由产地到销地都是通过运输来实现的，因此，研究绿色运输对于发展绿色物流也是一件非常有意义的工作。

二、国外绿色运输的现状

目前国外对于绿色运输的研究主要集中在理论基础、发展趋势、规划措施和建立健全规章制度等等方面。西方发达国家的物流业起步较早，政府和相关企业在多年前就开始了对绿色运输的探索与实践。

美国经济高度发达，也是世界上最早发展运输业的国家之一。美国政府推行自由经济政策，其运输业务数量巨大且异常繁杂，因此就决定了美国对绿色运输的更大关注。美国政府在运输高度发达的经济社会环境下，政府不断通过宏观政策的引导，确立了现代运输发展带动社会经济发展的战略目标，其近景和远景目标十分明确。美国在其到 2025 年的《国家运输科技发展战略》中，规定交通产业结构或交通科技进步的总目标是："建立安全、高效、充足和可靠的运输系统，其范围是国际性的，形式是综合性的，特点是智能性的，性质是环境友善的。"

欧洲是引进"运输"概念较早的地区之一，而且也是较早将现代技术用于运输管理，提高运输绿色化的先锋。在 20 世纪 80 年代，欧洲就开始探索一种新的联盟型或合作式的运输新体系，即综合运输供应链管理。它的目的是实现最终消费者和最初供应商之间的运输与信息流的整合，即在商品流通过程中加强企业间的合作，改变原先各企业分散的运输管理方式。其通过合作形式实现原来不可能达到的运输效率，从而减少无序运输对环境的影响。欧洲进入新世纪，更是重视绿色运输的推进和发展，对运输、装卸和管理过程制订出相应的绿色标准，加强政府和企业协会对绿色运输的引导和规划作用，鼓励企业运用绿色运输的全新理念来经营运输活动。

日本自1956年从美国全面引进现代运输管理理念后，大力进行本国运输现代化建设，将运输业改革作为国民经济中最为重要的核心课题予以研究和发展。把运输行业作为本国经济发展的生命线的日本除了在传统的防止交通事故、抑制道路沿线的噪声和振动等问题方面加大政府部门的监管和控制外，还特别出台了一些实施绿色运输的具体目标值。在2001年出台的《新综合运输实施大纲》中，其重点之一就是要减少周转，实现资源、生态和社会经济良性循环，建立适应环保要求的新型运输体系。

三、我国绿色运输与国外的差距

在我国，虽然各界人士对发展绿色运输已有广泛共识，但是研究工作还处于起步阶段。我国绿色运输的实施也与国外有一定的差距，主要表现在：

一是政策性差距。绿色运输的实施不仅是企业的事情，而且还必须从政府约束的角度，对现有的运输体制强化管理，构筑绿色运输建立与发展框架，做好绿色运输的政策性建设。一些发达国家的政府在绿色运输的政策性引导上制订了诸如控制污染发生源、限制交通量和控制交通流的相关政策和法规，而且，还从运输业发展的合理布局上为运输的绿色化铺平道路。另外，由于运输涉及的有关行业、部门、系统过多，而这些部门又都自成体系运作，各做各的规划，各搞各的设计、各建各的运输基地或中心，导致运输行业的无序发展，造成资源配置的巨大浪费，也为运输业的环保问题增加了过多的负担。因此，打破地区、部门和行业的局限，按照大流通、绿色化的思路来进行全国的运输规划整体设计，是我国发展绿色运输在政策性问题上必须正视的大事情。

二是技术上的差距。在机械化方面，运输机械化的程度和先进性与绿色运输要求还有距离；运输材料的使用上，与绿色运输倡导的可重用性、可降解性也存在巨大的差距。另外在运输的自动化、信息化和网络化环节上，绿色运输更是无从谈起。由此可见，我国的绿色运输与发达国家尚有较大差距，运输绿色化对我们来说，还有相当漫长的一段路途。

四、我国发展绿色交通运输的策略

绿色经济、低碳经济已成为引领世界经济复苏与应对环境问题的新引擎，节能减排、发展绿色交通是新时期发展的必然要求，交通运输行业应重点加快构建“三大体系”。

（一）建设节能型交通基础设施网络体系

积极促进现代综合交通运输体系建设，优化交通布局，加强运输大通道和综合交通枢纽建设，实现客运的“零换乘”和货运的“无缝衔接”。进一步完善公路网络结构，着力提升国省干线公路技术等级，提高路面铺装率，强化连接线、断头路、拥挤路段等薄弱环节，加强养护管理，使路网更畅通更高效。加快形成以高等级航道网为主体的干支直达、通江达海、结构合理的内河航道网，加强航道养护管理，开展碍航闸坝、桥梁专项整治工作，充分发挥内河航运的比较优势。建设布局合理、功能完善、专业化和高效率的港口体系，加大老码头更新改造力度，提高港口码头专业化、现代化水平。大力加强加气、充电等配套设施的规划与建设，为节能和新能源汽车推广应用提供有力支撑。

（二）建设节能环保型交通运输装备体系

运输车辆、船舶、港口机械、交通工程机械等交通运输装备是交通运输行业的用能主体。要大力调整优化车船运力结构，大力推广应用节能环保型运输车船，积极发展汽车列车、新型顶推船队，加快淘汰高能耗、低效率的老旧车船，引导营运车船向大型化、专业化、标准化、低碳化方向发展。大力推进港口 RTG“油改电”工作，加快淘汰高耗能、低效率的老旧设备，引导轻型、高效、电能驱动和变频控制的港口装卸设备发展。加快淘汰高能耗、高排放、老旧工程机械、工程船舶等。大力加强各类交通运输装备的检测和维修保养，保持良好技术状况。加快形成高能效、低碳化、环保型的交通运输装备体系，为交通运输行业节能减排奠定坚实的技术基础，最大限度地降低能耗和排放水平。

（三）建设节能高效运输组织体系

优化货运组织管理，引导货运企业规模化发展，加快发展第三方物流，培育一流的全球物流经营人。有效整合社会零散运力，实现货运的网络化、集约化、有序化和高效化，提高货运实载率。发展甩挂运输、多式联运等现代运输组织方式，推进江海直达运输。优化航运组织管理，提高船舶载重量利用率。强化港口生产运营管理，提高货物集疏运效率、装卸设备利用率和港口生产作业效率。加强公路客运运力调控，严格执行实载率低于70%的客运线路不得新增运力的政策。研究实施交通拥堵收费政策和技术，提升城市交通运行效率。加强交通流管理，提高道路通行效率。通过加快构建节能高效运输组织体系，全面提升交通运输系统运行效率和能源利用效率。

第二节　可持续发展思想

一、可持续发展的概念

（一）可持续发展的概念

可持续发展（sustainable development）是指一种既满足当代人的需要又不对后代人满足其需求的能力构成危害，既满足特定区域的需要又不对其他区域满足其需求的能力构成危害和削弱的发展。也就是说，作为一种特定的发展形式，可持续发展在时间尺度上和空间尺度上都有一定的限定。从时间尺度上看，可持续发展既要满足当代人的需要，又不危害后代人满足其需求的能力；从空间尺度上看，可持续发展既要满足某一特定区域的需要，又不危害和削弱其他区域满足其需求的能力。可见，可持续发展的核心是在考虑经济发展的同时，须注重经济系统与环境系统的相互作用、影响及协调发展。

（二）可持续发展思想的发展历程

我国的传统文化是一直注重可持续发展的。早在远古时代，我国就已经有了朴素的可持续发展思想。在夏代，就有规定“春三月，山林不登斧斤，以成草木之长；夏三月，川泽不入网略，以成鱼鳖之长。”周代规定：“国君春田不围泽。”即使是国君在春天打猎时也不得搞合围或竭泽而渔。春秋时，管仲在齐国为相，曾制定过严酷的法令来保护自然资源，规定夏天不能上山割草，不能烧水泽的蒲苇、水草作灰肥，不能砍伐树木；春天树木生长时，封山为禁，“有动封者罪死而不赦，有犯令者，左足入，左足断，右足入，右足断。”秦代的《秦律十八种》的《田律》中规定：春天二月，不准到山上砍伐树木，不准堵塞水道；不到夏季，不准烧草作肥料，不准采摘刚发芽的植物，不准猎取幼兽、鸟卵和幼鸟，不准毒杀鱼鳖，不准设置捕捉鸟兽的陷阱和网罟，到七月，这些禁令才解除；凡是居民点靠近养牛、马、兽的养殖场或其他禁苑的，在幼兽繁殖季节，居民不得带猎犬前去打猎，等等。东方文明自古以来靠的就是巧于向自然界作有限的索取，把人类维持生活和昌盛所必需的产品更多地留给子孙后代。东方文化的思维方式之一，就是“勤俭持家，非我者莫取”等等。这些都是我国古代关于可持续发展思想的精华之所在。

西方学者认为，西方社会对可持续发展的认识可追溯到200多年前，英国经济学家马尔萨斯在他1789年出版的《人口原理》一书中，第一次明确地指出，人口和其他物质一样，具有一种迅速繁殖的倾向，但这种倾向受到自然资源（主要是土地和粮食）的限制。1859年英国生物学家、进化论的奠基人达尔文发表了进化论经典著作《物种起源》，在论述生物和环境的关系上，他与马尔萨斯的观点基本一致，并进一步发展了马尔萨斯的一些观点。

到20世纪50年代，人们进一步认识到，某些生产活动短期内可以造福人类，但从长期看却可能对人类社会带来灾难性的后果。美国女科学家卡尔逊在《寂静的春天》一书中谈到杀虫剂DDT对人和动物的危害，指出如果对此不予重视，原来生机勃勃、百鸟争鸣的春天将呈现死一般寂静。

第一个有影响的研究是20世纪60年代末美国学者鲍尔丁的“宇宙飞船经济理论”。鲍尔丁在其发表的题为《一门科学——生态经济学》的重要论文中，把地球比喻为在茫茫太空中漫游的宇宙飞船。他指出，地球是人类赖以生存的最大生态系统，但地球只不过是茫茫无垠的太空中的一艘小小的宇宙飞船。人口和经济不断增长，最终将使这艘小小的飞船内有限的资源开发殆尽，人类生存、消费所排出的废物最终将使这艘飞船舱内完全被污染。到那时，整个人类社会就会崩溃。“宇宙飞船经济理论”在世界上引起了巨大的反响，人们从中认识到，必须用“储备型经济”取代“增长型经济”，用“生态型经济”取代“消耗型经济”，用“注重福利量的经济”取代“注重生产量的经济”，用“循环式经济”取代“单程式经济”。

20世纪70年代最有影响的研究是“罗马俱乐部”发表的《增长的极限》。1968年4月，来自西方十个国家的科学家、教育家、经济学家、人类学家、实业家以及国家和国际的文职人员约30个人，在意大利经济学家、工业企业经理奥莱里欧·佩切依博士的鼓动下，聚集在罗马的猞猁科学院，开创了对人类困境的研究，经过这次会议产生了“罗马俱乐部”这一著名的未来学研究团体。“罗马俱乐部”研究的目的是要考察给人类造成不安的世界性问题：富足中的贫穷、环境的退化、对制度丧失信心、就业无保障、青年的异化、遗弃传统价值、通货膨胀、金融和经济混乱等等。《增长的极限》是“罗马俱乐部”发表的第一份研究报告。这个报告在70年代初提出时，就震动了西方世界。它的主要论点是：人类社会的增长由五种相互影响、相互制约的发展趋势所构成：加速发展的工业化、人口剧增、粮食私有制、不可再生资源枯竭以及生态环境日益恶化，它们都是以指数的形式增长。由于地球的有限性，这五种趋势的增长都是有极限的。如超过了这一极限，人类社会就会突然地、不可控制地瓦解。科学技术只能推迟“危机点”的发生但不能最终避免。《增长的极限》的结论是：“如果在世界人口、工业化、污染、粮食生产和资源消耗方面现在的趋势继续下去，这个行星上增长的极限有朝一日将在今后一百年中发生。最可能的结果将是人口和工业生产力双方有相当突然的和不可控制的衰退。”，“改变这种增长趋势和建立稳定的生态和经济的条件，以支撑遥远未来是可能的。”那就是，人类可以“自我限制增长”，实行“零增长”政策，或者说协调发展，这是最可取的方法。

自20世纪70年代以来，可持续发展的研究不断深入，出现了一大批著作、论文，可持续发展的思想得到广泛传播。1981年，美国学者莱斯特·布朗出版的名著《建设一个可持续发展的社会》，对可持续发展观念作了首次系统阐述。该书分析了经济发展的一系列问题，如土地沙漠化、资源耗竭、石油枯竭、粮食短缺等，具体提出了控制人口增长、保护资源基础、开发再生资源这三大途径。至此，可持续发展的系统理论可以说基本形成。

1972年6月5日，联合国在当时酸雨危害最严重的瑞典斯德哥尔摩召开首次“人类与环境会议”，会议通过了著名的《人类环境宣言》，提出了“只有一个地球”的口号。1987年，联合国召开环境与发展会议，可持续发展的概念第一次在国际社会正式提出。联合国世界环境与发展委员会发表了题为《我们共同的未来》的长篇报告，呼吁世界各国维护资源，保护环境，开辟可持续发展的道路。联合国环境规划署在总结各国的经验后提出：“不同时保护环境和促进资源的合理利用，就不会有持续的发展和稳定的增长。”1992年6月在巴西里约热内卢召开了“世界环境与发展大会”，世界各国政府首脑参加了这次会议。大会一开始，全体代表为地球静默2分钟，表明人类对自己行为的反思和拯救地球、拯救人类自己的决心。会议发表了纲领性文件《21世纪议程》，指出：“将可持续能力纳入经济管理的第一步……”在这次会议上，我国政府做出承诺：“我们愿意承担与我国发展水平相适应的国际责任与义务，并为解决世界环境与发展进一步加强国际合作。”1994年3月25日，我国国务院常务会议讨论通过了《中国21世纪议程——中国21世纪人口、环境与发展白皮书》，该文件从中国的具体国情和人口、环境与发展的总体联系出发，提出了促进经济，社会资源和环境相互协调和持续发展的总体战略、对策和行动方案。

从上所述可见，可持续发展的思想不断深入人心，可持续发展已成为全世界共同关心的重大问题。

二、可持续发展思想的重要意义

在工业化之前，人类的活动就已经对环境有了破坏，对养育它的生态系统有了一定的负面影响，古巴比伦、哈巴拉、玛雅等文明的消失就是这样的结果。但是当时地球上人口数量较少，科学技术水平低，没有工业，没有工业污染；人口增长和人畜排放物是环境质量的主要因素，而且由于人口发展处于高出生率、高死亡率、低人口自然增长率类型，污染物排放量增长率很小。因此，当时人类活动虽然已对环境有一定破坏，但对生态系统的负面影响是局部的和有限的，并没有对地球这一生命支持系统的整体构成威胁。

人类进入工业社会以后，科学技术得到了迅速发展，人类凭借科学技术，极大地提高了影响地球生态系统的能力。

在工业化的过程中，人类向自然界开战，在一些错误观念的指导下，对自然界采取了众多非理性的行为，造成了对生态系统的更大破坏。随着机器系统的出现，人类加速了对非再生资源的利用速度，这造成了以下后果：

第一，沉睡地下亿万年的矿藏以快速递增的速度被挖掘出来供机器消耗，化石燃料、矿产等资源快速减少。第二，森林资源日益减少。由于过多采伐和开垦，世界上的森林几乎每年减少约1%，热带雨林地区每年减少1 130万公顷的森林。砍伐森林所损失的不仅是树木和这些树木为无数物种所提供的生长环境，而且当森林被伐后，树木下面的土壤质地变差，土壤红土化，或遭侵蚀。第三，土壤过分流失，土地沙漠化扩展。研究表明，在自然力的作用下，形成1厘米厚的土壤需要100至400年的漫长岁月。因此，世界每年损失土壤量已超过新土壤的形成量。

随着工业化过程加快，工业占GNP比重迅速提高，大规模地建立了污染增加型产业（如煤炭工业、钢铁工业、化学工业、建材工业等），广泛地使用污染增加型技术（如在农业中大量投入化肥、农药、地膜等，在工业中大量使用煤炭、石油等），于是排向自然界的污染物大量增加，进而出现下列后果：

第一，大气污染。大气中的有害废弃物严重危害着人类的健康与安全。

第二，水污染。水污染规模不断扩大，各国专家普遍认为，淡水不足将成为经济发展和农业生产制约因素。

第三，土壤污染。更严重的是这些污染衍生了下列跨越时空的环境问题：

1. 温室效应。大气污染的日益严重，使地球表面出现更为严重的温室效应。预计到2030年，全球平均气温将上升1.5～4.5℃，全球平均海平面将升高20～140厘米。随之而来的气候异常与自然灾害的增加，将使食物生产的稳定受到威胁。从全球范围来看，交通运输业在世界能源消费和温室气体排放中所占比重均超过20%，且仍呈较快上升态势。

2. 臭氧层耗损。臭氧层日益损耗，主要是由于氯氟烃类物质的长期排放和积累所引起的。臭氧层的消失将增加地表紫外线照射量，有可能导致许多浮游生物死亡，影响水生生态系统，对人类健康造成重大危害。

3. 酸雨污染。排向大气中的二氧化硫与氮氧化合物在高空中遇到冷空气中的水气后便凝积成稀硫酸、稀硝酸，以雨或雪的形式又降落到地面上，这便是酸雨或酸雪。酸雨使水源恶化、土壤酸化、森林枯死、水生生物死亡、建筑物遭腐蚀，被称为“生物圈中的疟疾”、“空中死神”。有的环境专家认为，酸雨是本世纪最严重的环境问题。从历史上看，这种后果主要是发达国家在工业化过程中过度消耗自然资源和大量排放污染物造成的。不论从总量还是从人均水平来讲，发达国家的资源消耗量和污染物排放量大大超过发展中国家，这种不可持续的生产和消费方式是造成上述后果的主要原因。

综上所述，气候变化问题已成为影响人类社会发展和全球政治经济格局的重大战略课题。我国作为温室气体排放的主要大国，已成为全球关注的对象，面临巨大的国际压力。与农业文明阶段不同，工业社会中人类活动对地球生态系统的影响不再是局部的和有限的，而表现为从局部扩展到区域甚至全球，对地球这一生命支持系统的整体构成威胁，而且影响一旦产生，在对人类有意义的时间尺度上是很难彻底消除的。所以说，发展在带来正效应的同时，也以不同尺度带来了内部和外部、当前和长远的负效应。这些负效应不仅影响局部生态系统的生命支持能力，而且威胁着当代人和后代人共同的地球生命支持系统。可持续发展正是针对发展带给人类的负效应，从时间和空间尺度上对人类社会的发展做出限定，使人类走上人与自然协调发展、长期发展的道路。

第三节　运输的发展与环境保护

在清楚可持续发展的思想后，在考虑运输业及其产生的经济现象时，有必要综合考虑运输的发展与社会环境之间的良性互动，用可持续发展的思想做指导，在发展运输经济的同时，适当地将运输的负效应控制在一定的范围内，恰当地维护运输经济的发展与环境保护之间的协调关系，以趋利避害，实现运输经济的可持续发展。

一、环境的含义

（一）环境的概念

我们一般所说的环境涉及的面很广，包括大气、水、土地、矿藏、森林、草原、野生动物、野生植物、水生生物、名胜古迹、风景游览区、温泉、疗养区、自然保护区、生活居住区等。从严格的定义来说，环境是指影响人类生活和生产活动的各种自然（包括人工干预下形成的第二自然）力量（物质和能量）或作用的总和。它不仅包括自然要素及其组合，还包括人类与自然要素之间长期共处形成的各种生态关系及其组合。构成环境的基本要素有：光、热、土、气、动植物，以及这些自然要素与人类长期共处所形成的各种依存关系。

（二）环境的功能

环境与人类密切相关，其功能主要表现在两个方面：一方面，环境是人类生存与发展的终极物质来源，构成环境的各种要素是人类生活与生产的物质基础；另一方面，环境承受着人类活动产生的废弃物和各种作用的结果。总之，一个良好的生态环境是人类发展最主要的前提，同时也是人类赖以生存、社会得以安定的基本条件。

（三）环境的经济学含义

环境不仅有自然科学含义，还有经济学含义。从经济学含义上看，环境是一种特殊的资产。一般经济学认为，能够带来收益的东西称为资产。构成环境的各种自然要素，无论是天然的自然要素（第一自然要素），还是经过人类劳动投入的自然要素（第二自然要素），都可以为人类社会带来巨额收益，即提供生命支持系统以维持人类的生存与发展。按照资产能带来收益的概念和环境能给我们带来收益的事实，环境是资产无疑。如果人类盲目地破坏生态环境，例如滥伐森林、破坏草场、污染环境等，这就等于社会环境资产流失；相反，人类自觉保护生态平衡，保护环境，例如整治国土、植树造林、建设草场、治理污染等，就等于环境资产增值。

（四）环境作为资产的特殊性

环境是一种特殊的资产，它的特殊性主要表现在两个方面：

第一，环境作为资产为人类提供服务的数量和质量取决于人类自身的行为及其影响。环境作为生命的支持系统向人类的经济系统（包括生产和消费）提供原材料和能源，供生产过程加工和使用，并由消费者消费。而经济系统中产生的废物又返回环境。在整个过程中，人类如过度地使用环境资产，或过度地向环境返回废物而不图治理，环境就会遭受破坏而减少服务的数量，降低服务的质量。

第二，环境资产是一种公共物品（public goods），具有非排他性和非竞争性，就是说每个人都能轻易获得和享用，每个人的享用都无法排除，每个人都能成为“免费搭车者（free-rider）”，于是就会产生谁都想享用已有的环境质量，而谁都想让别人去保护环境、治理环境，让自己成为“免费搭车者”，从而就产生了社会悖论。以一个渔场为例。一个公共渔场资源是有限的，有若干渔民在捕鱼。每个渔民都有两种选择：（1）与大家合作，有意识地组织控制各自的捕捞量，使之与渔场的资源相适应；（2）追求个人利益最大化，尽可能多地增加自己的捕捞量。然而，当每一个渔民都采用第二种策略时，若整个渔场的资源还未达到极限且市场容量充足，任何一个渔民增加捕捞量，将给他带来更多的利益。但如果每个人都这样做，发展下去的结果势必是滥捕，从而导致渔场上渔业资源的枯竭，于是整体灾难将会降临到每个渔民的头上，谁也无法幸免。类似的现象经常发生在我们的周围：林场中的乱砍滥伐，对野生动物的滥捕滥杀，向海洋、湖泊、河流排放污水，向大气排放废气，等等。作为群体的理智选择以及整体的长期利益，应维持资源的再生，实现合理的可持续利用；而作为个体的理智选择以及个人的短期利益，却会尽量多地占用公共资源。每个人都会想，即使自己不多占用，别人也会多占用；即使自己多占用一点，也不会对整个渔场的资源有根本的影响。而当每个人都以个体短期利益作出个体的理智决策时，却会导致灾难性的社会后果，导致每个人的利益受损。这就是社会的悖论。

二、运输发展对环境的影响

（一）运输与交通公害

在传统的农业文明中，社会体系中没有工业，也就没有工业污染，影响环境质量的主要因素是人口增长以及人畜排放物。工业革命以后，出现了工业污染。现代化的交通运输方式都是工业革命的产物，交通运输对环境的污染是工业污染的组成部分。

交通运输对环境的有害影响称为交通公害。所谓公害一般包括大气污染、噪声、振动、水质污染、土壤污染、恶臭、地面下沉、放射性辐照、日照危害和电波危害等。公害有别于自然灾害，但它同样对相对范围的人的健康和生活环境带来危害。从交通运输的实际情况看，交通公害主要包括：汽车、火车、飞机、轮船等运输工具的排气造成大气污染，运输工具的运行产生噪声和振动，船舶的排水和事故造成水域污染，水陆运输线路和运输设施对环境的诸多方面造成不利影响，等等。

（二）运输对环境有害影响的具体表现形式

1. 大气污染

大气中由于空气以外的物质对人类健康和生活环境造成危害的状态叫作大气污染。汽车、火车、飞机、轮船等运输工具向大气中排放的许多有害成分是大气污染的源头之一，特别是在城市，汽车排气是大气污染的主要来源。

在运输工具的排气中，除了排出水蒸气和二氧化碳外，还有许多有害成分，如一氧化碳、未完全燃烧的碳氢化合物、氮氧化物、铅化合物、硫氧化物和浮游性尘埃等。其中，一氧化碳是一种有毒气体，它会导致人体的心脏、循环系统和中枢神经系统供氧不足；碳氢化合物和氮氧化合物在阳光的照射下会生成一种光化合烟雾，其主要成分是以臭氧为主的氧化性极强的过氧化物，能刺激人的眼睛、黏膜，妨碍动植物的生长，引起多种疾病；一氧化碳与大气中其他污染成分发生光化作用，也会生成光化合烟雾；汽油中的四乙铅是致癌物质，铅化物触人吸入体内，会损害人的心脏，使造血机能衰退，严重的会引起死亡；浮游性固体尘埃和硫氧化物吸入人体后，会引起气喘和支气管炎等疾病；硫氧化物是产生酸雨的主要成分；二氧化碳虽是空气的组成成分，但大气中二氧化碳过多会妨碍地球热量的散发，从而使全球气候变暖；大气中的一氧化碳、碳氢化合物、氮氧化物、硫氧化物都是导致温室效应的成分。另外，交通工具上使用的空调设备还向大气层排放大量氯氟化碳，使大气层中的臭氧层遭到破坏。

对于整个大气污染来说，运输工具的废气排放是重要的污染源。有资料表明：美国的大气污染50%来自运输工具，40%来自工业废气；日本的大气污染20%来自运输工具，65%来自工业废气。世界上一些城市就是由于汽车排放尾气而经常笼罩在黄色的烟雾中，甚至还发生过因光化学烟雾中毒的严重事件。汽车排气中的铅微粒使人和动物中毒的现象也曾在一些国家发生。

2. 交通噪声

噪声是所有造成人类不愉快的声音统称。噪声使人或动物感到痛苦，严重的还会伤害听觉。交通噪声是由汽车、火车、轮船和飞机等运输工具产生的。在城市中，交通噪声主要是汽车产生的。

汽车的交通噪声由多个噪声源产生，包括发动机、轮胎、排气、暖气和喇叭声。汽车在发动时，由于发动机的旋转数增加，所产生的噪声也增大。汽车的噪声还随速度的加快而增大。大型卡车所产生的噪声比小汽车大。汽车加速时的噪声比匀速行驶时大。在我国城市中，汽车喇叭声也是噪声的主要来源。

轮船和火车的汽笛会发出非常刺耳的噪声。火车行驶时与铁轨的摩擦也产生噪声。对人们生活产生影响的飞机的噪声主要是在其起飞、降落时产生的。

3. 交通水体污染

交通水体污染的污染源主要是船舶的排污、油轮的漏油和事故、港区排到水域内的工业废水和生活污水等。另外，疏浚航道、建造码头都会对水生物造成影响。

由于水是流动的，一旦水体受到污染，污染物就会随着水的流动和水生生物的生活习性（如鱼的洄游）而不断转移扩散，并通过水生食物链、饮水和河水灌溉的农产品间接危害到人类的身体健康，而且影响的速度极快，影响面极大，造成的危害极深。

水体污染后，治理非常困难。如德国对莱茵河的治理花了几十亿马克。英国对泰晤士河的治理用了几十年的时间，尚未能彻底解决问题。我国的长江水域的污染情况也越来越严重。

交通水体污染中首先值得注意的是油污染。除了船舶碰撞、翻船和油管连接不当产生的油分跑、冒、滴、漏等事故外，还有船舶的机舱含油污水、压舱水和原油油脚、废油、油棉纱等的直接排放和丢弃，均能对水体造成油污染。

4. 交通振动

交通振动包括由于路面交通工具运行而引起的地面振动和由于空中交通工具飞行而引起的空气振动。地面交通振动产生的原因主要是地面不平、轨道有接缝、运输工具运行时冲击地面或轨道，地面交通振动沿着地面有衰减地向四周传播。对人们产生主要影响的空中交通振动发生在飞机的起飞和降落时。交通振动也使人感到痛苦，同样属于运输带来的负经济效益。

三、交通运输与环境保护

正是因为交通运输对环境具有以上所讨论的负效益影响，因此在关注运输经济发展的同时，需要同时关注环境的保护问题，以实现运输经济的可持续发展。

（一）交通运输规划与环境保护

在交通运输规划时，首先必须处理好交通运输设施与自然环境之间的协调关系，在规划线路时，应尽量避开需要严格保护的自然环境地带，要避免或减少对具有自然价值的植物、野生动物和地形、地质等构成的自然生态系统的破坏。

其次，在交通运输规划时，应通过各种有效措施来控制和减少交通公害。如在城市的交通规划中，可以通过优先发展公共交通控制发展小汽车来减少汽车污染；通过合理布局道路系统来减少喇叭噪声。再如在飞机场的规划中，可以通过在飞机场用地范围内留下起码的余地设置隔音设施，并将飞机场周围的土地规划成公园和绿地等公共设施、工厂和流通业务设施、旅游娱乐设施等的用地，来减少噪声与振动对大众的影响。

再次，在交通运输规划的项目评估中，必须将环境因素作为社会效益的一项指标，包含在评估工作中。

（二）交通运输技术发展与环境保护

在交通运输领域发展轻污染型技术和污染预防及应急技术对保护环境有重要作用。前者如在铁路运输中发展电气化铁路运输，在汽车运输中改进汽车结构、安装排气净化装置、使用无铅汽油、研制和采用对环境危害较小的电动汽车、探索新型动力装置等。后者在污染预防技术方面，如在船舶运输中采用双层船壳以及应用油污水分离装置、生活污水处理装置、生活垃圾处理装置；在污染应急技术方面，如在船舶运输中发生溢油时施放围油栏、使用水面浮油回收船和各种溢油回收装置、喷洒抗溢油化学剂、使用吸附材料、用激光点燃溢油等技术。

（三）交通运输管理与环境保护

要控制和减少交通公害对环境的影响，必须充分制定和严格执行有效的法规和行政管理措施。如对汽车的排污控制，应制订限制汽车排出污染物的法令，对一些适用性的轻污染型技术和污染预防技术，如使用无铅汽油等，可用法律手段强制施行。再如油轮必须采用双层船壳的规定，也可强制施行。除了法规与行政管理措施，有效的生产管理也很重要，如对于船舶集结的港口通过各种有效的管理来协助船方妥善处理船上的生活污水和垃圾，促使船舶做好各项有关排污工作，并备好围栏和浮油回收装置，既可以减少航行中的污染，而且当港口水域发生油污染时，又可以立即加以清除。

第四节　运输的发展与能源利用

一、运输的能源消耗

各种运输方式的运输工具都需要消耗能源，交通运输部门历来是能源消耗的主要部门之一。运输耗能包括运输站场耗能、运输线路耗能和运输工具耗能等。

（一）运输站场耗能

站场是指铁路客货运站、公路客货运站、港口和飞机场。站场耗能分为站场建设耗能和站场营运耗能。前者是指建设站场所消耗的能源。后者是指站场装卸设备（如吊车、铲车、传输带）的耗能和站场采暖、通风、照明、冷气（含电风扇）及管理设施的耗能。

（二）运输线路耗能

线路耗能由三部分组成：一是线路建设耗能，二是线路维修耗能，三是运输工具在线路上运行的能源超耗。

线路建设耗能是指开辟和建设运输线路时消耗的能源。

线路维修耗能是在线路维修时发生的。不同运输方式的线路维修有各自的特点。铁道维修主要包括排除路基险情、道渣清理更新、更换枕木和钢轨等。道路维修主要包括日常养护（如路面清扫、洒水、路脊养护、边沟清理、植树种草、道路标志清洗油漆、立柱与栏杆清洗油漆、各种行车道线的喷涂、沥青路面坑槽裂缝的修补、油包的铲除等）、大中修理、旧沥青路面材料再生和扫雪等。内河航道的维护主要是疏浚、除淤和清理沉船等。

航空线是由地面指示系统维护的，航空线的维修就是维修这些地面设施设备。可见，运输线路的维修既有机械维修，又有人工维修，而机械维修就得消耗能源。随着机械维修的成分越来越大，能耗也更多。

运输工具在线路上的能源超耗是指当运输线路质量较差时，运输工具在上面行驶就要消耗更多的能源。如在铁路运输中，列车在铁轨接缝处就要消耗更多能源，而采用长轨道和无接缝轨道就可降低耗能。再如在公路运输中，汽车在砂石路面上行驶就要比在沥青路面上行驶消耗更多的能源。

（三）运输工具耗能

运输工具耗能分为运输工具制造耗能和运输工具运行耗能。

运输工具制造耗能是指制造运输工具所消耗的能源。

运输工具运行耗能是指运输工具在运行时所消耗的能源。运输工具运行耗能效率可用运输周转量与实际能源消耗量之比来表示。影响运输工具运行耗能效率的因素主要有以下几个：

第一，运输工具本身。不同运输方式下的运输工具，运行耗能效率是不一样的。在目前的技术条件下，管道最高，其后依次是船舶、机车、汽车、飞机。第二，运输工具的动力装置类型。运行耗能效率同运输工具的动力装置类型有关，如内燃机车的运行耗能效率就高于蒸汽机车，而电气机车又高于内燃机车。第三，运输工具的大小。运输工具的大小也影响运行耗能效率，如大型船舶的运行耗能效率高于中小型船舶，大型汽车的运行耗能效率也比小型汽车高得多，这正是运输工具规模经济性的重要方面。第四，运输速度。运输速度也是影响运输工具运行耗能效率的一个重要因素。无论哪一种运输工具，当其速度达到一定水平时，运行耗能效率就随速度的进一步提高而迅速降低。第五，运输工具的线形。第六，技术水平。随着技术水平的提高，各种运输工具的运行耗能效率也都在不断提高。

二、运输发展与节约能源

（一）发展节能型运输工具

要节约运输能源的消耗，首先可以在运输工具本身上革新。如通过减轻运输工具的重量，改进引擎的热力和机械效率，改进传动系统的机械效率，发展节能的汽车，通过改进动力装置和船体设计发展节能的船舶，通过改进牵引系统和引擎的性能，减少热能损失，发展节能的列车等。使用节能型的运输工具能节约大量的能源。

（二）采用经济运行速度

当运输工具的行驶速度达到一定水平时，速度的进一步提高会迅速降低运行耗能效率，所以，运输工具的行驶速度既不能太慢，也不能太快，而应尽可能采用使运行耗能效率最高的经济运行速度。

（三）合理使用运输工具

运输工具的使用在距离上都有一定的合理范围，如距离过短，就会不经济，耗能效率也很低。如在海上运输中，某种大型船舶的使用有一定的经济运距，若航线里程比这一经济运距要短，则该种大型船舶的使用将是不经济的（其中包括能耗）。在港口中，港口轮胎式集装箱门式起重机（RTG）“油改电”，探索应用靠港船舶使用岸电技术等。

（四）改进线路的质量

如线路的质量较差，运输工具在上面行驶时会产生能源超耗。因此，改进线路的质量也是节约能源消耗的一项重要措施。

（五）改善运输的生产组织

有运输就会有能源消耗。因此，如果能够通过改善运输的生产组织，消除重复运输、迂回运输、绕远运输等不合理运输，提高运输效率，就能节省大量的能源。随着物流经济的发展，运输业在这方面是大有潜力可挖的。

（六）推进运输工具大型化

因为各种运输工具在耗能上都具有规模经济性，因此，如果技术上可行，站场条件许可，货源充足，在适当的运输线路上推进运输工具的大型化也是节约能源消耗的一项有效措施。

（七）发展替代能源

人类的运输能源面临越来越枯竭的困境，发展替代型能源是运输业发展的新课题。当前，正在研究的替代能源主要有：（1）煤油混合料（COM）和煤油水混合料（COW）；（2）乳化燃料是用机械式或超声波使油与水混合和乳化生成的，可以节省油的消耗；（3）太阳能；（4）风能等可再生能源。

第六章　运输市场基本理论

第一节　运输市场的一般分析

一、运输市场的构成和作用

（一）市场和市场的构成

市场是商品经济运行的载体，是社会分工和商品经济生产力发展必然产物。市场是联结生产者和消费者的桥梁和纽带，哪里有商品生产和商品交换，哪里就有市场。在市场经济条件下，市场是企业从事生产经营活动的中心环节，是一切经济活动的集中体现。

从狭义的角度看，市场是商品交换的场所或商品买卖双方发生联系和作用的地点地区，它为人们提供一个特定的空间地域范围，所以，狭义的市场是从形态上看得到、摸得着的场所。例如，百货商场、集市贸易、航运交易所等，这些特定的场所都是有形的市场。

随着商品生产的扩大和科学技术的发展，市场的含义有了更深的扩展。广义的市场是指经济活动中各种经济关系的总和，它不仅包含买卖双方进行商品交换的场所，而且，市场是由各种商品或劳务的供给和需求构成的，反映了商品或劳务供求关系的总和；同时，市场也是某类商品或劳务所有现实和潜在需求的总和。有些商品交换活动，并没有固定的交易场所，而是通过广告、网络、中间商或其他方式，沟通买卖双方、达成交易的。这种商品交换活动本身是无形的市场，它也是市场的一部分，例如房地产市场、某些技术市场等。

在现代市场经济中，市场概念又用来表示实现社会资源配置的机制。由此，广义的市场概念包含三层含义：一是指商品交换场所；二是指商品交换活动；三是指实现资源配置的手段。

1. 市场主体

市场主体是指在市场上从事交易活动的组织和个人。它既包括自然人，也包括以一定组织形式出现的法人；既包括直接从事商品生产和商品交换的经济单位，也包括为其服务的中介机构。例如，企业、居民、政府和其他非盈利性机构是市场主体，律师事务所、会计师事务所等中介机构也是市场主体。市场主体的活动，带有明确的目的，为实现其各自不同的目的，可以采用不同的策略和手段，从而使市场的管理和运作趋于复杂化。整个市场经济的运行，是市场主体相互作用的过程和结果。市场为各个微观经济主体实现自身的发展目标提供了运行基础，同时也为它们创造了竞争的环境。

2. 市场客体

市场客体是指市场主体在市场上交易的对象。它包括各种有形商品、无形商品，各种服务和为生产商品和提供服务所需的一切经济资源。例如生产资源和生活资料商品、以知识形态出现的技术商品和信息商品，以劳动能力出现的劳动力商品、资金商品、土地资源等，构成了形形色色，种类繁多的市场客体，从而使市场分为不同的类型。虽然市场客体纷繁复杂，市场种类多种多样，但是任何一类市场都不是孤立存在的，它们之间存在着相互依存、相互制约的内在联系，由此形成了一个有机的系统。

3. 市场体系

市场体系是相互联系的各类市场的有机统一体，在这个统一体中各类别市场互相联系、互相制约、互相影响，形成完整的市场体系。它不仅包括生产资料和消费品等商品市场，还包括资金市场、劳务市场、技术市场、信息市场以及房地产市场等生产要素市场。市场体系的核心和主体是商品市场，这是因为商品市场在市场体系中具有重要的地位，是市场经济存在和发展的基础条件，市场经济的发展，客观上要求培育完善的市场体系。如果某一类市场发育不全或者发育滞后，就会影响其他市场的发育和功能，从而影响市场体系的整体效率。

市场体系是市场经济运行的基础，市场体系必须具有统一性和开放性。市场体系的统一性是指各类别市场在一个国家地域里是一个整体，不应存在相互封闭或行政分割。统一的市场不仅使消费者在商品的价格、品种、服务上能有更多的选择，同时，也使企业在购买生产要素和销售产品时有更好的选择。部门或局部地区对市场的分割，会缩小市场规模，限制资源的自由流动，从而降低市场效率。市场体系的开放性不仅要求对国内开放，而且对国外开放，使国内市场与国际市场接轨，尽可能参与国际分工和国际竞争。一个开放的市场能使企业之间在更大的范围内和更高的层次上展开竞争和合作，促进经济发展。现代市场体系还包括竞争性和有序性。充分的市场竞争会使经济活动充满生机和活力；有序和规范的市场能保证平等竞争和公平交易，保护生产经营者和消费者的合法权益。

（二）运输市场的组成和作用

1. 运输市场的含义

运输市场是市场的一种特定存在形式，是多层次、多要素的集合体，它是在一定时间和空间条件下运输产品供求关系的总和；其概念也有狭义和广义之分。

狭义的运输市场是指运输劳务交换的场所，该场所为旅客、货主、运输业者或他们的代理者提供交易的空间。

广义的运输市场包括运输参与各方在交易中所产生的经济活动和经济关系的总和，即运输市场不仅是运输劳务交换的场所，而且还包括运输活动参与者之间、运输部门与其他部门之间的经济关系，此外，运输市场作为整个市场体系中的一部分，同样包含资源配置手段这一深层含义。

2. 运输市场的构成

运输市场同样由市场主体和市场客体组成，运输市场主体就是运输市场活动的参与者，运输市场客体是指运输服务交易的对象。运输市场因素主要包括：

（1）运输需求方

运输需求方属于运输市场上的买方。运输需求方是由具有现实或潜在需求的单位、组织和个人组成，包括各种经济成分的旅客、货物运输需求者；例如，居民、企业、军队等。这些需求方在运输需求的质量、数量等方面存在较大差异，客观上形成了不同层次、不同类型的运输需求。

运输需求方是构成运输市场的重要因素。运输需求方的总体数量以及单个运输需求者的需求状况决定运输市场的总体需求规模。

（2）运输供给方

运输供给方属于运输市场上的卖方，是指提供各种客货运输服务，满足运输需求者空间位移要求的各类运输者。运输供给方的构成比较复杂，包括各种运输方式的运输提供者以及运输业者的行业组织。我国运输业者可以分为国资委所属的大型运输企业，如中国远洋运输集团公司等；地方国有运输企业；外资运输企业；合资运输企业；私营运输者等。

运输供给有三层含义：一是由于资源的稀缺性，运输供给在一定条件下是有限的；二是运输供给在不同的时空条件下是可以变化的，它具有一定弹性；三是随着生产能力的提高和科技进步的加快，运输供给表现出不断扩大的趋势。每个运输供给者所提供的运输产品数量和质量，决定于他们所拥有的相关运输资源的数量和质量。

（3）运输中介方

运输中介方是指在运输需求和供给双方之间，以中间人的身份为客货运输需求与供给牵线搭桥，提供各种与运输相关服务的企业或个人，包括运输代理企业、经纪人、运输服务信息咨询公司等。

随着运输市场的不断发展，运输中介已经成为市场中的一个不可缺少的阶层或集团。由于运输中介者是专门负责从事专业化的中介服务，运输中介服务成本相对较低，其工作效率相对更高。运输需求者和供给者都乐于通过这个专业化的中介机构以减少市场交易成本。因此，在扩大市场范围、促进运输交易发展方面运输中介方发挥着越来越明显的作用。

（4）政府方

政府方是代表国家即一般公众利益对运输市场进行监督、管理、调控的部门，包括政府有关机构和各级交通运输管理部门。如国家发展与改革委员会、交通运输部、铁道部，省交通厅，市、县交通局等各级交通运输主管部门。

在现代市场经济条件下，政府在经济活动中具有一定的地位和作用，这种作用是其他经济主体不可替代的。在运输市场中，政府对经济的干预是必要的。在运输业方面，运输市场的特点决定了它在某个时期或某些地方有时是极端的垄断，而在另一个时期或在另一些地方又极富竞争性，过度的垄断和竞争对运输市场都是不利的。如果仅仅依靠市场本身来调节运输供求，决定运输业的发展是不够的，运输市场不能解决所有问题，政府需要在运输市场中发挥必要的作用。

在运输市场交易活动中，需求方、供给方、中间方直接从事着客货运输生产经营和交换活动，属于运输市场行为主体。政府方以管理、监督、调控者身份出现，不参与市场主体的决策过程，主要通过经济手段、法律手段、必要的行政手段，制定运输市场运行的一般准则，规范运输市场上不同主体的运行、约束市场主体的行为，使运输市场运行有序化。

运输市场是重要的专业市场之一，它和其他各类专业市场相互关联、相互制约、共同参与社会经济的运行。由于运输业对国民经济发展至关重要，所以，可以把运输市场看作要素市场之一，和资金市场、技术市场、房地产市场等要素市场一样，构成市场体系的重要组成部分，并在市场体系中占据特殊的地位。

3. 运输市场在市场体系中的地位和作用

第一，运输市场是市场体系的基础。运输活动是为一定的商品生产、商品交换而开展的，运输是社会再生产得以进行的必要条件，它为实现商品使用价值在空间上的位移和时间上的延续提供保障。社会对运输的需求属于派生性需求，但是运输的发展规模和水平决定了商品生产和交换的规模和程度。只有当运输市场发展到一定水平之后，商品生产和交换才能突破区域规模的限制。

第二，运输市场是整个市场体系这一有机系统中的子系统。运输市场的运行方式、市场秩序、市场调节过程，受到市场体系基本规则的制约，运输市场规则的建立和完善，不能超出市场体系基本规则的框架，基本上应和市场体系总体规则同步。

第三，运输市场是提高整个市场体系运转效率的重要因素。市场体系内信息流和物流能否及时、自由地流动，主要取决于现代化的运输工具和通信设备。市场体系能否正常运转，首先要看物质产品的销售状况，只有当物质产品作为商品销售出去，实现价值和使用价值，生产和经营所必需的资金才有所保证，社会再生产过程、扩大再生产过程和经营过程才能延续，市场体系才能运转，而正是运输市场实现了产品从生产地到销售地的空间位移运动。可以说，没有运输市场便无法实现产品的流通过程，市场体系将无法正常运转。运输市场运转状况还将直接影响到产品的整个运动过程，从而影响到整个市场体系的运转效率，乃至影响整个国民经济的发展速度。

第四，运输市场内各种运输方式的市场化程度有显著差别。在运输市场内，各种不同运输方式在经营管理领域的市场化程度是不同的。我国公路汽车运输，内河水运市场竞争激烈、经营分散、市场化程度相对较高；而铁路运输在我国则是相对垄断经营。另外，公路、港口、机场、河道等交通运输基础设施的建设，由于其社会公益性很强、投资额巨大，主要是政府行为，受国家宏观管理较多。

二、运输市场的特征和功能

（一）运输市场的特征

运输市场是以商品交换为主要内容的经济联系形式，作为整个国民经济市场体系中的有机组成部分，运输市场既有一般商品市场所具有特征、属性和共性，同时由于运输业本身的特点，也有其自身的特征。

1. 一般特征

运输市场是市场经济的组成部分，必然在有关社会制度、价值规律、企业主体、价格机制、竞争机制、市场统一开放性、政府宏观调控作用等方面具有市场经济共同的特点。主要表现在：

（1）运输市场的经济体制与社会主义的基本经济制度要求相一致，发展运输市场经济的目的与发展社会主义市场经济的目的相一致。

（2）价值规律是运输市场经济中起基础作用的经济规律。

（3）运输企业作为市场主体，以利润最大化作为经营目的。企业自主经营、自负盈亏，与政府没有行政依附关系。

（4）价格是配置资源的主要参数。市场决定价格是运价的主要形式，运价水平主要由供需变动决定，并反映供需关系变化。

（5）竞争是运输市场体制最重要的特征。通过竞争提高运输经济运行的整体效率和产业素质。各种经济成分具有平等竞争地位，政府一般不采取限制平等竞争的政策歧视。

（6）市场经济要求建立统一的国内市场，打破任何形式的地区封锁和部门分割。生产要素根据市场价格信号的变动，进出市场，实现方向、数量上的自由流动。

（7）加强宏观调控是建立社会主义市场经济的基本要求之一，这在运输业也要得到具体的体现。

2. 行业特征

从运输业的产业性质、运输生产活动领域和运输业投融资来看，运输市场具有的行业特征是：

（1）运输业是国家基础产业，也属于服务业，具有公益性和竞争性双重特征。例如，车站、码头、机场、铁路、公路、航道基础设施、海岛交通以社会公益性为主；港埠装卸、航运、汽车运输以盈利为主要经营目的，属于竞争性领域。

（2）运输生产运行领域。国家主要通过产业政策来影响运输供求，进而影响运输企业的经营行为。为使供求机制朝着有利于经济发展的方向起作用，运输市场应是供给略大于需求的买方型市场。这时，竞争机制得以充分展开。供给略大于需求时运输业平均资金利润率会略低于社会平均值，国家以实现产业政策为目标进行扶持。

（3）运输投融资领域。港埠装卸、航运业等竞争性领域以企业作为投资主体，允许国内外企业和个人进行投资。公益性基础设施以国家作为投资主体，采取各种政策鼓励民间投入。因此，运输业表现出投资来源多元化、融资渠道多样化的特点。

（二）运输市场的功能

运输市场的功能是市场机制在一定条件下发挥出来的客观职能和作用，是运输市场自发运行的结果。运输市场的功能主要表现在以下几个方面：

1. 信息传递功能

传递信息是市场的一个基本功能。由于市场传递信息就是发出价格信号，因而有的西方学者也把它称为价格的功能。美国经济学家劳埃德·雷诺兹在谈到价格的功能时认为，价格的一个重要功能就是“充当信息机”①。它同时向消费者和生产者发送信号，为他们提供有关稀缺状况的足够信息。美国经济学家哈耶克甚至把价格的这一功能提高到这样的高度来认识，即“如果我们想了解价格体系的真正功能（当然，这种功能会随着价格变得比较僵化而完成得欠完善），我们就必须把它作为一种传送的信息的机制来加以考虑。”信息传递之所以是价格体系的真正功能，是因为“价格体系就是利用信息而发生作用的”②。这实际上就是说，信息传递是市场的最基本功能，市场的其他许多功能都是在这一功能的基础上发挥作用的。例如，市场对生产资源的有效配置就是通过价格信号的变动实现的。

参与运输市场活动的市场主体，拥有和掌握着不同的信息，通过自身的表现，向市场传递着信息，如运输价格信息、运输技术装备信息、供求信息等，同时导致市场信息在不同主体间的流动，客观上起到调节和支配市场主体经济活动的职能。

运输市场各经济主体要善于捕捉信息和利用信息，及时调整其经营规模和生产方向，改进装备，提高技术水平，以提高服务质量和竞争能力，站稳市场，不断开辟新的市场。

对于港口、机场、高速公路网等投资大、建设周期长的运输基础设施建设，及时掌握信息，科学预测运输业未来发展趋势，从而做出正确的决策尤为重要。大量实践表明，谁能掌握市场信息，正确运用信息，谁就能掌握市场的主动权，从而占有市场，使自身得到生存和发展；反之，无视信息，对运输市场信息不能及时反馈，就将处于被动地位，从而失去市场，被市场所淘汰。

2. 资源优化配置功能

从社会经济发展的横截面看，资源配置存在于微观经济、宏观经济和国际经济等各个层次中。运输资源配置所要研究的问题是资本、劳动、技术等资源及其总和在铁路、公路、航空、水运、管道五种不同运输方式之间的配置和倾斜配置，以及运输资源在不同地区系统之间的配置和倾斜配置。即资源配置是指对运输资源在各种可能的生产用途之间做出选择，使运输资源获得最佳使用效率。资源的优化配置是市场机制中供求机制、价格机制、竞争机制共同作用的结果。

在运输市场上，供给和需求联结着市场上不同的主体。供求机制的作用，主要由供给和需求之间的矛盾运动，并通过价值规律来实现。运输供给量是有限的，其供给的最大量是运输市场上可以支配的运输资源总量，当运输供给能力不足时，运价将上涨，引起资源的流动，即资源在不同的方式之间，或者在同一种运输方式的不同企业之间，或者在不同线路之间重新分配。与此同时，运价的上涨，将导致需求减少，于是运输市场的供给和需求达到新的平衡。反之，当运输供给量大于运输市场需求时，运价将下降，价格下降使一些运输企业收入下降，运输企业减少供给量，资源流出，流向能够有效满足人们需要的运输生产者手中。同时，价格的下跌刺激运输消费者的需求，运输市场出现新的平衡。

在供需的矛盾运动中，价格机制作为反馈机制而存在，它是市场机制的信息要素，价格反映着运输市场上的供给量与需求量的变动状况，同时作为反馈信息，指示着供给与需求之间的反向运动，运输价格与供求之间存在着密不可分的运输变化关系。价格在不同的运输方式、运输企业之间表现为不同的运输价格比价和运价水平，而比价或运价水平高

---

① ［美］劳埃德·雷诺兹：《微观经济学》，51页，北京，商务印书馆，1982。

② ［美］莫里斯·博恩斯坦：《比较经济体制》，51～52页，北京，中国财政经济出版社，1988。

低，会给运输市场主体带来不同的经济利益，它引导着资源从获利较少的生产用途，转向获利较多的运输生产用途上去，从不太重要的用途转到重要用途上去。

竞争机制使市场主体通过激烈的竞争实现了优胜劣汰，使运输资源从低效益企业向高效益企业流动，提高了运输资源的使用效益。竞争机制能否发挥作用，则依赖于运输市场的完善程度。

运输市场供求机制、价格机制、竞争机制共同作用，引导运输劳务、运输资本、运输信息、运输业高级人才以及相关资源在一个地区、一个国家，甚至在世界范围内的合理流动并得到优化配置，提高了资源的使用效率，减少了损失，避免了浪费，增加了局部和整体效益。国际间的陆路运输、远洋运输、航空运输等运输市场已具有国际性，运输市场从一国扩大到其他国家领域，可以说，运输市场在一定程度上实现着运输资源在世界范围内的优化配置。

3. 结构调整功能

所谓结构，一般是指构成某一系统的各要素之间的内在联系方式及其特征。结构调整主要是指调整产品结构、企业结构、产业结构、地区结构、技术结构等经济结构，使之实现合理化。西方学者认为，市场对结构调整具有不可替代的功能。

在特定的社会生产规模中，各行业之间以及行业内部的结构在客观上存在着最佳的比例关系。经济体制、经济环境、经济政策发生变化，这种比例关系也会相应发生变化。运输市场的结构调整功能主要表现在以下三个方面：

（1）市场协调运输供给结构与需求结构的平衡

这种结构平衡功能是通过以下三种方式实现的：

第一，通过扩张或缩减运输供给，调整供给结构，使之与需求结构相一致。运输需求增加，运输价格就会上升，从而引导、刺激运输部门扩大生产，增大供给，增加经济效益，纠正运输能力的供不应求。运输需求下降，运输价格就会下降，从而一部分运输企业因无利可图而转向其他行业，另一部分运输企业会缩减运输能力，解决供过于求。

第二，通过抑制消费实现运输供给结构与需求结构的平衡。当运输需求增加导致运价上升时，运价上升就会从两方面起到抑制消费的作用。一方面市场会刺激消费者（货物托运人和旅客）减少对运输的需求，从而使需求适应供给；另一方面，运价的上升和利润率的提高会刺激运输部门采用各种有效的手段，如技术革新、厉行节约等减少单位运输量的资源消耗量，从而通过节约对资源的消费打破资源约束，增加供给，实现平衡。

第三，通过开发和利用代用品实现运输供给结构与需求结构的平衡。西方经济学者认为，当某种商品因需求增加出现价格上涨时，消费者会减少对该产品的需求，同时却会增加对代用品的需求，刺激代用品价格的上涨，从而引导生产者扩张代用品的生产和开发新的代用品，形成新的供给结构与需求结构的平衡。同样，当生产者扩张该商品的生产受到资源约束时，该商品价格的上涨会刺激生产者开发和使用代用品，打破资源约束，扩张生产，实现平衡。这方面的一个典型例子是随着通讯业的快速发展，信息社会对运输业的相对依赖性正不断下降。

（2）市场对运输企业的调整

市场作为运输企业活动的直接调节者，对运输企业结构具有直接的决定作用。这主要体现在以下两个方面。

一方面，市场对运输企业效率结构具有优化作用。企业为了求得自身的生存和发展，必然在市场上展开激烈的竞争。“通过竞争，使优秀的企业得以存在，不好的企业便被淘汰，这正是企业的发展过程。”① 由于在具备其他条件的情况下，企业是否能获得利润，或者能获得多少利润，是企业效率水平的直接反映，因而市场发展那些效率高的企业，淘汰那些效率低的企业，就会使企业的效率结构提高到一个新的高度。

另一方面，市场对形成大中小型企业合理配置的运输企业规模结构具有调节作用。现代经济的有效运转既需要少数的大企业，也需要大量的中小企业，它们的合理配置可以有效地促进经济增长和经济发展。市场对大中小企业的形成具有以下调节作用：一是市场竞争促进了大企业的形成；二是市场的规模制约着企业的规模；三是市场需求的变化频率直接影响着企业的规模；四是市场风险机制会促使企业向大规模发展。

（3）市场对促进运输体系内部结构合理化的作用

在运输体系内部，运输市场调整各种运输方式在市场中应该占有的合理的比例。但是，运输业属于社会的基础设施，运输业投资具有量大、投资回收期长的特点，因而运输供给不能依靠一般企业之间那种竞争的市场机制。运输业内部如果出现过度竞争就容易导致两败俱伤，造成资源的浪费。因此，为了发展交通运输业，政府可以自觉地运用市场机制的功能，即对于供应紧张的部分，可以相当大幅度地（即使在供求不完全一致的情况下）提高某种运输方式的运输价格，在抑制对某种运输方式的需求的同时，引导扩大对其他运输方式的需求，并将由此而得到的收入作为投资资金用于开发资源、增加设备，以此促进运输体系内部结构合理化。

4. 促进技术进步的功能

市场对运输业技术进步的促进作用，主要是通过市场竞争的强制和技术自身的商品化或市场化而实现的。

市场的竞争机制是市场机制的重要组成部分，西方学者甚至把市场制度也称作竞争制度。如美国经济学家萨缪尔森指出：“竞争制度是一架精巧的机构，通过一系列的价格和市场，发生无意识的协调作用。”② 足见竞争机制在市场机制中的重要性。西方学者认为，市场竞争可以分为两种形式，即价格竞争和非价格竞争。价格竞争是通过降低产品价格击败对手；非价格竞争则是在产品质量、品种、信誉等方面进行竞争。这两种竞争形式通过不同的途径推动着技术进步。

在价格竞争情况下，各个运输生产者和经营者为了降低价格以增强自己的竞争力，就必须降低成本，因而价格竞争从根本上来说是降低成本的竞争。运输企业竞相降低成本会推动技术进步。这种促进作用具体体现在：第一，促进运输企业不断地对现有设备进行改造，采用新工艺、新技术、新设备；第二，促使运输企业选择使生产成本达到最小的技术，以实现资源的最优组合。

在市场竞争中，非价格竞争是更为重要的竞争。传统理论把市场竞争主要理解为价格竞争，而实际上，“有价值的不是这种竞争，而是关于新产品、新技术、新供给来源、新组织类型的竞争—也就是占有成本上或质量上的决定性有利地位的竞争，这种竞争所打击

---

① 《现代日本经济事典》，139 页，北京，中国社会科学出版社，1982。

② ［美］萨缪尔森：《经济学》（上册），61 页，北京，商务印书馆，1979。

的不是现存企业的利润和产量，而是在打击这些企业的基础，危及它们的生命”①。

不论是价格竞争还是非价格竞争；国内市场竞争还是国际市场竞争，都可以有力地促进不断的技术进步。运输企业及与运输企业相关的工业，如汽车制造业、造船业等行业的技术进步，同样是以市场为导向的结果。

三、运输市场的结构

市场结构是反映市场竞争和垄断关系的概念，是指决定某一特定市场竞争程度的因素，主要包括市场上卖者的数量、产品的差异化程度、进入条件及纵向一体化程度等。运输市场结构是指运输市场经济活动中各组成部分之间的构成及其相互关系。它反映市场的性质和组织特征。研究运输市场结构必须以科学的市场分类为基础。可以按不同角度进行分类，而不同的分类则可表明不同的市场结构。研究何种市场结构，揭示其何种性质或组织特征，取决于分析的目的。运输市场结构，有经济成分的构成结构，空间构成结构、运输方式构成结构、运输对象（客运和货运）构成结构等。这里主要介绍运输市场的竞争程度结构。

（一）市场结构的分类

在西方微观经济学发展过程中，先后有学者提出垄断竞争理论。1933 年英国经济学家琼·罗宾逊（J. Robinson）和美国经济学家张伯伦（E. H. Chamberlin）分别出版了《不完全竞争经济学》和《垄断竞争理论》。他们认为：在现实经济中，竞争和垄断不是截然分开的，由于存在产品的差异性，真实世界的市场是垄断和竞争的混合。罗宾逊夫人在《不完全竞争经济学》中，将市场结构分为完全竞争、完全垄断、寡头垄断、垄断竞争四种基本类型；1959 年哈佛大学贝恩（J. S. Bain）发表了第一部系统阐述产业组织理论的经典著作——《产业组织》（Industrial Organization）。在对本国产业市场不同的集中度作实证分析研究中，将不同垄断和竞争程度的市场结构进一步具体化为不同等级的竞争型和寡占型市场结构。

市场集中度是用于表示在特定的产业和市场中，卖者或买者具有怎样的相对的规模结构的指标。由于市场集中度是反映特定市场的集中程度指标，它与市场中垄断力量的形成密切相关，通常情况下研究的是卖方集中度。行业集中度是最常用、最简单易行的绝对集中度的衡量指标，它是指行业内规模最大的前几位企业的有关数值（可以是产值、产量、销售额、销售量、职工人数、资产总额等）占整个市场或行业的份额。

（二）运输市场的竞争结构

根据运输市场的竞争程度，其竞争结构大体分为四种类型：完全竞争的运输市场、完全垄断的运输市场、垄断竞争的运输市场、寡头垄断的运输市场。

1. 完全竞争的运输市场

完全竞争的运输市场又称为纯粹竞争市场，是指运输企业和货主对运输市场价格均不

① ［美］库姆斯等：《经济学与技术进步》，24 页，北京，商务印书馆，1989。

能产生任何影响，双方只能接受市场价格，市场价格的高低完全取决于供求关系的市场。现实中，这种理想的市场模式是不存在的，近似具备这种市场条件的是发达国家的跨州（省）公路货运市场以及国际海运中的不定期干散货的船即期市场。

在公路长途货运和不定期船市场中，运输供给者和运输需求者为数众多，他们无力左右市场中运价走势；运输供给者只要具备一定的经营条件和运力，即可投入市场，并且退出市场的伸缩性较大。另外，这种市场模式没有政府的干涉，任凭市场自由发展，竞争公平、合法，由此确定的运价是供求矛盾相向运动的结果。

2. 完全垄断的运输市场

完全垄断的运输市场又称为独占运输市场。它是指某一运输市场完全被一个或少数几个运输企业所控制，而不存在任何市场竞争的市场结构。在这种市场上，需求者众多，垄断企业有完全自由的定价权力，通过其制定的垄断价格，获得高额垄断利润，垄断的目的正是为了追求超额垄断利润。这种市场模式也是较为极端的，在集装箱化完成以前的国际班轮件杂货运输市场，接近于完全垄断的市场结构。这是由于传统班轮件杂货运输技术难度高，货主为了保证运输的高价件杂货能安全、准时、完整无损地运达目的地，愿意选择在技术上有优势的参加班轮公会的船公司运输货物，而班轮公会是它所在航线上的垄断组织，再加上当时班轮公会采取的内外措施十分有效，会外船被排挤出航线，各航线被班轮公会所垄断。

3. 垄断竞争运输市场

垄断竞争又称不完全竞争，是一种垄断、竞争并存的市场结构，其条件和特点为：市场上买、卖者数量较多，每个生产者行为独立，没有占明显优势的供给者，市场竞争激烈，不同运输企业提供的运输产品质量上差异较大，而某些运输企业由于存在某种优势而产生了一定范围的垄断性。这是由于运输产品质量上存在差异，某些运输企业在一部分需求者中形成垄断，占据垄断地位，而运输产品的技术可替代性又引起了运输企业间的竞争。这种垄断和竞争并存的市场模式是运输市场中普遍存在的。

4. 寡头垄断运输市场

这种模式的特点是少数几家规模较大的运输企业垄断着市场，它们对市场运价和供求状况有明显的影响，这些大企业通常通过协议或某种契约规定市场运价。例如，航空运输中一些重要的航线多由几家大的航空公司经营。从我国民航业的改革实践看，经历了独家垄断到高度寡头垄断，再到低度寡头垄断的格局。

四、运输市场的运行机制

运输市场运行的基本目标是将运输企业个别劳动还原为社会劳动，在运输生产和社会需求之间、运输生产内部各部门之间建立起平衡关系的同时，实现国民经济资源的最佳配置。

在市场经济条件下，运输企业以至整个运输产业都将以劳动的市场实现，即价值量作为生产的出发点和追求的目标。运输市场运行是以间接的社会经济联系为基础的，即运输业的劳动要以商品价值关系为中介，通过交换在市场中得到社会承认，从而把自己的劳动变成社会劳动的一部分，实现运输业良性运行和发展。这就要求各类运输企业要以经济效益和市场需求为中心来组织生产经营活动，运输资源的配置要通过市场机制来实现，同时国家宏观调控同样要以价值规律为依托，以间接调控为手段，任何违背价值规律的做法都难于达到目的。

（一）竞争机制

市场竞争力是衡量运输业发展潜力与活力的重要标尺。在运输市场运行中，竞争机制是最具活力、最为重要的运行机制。它是价格、供求、风险等机制的集中作用的体现，是市场经济的活力基础和动力来源。竞争机制融利益的诱惑和生存的压力于一身，从正反两方面调动运输企业的积极性，使运输业的每一个细胞即运输企业都具有不断提高劳动生产率的主观能动性。内部竞争机制的充分展开是市场经济环境下运输业生存发展的依据，是运输市场经济实现良性运行的基础。

1. 运输市场竞争的目的，是实现运输资源的高效率配置。通过公平的市场竞争，微观上促使运输企业不断改进技术与管理，不断提高劳动生产率，及时适应市场变化服务于社会，宏观上，促使运输业优胜劣汰，向集约化、多元化发展，保证整个运输行业的长远发展能力。

2. 运输市场竞争的性质，是社会主义市场下的为实现运输资源优化配置而采用的一种市场手段。竞争必须保证运输业长远发展利益，保证国家长远利益。不利于运输资源优化配置这一前提的竞争将受到限制。

3. 运输市场竞争的手段。同其他市场一样，运输市场的基本竞争手段同样也是价格竞争。通过价格机制实行价值规律对运输经济运行的调节，优胜劣汰，保持运输业发展的活力。价格竞争虽然是普遍的、基本的手段，但由于运输业发展的两元性和行业生产的服务性，使得价格竞争在不同条件下表现不同。应该承认的是在保证价值规律在运输运行中充分发挥作用的前提下，服务质量竞争是较之价格竞争更为重要的竞争手段。

（二）风险机制

由于运输业投资和生产规模巨大，并呈现刚性，以及来自外部宏观经济环境变化造成的货运市场的波动，使运输业具有天然的周期性和风险性。但这并不能成为运输企业对政府依赖的必然条件。风险机制在运输市场运行过程中同样要发挥它对企业改善管理、更新技术、提高效率的督促和鞭策作用。

在市场经济条件下，运输企业预算约束必须硬化，企业要对其一切经济行为承担相应的风险。国家不再对企业经营性亏损和投资决策失误进行补贴，不再通过减免税赋、增加补贴、发放政策性贷款等方式对企业亏损给予补偿，更不会对企业贷款负债由财政冲销。企业的利益期待唯一与市场相联系。

对由于运输业外部经济环境剧烈变化所造成的风险，行业主管部门以国家长远利益为依据，通过加强对市场预测与引导，更主要的是通过建立风险管理体系，从而把它限定在行业中绝大多数企业可以承受的范围之内，并以调节运力供给为手段增强国内运输业整体抗御外在风险的能力。

（三）供求机制

供求机制应是运输市场实现供求平衡的基本手段，是实现运输空间、时间和结构平衡的根本手段。

为运输业服务性特点所决定，供求机制在运输市场运行中的作用有其自身特点。由于运输生产中使用价值实现和价值实现过程的同一，运输生产使用价值不可储存性，以及运输扩大再生产周期较长，规模较大，使运输业保持运力供给与社会需要之间的平衡方面处于十分被动和不利的地位。一方面国民经济发展，尤其是外贸发展要求运输业保持再生产的先期投入，国家要求运输业按经济波动高峰保持一定运力储备，另一方面外部经济环境呈现较大的波动性，使运输市场供求不平衡呈现经常性。总之，运输市场供给方面的刚性和被动性，需求易变性和外在性是运输市场供求机制的特点。

运输业需求弹性相对较小并不能否定供求机制对运输价格的形成和投资利率形成的作用，也不能成为否定竞争机制作用的理由，只能是作为运输业制定宏观调控政策的依据。供求机制的作用使运输业供求平衡是暂时的，不平衡是必然的，但从长远和全局来看，供求会由供求机制的作用而达到动态平衡。

运输业在供需矛盾中的被动地位、国民经济发展对运输业的要求和运输业供给刚性的特点，决定了运输业作为国家基础产业的地位。所以国家对于运输业仍要保持一定的财政支持，以维持运输业宏观上与经济发展需求间的平衡，维持运输业抵御市场波动风险的能力。为保证运输市场经济的平稳运行，交通运输行业主管部门对供给的调节与控制能力要进一步加强。

（四）价格机制

价格机制是运输市场的重要机制，它是竞争的形式之一，是供需平衡的校正器，最重要的，它是市场主体进行市场行为的指南和灯标。运输市场运行中的运输价格的形成将由市场来决定。开放、浮动的运输市场价格及价格体系将由市场唯一决定。运输价格随货运市场供求在自由竞争下的上下波动是价格机制作用的自然结果。国家对于价格的控制主要是对价格形成施加影响，即防止价格垄断和低价倾销，防止暴利，维持市场公平。对于价格波动幅度的调控，主要是以经济法律手段而不是行政手段调控。调控内容是运输业价格总体水平和内部比例。

价格机制的实现是通过价格与价值背离完成的。这种背离是暂时性的，从长远看，价格与价值相符合。价格机制的作用要通过价格的多次反复波动才能实现；价格机制是价值规律运行的内在机制。

（五）信贷利率机制

运输市场经济运行中，信贷利率机制是实现宏观调控的重要手段，是调节运输发展资金在运输业各部门间的分配机制，也是运输业提高投资效益的手段。同时，也是运输业生产发展状况和资金供需情况的信号。

运输投资资金的使用将实行差别利率和浮动利率政策。依资金供求状况和国家宏观政策，利率总水平将是浮动的。利率在不同项目和不同生产部门间将是不同的。国家和运输主管部门应依据市场状况和产业政策，通过竞争过程，实行企业贷款差别利率政策，使运输市场经济在国家宏观调控下平稳运行。

第二节 运输需求分析

运输需求与运输供给是构成运输市场的两个基本方面。运输需求是运输供给的原因，而运输供给则是运输需求的基础。运输市场作为一种有机体，总是存在着自行调节机制—市场运行机制。由于市场机制的自行调节，使供给和需求形成某种规律性的运动，出现某种相对的均衡状态，即市场均衡。当某种均衡形成之后，随着时间的推移，各种力量对比的变化，即供给与需求条件的变化，这种均衡就要被打破，从而向新的均衡推进。

一、运输需求的概念及特点

（一）运输需求的概念

运输需求是指在一定的时期内，一定价格水平下，社会经济生活在货物与旅客空间位移方面所提出的具有支付能力的需要。运输需求必须具备两个条件，即具有实现位移的愿望和具备支付能力，缺少任一条件，都不能构成现实的运输需求。

运输需求包含的要素：

1. 运输需求量，也称流量，通常用货运量和客运量来表示，用来说明货运需求和客运需求的数量与规模。

2. 流向，指货物或旅客发生空间位移时的空间走向，表明客、货流的产生地和消费地。

3. 运输距离，也叫流程，指货物或旅客所发生的空间位移的起始地至到达地之间的距离。

4. 运输价格，简称运价，是运输单位重量或体积的货物和运送每位旅客所需的运输费用。

5. 运送时间和送达速度，又称流时和流速，前者是指货物或旅客发生空间位移时从起始地至到达地之间的时间；后者是指货物或旅客发生空间位移时从起始地至到达地之间单位时间内位移的距离。

6. 运输需求结构，是按不同货物种类、不同旅客出行目的或不同运输距离等对运输需求的分类。如旅客运输可分为公务、商务、探亲、旅游等；不同的运输方式中常按运输距离分为短途运输、长途运输，等等。

（二）运输需求的类型

根据研究运输需求的内容和目的的不同，可对运输需求进行不同分类：

1. 按运输对象种类不同，可分为货物运输需求和旅客运输需求。

2. 按运输需求的范围，可分为个别运输需求和总体运输需求。

个别运输需求是指在一定时期内，一定价格水平下，许多性质不同、品种不同、运输要求相异的具体需求；总体运输需求是由个别运输需求的总和构成的。个别运输需求是有差异的，但总体运输需求是无差别的，都是实现运输对象的空间位移。

3. 按运输需求产生的地域不同，可分为区域内运输需求、区域间运输需求和过境运输需求。

运输需求的起点与终点在同一区域A，则为A区域内的运输需求；运输需求的起点在A区域而终点在B区域的，为A、B区域之间的运输需求；运输需求的起点、终点均不在A区域，但运输对象利用了A区域内的运输线路而完成其位移的为A区域的过境运输需求。

4. 按运输方式不同，又可分为铁路运输需求，公路运输需求、水路运输需求、航空运输需求和管道运输需求以及多种方式的联合运输需求。

（三）运输需求的特征

1. 派生性

在经济生活中，如果一种商品或服务的需求是由另一种或几种商品或服务派生出来的，则称该商品或服务的需求为派生需求，引起派生需求的商品或服务需求为本源需求。运输需求是社会经济活动的需求派生出来的，因为货主或旅客提出位移要求的目的并不是位移本身，而是为实现生产或生活的目的，完成空间位移只是其为实现真正目的的一个必不可少的环节。所以，相对运输需求而言，社会经济活动是本源需求，运输需求是派生需求。因此，研究运输需求要以社会经济活动为基础。

2. 规律性

运输需求起源于社会经济活动，而社会经济的发展及增长速度具有一定的规律性。因此，运输需求也具有规律性。通常经济繁荣带来运输需求的增长，经济萧条带来运输需求的下降。在国际运输中，由于运输需求是由世界经济和国际贸易派生出来的，其发展变化同世界经济和国际贸易密切相关，但由于国际贸易和国际运输的特点，往往世界经济活动的兴衰反映到国际运输需求上有一定的时间滞后。

3. 不平衡性

运输需求的不平衡性体现在时间、空间和方向上。时间上的不平衡主要起因于农业生产的季节性、贸易活动的淡季和旺季、节假日及旅游季节等。空间和方向上不平衡主要起因于资源分布、生产力布局、地区经济发展水平、运输网络布局等。如盛产煤炭的地方多为煤炭运输需求的起始地；具有大型钢铁冶炼企业的地区通常是铁矿石运输需求的目的地等。

4. 个别需求的异质性

这种异质性指的是个别运输需求对运输质量管理和工艺要求不同；对运输方向和运输距离要求不同；对运输时间和运输速度要求不同；对运价水平要求不同等。如煤炭、石油、轿车这些不同种类的货物对运输质量和运输工艺要求不同；鲜活易腐货物同一般货物在运输速度上要求不同；高价值货物与低价值货物能够承担的运价水平的能力不同，等等。

5. 部分可替代性

随着现代信息技术的发展，旅客流动的一部分可被替代；在工业生产方面，当原料产地和产品市场分离时，人们可以通过生产位置的确定在运送原料还是运送半成品或产品之间作出选择；某些地区间的煤炭运输可以被长距离高压输电线路替代等。

二、运输市场的需求结构

运输需求来源于社会经济和人民生活等活动。通过对运输市场需求结构的分析，就能了解社会对运输的需求强度，从而可进行合理的运输规划设计或改进运输供给系统。因此，运输市场的需求结构分析是供给结构分析的基础，也是研究运输市场结构最关键的一环。

运输市场的需求结构分为旅客运输需求结构和货物运输需求结构两大类。它们又分别包含运输需求的空间分布、时间分布和运输类别结构等。

（一）旅客运输需求结构

运输需求按运输服务对象可分为旅客运输需求和货物运输需求。

1. 旅客运输需求分类

旅客对运输产生需求，来源于旅客为何旅行即旅行目的。旅客旅行目的来源于生产和消费两个不同的领域，由此而相应产生两种不同性质的运输需求。

（1）生产性运输需求。与人们生产、交换、分配产品等活动有关的运输需求，来源于生产领域。例如公务和商务出行、承接加工项目洽谈的旅行、工程技术人员、经营管理人员外出学习考察等。与非生产性运输需求（即消费性运输需求）最大的区别在于它是生产活动在运输领域的继续，旅客运输费用进入运输企业产品或劳务成本。

（2）消费性运输需求。指以消费性需求为旅行目的的运输需求。大体包括以下几种：与文化有关的旅行，包括参观名胜古迹、考察风土人情、参加异国他乡的民俗、艺术、舞蹈等活动。与旅客身体有关的旅行，包括参加体育活动、度假休息、消遣娱乐以及其他与保健有关的活动。与人际交往有关的旅行，包括探亲访友、民间团体集会等。为满足个人某种爱好的旅行，包括探险、自然景观的考察，有的甚至是纯粹体验自己在茫茫大海上（或天空中）航行时非同一般的感觉。总之，人们的消费性运输需求主要来源于精神方面的动机，来源于消费领域，其运输费用来源于个人收入。

2. 我国客流分布

旅客运输需求结构具体体现为各地域之间在各种运输线路上的客流分布，就我国而言，客流分布主要有：

（1）公务客流。主要是政府机关、企业职工因公出差、外出考察等形成的客流。目前因通讯设施的改善以及精简机构、压缩行政性开支等措施的落实，公务客流量相对有所下降。

（2）旅游客流。包括与文化有关的旅行、与旅客身体有关的旅行或为满足个人某种爱好的旅行等形成的客流。目前这部分客流呈上升趋势，而且对旅行舒适性的要求越来越高，这不仅常见于高薪阶层有此要求，即使是众多低收入者出于对旅行舒适性的特殊追求，宁可平时生活艰苦些，也要毫不犹豫地选择快速、舒适的交通工具。

（3）节假日和季节性客流。多为职工、学生探亲、访友等形成的客流。但也有因旅游和外出打工而形成的客流。除名山、大川外，大多数来往于旅游景点线路上的客流量有明显的季节性和方向性。夏季旅客流向北方和西北地区的景点；冬季旅客则流向南方地区的景点。而春、秋两季旅客数量最为集中，但无明显的方向性。我国传统节日，例如春节前后，外出打工者流量剧增，节前（或忙前）由城市流向农村；节后（或忙后）则相反。近几年来，节假日尤其是季节性客流量呈暴涨趋势，必须引起政府和运输企业的严重关注，应根据不同情况及时地合理安排运力，以满足旅客的运输需求。

（二）货物运输需求结构

货物运输需求本质上是一种派生需求。即运输本身不是货主所要追求的目标，只是在一定时间内将其货物运到目的地的一种手段。它派生于货主从事的生产，消费或买卖等活动。因此，从总体上看，货物运输需求与一个国家（或地区）经济活动的总水平密切相关，除非生产力布局发生重大变化，或者因为运输价格变动幅度骤增致使生产者与经营者无利可图而影响货物运输需求，否则，在正常情况下，其需求是与社会经济发展相同步的。但对具体货主而言，影响其运输需求的因素相当复杂，主要有：货主所追求的经济利益；运输线路所处的经济状况；货主的生产规模或所有制性质；货主所运货物的类别和批量等。

1. 货物运输需求产生的主要原因

货物运输需求的产生有以下几方面原因：

（1）自然资源地区分布不均衡，生产力布局与资源产地的分离。自然资源是大自然赋予人类的巨大财富，然而，自然资源分布不平衡是一种自然地理现象。生产力的布局要考虑自然资源分布状况，但不可能完全一致；人类的经济活动必然要求自然资源由储藏丰富的地区向贫乏的地区流动，这就必然产生运输需求。

（2）生产力布局与消费群体的空间分离。由于各地区经济发展不平衡，生产力布局与消费群体的分离必然存在；生产力的布局同时决定了生产性消费的分布，而生产性消费的生产同消费同样存在分离。随着社会经济的发展，某些商品的生产与消费的空间分离可能日益减少，但是随着生产的社会化、专业化、区域经济的分工与合作、生产要素的进一步优化组合，某些商品（包括中间商品）的生产将日益集中在某个或某些区域，因此，生产与消费的空间分离将日益增大。由于生产与消费的空间分离不可避免，就必然产生运输需求。

（3）地区间商品品种、质量、性能、价格上的差异。不同地区之间、不同国家之间自然资源、技术水平、产业优势不同，产品的质量、品种、性能、价格等方面会存在很大差异，由此可引起货物在空间上的流动，产生运输需求。

2. 我国货流分布

货物运输需求结构具体体现为各地域之间在各种运输线路上的货流分布，就我国而言，货流分布主要有以下几种。

（1）因自然资源和生产力布局上的要求形成的货流。例如我国煤炭资源的85%以上集中在秦岭、淮河以北地区，其中山西和内蒙古占60%左右，江南九省市仅占2%。而我国东南沿海省市多为工业发达地区，用煤量很大，在客观上决定了我国煤炭运输的流向是自北向南、由西向东。

(2) 因经济发展和社会分工的加深形成的货流。经济发展和社会分工的加深必然导致商品交换量增加，逐渐形成地域之间双向货流。这不仅表现为不同类型货物的流动，而且即使是同一类货物，因品种、规格和适用范围不同也会形成货流。例如家用电器，北京产的销往上海，上海产的销往北京，人们已习以为常。货流便由此形成。

(3) 为实现商品的社会效用而形成的货流。商品的社会效用是指商品的社会消费效果。同一种商品在不同地区，因其稀缺程度不同或因社会生产力水平不同会产生不同的社会效用。在市场经济条件下，商品会从社会效用较低的地区流向社会效用较高的地区。例如，某些商品在城市效用不大，而在山区或草原地区效用较大，这样城市生产地与消费地之间会形成货流。作为国家运输规划部门和运输企业，当前应特别注意该类货流，及时满足商品生产者和消费者的流通需求。

三、影响运输需求的因素分析

影响旅客运输需求的因素主要有国家经济体制、经济发展水平，人口数量及其收入、消费水平，运输网络结构、运输服务价格及运输服务质量等。

影响货物运输需求的主要因素有以下几方面：

（一）经济因素

运输需求是派生需求，是由社会经济活动这一本源需求引起的。因此，经济因素对运输需求的影响是不言而喻的。自然资源分布、生产力布局产生了运输需求；经济高速增长时期，必然产生较强的运输需求；不同国家或地区经济发展不平衡，导致运输需求不平衡；国民经济产业结构和产品结构不同，在运输需求的量与质上要求不同；同一国家或地区经济发展的不同时期，运输需求结构也有相应变化。如西方一些发达国家在工业化初期，开采业、重工业、大型机械产业对钢铁需求较大，导致铁矿石、煤炭等散装货物运输需求急剧增加；到机械加工工业发展时期，原材料运输继续增长，但增长速度不如以前，而运输需求开始多样化，对运输速度和运输质量方面的要求有所提高；进入精加工工业时期，经济增长对原材料的依赖明显减少，由于大宗散货需求增长速度放慢，使总体运输需求在数量上增长速度放慢，但运输需求越发多样化，技术密集型产品、高价值产品比重增大，对运输质量方面的需求越来越高。

（二）政治、体制、政策因素

政治、体制、政策因素包括国与国之间的关系、国家内部的政治情况、国家的经济体制与经济立法等。

通常两国关系向友好方向发展时，进出口贸易将会增长；反之，进出口贸易会急剧减少，甚至中断。尤其在当今国际政治生活中，某些发达国家常常运用贸易限制等经济手段来达到其政治目的，如战略性物资、国防技术产品的进出口限制或最惠国待遇的附加条件等，从而直接影响与国际贸易相联系的国际运输需求。

国家内部政治情况常常体现在政局的稳定性、不同执政党采取的不同经济政策、贸易政策等方面。不同国家对外开放程度不同，对国际贸易的态度所采取的措施不同，如贸易保护主义、贸易壁垒与关税壁垒等都会限制国际贸易的发展，影响国际货物运输需求。

不同经济体制对运输需求影响很大，如我国改革开放以前，社会经济中的产品交流主要通过计划分配来实现。经济体制改革以来，市场调节社会产品的比例日益增大，在竞争机制的作用下，产品在市场上相对自由地流动，商品交换的范围迅速扩大，带来运输需求迅速增长。在市场经济下，一些过去诸如“不合理运输”或“违反流向”的观念也在发生变化，尤其明显的是随着商品市场半径的扩大，货物平均运距增长很快。经济立法对社会经济活动有着规范和保障作用，是为经济活动服务的，同样对经济产生影响，从而影响运输需求。

（三）技术因素

技术因素是影响运输需求的重要的长远性的因素。在人类历史的发展中，科学技术作为生产力的构成要素，自始至终起着加速各国经济增长和推动世界经济国际化的促进作用。尤其是科学技术革命，迅速地改变世界经济结构。经济学家认为，世界经济的发展在人类进入资本主义社会以后，曾经发生过三次重大的技术革命。

第一次科学技术革命以蒸汽机的发明为主要标志，首先发生在英国。19 世纪初，蒸汽机相继应用到轮船和火车上，从而使交通运输业发生了革命性的变化。

19 世纪后期，第二次科学技术革命首先发生在美国，它是以电力的发明和使用为代表，人类跨入了电气化时代。一方面，由于电力带动生产力的巨大发展，提高了生产的社会化程度，促进国际分工向纵深推进，进一步加强和扩大了各国之间的经济联系；另一方面，生产力的高速增长，导致资本主义各国生产关系的急骤变化，推动了资本主义从自由竞争向垄断过渡，资本输出与资源掠夺在全球范围展开，进而加快了对世界领土的瓜分，这就引起 20 世纪前半期两次世界大战的爆发。在两次世界大战中，运输业成为最重要的军事力量之一。

第三次科学技术革命是在第二次世界大战以后发生的。其主要标志是：原子能等新能源的发现和利用；电子计算机等的发明和应用；新材料的人工合成与利用；空间技术的发展，以及遗传工程的重要成就等等。这次科学技术革命首先从美国开始，后来逐步波及西欧、日本以及其他国家。这次科学技术成果大大加快了交通运输工具的改造与革新速度，运输方式的集装箱化、大型化以及专业化等为运输需求的提高提供了前所未有的运输能力。

进入 21 世纪，建立在互联网和新能源相结合基础上的新经济已经来临，现在正在开始发生一场以绿色、智能和可持续为特征的新的科技革命和产业革命，科技创新与企业和经济发展的关系比以往任何时候都更加直接和密切，创新与突破将创造新的运输需求与市场。

（四）运输网的布局与运输能力

运输网的布局和运输能力直接影响对货源的吸引范围和运输需求的适应程度。如国际航空线路的开辟，为鲜活易腐货物的国际运输需求提供了质量保证；地处优越的交通地理位置、高质量、高效率的运输网络不仅能满足本地区运输需求，而且还可吸引过境货物、中转货物。香港、新加坡是名列世界前茅的集装箱大港，其特点是半数以上的集装箱吞吐量来自其他港口的中转箱。由此可见，完善、合理的运网布局，方便、快捷、高质量的运输能力无疑会大大刺激运输需求；而滞后的运输网络与运输能力会抑制运输需求。

（五）市场价格因素

运输价格和运输商品的市场价格变动，也会引起运输需求的变动。一般说来，运价下降，运输需求上升，而运价上涨时，短期内需求会受到一定抑制；两地市场商品价格差别增大，会刺激该商品两地间的运输需求，而商品价格差别缩小，则会减少两地间该商品的运输需求。另外，燃油、运输工具等价格变动会引起运价的变动，从而也将导致运输需求的变动。

四、运输需求函数分析

（一）运输需求函数

运输需求的大小通常用运输需求量来描述。运输需求量是指在一定时间、空间和一定的条件下，运输消费者愿意购买且能够购买的运输服务的数量。根据研究的目的和范围不同，从时间上，可以是一年、一个季度、一个月等的运输需求量；从空间上，可以是一个国家、一个地区、一条线路或一个方向的运输需求量；从运输方式上，可以是各种运输方式的总需求量，也可以是某种运输方式的需求量；在运输对象上可以是总货运需求或分货种的运输需求或客运需求等。"一定的条件"是指影响运输需求的诸多因素，如工农业生产规模和速度、资源分布及生产力布局、运输服务价格、人口等等。

运输需求量可表示为影响它的诸多因素的函数：

$$Q=f(P,a_1,a_2,\cdots,a_n) \qquad (6\text{—}1)$$

式中：Q——运输需求量；

P——运输服务价格；

a_1，a_2，…，a_n——除运价以外的其他影响因素。

公式（6—1）是运输需求量的一般表达式，并没有表示运输需求量同其他影响因素之间的确定关系。要得到有实际应用价值的函数关系，必须对具体问题进行具体的经济分析和数据统计、数量计算，从而得出确切的函数表达式。

（二）运输需求曲线

运输需求曲线是假定在运输服务价格以外其他因素均保持不变的条件下，反映需求量与价格之间关系的曲线。一般情况下，如果运输服务的价格下降，则需求者对运输的需求量将会增加；反之，则减少，即运输需求与运价是反方向变化的，这是运输需求的一般规律。如图 6—1 所示，通常用横轴表示需求量 Q，用纵轴表示运价 P，D 表示运输需求曲线。

此时运输需求曲线可简化为 $Q_d=f(P)$ （6—2）

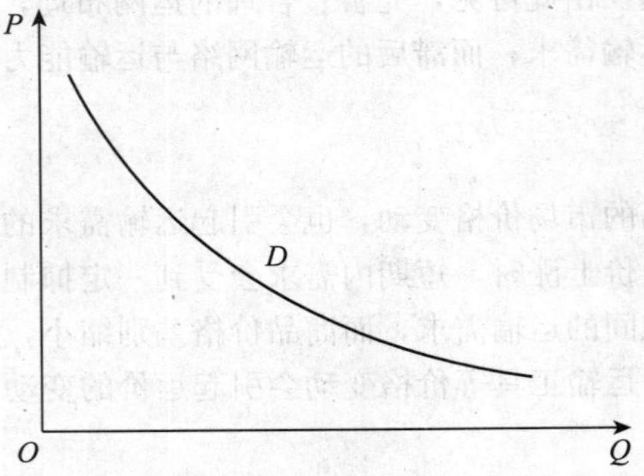

图 6—1 运输需求曲线

（三）运输需求的变动与运输需求量的变动

运输需求与运输需求量是两个不同的概念。运输需求不表示确定的某个数量，而表示需求量与运价之间的对应关系的总和，给定这样一个对应关系，可描绘出一条运输需求曲线。运输需求量则表示在一确定的运价水平上，消费者愿意购买的运输服务的确定数量，它对应于需求曲线上的一点。当非价格因素不变时，由不同运价水平下的不同需求量构成一条曲线表示一种运输需求，在这条运输需求曲线上，不同点的运价是不同的，但非价格因素是相同的。换言之，就是当非价格因素不变时，运价的变化导致了运输需求量的变化，而运输需求不变。但当非价格因素发生变化时，运输需求曲线将产生位移，这种由非价格因素变化引起的曲线的移动就是运输需求的变动。如果运输需求发生了变化，即使价格不变，运输需求量也会发生变化。

如果用数学语言描述运输需求的变动，是需求函数的参数发生了变化，是曲线的移动；运输需求量的变动则是一定函数关系下，自变量引起的因变量的变化，是在一定曲线上的移动，见图 6—2、图 6—3。

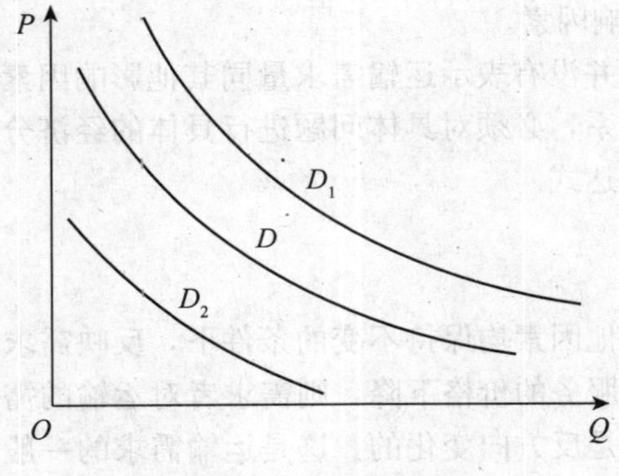

图 6—2 运输需求的变动

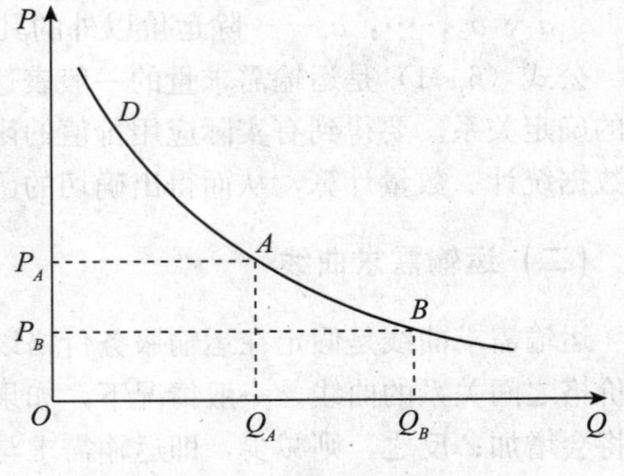

图 6—3 运输需求量的变动

五、运输需求弹性分析

运输需求受多种因素影响，而且不同的影响因素的变动使运输需求受影响的程度也不相同，为进行比较，引入“弹性”的概念。运输需求弹性用来分析运输需求量随其影响因素变化而变化的反应程度。用公式表示为：

$$E_d=\frac{Q_{变动率}}{Z_{变动率}}=\frac{\Delta Q/Q}{\Delta Z/Z} \tag{6—3}$$

式中：E_d——运输需求弹性；

Q——运输需求量；

Z——影响运输需求的某种因素；

ΔQ——运输需求量的变化值；

ΔZ——影响因素的变化值。

影响运输需求的因素很多，因此就相应的有很多种运输需求弹性。这里重点讨论运输需求的价格弹性、收入弹性、交叉弹性和派生弹性。

（一）运输需求的价格弹性

运输需求的价格弹性 E_p反映了运输需求量对运输价格变动反应的程度，表示为：

$$E_p=\frac{\Delta Q/Q}{\Delta P/P} \tag{6—4}$$

式中：Q、ΔQ——运输需求量及其变化值；

P、ΔP——运价及其变化值。

一般情况下，运输需求弹性指的是运输需求的价格弹性。旅客运输需求中生产性旅行需求的价格弹性较小，尤其是客运中有相当部分运量属于出差、探亲等各种形式的公费旅行，这部分运量对运价的弹性比较小。消费性旅行需求的价格弹性较大，但消费性旅行需求要受收入水平高低的影响，人均收入高的国家和地区，由于运输费用占收入的比例小，价格弹性小些，而低收入地区，运价的变动对旅行者的影响要大些，故价格弹性要大。然而，在很多国家公共客运长期不进入市场调节的范围，旅客位移不能当作纯粹的商品，而是一种半福利品。在福利价格下，旅客票价仅相当于运输成本的1/3～1/2，交通费用在家庭生活支出中的比重非常小，因此价格变动对交通需求量的刺激是有限的。

货物运输需求的价格弹性往往与货物价值有关，价值小的弹性较大；价值大的弹性较小。价格弹性的大小还同货物的季节性以及市场状况等有关。当某种货物急于上市销售或不易久存时，其运价弹性小。货主情愿选择运价高、速度快的运输方式，而不去选择运价低、速度慢的运输方式。此外，运输需求与资源分布及工业布局关系极大，它们决定了相当部分的货运量，这些运量一经形成，其运价弹性就比较小。

不同运输市场上客货运输的需求弹性有很大差别，还表现在弹性与具体的运输方式、线路和方向有关。对能力紧张的运输方式、线路和方向，需求的价格弹性显然较小，运价变动尤其是运价提高对需求影响不大；而能力富裕的运输方式、线路和方向，需求的价格弹性就较大。

1. 运输需求价格弹性的计算方法

运输需求价格弹性的计算可采用如下两种方法。

（1）点弹性

点弹性是运输需求曲线上某一点的弹性 ε_p，即：

$$\varepsilon_p=\lim_{\Delta P\to 0}E_p=\lim_{\Delta P\to 0}\frac{\Delta Q/Q}{\Delta P/P}=\frac{dQ}{dP}\cdot\frac{P}{Q} \tag{6—5}$$

如果运输需求曲线为直线，如图 6—4（1）所示，则 M 点的点弹性 $\varepsilon_{PM}=BM/AM$；如果运输需求曲线为曲线，如图 6—4（2）所示，过 N 点的切线为 AB，则 $\varepsilon_{PN}=BN/AN$。如果给定运输需求曲线的方程，可以很方便地求出某点的点弹性。

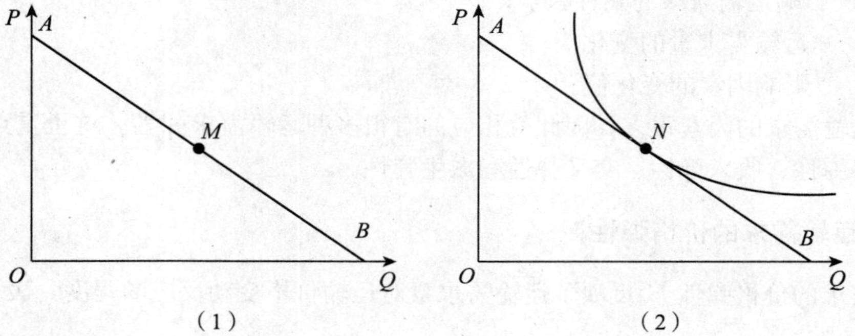

图 6—4　运输需求量点弹性

（2）弧弹性

弧弹性为运输需求曲线上某两点间的平均弹性，记为：

$$E_p=\frac{\dfrac{Q_2-Q_1}{(Q_1+Q_2)/2}}{\dfrac{P_2-P_1}{(P_1+P_2)/2}}=\frac{Q_2-Q_1}{P_2-P_1}\cdot\frac{P_1+P_2}{Q_1+Q_2} \tag{6—6}$$

当运输需求曲线方程未知，只知道曲线上两点的坐标，则可用弧弹性的公式求此两点间弧的弹性。

应当说明的是：第一，由于运价与运输需求量是反方向变化的，所以，求出的弹性值为负值。第二，通常使用绝对值比较弹性的大小，当我们说某种运输需求的价格弹性大，指的是其绝对值大。第三，如果需求曲线是一条直线，尽管直线上各点斜率的值不变，但由于 $E_p=\dfrac{dQ}{dP}\cdot\dfrac{P}{Q}$，直线上各点 P/Q 的值是变动的，所以这条直线上价格弹性也是变动的。

【例 6—1】 某货物运输需求函数为：$Q=50-4P$，式中，Q 表示货物运输需求量，P 表示运价。

（1）计算 $P=10$ 时的运输需求价格弹性 ε_P；

（2）计算 $P_1=5$ 与 $P_2=10$ 之间的运输需求价格弧弹性 E_p。

解：（1）运输需求价格点弹性 $\varepsilon p=\frac{dQ}{dP}\cdot\frac{P}{Q}=-4\times\frac{10}{50-4\times10}=-4$

（2）当 $P_1=5$ 时，$Q_1=50-4\times5=30$

当 $P_2=10$ 时，$Q_2=50-4\times10=10$

$$运输需求价格弧弹性\ Ep=\frac{Q_2-Q_1}{P_2-P_1}\cdot\frac{P_1+P_2}{Q_1+Q_2}=\frac{10-30}{10-5}\cdot\frac{10+5}{30+10}=-1.5$$

2. 运输需求价格弹性的五种情况

根据价格弹性取值的不同，运输需求价格弹性又可分为以下五种情形：

（1）完全无弹性：$|\varepsilon_P|=0$，在这种情况下，不论运价如何变动，需求量保持不变。具有这种弹性的需求曲线是一条垂直于需求量轴的直线。

（2）完全有弹性：$|\varepsilon_P|=\infty$，在这种情况下，运价不变，需求量可以无限增加。具有这种弹性的需求曲线是一条与需求量轴平行的直线。

（3）单位弹性：$|\varepsilon_P|=1$，运价每变动一定的百分率，导致需求量变动同样的百分率。具有这种弹性的需求曲线是一条正双曲线。

（4）缺乏弹性：$0<|\varepsilon_P|=<1$，在这种情况下，需求量变动的百分率小于运价变动的百分率。具有这种弹性的需求曲线比较陡峭且斜率较大。

（5）富有弹性：$1<|\varepsilon_P|=<\infty$，在这种情况下，需求量变动百分率大于运价变动的百分率。具有这种弹性的需求曲线斜率较小。

上述五种情形中前三种只是理论上的推导，极少数商品可能呈现这种需求弹性，大多数商品需求弹性为后两种，我们讨论的运输需求弹性也多为后两种，即富有弹性或缺乏弹性。在需求曲线的各个部分，弹性是变化的，使运输需求曲线是一条直线，其弹性也有几种情况，如图 6—5，M 为运输需求曲线 AB 的中点，$E_{PM}=1$；AM 段 $E_P>1$；BM 段 $E_P<1$；A 点 $E_{PA}=\infty$；B 点 $E_{PB}=0$。

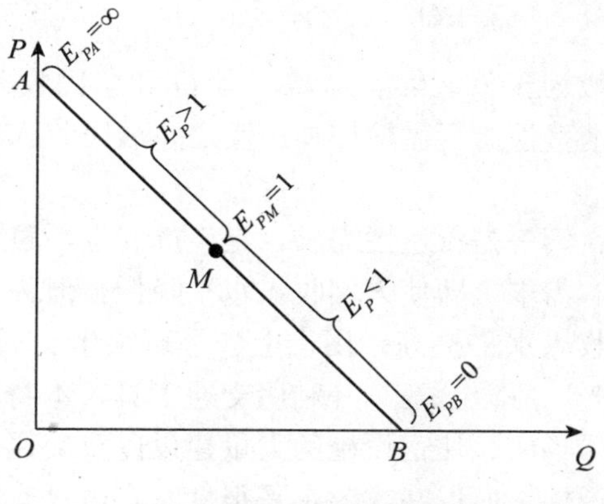

图 6—5　运输需求曲线图

3. 不同运输弹性时，运价变动对运输收入的影响

图 6—6 中，运输需求曲线的 $E_P>1$。当运价为 OP_M时，运输收入 $OP_M XOQ_M=S_1+S_2$；当运价降为 OP_N时，运输收入$=OP_N XOQ_N=S_2+S_3$，因为 $S_1<S_3$，所以，当富有弹性时，降低运价可增加运输收入。反之，提高运价将减少运输收入。图 6—6 中，需求曲

线 $E_P<1$，因为 $S_1>S_3$，所以，当缺乏弹性时，降低运价将减少运输收入，而提高运价，将增加运输收入。

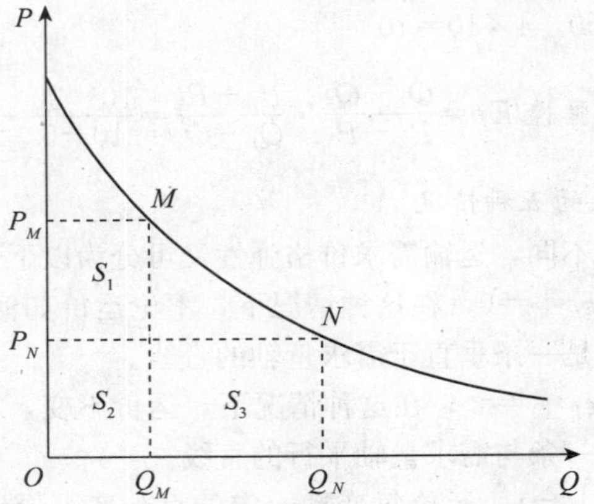

图 6—6　运输需求曲线

（二）运输需求的收入弹性

1. 运输需求收入弹性的概念及其计算

运输需求的收入弹性 E_I，反映运输需求量对消费者收入变化的反应程度，多用于分析客运需求，表示为：

$$E_I=\frac{\Delta Q/Q}{\Delta I/I} \tag{6—7}$$

点弹性 $\varepsilon_I=\frac{dQ}{dI}\cdot\frac{I}{Q}$　　(6—8)

弧弹性 $E_I=\frac{Q_2-Q_1}{I_2-I_1}\cdot\frac{I_1+I_2}{Q_1+Q_2}$　　(6—9)

运输需求收入弹性一般为正值。因客运需求量 Q 和居民收入水平 I 一般按同方向变动，即居民收入增加时，消费性旅行需求增加。反之，居民收入减少时，消费性旅行需求减少。

客运需求分两种类型：第一是派生性需求，是生产和生活过程必要的需求，它是维持生产和消费正常进行的基本需求。即使人们收入水平降低，但为了工作需要仍必须利用交通工具；相反，即使人们收入水平提高，用于上、下班乘坐交通工具的支出也不会提高。第二是本源性需求，如观光、旅游、赛车等利用交通工具，本身就是为了消费。旅游、观光等活动的增加将导致娱乐场所、住宿设施的大量建设以及交通工具的不断改进等。由于客运需求具有派生性和本源性，所以在收入水平很低时，也具有较高的弹性值。这说明运输需求的收入弹性与居民收入水平关系并不十分密切，派生性需求占有较大的比重。

2. 收入弹性的应用

某运输企业为了制定长期客运发展计划，假定根据研究资料已知中、高档客运的收入弹性在 0.9 和 1.1 之间，低档客运的收入弹性在 0.8 和 1.6 之间，估计今后 10 年内，每人每年平均实际收入增加 4%～5%，问 10 年后，中、高、低档客运需求量将增加多少。

解：先估计 10 年后，居民平均收入增加多少。

如果每年增加 4%，则 10 年后增加到 $(1.04)^{10}=148.02\%$，即 10 年后每人的实际收入增加 48.2%。

如果每年增加 5%，则 10 年后可增到 $(1.05)^{10}=162.88\%$，即 10 年后每人的实际收入将增加 62.88%。

根据收入弹性计算公式，需求量变动%＝收入弹性×收入变动%。

10 年后中、高档客运需求量将增加（见图 6—7）。

收入弹性	收入增加：48.02%	收入增加：62.88%
0.9	＋43.22%	＋56.59%
1.1	＋52.82%	＋69.17%

图 6—7

所以中、高档客运需求量增加幅度在 43.22%～69.17%之间。

10 年后低档客运需求量将增加（见图 6—8）。

收入弹性	收入增加：48.02%	收入增加：62.88%
0.8	＋38.42%	＋50.30%
1.0	＋76.83%	＋100.6%

图 6—8

所以低档客运需求增加幅度在 38.42%～100.6%之间。

在进行交通规划决策时，收入弹性将是其中一个重要的考虑因素。收入弹性大的运输项目，如城市客运，由于需求量增长较快，所以发展速度应当提高。收入弹性小的运输项目，如农村客运，由于其需求增长较慢，所以发展速度可以适当放慢。

（三）运输需求的交叉弹性

1. 交叉弹性的计算

由于运输服务具有替代性，引入交叉弹性反映一种运输方式、一条运输线路和一家运输企业的运输需求量受可以替代的另一种运输方式、另一条运输线路或另一家运输企业的价格的变化的反应程度，即一种可替代的运输服务的价格每变化百分之一，将引起的另一种被替代的运输服务的需求量变化的百分之几，表示为：

$$E_{PYX}=\frac{\Delta Q_Y/Q_Y}{\Delta P_X/P_X} \qquad (6—10)$$

式中：E_{PYX}价格变动引起Y需求量变动的反应灵敏程度。

$$点交叉弹性\ \varepsilon_{PYX}=\frac{dQ_Y}{dP_X}\cdot\frac{P_X}{Q_Y} \qquad (6—11)$$

$$弧交叉弹性\ E_{PYX}=\frac{Q_{Y2}-Q_{Y1}}{P_{X2}-P_{X1}}\cdot\frac{P_{X1}+P_{X2}}{Q_{Y1}+Q_{Y2}} \qquad (6—12)$$

不同的交叉弹性值具有不同的经济意义。

（1）交叉弹性为正值，$E_{PYX}>0$，说明运输服务X的价格变动将引起运输服务Y的需求的同方向变动，如航空运价提高，会使铁路、水路的运输需求量增加，表明航空运输同铁路运输和水路运输的可替代性。

（2）交叉弹性为负值，$E_{PYX}<0$，说明运输服务X的价格变动将引起运输服务Y的需求的反向变动。如水运价格提高会使疏港汽车的运输需求量减少，表明这两种相关运输服务存在互补性，即它们的结合使用，更能满足消费者的要求。

（3）交叉弹性为零，$E_{PYX}=0$，说明运输服务X的价格变动对运输服务Y的需求量没有影响，表明两种运输服务互相独立，互不相关。如航空运价提高，对公路长途运输需求量没有影响，因就长途运输而言，航空运输与公路运输无替代性和互补性，两者互不影响。

2. 交叉弹性的应用

运输需求的交叉弹性与价格弹性、收入弹性一样，在价格和运输量分析中起着重要的作用。

运输行业管理部门、运输企业在制定行业、企业的运输发展规划时，应当考虑运输项目的替代性和互补性影响。如一条拥有3级以上航道的通航河流，在无特殊需要时，一定不要沿河修一条铁路①，这是因为运输服务具有替代性（运输需求的交叉弹性为正值），否则就会导致运输资源的浪费。又如港口、火车站的建设要与港口、火车站的集疏运系统协调发展，如果在建设港口、火车站的同时，不发展相应的集疏运系统，就会产生压港、压站现象。轮船和火车运输价格的提高，对港口、车站集疏运系统会产生影响，这是由于运输服务具有互补性（运输需求的交叉弹性为负值）。

（四）运输需求的派生弹性

1. 运输需求派生弹性的概念及其计算

运输需求是派生需求。运输需求的派生弹性用来分析运输需求随其本源需求的变化而变化的灵敏程度。

（1）运输需求的生产派生弹性

运输需求的生产派生弹性是指运输需求量对工农业生产水平变化的反应程度，其计算公式如下：

---

① 如果3级以上航道的运输需求过大以致航道运力不足时，也可以沿江修铁路。

$$\text{运输需求的生产派生弹性 } E_G = \frac{\text{运输需求量变化率(\%)}}{\text{工农业生产水平变化率(\%)}} = \frac{\Delta Q/Q}{\Delta G/G} = \frac{\Delta Q}{\Delta G} \cdot \frac{G}{Q} \tag{6—13}$$

式中：E_G——运输需求的生产派生弹性；

G——工农业生产水平（一般用产值表示）；

ΔG——工农业生产水平变化值。

E_G一般为正值，说明运输需求量 Q 同工农业生产水平 G 呈同方向变化。即当工农业生产水平提高时，需要运输的工农业产品增加，所以运输需求量增加；工农业生产水平降低时，需要运输的工农业产品减少，所以运输需求量减少。但在个别情况时也会出现负值。如工农业总产值出现负增长或运输需求量出现负增长，其中任何一个变量出现负值，其弹性必然为负值。运输需求的生产派生弹性可用于总体运输需求分析。

（2）运输需求的商品派生弹性

在市场经济中，运输需求取决于商品的市场需求，因此可以建立反映运输需求随商品需求变动而变化的灵敏程度的商品派生需求弹性。运输需求的商品派生弹性是指运输需求量对商品需求变化的反应程度，或者说，商品需求水平变化百分之一，运输需求量会变化百分之几。其计算公式如下：

$$E_C = \frac{\text{运输需求量变化率(\%)}}{\text{商品需求变化率(\%)}} = \frac{\Delta Q/Q}{\Delta C/C} = \frac{\Delta Q}{\Delta C} \cdot \frac{C}{Q} \tag{6—14}$$

式中：E_C——运输需求的商品派生弹性；

C 及 ΔC——商品需求及其变化值。

如果已知某种商品需求的价格弹性，还可建立运输需求的价格弹性同商品需求的价格弹性之间的关系：

$$E_T = F \cdot E_C \tag{6—15}$$

式中：E_T——运输需求价格弹性；

E_C——商品需求价格弹性；

F——E_T、E_C 之间的关系，表示运输成本在商品最终价格（或交付价格）中所占的比例。

运输需求的商品派生需求弹性可用于个别运输需求的分析。

2. 运输需求派生弹性应用举例

运输需求产生派生弹性可以应用于宏观运输经济分析，通过生产派生需求弹性的计算和分析，可以反映运输业与国民经济各部门发展的正确比例；反映运输业内部各种运输方式、各运输服务项目（货运、客运等），各历史时期运输业发展的具体内在联系；反映运输需求在数量、品种、时间的具体参数，从而为国家制定运输经济政策提供依据，也可以用于运输行业管理和运输企业发展战略的制定。

运输需求商品派生弹性可以应用于微观运输经济分析，通过商品派生需求弹性的计算和分析，可以比较不同商品对运价变化的灵敏程度，同时也可以看出不同商品对运费的负担能力，为运输企业生产经营决策和制定运价提供依据。

【例 6—2】 假设某高价值商品运价为 5 000 元，最终价格（含运费）为 10 万元；某低价值商品运价为 5 000 元，最终价格为 1 万元。假设这两种商品的需求弹性均为（−2.5），试分析这两种不同商品的运输需求弹性。

解： 从运价影响程度来看，由于高价值商品本身价值很高，因此运价在商品最终价格中的比例较小，运价影响程度值很小（为 5%），负担运费的能力就大；由于低价值商品本身价值较低，因此运价影响程度值要大得多（为 50%），负担运费的能力就小。

从运输需求的商品派生弹性来看，高价值商品的弹性为 $E_{T1}=0.05\times(-2.5)=-0.125$，低价值商品的弹性为 $EE_{T2}=0.50\times(-2.5)=-1.250$，结果表明，高价值商品运输需求派生弹性很小，即高价值商品的运输需求不会因运价变动而发生大幅度地变化。在本例中，运价变化 10%，运输需求量变化仅 1.25%。而低价值商品的运输需求派生弹性则比高价值商品大得多，说明低价值商品的运输需求会因运价的变化而发生剧烈波动。在本例中，运价变化 10%，运输需求量变化 12.5%。

第三节　运输供给分析

一、运输供给的概念及特点

（一）运输供给的概念

运输供给是指在一定时期内，一定价格水平下，运输生产者愿意而且能够提供的运输服务的数量。运输供给必须具备两个条件，即运输生产者出售运输服务的愿望和生产运输服务的能力，缺少任一条件，都不能形成有效的运输供给。

运输供给包含如下四方面内容：

1. 运输供给量。通常用运输工具的运输能力来表示，说明能够承运的货物和旅客的数量与规模。

2. 运输方式。指水运、铁路、公路、航空和管道五种不同的运输方式。

3. 运输布局。指各种运输方式的基础设施在空间的分布和活动设备的合理配备及其发展变化的状况。

4. 运输经济管理体制。它是运输软件的供给，指导运输业发展所相应建立的运输所有制结构、运输企业制度、运输资源配置方式以及相应的宏观调节机构、政策和法规等。

（二）运输供给的特征

运输业是一种特殊产业，其产品——运输服务具有不同于其他产业产品的特征。

1. 运输产品的非贮存性

运输业的生产活动是通过运输工具使运输对象发生空间位置的变化，不生产新的物质产品。因此，运输产品的生产和消费是同时进行的，即运输产品不能脱离生产过程而单独存在，所以，不能像一般工业一样，可以将产品贮存起来，这就是运输产品的非贮存性。

一般工业可以通过产品贮备的形式，适应市场供需变化，而运输产品的非贮存性，决定了运输业不能采取运输产品贮备的形式，而只能采取运输能力贮备的形式来适应运输市场变化。

运输业有着固定设备多、固定资产投资大、投资回收期长等特点，运输能力的设计多按运输高峰的需求设计，具有一定的超前量。运输能力的超前建设与运输能力的贮备对运输市场来说，既可适应市场需求增长的机遇，又可能因市场供过于求而产生风险。因为运力贮备越大，承担的风险越大，适应市场需求的能力也大；相反，运力贮备小或没有贮备，承担的风险小，那么适应市场需求的能力也小。

2. 运输供给的不平衡性

运输供给的不平衡主要表现在：第一，受运输市场运价和竞争状况影响，当市场繁荣时，刺激运力投入；当运输市场萧条时，迫使运力退出。第二，运输需求的季节性不平衡，导致运输供给出现高峰与低谷供给量的悬殊变化。这两方面都带来运输供给量在时间分布上的不平衡。第三，由于世界经济和贸易发展的不平衡性，运输供给在不同国家（地区）之间也呈现出一定的不平衡性。经济发达国家（地区）的运输供给量比较充分；而经济比较落后国家（地区）的运输供给量则相对滞后。运输供给的不平衡性在我国国内市场上表现得不很明显，而在国际运输市场上表现突出。供给与需求的平衡是暂时的、相对的；而不平衡却是绝对的、长期的。

3. 运输生产的时空差异性

运输业是一种特殊产业部门，其生产与消费过程是同时进行的。运输服务的生产过程，既是运输对象发生位移的过程，亦是运输服务的消费过程。但这并不意味着运输产品的生产必然能与运输产品的消费相结合，现实中生产与消费脱节的现象不可避免。如运输需求在运输时间上的规律性、在运输方向上的单向性、个别运输需求对运输工具的适应性等导致回程运力浪费；为实现供需时空结合，企业要经常付出空载行驶的代价等，这种由于供给与需求之间在时间空间的差异性所造成的生产与消费的差异，使运输供给必须承担运力损失，空载行驶等经济上的风险。所以，运输活动的经济效果取决于供需在时间与空间的正确结合上，这就要求运输企业掌握市场信息，搞好生产的组织与调整，运用科学管理方法提高经营管理水平。

4. 运输供给的成本转移性

同运输生产的时空差异带来运力浪费情况相反的是，运输供给能够在较大范围内超额生产，但并不带来成本的明显上升。这种情况在我国各种方式的旅客运输中较为普遍。运输业可以在成本增加很少的情况下，在需求允许时，增加供给量，但伴随而来的是运输条件的恶化，运输服务质量的下降，使得本该由运输企业承担的成本部分地转移到消费者身上。运输供给的成本转移还体现在由运输活动带来的空气、水、噪声等环境污染，能源和其他资源的过度消耗以及交通阻塞等成本消耗也部分地转移到运输业外部的成本中。

5. 运输供给的可替代性与不可替代性

运输供给由多种运输方式如铁路、公路、水运、航空、管道和多个运输生产者的生产能力构成。有时存在着可分别由几种运输方式的多个运输生产者完成同一运输对象的空间位移，于是这些运输供给之间存在着可替代性。这种可替代性构成了运输业者之间竞争的基础。同时，由于运输产品具有时间上的规定性、空间上的方向性、对运输工具的适应性以及对运输服务的经济性、方便程度的要求等，使得不同运输方式间或同一运输方式中替代性受到限制，这种限制又使得每种运输方式间或同种运输方式中的具有差别的运输服务都可能在某一领域的运输供给上形成一定程度的垄断。因此，运输供给的替代性和不可替代性是同时存在的，而且是有条件限制的。运输市场的供给之间既存在竞争也存在垄断。

二、运输市场的供给结构

在分析运输市场的需求结构基础上，必须研究相应的供给结构，以适应社会对运输的客观需要。

运输市场的供给结构的构成，是向社会提供若干运输设施及形成的能力，包括有一定走向的线路（或航线），相应的运输工具、机场设施、港站枢纽以及与运输相配套的服务设施等。具体有两大组成部分：各运输方式的运输、服务设施；各运输对象的运输、服务设施。

（一）各运输方式的运输设施

随着社会经济的发展和人民生活质量的提高，货主或旅客对运输的安全性、时间性、方便性、舒适性等提出了更高的要求。

目前运输系统包括铁路、水路、公路、航空和管道五种运输方式。每种运输方式由于自身技术条件的限制，既具有优势，也存在不足。因此，运输规划部门应根据各种运输方式自身的特点，结合自然条件、技术经济要求来确定各种运输方式的结构及其空间走向。

当前，我国各运输方式的运输、设施大体情况是：铁路干线网组成了“五纵、五横”区间主通道；公路干线网由 76 条国道形成了首都放射线、南北纵线和东西横线；水路干线网由“三江两河”（长江、珠江、黑龙江、淮河、京杭大运河）五大水系构成横贯东西的内河主要航线（除京杭大运河是南北走向以外），沿海航线自北向南，把沿海各地和大陆上主要东西干线连结起来，形成我国最东部的一条运输通道；民航主干线网连结了中国经济中心城市和交通枢纽，管道线网也初具规模。不同方式的线网和我国的港口，交通枢纽等，构成了综合运输网，如纵贯南北的运输通道、沟通关内外的运输通道、以长江干线和陇海、浙赣铁路为骨架的中部地区运输通道等，都是跨越省区主要运输通道的综合运输网。

根据运输市场空间分布的特点，我国全国性的铁路网面对着全国性的运输市场，经营规模大，市场占有率高；公路运输市场一般以地方区域性运输为多，从事跨地区的长途客货运输只占较少份额，水运则以内河航道和沿海航线为市场活动范围。

（二）各运输对象的运输设施

各运输对象的运输设施可分为货物运输设施、旅客运输设施和客、货混合运输设施。

1. 货物运输设施

我国铁路、水路和公路运输将货物分为 14 类：煤炭、焦炭、石油、钢铁、金属矿石、非金属矿石、矿建材料、水泥、木材、化肥及农药、粮食、棉花、盐和其他货物。运输设施具体体现为各运输方式为各种货物提供的运输通道。我国中长途货物运输的 90%以上是由铁路和水路运输方式完成的。

2. 旅客运输设施

各种运输方式为不同旅客提供的运输通道大致分为三类：普通旅客运输通道、旅游旅客运输通道以及节假日、季节性旅客运输通道。例如在水路运输中提供的服务为：普通定班客轮运输；旅游客班轮运输；临时客班轮运输等。

3. 客、货混合运输设施

客、货混合运输设施指某一运输通道同时承担货物和旅客运输服务，除高速公路、管道和其他旅客或货物专用通道外，我国目前大多为客、货混合运输设施。这主要是为了适应客货运输的需要。

三、影响运输供给的因素分析

讨论影响运输供给的因素，必然联系到运输需求，因为供给与需求是密切相关的，影响运输需求的某些因素同样影响运输供给。

（一）经济因素

国家或地区的经济状况是运输供给发展的基本条件。从经济发展状况分析研究运输供给实质上是探索资源的合理配置和有效运用问题。经济发展产生运输需求的同时，产生了供给。经济要腾飞，运输须先行已成为共识。运输建设成了改善投资环境的重要部分，经济发展为运输供给的发展提供了契机。同时，经济发展水平、对未来经济发展的预测、自然环境条件决定了供给发展的规模和水平。

（二）政治、政策因素

政治因素的影响表现在国家政体与社会性质的不同影响和国家对运输业的政策两方面。运输不仅对国家经济发展起着重要作用，作为国际运输市场的组成部分，国际航运还带有浓厚的政治和军事色彩。巨大的商船队既是国家经济实力的象征，也是国家威力的象征。海运发达国家发展航运往往与军事侵略和扩张紧密地联系在一起，即使现在，也不能排除它在战争中的作用。因此，一些海运发达国家始终把商船队作为军事需要的后备力量，长期保持着相当的运力贮备。发展中国家发展航运的目的主要是担负经济建设与经济独立的艰巨任务，同时国家商船队也是国防的后备力量。航空运输也是如此，发达的航空运输体系不仅对经济发展起巨大作用，而且是衡量一个国家现代化水平和文明程度的标志。

运输政策是影响运输供给的重要因素。它是一个国家的政府为发展运输而制定的准则，是经济政策的组成部分。运输政策的制定要从经济、政治、军事以及国际社会等许多因素考虑。不同国情的国家在各自发展的不同时期，都制定出不同的运输政策。如在航空运输发展初期，许多国家政府都实行保护和扶持政策，以加速航空业的发展。航运也是如此。据联合国贸发会的调查表明，在被调查的主要航运国家中，各国政府无一例外地对本国的航运业实行保护和扶持政策，或是给以财政方面的支持，或是通过行政和法律手段保护本国航运企业的利益，这无疑为运输供给能力的增加提供了有力的支持。有时，为了抑制某种运输供给的过快增长，政府采取一定的限制措施。如近年来某些城市出租汽车的运输供给增长迅猛，导致城市交通拥挤日益严重，地方政府相应采取一定措施抑制这种过快的供给增长，防止道路阻塞情况的进一步恶化。

（三）技术因素

科学技术是推动社会发展的第一生产力，也是推动运输业发展的第一生产力。新型运输工具的出现、运输工具性能的重大改进，无一不是科技进步的结果。科学技术对于提高运输生产效率、降低运输成本、提高运输服务质量、提高生产的组织管理水平起着重要作用。因此，科学技术的应用提高了运输供给能力。

（四）市场价格因素

市场价格因素的影响体现在运输服务价格、运输服务成本、运输的相关市场的价格等方面，运输产品价格是影响运输供给的重要因素。在其他因素不变的情况下，运价同运输供给量呈同增同减趋势。引起运输成本变动的因素很多，主要是生产要素价格和生产技术状况。生产要素价格上涨，必然导致运输成本的增加，使运输供给减少；生产技术的进步则意味着运输能力的提高或运输成本的降低，其结果是能够在原运价水平下，增加运输供给量。运输的相关市场如运输工具的制造市场、运输工具的买卖市场等，其价格也将影响投放到运输市场上的供给能力，如买卖船市场的动态往往反映闲置吨位的进出市场的趋势。

四、运输供给函数分析

（一）运输供给函数

运输供给的大小通常用供给量来描述。运输供给量是指在一定时间、空间和一定的条件下，运输生产者愿意且能够提供的运输服务数量。在这里，“一定的时间、空间”同运输需求量中时间、空间的含义是相同的；“一定的条件”指的是影响运输供给的诸多因素，如政府对运输业的政策、运输服务的价格、运输服务的成本等。

运输供给量可表示为影响它的诸多因素的函数：

$$Q_S = f(P, b_1, b_2, \cdots, b_n) \qquad (6\text{—}16)$$

式中：Q_S——运输供给量；

P——运输服务价格；

b_1，…，b_n——除运价以外的其他影响因素。

式（6—16）为运输供给的一般表达式，实际工作中，可通过对具体问题的具体分析和数据处理确定出具体的表达式。

（二）运输供给曲线

在影响供给量的诸多因素中，运输价格是最灵敏、最重要的因素。运输供给曲线就是假定其他因素不变，反映供给量同价格之间关系的曲线。此时，运输供给函数可简化为：

$$QS = f(P) \qquad (6\text{—}17)$$

一般情况下，Q_S与P同方向变化，即供给量随运价上涨而增加，随运价下跌而减少，这是运输供给的一般规律。如图 6—9 所示，S 为运输供给曲线。

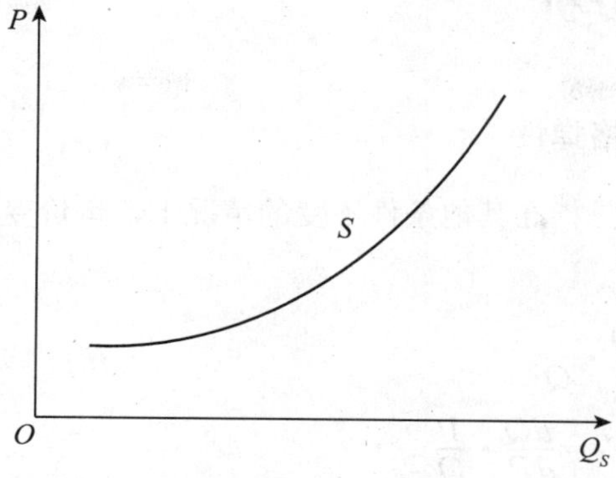

图 6—9　运输供给曲线

运输供给曲线可分为企业供给曲线和行业供给曲线，它们分别表示企业和行业提供运输服务的数量同运输价格之间的关系。在几何上，行业供给曲线可由企业供给曲线叠加而成，即将同一价格下的企业供给量相加，得到该价格下的行业供给量。

（三）运输供给的变动与运输供给量的变动

与运输需求的变动与运输需求量的变动相类似，运输供给与运输供给量的变动也是两个不同的概念。运输供给表示在不同价格水平下，运输生产者愿意且能够提供的运输服务的数量，它表示的是供给量同运价之间的一种对应关系，一个特定的运输供给对应于一条供给曲线。而运输供给量则表示在一确定价格水平上，运输生产者提供的运输服务数量，它对应于供给曲线上一点。运输供给量的变动就是当非价格因素不变时，供给量随运价变化而沿供给曲线移动，每一运价水平对应一个相应的供给量；运输供给的变动是非价格因素变化时导致的供给曲线的位移，如果供给发生了变动，即使价格不变，运输供给量也会发生变化。

如图 6—10 所示，当运价从 P_1 升到 P_2 时，供给量从 Q_1 升高到 Q_2，这是供给量的变动。如图 6—11 所示，当非价格因素发生变化，导致运输供给曲线由 S_0 变为 S_1 或 S_2，此为运输供给的变动。

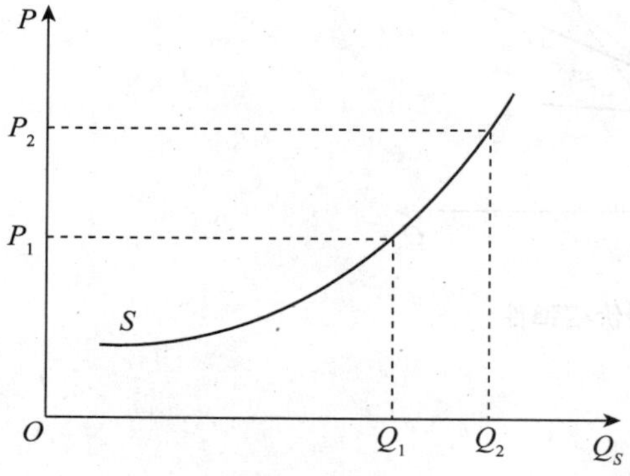

图 6—10　运输供给量曲线

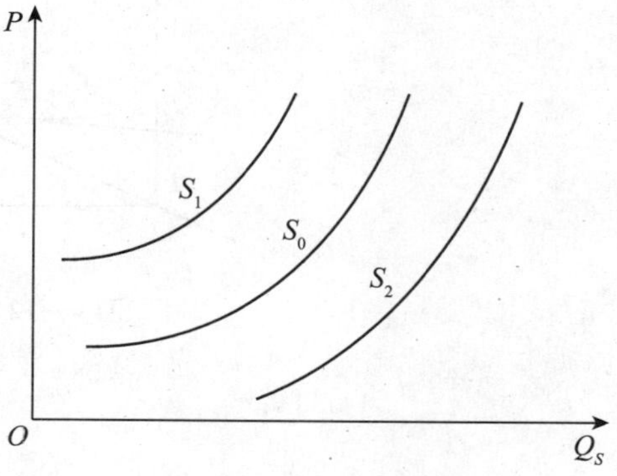

图 6—11　运输供给曲线

五、运输供给弹性分析

（一）运输供给的价格弹性

运输供给的价格弹性是指在其他条件不变的情况下，运价变动所引起的供给量变动的灵敏程度，表示为：

$$E_S=\frac{\Delta Q/Q}{\Delta P/P}=\frac{\Delta Q}{\Delta P}\cdot\frac{P}{Q} \tag{6—18}$$

$$\text{点弹性 } \varepsilon_S=\lim_{\Delta P\to 0}E_S=\frac{dQ}{dP}\cdot\frac{P}{Q} \tag{6—19}$$

$$\text{弧弹性 } E_S=\frac{Q_2-Q_1}{P_2-P_1}\cdot\frac{P_1+P_2}{Q_1+Q_2} \tag{6—20}$$

由于运价同运输供给量同方向变动，所以供给弹性值为正值，这样，供给量对运价变化的反应可以用供给弹性值的大小衡量。

$E_S>1$，供给量富有弹性的；

$E_S<1$，供给量缺乏弹性的；

$E_S=1$，供给是单位弹性的。

供给由线上每一点，表示一定的供给状态。根据供给曲线上的特定点，可检验其供给弹性的状态特征，即是富有弹性还是缺乏弹性。

图 6—12 中 S 为一条供给曲线，要检验 S_1、S_2、S_3三个特定点的供给弹性，可采用简便的切线判断法。分别作 S_1、S_2、S_3处的切线 l_1、l_2、l_3，并与坐标轴相交。如果切线与运价轴 P 首先相交，则 $E_S>1$，如 S_1点；如果切线与供给量轴 Q 首先相交，则 $E_S<1$，如 S_3点；如果切线穿过原点，则 $E_S=1$，如 S_2点。

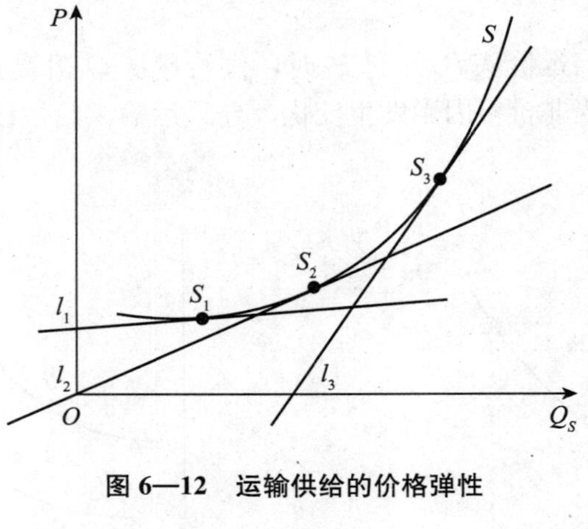

图 6—12　运输供给的价格弹性

如果供给曲线为直线，则过价格轴的供给曲线 $E_S>1$；过供给量轴的供给曲线 $E_S<1$；①过原点的供给曲线 $E_S=1$；平行于供给量轴的供给曲线 $E_S=\infty$；垂直于供给量轴的供给曲线 $E_S=0$。通常在运输市场上，供给弹性呈现为富有弹性和缺乏弹性两种情况。

（二）影响运输供给价格弹性的因素

1. 生产要素适应运输需求的范围大小

运输服务就是使运输对象发生空间位移，但由于个别运输需求的差异性，导致运输服务的生产要素的差异性。如果生产要素适应运输需求的范围大，则供给弹性就大；如果生产要素适应运输需求的范围小，则供给弹性就小。如杂货船与油轮相比，杂货船适运货物范围广，在运输市场上便于灵活调配，供给价格弹性大；而油轮专用性较强，较难转移到其他货类市场，因此供给弹性较小。

2. 调整运力的难易程度

一般来说，能够根据价格的变动灵活调整运力的产业，其供给价格弹性大；反之，难于调整的，其价格弹性就小。国际航运市场上的定期船市场与不定期船市场相比，前者调整运力较困难，供给价格弹性较小，后者调整运力较容易，供给价格弹性较大。

3. 运输成本增加幅度大小

如果一种运输服务增加供给引起的成本增加较大，那么，其供给弹性就小；反之，如果增加的成本不大，供给弹性就大。如旅客运输在满员情况下还能超员运输，其成本随运量变化而增加的幅度小，则供给价格弹性大。相对而言，处于运量饱和的货物运输再增加运量，就须增加运输工具等，因此带来成本增加幅度大，此时的供给价格弹性小。

---

① 见图 6—13：

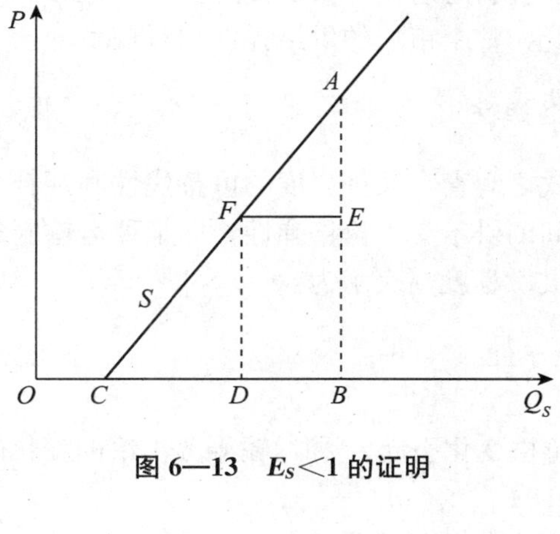

图 6—13 $E_S<1$ 的证明

$Q=OB, \Delta Q=FE$

$Q=AB, \Delta P=AE$

$$E_S=\frac{\Delta Q}{\Delta P}\cdot\frac{P}{Q}=\frac{FE}{AE}\cdot\frac{AB}{OB}=\frac{CB}{AB}\cdot\frac{AB}{OB}=\frac{CB}{OB}<1$$

同理可证，切线或直线穿过价格轴的 $E_S>1$；切线或直线穿过原点的 $E_S=1$

（三）运输供给价格弹性的特点

1. 同考察期间的长短有关

运输业是资金密集型产业，有初始投资大、建设周期长、运力贮备风险较大等特点，所以短时间内调整运力不易做到，供给价格弹性较小。但从长期考察，运输市场在运价的作用下，供给与需求会逐步趋于相互适应，表明在长期内运输供给具有足够的弹性。

2. 同运输市场上供需的相对状况有关

当低需求量时，通常运输市场供给过剩，因此具有较大的供给价格弹性；高需求量时，通常运输市场供给紧张，即使价格上升，也无大量供给投入，因此供给弹性较小。

3. 同运价波动的方向有关

运价朝不同方向变化时，运输供给价格弹性大小亦不同。一般地说，运价上涨时，刺激供给增加，运输供给弹性较大；运价下跌时，供给并不情愿退出市场，只有实在难以维持，才被迫退出市场，故供给弹性较小。

4. 同运输市场范围有关

运输经营者往往是分布于各个地区的承运人，其行动基本上是相互独立的。各个经营者无力左右运输市场运价，只能在一定的运价水平下采取一定的营运策略。当运价上涨或下跌时，运输公司将采取复运或停运，租进或租出运力，买或卖运输工具，推迟或提前报废运输设备等策略以增加或减少运力供给。如若市场形势在较长时期内运价坚挺，这将进一步刺激投资建造新运输设施或工具的兴趣，竞相订造新运输设施或工具以增大供给能力，因此，个别的供给弹性较大。

从整个运输市场考察，可能与个别供给有所不同。在短期内运价上升，虽有租进运输设备、买进运输设备等活动，但是在新运输设备投入市场之前，整个市场的供给量不会有显著增加。其主要增加的运力是复运运输设备和加速运输的结果。当运价上涨并且在一段时间内保持较好的水平时，必然会引起运输工具价格的上升，这时，用巨额投资建造新运输设备的热情会有所减弱。因此，整个市场的供给弹性相对较小。

（四）运输供给的交叉价格弹性

由于运输业在不同运输方式之间存在某种程度的可替代性和互补性，因此，有时要研究在运输企业、各运输方式之间的供给交叉价格弹性，即某种运输服务价格的变动引起的另一种运输服务供给的变动的灵敏程度，表示为：

$$E_{SAB}=\frac{\Delta Q_A/Q_A}{\Delta P_B/P_B}=\frac{\Delta Q_A}{\Delta P_B}\cdot\frac{P_B}{Q_A} \tag{6—21}$$

式中：E_{SAB}——B 种运输服务价格变化引起 A 种运输服务供给的变化的弹性值（即 A 对 B 的价格交叉弹性）；

Q_A、ΔQ_A——A 种运输服务供给量及供给量变化值；

P_B、ΔP_B——B 种运输服务价格及价格变化值。

理论上，若 A、B 相互独立、不可替代，则 $E_{SAB}=0$；若 A、B 可替代，则 $E_{SAB}<0$；若 A、B 互补，则 $E_{SAB}>0$。

【例 6—3】 某航运企业经营从 A 地到 B 地之间的海运业务，据该公司的统计资料表明，其船舶运力与运价之间的函数关系为：$Q=2P+10$，式中：Q 表示船舶吨位供给量，P 表示运价。

（1）计算 $P=5$ 时的船舶运输供给价格点弹性 E_S。

（2）计算 $P_1=5$ 与 $P_2=10$ 之间的船舶运输供给价格弧弹性 E_P。

（3）从 A 地到 B 地还可以通过航空运输，如果该航线航空运输运价从目前的 100 个单位下降 10%，目前海运运价为 5 个单位，则海上运输供给量可提高到 30 个单位，试计算这两种运输方式的供给价格弹性 E_{SAB}。

解：（1）船舶运输供给价格点弹性 $\varepsilon_S=\dfrac{dQ}{dP}\cdot\dfrac{P}{Q}=2\times\dfrac{5}{2\times5+10}=0.5$

（2）当 $P_1=5$ 时，$Q_1=2\times5+10=20$

当 $P_2=10$ 时，$Q_2=2\times10+10=30$

$$\text{运输供给价格弧弹性 } E_S=\frac{Q_2-Q_1}{P_2-P_1}\cdot\frac{P_1+P_2}{Q_1+Q_2}=\frac{30-20}{10-5}\cdot\frac{10+5}{20+30}=0.6$$

（3）航空运输运价变化率 $\Delta P_B/P_B=-10\%$

$$\text{海运船舶供给变化率 } \Delta Q_A/Q_A=\frac{30-(2\times5+10)}{2\times5+10}=\frac{10}{20}=50\%$$

$$\text{海运对空运的价格交叉弹性 } E_{SAB}=\frac{\Delta Q_A/Q_A}{\Delta P_B/P_B}=\frac{50\%}{-10\%}=-5$$

值得注意的是，目前我国运输需求急剧扩大，而各种运输方式的运价在原本很低的水平上向上调整，其运能也在不断增加的情况下，也可能出现可替代运输方式之间交叉价格弹性为正值的假象。

第四节　运输供需状态分析

一、运输市场供需均衡及其变动机制

运输市场的均衡是指市场上各种对立、变动着的力量，在相互冲突、调整、运行过程中，出现相对力量相当、供给与需求处于暂时平衡的状态。

从运输供给与运输需求两方面的对比关系考察市场状态及其变化规律的方法属于均衡分析。根据所考察的对象与前提，均衡分析可以分为局部均衡分析和一般均衡分析。局部均衡分析是假定在其他条件不变的情况下，分析某一货类或运输工具的供给与需求达到均衡的运动过程；一般均衡分析是假定在各货类和所有运输工具的总供给、总需求与运价相互影响的情况下，分析总供给与总需求同时达到均衡的运动过程。

供给与需求是决定运输市场行为的最基本的两种力量，它们之间平衡是相对的，不平衡是绝对的。但是，市场作为一种有机体，总是存在着自行调节机制—市场运行机制。由

于市场机制的自行调节，使供给和需求形成某种规律性的运动，出现某种相对的均衡状态，即市场均衡。

首先分析在供给条件与需求条件没发生变化的情况下，供需是如何实现并保持均衡的，研究稳定的均衡机制。

（一）市场均衡的形成

所谓均衡，就是当运输需求和运输供给两种力量达到一致时，即处于均衡状态，运输的需求价格与供给价格相一致，这个价格称为均衡价格；运输需求量与供给量相一致，这个量称为均衡供求量，均衡价格一经确定，均衡供求量也相应确定。

图 6—14 中，D 是运输需求曲线，S 是运输供给曲线，纵轴表示运价 P，横轴表示供给、需求数量 $D(Q)$，E 为均衡点。它是供给曲线与需求曲线相交点，其对应的运价为均衡运价，由均衡运价决定的运量为均衡运量。

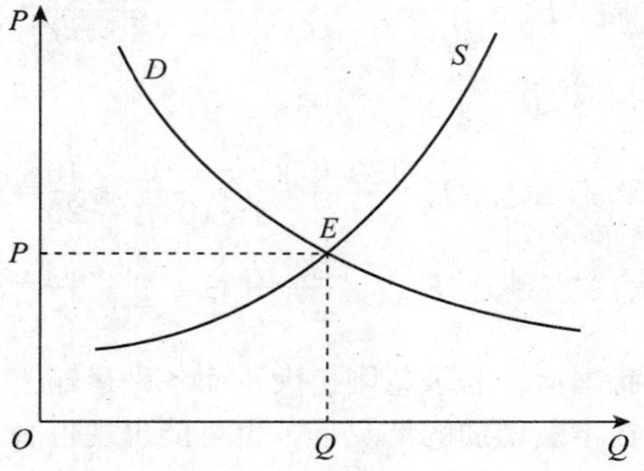

图 6—14　运输供给曲线

均衡运价是通过运输市场供需的自发调节而形成的。当市场运价背离均衡运价时，由于需求与供给曲线没有变，也就是说该市场上的均衡点没有变，这样，市场供需就会自发地发挥作用，促使运价又恢复到均衡运价的位置。

之所以称为“均衡”，是因为当价格高于 P_0 为 P_1 时，对应的供给量为 Q_{S1}，需求量为 Q_{D1}（见图 6—15），$\because Q_{S1} > Q_{D1}$，意味着部分卖者找不到买者，导致卖者压低价格出售；当价格低于 P_0 成为 P_2 时，对应的供给量为 Q_{S2}，需求量为 Q_{D2}，$\because Q_{S2} < Q_{D2}$，意味着部分买者找不到卖者，导致买者提高价格购买。所以，在需求与供给确定的条件下（D、S 确定），当价格为非 P_0 时，市场供需会自发地调节运价，使运价朝 P_0 方向移动。只要没有新的干扰因素（即供需曲线不发生位移），均衡价格就不会改变。这一机制在市场学中称为供需均衡机制，这种均衡的形成是以运输市场的充分竞争为必要条件的。

（二）运输市场均衡变动机制

当某种均衡形成之后，随着时间的推移，各种力量对比的变化（即供给与需求条件的变化），这种均衡就要被打破，从而向新的均衡推进。从长期看，运输市场的供求发展就是处于旧的均衡被打破，新的均衡被建立起来的动态过程中。均衡是暂时的、相对的，不均衡是永恒的、绝对的。决定均衡状态变动的因素，就是那些使供给曲线与需求曲线发生

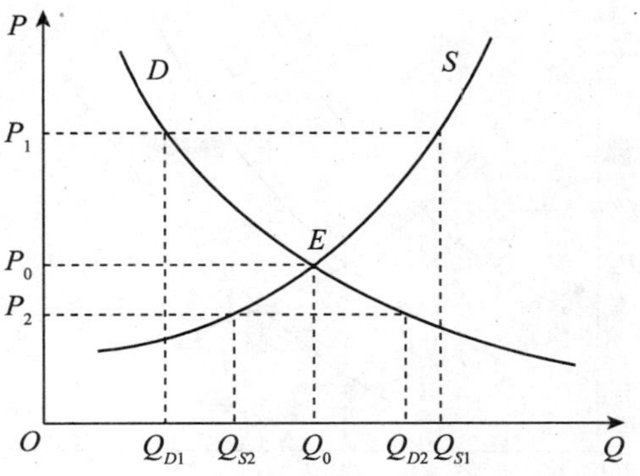

图 6—15　运输供需曲线

位移的因素，即供给条件与需求条件。下面分别讨论这些因素如何引起均衡变动。

1. 供给不变、需求变动对均衡点的影响

图 6—16 中 D 为原需求曲线，S 是供给曲线，D 与 S 交于 E，P_0 为原均衡运价，Q_0 为原均衡运量。现假定由于需求影响因素变化导致需求增加，使需求曲线 D 向右上方移动到 D_1，新需求曲线 D_1 与 S 交于 E_1，新的均衡运价为 P_1，新的均衡运量为 Q_1，$P_1>P_0$，$Q_1>Q_0$ 表明在供给不变前提下，由于需求的增加，使均衡价格上升了，均衡运量也相应增加了。

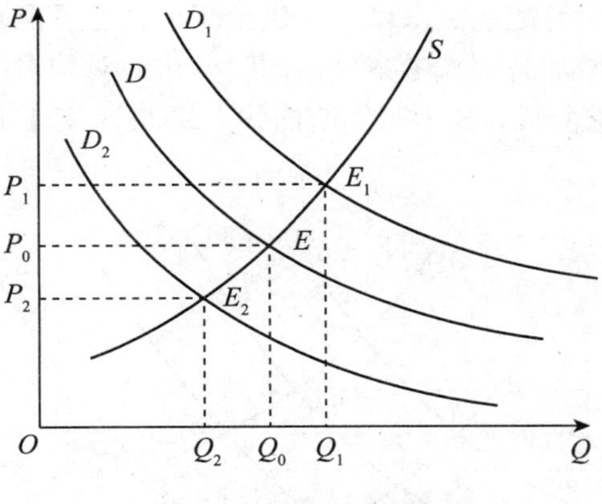

图 6—16　运输供需曲线

假定由于某种因素的变化导致需求减少，使需求曲线 D 向左下方移动到 D_2，D_2 与 S 交于 E_2，新的均衡运价为 P_2，新均衡运量为 Q_2，$P_2<P_0$，$Q_2<Q_0$ 表明在供给不变的前提下，由于需求的减少，使均衡价格下降，均衡运量也相应减少了。

2. 需求不变，供给变动对均衡点的影响

图 6—17 中 D 为需求曲线，S 是原供给曲线，D 与 S 交于 E，P_0 为原均衡价格，Q_0 为原均衡运量，现假定供给影响因素变化导致供给增加，使供给曲线 S 向右移动到 S_1，S_1 与 D 交于 E_1，对应新的均衡运价 P_1，均衡运量 Q_1，$P_1<P_0$，$Q_1>Q_0$ 表明在需求不变的前提下，由于供给的增加使均衡价格下降，均衡运量增加了。

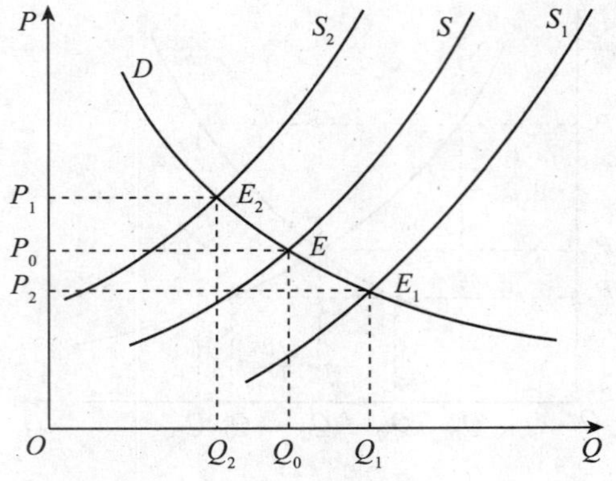

图 6—17　运输供需曲线

假定由于某种因素影响导致供给减少，使供给曲线 S 左移到 S_2，S_2 与 D 相交于 E_2，新均衡运价 P_2，均衡运量 Q_2，$P_2>P_0$，$Q_2<Q_0$，表明在需求不变前提下，由于供给减少，使均衡价格上升，均衡运量减少了。

3. 需求与供给同时变动对均衡点的影响

在运输市场运行中，需求与供给常常同时发生变动，此时，均衡如何变动将取决于需求与供给的变动方向和幅度。供给与需求同时变动有两种可能，一种是呈同方向变化，另一种呈反方向变化。每一种可能中又有两种情形。同方向变化时，可能同时增加，也可能同时减少；反方向变化时，可能是需求增加、供给减少，也可能是供给增加、需求减少。

现以需求与供给同时增加为例来考察供需同时变化时对均衡的影响。

如图 6—18D 为原需求曲线，S 为原供给曲线，D 与 S 交于 E，P_0 为原均衡运价，Q_0 为原均衡运量。

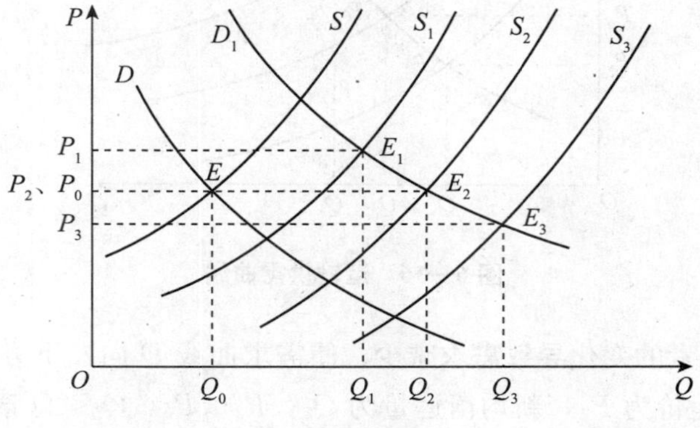

图 6—18　运输供需曲线

现假定需求由 D 增加到 D_1 供给由 S 增加到 S_1，此时供给增加的幅度小于需求增加的幅度，新均衡点为 E_1，新均衡运价为 P_1，新均衡运量为 Q_1，$P_1>P_0$，$Q_1>Q_0$。

如果供给由 S 增加到 S_2，此时供给增加幅度等于需求增加幅度，新均衡点为 E_2，新均衡运价 $P_2=P_0$，新均衡运量 Q_2，$P_2=P_0$，$Q_2>Q_1$。

如果供给由 S 增加到 S_3，此时供给增加幅度大于需求增加幅度，新均衡点为 E_3，新均衡运价为 P_3，均衡运量为 Q_3，$P_3<P_0$，$Q_3>Q_0$。

从以上分析可见，在需求、供给均增加的情况下，均衡运量是一定增加的，而均衡价格的上升还是下降，则取决于需求与供给增加的幅度的相对大小。当需求增加幅度大于供给增加的幅度，则均衡价格上升；当需求增加幅度等于供给增加幅度，则均衡价格不变；当需求增加幅度小于供给增加幅度，则均衡价格下降。

用同样的方法可分析在需求与供给的其他变化情形时，均衡运价的变化情况。以上分析了均衡运价与均衡运量如何确定以及当需求状况与供给状况发生变化时，相应的均衡量的变化，但并未论及从原均衡点到新均衡点的发展变化过程，故称为静态均衡分析法。

二、运输市场运行机制

运输市场均衡的形成与变动过程是其基本的运行机制。通常，在供求条件不变的情况下，市场处于一定的稳定均衡状态。虽然不均衡是经常、大量出现的，但是通过运价与供求的相互冲突、调整等作用，能够不断地恢复和维持均衡。

当供求之间出现矛盾，比如供大于求时，则势必导致运价的下跌，随着市场运价下跌，供给逐渐减少，需求逐渐增加。反之亦然。当供给与需求变动到一定程度，即两者趋于一致时，运输市场会出现供求平衡状态。然而，由于市场盲目冲击力的存在，市场“不均衡—均衡—不均衡—均衡”的过程是反复进行的。但是，在一定的供给和需求条件下，就必然能够形成和维持相对稳定的均衡即稳定的均衡机制。

从长期来看，随着经济的发展，运输需求必然相应增长；科技进步、运输制造业的发展也必然推动供给增加，供求条件发生变化，这就必定打破原有的均衡，引起供求新的冲突与矛盾。这一新的供求冲突与矛盾又会引起运价的波动，随着运价的变动，将会推动市场走向新的均衡。供给、需求和市场运价就是这样在相互影响、相互作用，推动运输市场形成稳定均衡、维持与稳定均衡被打破，从而形成新的均衡，这样周而复始地运动着。这就是以运价为自动调节的市场机制的动态运行过程。

三、供需均衡与短缺

运输市场供需均衡调整着运输系统内外部的关系，在完全自由竞争的市场经济中，在供求条件不变的情况下，市场处于一定的稳定均衡状态。虽然失去均衡是经常的，大量出现的，但是通过运价与供求的相互冲突、调整等作用，能够不断地恢复和维持均衡。当种种因素变化导致需求与供给发生变化时，旧的均衡被打破，随着运价的波动，将会推动市场走向新的均衡。供给、需求、运价就是这样在相互影响、相互作用，推动运输市场形成均衡、维持均衡、又打破均衡、形成新的均衡，这样周而复始地运动着。因此，从长期发展来看，市场均衡是暂时的、相对的；不均衡却是绝对的。在市场经济的运输市场上，供需均衡的变动过程时常出现。

在运输业发展滞后于经济发展的国家或地区，更多出现的则是运输的短缺。短缺作为需求与供给差异上的一种表征，反映了一定经济条件下生产不能满足需求的滞后现象，这种短缺的结果不仅表现为数量上的不足，也表现为质量上的下降。短缺作为供给的约束，制约着经济的增长。运输短缺表明了许多地区得不到足够的物资补给，自身的产品不能送到市场上去，而使经济蒙受损失。在运输业内部，运输短缺还可引起运输需求在运输方式之间的替代或转移，这种需求的转移将引起运输投入分配的变化，也会改变运输格局。

四、税收及补贴对均衡的影响

在市场经济中，政府对运输服务实行征税及补贴会影响原有的供需均衡，S 为某种运输的供给曲线，D 为需求曲线，见图 6—19。现假定国家对此种运输服务实行征税，因为税收是由生产者或销售者付给国家的，并且包含在消费者所接受的运价当中，购买者对于价格中是否含有税金并不关心，他们关心的只是价格的高低。价格高了，需求量就会减少，价格低了，需求量就会增加，所以，征税对需求曲线没有影响。

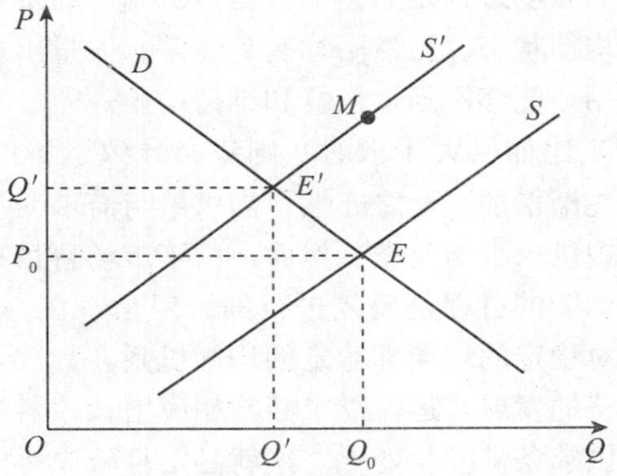

图 6—19　税收对均衡的影响

但征税对供给曲线有影响。征税后，供给曲线将沿运价轴方向向上移动一段距离，这段距离的长短为单位运输服务的税额（EM），使新供给曲线为 S'，此时新的均衡点为 E'，运价从原来的 P_0 升高到 P'；需求量由原来的 Q_0 降为 Q' 征税使运价提高了，需求量减少了。

相反如果政府给予某种运输服务以补贴，则运价会降低，需求量将增加。那么税收负担由谁来承担？作为运输服务生产者，力图把税收转嫁给消费者，而该种服务的消费者也力图把税收推给生产者，究竟由谁负担取决于双方寻找替代服务能力的比较。如果消费者在运价下跌时，寻找可替代的运输服务的能力大于生产者在价格下跌或成本增加时寻找替代服务的能力，那么消费者负担的税收份额将小于生产者所负担的税收份额；反之如前者能力小于后者，前者所负担的税收份额将大于后者所负担的税收份额。而寻找替代服务的能力决定需求弹性与供给弹性，寻找替代服务能力越强，则弹性越大；反之弹性越小。这就是经济学中的税收负担原理，即税收负担由消费者负担，还是由生产者负担，还是两方都负担，取决于这种运输服务的需求弹性和供给弹性。如果需求弹性大于供给弹性，则消费者负担的税收份额就小于生产者负担的税收份额；如果需求弹性小于供给弹性，则消费者负担的税收份额就大于生产者所负担的税收份额。

第七章　运输成本

第一节　运输成本概述

一、运输成本的作用和特点

运输成本是指运输企业对原材料在制品以及成品的所有运输活动所造成的费用，包括直接运输费用和管理费用。为降低物流总成本需要严格控制在运输方面的开支，加强对运输的经济核算。在运输企业，为完成客、货运输业务消耗的以货币形式表现的一切费用称为运输支出，包括支付的职工工资、材料、燃料、电力及固定资产折旧费、各种服务管理费等。一定期间的运输支出就是这个期间的运输总成本；单位运输产品所分摊的运输支出即为单位运输产品成本，它是单位运输产品价值的主要组成部分。

（一）运输成本的作用

运输成本是一个重要的综合性的质量指标，它能比较全面地反映运输企业生产技术和经营管理水平。运量的增减、劳动生产率的高低、技术设备的改善及利用程度的好坏，以及燃料、油料、电力的消耗水平等，最终都会在运输成本上反映出来。因此，运输成本在运输企业生产和经营管理中具有重要作用。

1. 运输成本是反映运输过程消耗及补偿的重要尺度

运输成本表现着运输企业生产耗费的多少，只有当运输收入至少能弥补运输成本的情况下，企业才能收回在生产中所消耗的资金，保证再生产得以顺利进行，并进而取得盈利，为扩大再生产创造条件。

2. 运输成本是制定和调整运价的重要依据

只有在运输成本的基础上加上适当的盈利，按照国家的运价政策，才能制定出大体上符合运输价值和价格政策的运价。

3. 运输成本是进行技术经济分析、评价经济效果和进行决策的重要依据

运输成本是进行各种运输方式运量分配和合理调整生产力布局的重要因素；运输成本

还是考核和改善企业经营管理水平的有力杠杆。

因此，加强运输成本管理，努力降低运输成本，是运输企业一项经常性的任务。降低运输成本就可以用较少的支出完成同样多的任务，或用同样的支出完成更多的任务，从而增加运输企业盈利，增强企业自我改善和自我发展的能力，这对发展交通运输事业和整个国民经济都有重要意义。

（二）运输成本的特点

运输业是特殊的物质生产部门，不生产有形的物质产品，在生产和组织管理上有着不同于生产有形产品的工农业的特点，反映在运输成本上也有区别于一般工业（主要是加工工业）产品成本的特点：

1. 成本构成的独特性

一般工业产品成本中构成产品实体的原材料消耗占较大比重，因为运输企业不生产有形的物质产品，只提供运输劳务，运输成本中没有构成产品实体的原材料支出，所发生的材料费用主要用于运输设备的运用、保养和修理方面，相对来说所占比重不大。由于运输业资本密集，固定成本巨大，因此在运输成本中，固定资产折旧费约占全部成本的50%左右，这是因为运输业的发展需要大量的固定资本投入，以增建运输线路、港、站、枢纽等运输基础设施，耗费巨资购置运输设备，这一情况又往往造成运输企业在其总成本中不得不承受巨额的利息支出。因而在运输企业的总成本中，固定成本占的比重是最大的。在有就是燃料费和工资。这和工业成本构成显然是不同的。

2. 成本与产品数量的关系不成正比

一般有形产品生产过程中，生产成本的高低与完成的产品数量直接相联系。作为无形产品的运输生产则完全不同，尽管运量和周转量是运输生产的成果，其经济效益又体现在以吨（人）公里为计量单位的劳动消耗上（单位运输成本），但其生产耗费的多少，主要取决于运输工具运行距离的长短，而不仅仅是取决于完成的运量和周转量的多少。因为运输工具均有空载行驶存在，所以它完成的运量或周转量与其实际的运输消耗不完全是一回事，特别是空载行驶较长距离的话，虽然完成的运量不多，但消耗却很大。

3. 形成有形产品产生的部分费用与运输无关

在一般的生产性行业中，存储费用与销售费用在其总成本中占有相当的比重，有时销售费用甚至大于其生产费用，而运输业的产出是运输服务，而且生产过程和消费过程是同时进行的，运输产品生产的同时就被消费掉了，因此，在运输业中一般是不存在存储费用与销售费用的，因为运输生产过程就是其提供运输服务的过程，运输企业的生产成本就是其提供运输服务的成本。不存在生产成本和销售成本的分别。

4. 成本计算对象和计算单位有别于一般工业成本

从计算对象上看，工业成本是对原材料进行加工后完成的产品成本，它是分别按产品品种、类别或某批产品来计算的。由于运输产品是旅客和货物位移，运输成本的计算对象是旅客和货物的位移两大类产品，或是把客、货运输综合在一起的换算产品成本。从运输成本的计算单位上看，也不同于工业成本。虽然运输企业运送的是旅客和货物，但运输成本却不能按运送的旅客人数和货物吨数计算，而是采用旅客周转量与货物周转量（运输数量和运输距离的复合计量单位，即旅客人公里和货物吨公里）作为计算单位，这是因为运输距离不同所消耗的费用不同，只用旅客人数和货物吨数就不能反映运输生产量和消耗水平。

运输成本的上述特点，是针对一般的工农业产品的生产而言的，完全是由运输业所具有的一些特殊性而造成的，这是运输业五种运输方式的共性，如果具体到每一种运输方式，则它们又各有其自身的特性。

二、影响运输成本的因素

基于运输业产品的特殊性，影响单位运输成本高低的基本因素可以从如下几个方面来分析：

（一）运输规模与成本的相关性

规模经济指的是企业规模与产品成本之间的关系，当企业规模增大时，产品的平均成本将下降，这种情况就叫“规模经济”；与之相对的就是“规模不经济”。在运输业当中，每一种运输方式都存在规模经济的问题，即适度的规模可以使运输成本达到最低。铁路运输中的规模经济问题主要是机车的牵引力、功率的大小与线路上的行车密度：蒸汽机车只能牵引 2 000～3 000 吨，内燃机车可牵引 4 000～5 000 吨，电力机车则可牵引 5 000～10 000 吨的货物，在货源充足的情况下，大牵引力机车所以比小牵引力机车的运营成本低，一方面是因为机车的造价并非与其牵引能力等比例地增加，因而分摊到单位货物上的设备成本大牵引力机车要小于小牵引力机车；另一方面也因为每吨公里货物所分摊的各项成本，长大列车总会低于小运转列车。这也正是我国铁路实行开行长大列车，货物运输重载化举措的意义所在。线路上行车密度的大小也属于规模经济问题，用电子计算机操纵和控制，建立自动化信号系统、电子自动闭塞，增加线路行车密度，可以降低成本，这主要是因为行车密度加大后，每吨公里货物所分摊的运输线路等基础设施的投资成本将大为减少，从而可以创造理想的经济效益。

在航空运输中，飞机的舱容属于规模经济的问题，大型飞机的运输成本所以低于小型飞机，除了其造价与舱容存在非等比关系外，还因空勤人员的工资随着载客量的增加而分摊到单位运量上的份额减少，大型飞机的相对耗油量也比小飞机低；水路运输中的规模经济问题主要是船舶的大小，吨位越大的船舶则每吨公里平均运输成本越低，当然其前提条件是有足够大的运量和相应的港口吞吐能力及航道通过能力作保证；公路运输中车辆的载重力也属于规模经济问题，随着车辆载重吨位和载客能力的增加，每吨公里、人公里的成本必然降低，其原因是大型车辆的人工费、燃油、检修和其他费用相对于小型车辆都更为节省，有较高的设备产出率；管道运输的规模经济特性在于管道的直径越大，平均成本就越低，国外有研究表明，管道运输能力增加一倍，单位吨公里的运输成本可降低 30%，当然其前提条件是有充足的货源和在多年内保证足量的运输。

（二）运量、运距与运输成本的相关性

同样基于规模经济的原理，运距与运输成本均呈递减的相关特性。因为，运输中的规模就是周转量，而周转量又是由运量与运距的乘积来测度的，无论是增加运量还是增大运

距都将使周转量增大。

由于各种运输方式的技术经济特点不同，每一种运输方式都有自己经济合理的运距范围，一般来说航空运输与海洋运输最适合于长距离运输，铁路和内河运输最适合于中长距离运输，公路运输最适合于短途运输。在经济合理的运距范围内，各种运输方式的平均吨公里、人公里的运输成本则随距离的延长而递远递减。这种递远递减的现象在公路与铁路运输中尤为明显。这是因为按运输成本与距离的关系，运输作业中的发到作业与中转作业与距离不发生关系，但在总成本中的发到作业、中转作业的费用和运行作业的费用一样，都要平均分摊到每吨公里、人公里的货物或旅客身上，因而随着距离的延长，分摊到每吨公里、人公里上的与距离无关的成本也就越来越少，单位运输成本也就越来越低。如在航空运输中，这种单位成本的下降主要来自两个方面：一是随着飞行距离的延长，飞机起降、滑行、上升、降落的时间在总飞行时间中的比重下降，所以与此相关的成本也在下降；二是间接飞行成本中的售票、订票、行李服务费等与距离无关的费用因飞行距离的延长而被每吨公里、人公里的货物、旅客分摊的相对数也趋于下降。在水路运输中，航程越远，单位成本所分摊的装卸费用、中转费用、港口使用费以及折旧费、保险费、借贷利息等也都会趋于下降，只是燃料费用随航程延长而等距离地增加，因而距离越长，水运的经济性也就越好。铁路运输也有类似的情况。但公路运输稍有例外。

还必须指出的是，即使在同一运输方式内部，由于运输设备的大小和性能不同，它们也有自己经济合理的运距范围，在一定的距离范围内，延长运距可降低成本，但超过合理的运距范围，延长运距要增大成本。因此，不仅每一种运输方式，而且每一个具体的运输生产过程，都有一个运输工具的规模与运距合理搭配的问题。如飞机、汽车、船舶的大小、管道直径的粗细以及火车机车牵引力的大小及其经济运距的关系是在这些运输设备设计和制造时就已经考虑到了的，因而其经济性是与其运行距离有直接关系的。

（三）装载率与运输成本的相关性

装载率也称装载系数，即实际装载吨与定额装载吨、实际载客量与定额载客量的比例，它对运输成本有极大的影响。各种运输方式下的运输设备，其运行成本的高低，都与装载率有密切的关系，其中船舶、汽车、飞机的装载率对运输成本的影响是最为明显的。在一般的情况下，在额定的装载量范围内随着装载量的增加，单位运输成本会下降，这是因为无论是船舶、汽车还是飞机，从半载到满载的总成本并不会增加很多，因为设备磨损并无差别，况且作为运行成本中的两部分人工费和维修费几乎是不变的，虽然燃料费会有所增加，但由于运输设备自重的影响，燃料费并非是等比例增加的，所以平均成本是装载系数的函数，它随着装载系数的提高而下降。在距离已定的情况下，运输成本随运输设备的载重量发生的变化，正因为如此，运输企业要提高经济效益，要尽可能让运输设备满载运行，如水运中要对船舶进行科学配载，以便充分利用舱容和载重力，避免因亏舱而造成的成本上升。在铁路运输中，运输设备的满载运行除了使车辆的容积和载重力充分利用之外，还有机车牵引力充分利用的问题，如果机车的牵引力与实际载重量不一致，出现“大马拉小车”的现象，必然使运输成本上升，企业效益下降。管道运输装载系数的提高更重要的是保证经常有适运的货物运送，虽然这在实践中比其他运输方式更难以做到。

在具体的运输生产经营决策中，往往需要将以上 3 个基本因素综合考虑。

上述 3 种因素的综合在运输经济学中可以理解为有密度经济（density economies）。运输密度经济是指运输网内提高运输量能够导致单位运输成本的下降。密度经济也可以被描述为运输网经济（network economies）。密度经济来自于运输资源共享造成的节约，或者说是因运输网的交通量增加效益成倍提高时，相应运输服务需要的所有资源投入，如运输人员、运输工具和运输设施并非都要同比增加，由此便获得了额外的高效益。例如，铁路高峰时段的客流量能够超过平时的一倍以上，但是，完成这样客运任务决不需要再投入一倍的司乘人员、一倍的火车头和车厢，更不需要再建一倍的车站和铁路线，而只需要适量增加人员和机车，加强管理科学调度，多拉快跑。当然，过高的运输量可能导致运输的密度经济耗尽甚至走向反面，这时，运输网外的经营反而成为比较便宜的运输经营方式，例如当高速公路出现拥挤时，平行的相关道路可能具有更高的效率。

三、运输成本的分类

在实际运输生产中发生的各项运输支出的具体项目是多种多样的，为了概括分析掌握运输成本的构成情况，正确地计算和分析运输成本，可以从不同角度把各项运输支出进行分类。通过分类可以考察各类支出在运输成本中所占比重，分析其构成。

（一）运输成本分类的意义

运输成本的分类有多种，按费用要素分类可以把运输成本分为工资、材料、燃料、电力、折旧和其他，按支出的经济性质或经济内容划分的费用要素分类法，可以了解各项要素费用所占的比重情况，分析运输成本构成变化，同时也便于计算国民收入，掌握工资基金和核定流动资金。

按与生产过程的关系分类，运输成本可分为生产费用与管理费用。该分类是为了按不同用途分别掌握各类费用，一般说生产费用占运输成本的比重较大。在节约支出的原则下对基本生产费用要尽量予以保证，以利于生产。对管理费用则要严格控制和尽量压缩，促使运输企业不断提高经营管理水平。

按支出计入运输产品成本的方法，运输成本分为直接费用和间接费用；这是为了计算不同种类的运输成本。直接费与间接费的划分并不是绝对的，它和运输成本计算对象的粗细有关。此外，这种划分也和支出科目的设置有关。当支出科目尽量按不同运输产品分设时，直接费所占比重就大，否则所占比重就小；按经济用途分类设置成本科目和项目，首先是以按用途分类为基础的。如营运费用分别用于运输和装卸，就设置“运输支出”、“装卸支出”等分类账户。该分类往往结合成本管理对核算的要求，与生产组织的有关部门相对口，便于实行成本管理责任制和加强定额管理。

（二）运输经济分析中运输成本分类

在运输经济学分析中，按照运输活动的特殊性，主要从成本与运量的关系进行分类。按与运量的关系分类，运输成本划分为变动成本和固定成本。这种分类是为了分析运输量和运输工具营运质量变化对运输成本的影响。这样划分是相对的和有条件的，因为从较长时期来看，几乎所有的支出都在不同程度上和运量的增长有关。因此，随着分析的时间范围不同，变动费用和固定费用所占比重也就有所不同。另外，随着运量的增长和技术设备的改变，这两种费用的比重也会有变化。

1. 固定成本和变动成本

运输固定成本是在一定的生产规模内不随所提供的运输服务的数量变动而变动的成本，在一定时期和范围内，相对保持稳定不变的费用。如运输基础设施（运输线路、港、站等）的折旧费、运输设备和工具（车、船、飞机等）的折旧费、运输企业的管理费、保险费、借贷资本的利息等。运输固定成本是指运输企业固定占用的运输资源所形成的成本，即只要运输企业存在，不管是否进行运输生产，都需要支付的那部分费用。可变成本是随着运输服务的数量变动而变动的成本，如车船营运用燃料和动力费、物料、车船维修费等费用的支出，以及直接生产工人的工资等。运输业是一种资本密集型产业，在许多情况下，运输企业的固定成本在总成本中所占的比重要远远高于可变成本。但实际支出中还有些是介于变动支出和固定支出之间的费用，可称为半变动费用或半固定支出（或称为混合支出）。对这些支出要采用一些方法将之分开，以便分别列入变动成本和固定成本。

2. 固定设施成本、移动设备成本和运营成本

此外，基于运输投资的特殊性，运输业所使用的资本被分成了固定设施和移动设备两大部分，由于这两部分的投资特点不同，我们把运输成本划分为固定设施成本、移动设备拥有成本和运营成本三个部分，这对运输成本的类别划分具有关键性的意义。

固定运输设施的投资被认为是一种沉没成本（sunk cost），因为这些设施一旦建成就不能再移动，而且在一定程度上不能再被用于其他任何用途。例如港口、铁路线、道路被废弃时，原来的码头和路基几乎无法改作他用。有学者甚至认为，从这一点来看，已经形成固定运输设施的投资是没有机会成本的，原因是该资源已经没有再被用于其他用途的机会。

固定运输设施除了初始投资建设外，还包括使用期间内所需要的养护及维修，因此固定设施成本还包括养护、维修及其他相关使用成本。与初始投资相比，这些固定设施的养护、维修及使用费用比较少，其中有些费用与使用这些固定设施提供的运输量关系不大，属于固定成本，其他与运输量的增减有密切关系的属于变动成本。

各种运输方式都同时包括固定设施和移动设备两部分，移动设备指载运工具包括铁路机车车辆、各类卡车、公共汽车、小汽车、各类客货运输船舶和飞机等，管道是唯一仅使用固定设施的运输方式。由于这些运输工具可以根据需要在不同运输市场之间甚至不同用途之间转移，也就是说它们的用途不是唯一的，能够允许人们进行选择，因此在移动运输工具上的投资不属于沉没成本。

所有各种运输工具都有自己的使用寿命，运输工具的价值在其使用期内会逐渐转化为运输成本，因此使用寿命决定着运输工具的折旧过程。有些运输工具的使用寿命是以年限计算的，在这种情况下，运输工具的折旧转移成本似乎与其使用中所提供的运输量没有直接关系，是每年或每月固定的成本。还有些运输工具的使用寿命是以行驶里程计算的，在这种情况下，运输工具的折旧转移成本就与其使用中提供的运输量直接有关，属于变动成本。

在运营成本中有两类应该是直接与运输量相关的变动成本，一类是直接运营人员的工资，另一类是运输工具消耗的燃料，运输工作量越大这些直接的运营成本数量也会越大。

除了这些直接与运输量相关的变动成本，运输企业一般还需要配备若干辅助人员和管理人员，这些辅助人员和管理人员的工资以及所需要的工作开支属于间接运营成本。间接运营成本的一部分与是与运输量有关的变动成本，其他部分与运输量变动关系不大。

第二节　水路运输成本

一、水路运输成本的特点

水运生产是一种特殊的物质生产，它的产品是货物或旅客在空间上位移。水运产品的生产过程，同时也是物化劳动和活劳动的耗费过程。从水运企业的角度看，生产水运产品所耗费的生产资料的价值或者为自己的必要劳动所创造的价值，表现为企业的生产费用，构成企业的产品成本。所以，水运产品价值主要部分的货币表现，是水运企业在生产水运产品的过程中所耗费的资金的总和。在水运企业，为完成客货运输支出的费用，包括支付给职工的工资、固定资产（主要是船舶）的折旧费、修理费、燃润料费、材料费和企业管理费等。水运企业在一定时期为完成客货运输量所支出的费用总和，即构成企业在该时期的运输总成本；而水运单位产品成本，则是单位水运产品所分摊的运输费用。水运单位产品成本，反映了一定时期水运企业运输生产劳动耗费（总成本）与生产成果（水运产品总量）之间的对比关系，能够更综合地反映出企业的营运活动状况。

水运业以其自身的技术经济特点区别于其他运输方式，再加上其他因素的影响，使得水运成本在内容、结构以及计算方法等方面均具有自己的特点。如水运工具—船舶，尤其是沿海及远洋运输船舶的平均载重量比其他运输方式的要大，以及港口装卸条件比较复杂等因素，使得水运成本构成中停泊成本（其他运输方式称为始发、到达作业成本）的比重较其他运输方式高。

二、水路运输成本的构成和计算

（一）水路运输成本的构成

水运生产过程，从整体上看，包括运输与装卸两个生产环节。运输这个环节又可分为远洋、沿海与内河三部分。港口的基本职能是进行货物的装卸，在本质上，它如同运输一样，在于实现货物在空间上的位移。因此，可以说港口装卸成本具有与运输成本相同的性质。

水运运输成本可大致分为三个部分，即资本成本、航次成本和营运成本。资本成本是航运企业为购置固定资产或拥有船舶所支出的费用，主要是指折旧和利息。航次成本是指为特定航次运输特定货物的费用开支，主要包括港口及运河费、燃料和装卸费及其他费用等，其中港口及运河费包括船舶吨税、停泊费、码头费、拖轮费、引水费、系解缆费、检疫费、海关检验费、灯塔费运河及海峡通过费。装卸费包括理货费、开关舱费、待时费、加班费、捆扎费、货物装卸费等。航次成本与船舶的大小、动力推进器的类型等有关。航次成本与水运运输量有关，属于变动成本。营运成本是指使船舶处于有效适航状态有关的费用支出，主要包括船员费、保险费、物料及装备费、维修费、供应费、润料费以及管理费。如果船舶处于非运营状态，则这些费用可以减少或不发生。在我国，航次成本和营运成本约各占总成本的40%左右，资本成本约占总成本的11%～20%。水运最大的经济性是由船舶大小和航程远近决定的。吨位越大的船每吨公里平均运输成本越低，但其条件是必须有足够大的运量和相应的港口吞吐能力。另外，航程越远单位成本中所分摊到的港口费用越低，水运的经济性也越好。

（二）水路运输成本计算

在水运运输成本计算中，运输总成本通常由固定费用与可变费用两方面，随着生产量变化而变化的费用，如船舶燃润料费、港口费、装卸机械的动力费、装卸工人的计件工资等，属于可变费用；不随生产量的变化而变化或变化不大的费用，如船员工资、船舶或装卸机械的基本折旧费、企业管理费等，属于固定费用。

对于单位运输成本，按照固定费用和可变费用计算，可以用下式表示：

单位运输成本＝运输总成本/货物周转量
＝(固定费用＋可变费用)/货物周转量
＝(固定费用＋可变费用)/货运量×货物平均运输距离
＝单位固定成本＋单位可变成本

为分析航行与停泊的成本的比例，还可以将运输费用按照作业过程分为航行费用和停泊费用来计算成本，其计算方法如下：

运输总成本＝航行费用＋停泊费用

其中：

航行费用＝固定费用×航行率＋航行可变费用
停泊费用＝固定费用×(1－航行率)＋停泊时可变费用
单位运输成本＝运输总成本/货物周转量
＝(航行费用＋停泊费用)/货物周转量
＝航行费用/货物周转量＋停泊费用/货物周转量
＝单位航行成本＋停泊费用/(货运量×货物平均运输距离)

从以上各式可以看出，航行费用与运输距离有关，当运输距离延长时，货物周转量增大，航行费用相应地增大，单位航行成本一般维持不变；而停泊费用与运输距离无关，当运输距离延长时，货物周转量增加，但是停泊费用并不随之增加，单位停泊费用却会减少，从而使单位运输成本降低。利用这种划分方法分析成本，可以反映出运输成本随着运输距离延长而减少的性质，这种性质反映在运价上就是递远递减的特征。但对于超长运距的国际航运而言，递远递减的规律将不发生作用。

三、水路运输生产各环节成本的特点

远洋运输是船舶在国际航线上航行，往来于国际、国内港口之间，负责运送旅客和货物的运输业务。它具有吨位大、距离远、航次时间长、航线不固定等特点。远洋运输以客、货运业务作为成本计算对象，分别按各个航次计算成本。航次有单程航次和往复航次。通常成本计算只按单程航次计算，空放航次不单独计算成本，应与载货航次合并计算航次成本。客运成本的计算单位是千人海里。货运成本的计算单位是千吨海里。远洋运输企业只计算报告期内已完航次的成本，而将期末未完航次的运输费用转入下期。

沿海运输指船舶在国内各个沿海港口之间，负责客运和货运业务。按其经济用途分类，营运支出一般归类为船舶费用和管理费用两大类。船舶费用是指运输船舶从事客货运输业务所发生的各项费用，内容包括工资、提取的职工福利费、燃料、港口费、事故费等费用，这类费用属于运输成本的直接计入费用。沿海运输由于航次时间较短，未完航次的费用比较少，也比较稳定，因此一般以月、季、年作为成本计算期。沿海运输企业的成本项目由下列组成：工资及福利费、燃料、材料、船舶折旧、船舶修理费、港口费、损失及其他。根据沿海运输特点，如航线比较固定，航次时间较短，一般可以按单船设立船舶费用明细账归集所发生的营运成本。在计算客货运输综合成本时，需要确定换算周转量，货物周转量和客运周转量，按一定比例折算成同一计算单位后加总求得。客、货运输综合成本的计算单位是吨海里。客货周转量的换算，以一个吨海里等于一个铺位人海里或三个座位人海里计算，客运成本为千人海里，货运成本为千吨海里（千人海里或千吨海里）。

与沿海运输和远洋运输相比，由于内河运输是船舶在江河航线间经营客货运业务，船舶吨位较小。除了计算客、货运换算成本以外，还按照运输的不同种类计算运输分类成本，分类成本主要有以下几种：客货运为客轮客运、拖驳货运、货轮货运；油运为油轮油运、拖驳油运；排运为拖轮排运。内河运输费用支出一般分为船舶费用和港埠费用。船舶费用指运输船舶的各项费用，包括船员工资、提取修理费、事故损失和其他费用。港埠费用指分配由运输船舶负担的港埠费用，以及直接支付外单位的港口费用。内河运输成本以月、季、年为成本计算期。一般说来，船舶费用应按不同船舶类型归集，对于吨位较大的船舶也可单独进行单船归集。在计算运输分类成本时，应将按船舶类型归集的船舶费用在各运输种类之间进行分配。内河运输企业客运各运输种类的成本计算单位为千人公里，货运和油运和排运成本计算单位为千吨公里。客、货运换算成本的计算单位是千换算吨公里。客、货周转量的换算，以一个铺位人公里或三个座位人公里等于一个吨公里计算。港埠费用由各港设立港埠费用明细账进行归集，并按照直接费用的比例分配由运输、装卸、堆存和其他业务负担。内河运输企业各运输种类负担的船舶费用和港埠费用之和就是各运输种类的总成本。将这一总成本除以各自完成的周转里，即为各运输种类的单位成本。

港口装卸成本指港口企业在港区内进行货物装卸作业所发生的费用支出，其计算对象是港口作业区的装卸工作，也可以是各主要装卸物种类、如煤、粮、杂货等货种的装卸业务为成本计算的对象。成本项目由装卸直接费用和管理费用等费用组成。装卸直接费用是装卸工作的作业费用，内容有工资、提取职工福利费、燃料、动力及照明、材料、装卸工具摊销、折旧费、大修理费、租费、外付装卸费用、劳动保护费、事故损失和其他费用等项目。管理费用是分配由装卸业务成本负担的企业管理费和作业区费用。成本计算单位是装卸自然吨、操作吨或吞吐吨，港口装卸成本反映港口装卸工作的成本水平，是评价港口装卸工作经济效益的基础，是港口企业经营管理和决策的重要依据。

第三节　公路运输成本

一、公路运输成本的构成和特点

（一）公路运输成本的构成

公路运输成本是指公路运输企业为完成客货位移所发生的一切费用总和。一定时期内的运输支出总额称为该期的运输总成本；一定时期内的单位运输劳务的支出称为单位运输成本。公路汽车运输主要是客车和货车的运输。客车和货车运输应该分别汇集计算其运输成本，对兼有客车、货车运输业务的，往往要求反映综合平均成本。另外集装箱专用车也可以作为一种车型归集计算运输成本。公路运输成本内容主要包括工资及福利费、燃料、轮胎、保养修理费、大修理费、折旧费、养路费以及其他成本项目，也称为公路运输支出。成本反映的是运输企业在完成客货位移时的消耗，它是综合反映运输企业经济效益的重要指标，是运输企业技术、管理、劳动等多方面工作水平的综合反映。

旅客运输的成本计算单位为元/千人公里。旅客周转量是运输部门所运旅客人数与其运送距离的乘积，是反映客车运输数量的实物指标。有些客车载运行李和附带捎运货物完成周转量，可以将附带完成的货物周转量换算列入客车完成的周转量以内，计算成本；货物运输以载货为主，成本计算单位为元/千吨公里。货物周转量是运输部门所运货物吨数与其运送距离的乘积，是反映货车运输数量的实物指标。货车临时载客完成运输周转量，应该将这一部分旅客周转量换算列入货车完成的周转量以内，计算成本。在实务上货物周转量和旅客周转量换算的比例：1 吨公里等于 10 人公里。

（二）公路运输成本的构成和特点

与一般工农业产品相比较，公路运输成本的具有与其他运输方式相同的特点：如公路运输成本构成中，没有构成产品实体的原材料支出；运输成本水平受车辆运用效率的影响大；公路运输一般只计算完全成本等等。此外，公路运输成本与其他运输方式相比较又有其自身独特的特点：

第一，区别于铁路和水路运输，公路运输到发费用和中转费用低。公路运输一般是直达运输，无中转费用，始发终到作业量小，始发终到费用较铁路运输和水路运输低得多。

第二，固定资产占用少，可变成本高。由于公路运输方式使用的基础设施——公路大多由国家投资，运输企业只缴纳养路费，国家对道路建设与维护的投资不反映在公路运输企业的固定资产中，因此其总资产中的固定资产比重相对其他几种运输方式来说要少得多。对铁路运输来说，其固定资产占用量大，车站、线路等固定投资多，在运输成本中占比重较大。公路运输成本中燃料消耗，车辆设备的折旧占的比重较大。据统计资料显示，公路运输成本中燃料、轮胎及修理三项费用占运输成本的比重达40%以上，其中燃料费在公路运输成本中占24.6%，而同期铁路运输为17%。公路可变成本部分占比重高，耗油多，在承担长距离运输任务时，公路运输成本消耗较铁路运输和水路运输要高得多。而在短距离运输任务时，其成本较铁路运输和水路运输低。此外公路固定成本比例小，灵活性机动性的优势特别有利于短距离运输，因此公路运输的平均运距及经济运距都大大低于其他运输方式。

第三，公路运输成本的地区差异较大。受物价水平、地形和气候的影响，全国各地区的成本差异较大，成本差异可高达3倍。在社会成本的计算上不能采用全国的平均水平，而是以各地区的平均水平作为该地区的社会成本水平。因此在制定运价时，不能以全国的平均成本水平为依据。

二、公路运输成本的影响因素

（一）运输距离对成本的影响

运输距离是影响公路运输成本的主要因素之一。运输距离对运输成本的影响主要是对效率的影响。运距短，装卸时间在运输时间中所占比重上升，运输效率下降，使成本上升。在其他条件不变的情况下，公路的平均吨公里运输成本也随运输距离的延长而逐渐降低。这是因为运输成本与距离有关，运输成本可以分成发到作业费、运行作业费和中转作业费，其中与距离直接有关的费用是运行费，与距离无关的费用是发到作业费和部分中转作业费。随着运距延长，分摊到平均每吨公里上的与距离无关的费用就越来越少，单位运输成本也就越来越低。

（二）道路状况对运输成本的影响

道路状况这种影响是多方面的，它表现为对速度、车辆磨损、燃油消耗、运输质量多方面的影响。路况差、车辆的速度低、车辆磨损加剧、燃油消耗增加、货损货差加大，均导致成本上升。

（三）车型对成本的影响

车型对成本的影响主要表现在平均吨位、燃料种类等方面。车辆吨位大，一般成本较低，采用柴油车也会比汽油车成本低。一般来说，大吨位柴油车的运输成本比一般车辆运输成本低25%～30%。此外，某些货物采用专用车辆运输时，运输成本也较通用车型有所降低。

（四）装载率对成本的影响

一般而言，随着装载量或载客量增加，公路运输平均每吨或每人的运输成本会下降。在既定的距离上，汽车从半载到满载的总成本并不会增加很多，因为至少作为成本中两个重要的部分（人工费和维修费）几乎是不变的，虽然燃料费会增加，但并非成比例地增加。因此，装载率提高的边际成本将低于平均成本，以至引起平均成本下降。研究表明，车辆载重力即车辆额定载重的大小对运输成本也有影响。随着车辆载重吨位或客座数的增加，公路运输的吨公里或人公里成本在降低，其原因是大型车辆的人工、燃油、检修和其他费用相对于小型车辆更为节省，有较高的设备产出率。近几十年来，随着高等级公路的建设及车辆的大型化和专业化，汽车运输的能力和经济运距都已经大大增加。

第四节　铁路运输成本

一、铁路运输成本的构成和特点

（一）铁路运输成本的构成

铁路企业主要从事旅客或货物的运输业务，其产品即是旅客或货物在空间和时间上的位移，铁路成本是铁路企业在完成旅客和货物运送生产过程中所发生的各种耗费。从目前铁路管理体制状况看，铁路行业涵盖铁路工业、铁路建筑施工、铁路运输以及铁路文教卫生等单位，广义上讲，从与国外铁路接轨和正在进行的中国铁路管理体制改革发展看，铁路成本就是指铁路运输企业从事旅客和货物运输营运活动的成本。铁路运输企业完成单位运输产品的运输支出，通常以完成每吨公里、每人公里运输量所耗费用表示。铁路运输成本由职工工资、燃料费、材料费、固定资产折旧费以及其他费用组成。

铁路运输成本的高低反映出生产耗费的多少，体现出应该补偿部分的大小，作为运输消耗的补偿尺度，运输成本要由运输收入来补偿，并由此确定运输盈利额。铁路运输成本还作为确定运价的主要依据和衡量铁路经营管理水平，评价运输经济效益的综合性质量指标。在选择铁路建筑和运输设备方案时，在考虑如何进行各种运输方式进行合理分工时，铁路运输成本都是主要参考依据之一。

（二）铁路运输成本的特点

铁路运输成本有其自身的特点，这种特点是与自身生产和经营过程的特点相联系的。同其他企业一样，铁路运输企业的产品成本也有总成本和单位成本之别。铁路运输总成本是指一定时期内完成运输产品所消耗的支出总额。单位成本一般是指完成单位运输产品所耗费的支出。铁路运输成本与其他产品成本相比，具有以下特点：

1. 铁路运输成本中没有组成产品实体的原料支出，固定资产折旧费占较大比重

因为铁路运输过程是使旅客和货物发生位移，并不产生新的有形物质。而一般工业产品成本中，组成产品实体的原料消耗占有较大比重。铁路从事旅客和货物运输，保证运输生产的正常进行需要建筑线路站场、房屋建筑物，使用大量的机车车辆和其他固定资产，这些固定资产的价值很高、使用时间比较长，造成运输生产过程中发生的固定资产折旧费

用和修理支出占运输总成本的比重很大，而一般工业产品成本中这些费用所占比重相对较小。有关统计资料表明，铁路运输成本中，仅折旧和大修理支出占的比重达30%强，而工业企业折旧和大修理支出占的比重仅达6%左右。

2. 运输成本表现为递远递减的规律

按照铁路运输生产作业过程，铁路运输成本是由始发和到达作业支出、中转作业支出、运行作业支出三部分组成。其中运行作业支出所占比重最大，它随运输距离的长短而增减；始发、到达作业支出对于运送同一批货物来说，不随运输距离而变化；中转作业支出随中转次数增加而增加。运输距离越长，成本中始发、到达作业支出所占比重越小，反之就越大。因此，铁路运输成本的递远递减的规律特别明显，这是制定铁路运价的主要依据之一。

3. 运输成本随运输量的增长而降低

按铁路运输支出同行车量的关系来说，铁路运输成本由与行车量有关支出和与行车量无关支出所组成。在一定时期内，与行车量无关支出可视为一个常数。当运量下降时，成本中无关支出所占比重就增加，运输成本就提高。当运量增长时，成本中无关支出所占比重就减少，运输成本便降低。

4. 全国铁路的运输成本才能反映完整的成本

铁路运输常常要跨越几条铁路线，由几个铁路运输企业共同配合完成，因此所耗费的运输支出，应由有关铁路运输企业共同负担。所以，全国铁路的运输成本才是完整的成本，而各铁路运输企业的成本则是相对完整的成本。

二、铁路运输成本的分类与计算

铁路运输成本可以按照支出与运量（或运营工作量）的关系来分类，分为与运量变动有关的变动成本和与运量无关的固定成本两大类。机车牵引燃料费和修理费等是变动成本，折旧费、修理费是固定成本。这种分类方法对研究掌握成本费用变化规律，进行更有效的成本计算分析有特别重要的作用。在铁路运输成本的研究中，变动成本的确定具有重要意义。这些分类运用对市场经营中价格策略、本利分析、投资评估、可行性研究和成本效益分析有着更加现实重要的作用。由于西方国家铁路定价目前多采取浮动运价形式，即允许铁路企业根据市场供求状况，以长期变动成本为低限，以长期变动成本加某一比例为高限的浮动定价办法，因此变动成本的分析研究在运输定价中占有极重要的地位。

按照铁路运输的运输作业过程与距离的关系，可以将营运成本分为发送作业费、中转作业费、运行作业费和到达作业费。发送作业费是指从货物承运时起，经过装车作业、编组作业直至列车出发时止所发生的支出；中转作业费是指货车和零担货物在到达中转站时起，至中转作业完成发车时止所发生的支出；运行作业费是指列车在运行途中所发生的一切支出；到达作业费是指货车到达卸货站时起，直至卸货完了办理交付手续，将车辆调出时止所发生的一切支出。将发送作业费和到达作业费合并称为发到作业费。这部分费用，在每次办理货物托运手续时，对每批货物只一次收取费用，其金额与运距无关。因而在计算其成本时，随着运距的延长，分摊到每吨公里上的发到作业费呈递远递减的态势，而运行作业费和中转作业费随着运距的延长而相应成比例增长。此分类方法反映了铁路成本随运输距离变化的特点，对制定铁路运价有十分重要的意义。

铁路运输成本计算期内容和方法很多，但是目前制度性、规范性的内容和方法只有定期（年或季）的全路范围或企业范围的换算周转量平均成本计算、旅客人公里平均成本计算和货物吨公里平均成本计算，以及有关站段主要工作量平均成本计算。这类平均成本是指包括固定支出、变动支出在内的财务决算成本，其计算模型比较简单。定期的、不定期的单项成本计算、管理成本计算是没有统一制度规定的。计算客运成本和货运成本的关键是把运输支出总额划分为客运支出额和货运支出额两部分。划分的原则是：①凡是直接与客运有关的支出，以及属于客运专用固定资产的折旧费和维修费全部划入客运支出总额内；②凡是直接与货运有关的支出，以及属于货运专用固定资产的折旧费和维修费全部划入货运支出总额内；③凡是客货运输混合支出，以及客货运输共用的固定资产的折旧费、维修费和管理费等，分别用客货列车公里、客货机车总走行公里、客货机车总重吨公里等统计指标中所包含的客、货工作量比例和客货生产人员工资比例、客货运生产费比例等进行划分。

换算吨公里成本＝客、货运输支出总额/换算周转量(元/万换算吨公里)

旅客人公里成本＝客运支出总额/旅客周转量(元/万人公里)

货物吨公里成本＝货运支出总额/货物周转量(元/万吨公里)

非经常性成本计算是为解决某些特定的任务而进行的成本计算，如为制定运价，就要计算煤炭、焦炭、钢铁、石油、粮食等各类货物在不同运输距离上的运输成本；为评价合理运输方案而计算区段别的运输成本等。非经常性成本计算通常是采用支出率法来计算。支出率法是根据在运输过程中消耗的运营指标数和该指标的支出费率来计算并分析运输成本的一种方法；这种方法还可以用来预测运营指标变动对运输成本的影响程度。

第五节 民用航空运输成本

一、民航运输成本的构成和特点

（一）民航运输成本的构成

航空运输企业在成本核算上一般是按飞行小时计算成本，但作为最终产品的经济分析，也必须将其成本换算为旅客人公里和货物吨公里。航空运输成本受飞机类型、客座数、市场情况以及管理水平的影响。

航空运输成本可分为直接飞行成本和间接飞行成本两部分。直接飞行成本主要包括飞行费用（空勤人员工资及津贴、航空燃料及润滑消耗、飞机保险等）、修理费用、折旧费及其他直接飞行费。间接飞行成本主要包括售票及预订机票的服务费、行李及货物服务费、飞行中旅客的食品及其他服务费、广告费和管理费等。

航空公司的主营业务成本由直接营运费和间接营运费构成。直接营运费包括空地勤人员工资奖金津贴及补贴、福利费、制服费、航空油料消耗、航材消耗件消耗、高价周转件摊销、飞机发动机折旧费、飞机发动机修理费、飞机发动机保险费、经营租赁费、国内外机场起降服务费、国内外餐饮供应品费、飞行训练费、客舱服务费、行李货物邮件赔偿费、其他直接营运费。间接营运费主要是保证飞机安全正常飞行及维修管理部门发生的费用。

（二）民航运输成本的特点

航空运输成本的特点是：

1. 固定成本所占比重高，变动成本所占比重低

我国民航企业固定成本所占比重超过50%，这是因为我国绝大多数飞机是由国外进口的。航空公司普遍规模偏小、资产负债率高，飞机大多是以融资租赁或经营性租赁方式取得，飞机的拥有成本普遍高于国际大型航空公司。这种状况导致飞机折旧和租赁费用在国内航空公司成本费用中所占比例较高。同时，飞机机载设备、绝大部分的飞机器材和消耗件、特种车辆、计算机订座分销系统及飞机和发动机大修等产品和服务都源于国外。由于技术性和经济性的问题，这些因素都使航空公司固定成本所占比例较高，且呈刚性上升特征。

2. 航空公司的不可控成本所占比重高

经营环境对航空公司成本有直接的影响，航空公司的成本控制受到外部经营环境的很大制约。如航油价格、机场起降费、关税及增值税、国家对民航基础设施的投入等因素，对航空公司的成本水平有重要影响。21世纪初，民航全行业不可控成本占66%，可控成本占34%。随着油价上涨，航油价格在航空公司成本中占到30%以上，但航油价格非航空公司所能控制，油价大幅度上涨对航空公司成本上升的影响是明显的。

3. 大航空公司并不一定具有成本优势

就一般产业而言，有明显的规模经济效益。美国航空运输业放松管制后，航空公司的规模越来越大、数量日益减少的现象使很多人认为航空公司有极强的规模经济性，规模越大，成本越低，效率越高，企业的竞争力越强。然而，国外航空运输专家对不同规模的航空公司成本进行实证研究分析后发现，与小规模航空公司相比，大规模航空公司并没有成本优势，反而是规模小的航空公司通常成本较低。规模本身并不是大航空公司取胜的关键，由规模扩大后带来的其他方面的好处，国外航空运输专家用范围经济性和密度经济性来概括。所谓范围经济性是指航空公司的规模扩大以后，航线网络有更广的辐射范围，此时航空公司的常旅客计划将对旅客产生更强的吸引力，航空公司的广告和推销能在更多航线上产生效力。在大航空公司采用中枢式航线网络时，每增加一条航线，就将成倍地增加通航点，甚至在特定机场或地区形成垄断，并且获得经营上的经济性。显然，这种经济性未必能从成本上体现出来。所谓密度经济性是指当某一航空公司在特定航线上的航班密度达到一定程度时，其市场的占有率将超过运力的占有率，以此可获得更强的市场竞争地位和更高的经济效益。航空公司的规模经济性、范围经济性和密度经济性都对成本有所影响，但并不是所有的因素都会使成本降低，有些因素还会使成本上升。比如，航空公司的中枢辐射网络结构使航空公司的平均航距缩短，使用机型座级降低，增加了航空公司的运

营成本。因此，大航空公司并不一定具有成本优势，而其他一些因素能对航空公司的成本产生更显著的影响。这也是放开航空管制的理论基础。

二、影响民航运输成本的因素

影响航空运输成本的因素主要有三方面：

（一）基于航空运输存在的飞机容量经济和运距经济

飞机容量经济是指大型飞机的运输成本低于小型飞机，因为空勤人员的工资随着载客量的增加分摊到单位运量上份额减少，大型飞机的相对耗油量也较少。运距经济是指每次飞行距离的延长，单位的运输成本下降。一是随着飞行距离的延长，起降滑行、上升、降落时间在总飞行时间中比重下降，相关的成本比重也在下降；二是间接飞行成本中的售票、订票、行李服务费等与运距无关，途中旅客服务费也只是部分与运距有关，因此单位间接成本也随着运距的延长而降低。飞机的大小及其经济运距是在飞机设计制造时就已考虑，也可以说飞机的大小是按其飞行距离的远近设计的。经济运距为 2 500～4 000 公里的大型波音 747 客机，要在 300 公里范围内飞行是不经济的。当投入要素价格不变时，飞机的容量和运距是影响单位成本的最主要因素。

（二）装载系数

装载系数是实际人（吨）公里与定额人（吨）公里的比例，即按运输距离加权的飞机客座或载重力占用率。在机型、飞行距离和其他费用不变的情况下，它是影响单位运输成本的最主要因素。飞行的总成本与飞机是否满载关系不是太大，因为空勤人员工资、修理费以及折旧费等几乎都是不变的，燃料消耗虽然会有变化，但变化速度远低于载重量的变化。所以平均单位成本是装载系数的函数，它随装载系数的提高而下降。显然，在运量有限的情况下飞机容量经济和提高装载系数的目标可能会发生矛盾，选用大型飞机，装载系数将会受到影响，为提高装载系数而减少航班次数，又会增加旅客的时间成本。

（三）机场或航线上拥挤程度

当发生拥挤现象时，飞机将排队等候起飞或在空中盘旋等待着陆，时间的延误无疑会降低飞机的运营效率，使飞行成本增加，旅客也增加了候机时间和旅行时间。

第八章 运输价格

价格是市场配置资源的基本信号，市场发展并形成价格是市场经济的基本特征。在市场经济条件下，运输资源的合理配置和生产要素的有效组合，是在国家宏观调控下，通过运输价格机制的作用来实现的。与一般商品价格相比，运输价格有其自身的特点。影响运输价格形成有多种因素，运输价值是运输价格的基础，运输价格是运输价值的货币表现。运输价格反映着运输市场的供求关系，为保证运输价格正常运行，国家必须十分重视对运输价格实施有效管理。

第一节 运输价格及其特点

一、运输价值与运输价格

（一）运输价值

运输价值是凝结在运输产品中的一般人类劳动，是运输劳动者在实现商品位移过程中所耗费的物化劳动和活劳动的总和。与这两部分劳动相适应，运输价值由两部分组成：一是过去劳动创造的价值，即已消耗的生产资料价值，也称为转移价值；二是活劳动创造的价值，即新创造的价值。活劳动创造的价值又可分为两部分：一是生产者为个人所创造的劳动价值；二是生产者为社会所创造的劳动价值。因此，运输价值由以下三部分组成：（1）运输生产过程中转移的物化劳动价值 C；（2）运输生产者为自己所创造的劳动价值 V；（3）运输生产者为社会所创造的劳动价值 M。

运输价值是运输价格的基础，运输价格是运输价值的货币表现。由于市场供求关系的变化，运输价格并不总是等于运输价值，而是围绕运输价值上下波动。运输价格与运输价值之间在量上的不一致现象是客观存在的，因为在运输生产过程中，劳动耗费经常变动，而要求作为运输价值表现形态的运价随时变动是不可能的，同时，运价的形成也受运输市场供求关系变化、国家宏观价格政策等因素的影响，所以，在一段时间内运价与运输价值不等是正常的。当然，运价背离运输价值不应当是长期的，它应当是价值规律自觉作用的结果。从总体上看，运输价值与运价一致是客观经济发展的一般趋势。

运输价值是运输价格形成的客观经济基础。运输价格作为运输价值的货币表现，可以分为三个组成部分：（1）物化劳动的消耗支出，表现为设备的磨耗（固定资产折旧），材料、燃料等方面支出；（2）劳动报酬（工资）支出，即为自己劳动所创造价值的货币表现；（3）盈利，是为社会劳动所创造价值的货币表现，如税收和利润。

（二）运输价格

运输价格，是指运输企业对特定货物或旅客所提供的运输劳务的价格。即货物或旅客位移的价格，简称“运价”。它是货物运输劳务和旅客运输劳务的销售价格，是运输劳务价值的货币表现。运输价格反映运输市场的供求关系，是运输市场的重要信号。

运输价格能有效地促进运输产业结构的优化配置。运输产业结构主要包括运输工具和其他与之相关的基础设施，如港口、码头、机场、车站以及航道、道路设施等。无论是国家对运输产业结构进行统一规划或是运输企业对其自行调整，运输价格的高低将会在其中起至关重要的作用。其中，运输企业对此尤为敏感。如果市场上运输价格上扬，运输企业认为有利可图，就会增加运输能力的投入；反之，则会减少运输能力的投入，甚至退出运输市场。运输产业结构通过运输价格进行调整，其结果将有利于促进各种运输方式之间的合理分工。

运输价格能有效地调节各种运输方式的运输需求。它是基于总体运输能力基本不变的情况下，因运输价格的变动导致运输需求的改变。但货物运输需求在性质上属于派生需求。运输总需求的大小，一般决定于社会经济活动的总水平。运输价格的高低对其产生影响极其有限。但有时运输价格的变动对某一运输方式的需求调节却是十分明显的。

运输价格在国民经济各部门收入分配中起重要影响作用。运输价格是运输企业借以计算和取得运输收入的根本依据。因此，运输价格的高低，直接关系到运输企业的收入水平。另一方面，货物运输价格又是商品销售价格中的有机组成部分，它的高低也会影响其他物质生产部门的收入水平。因此，运输价格的调节作用，可以促使其他生产部门将生产要素投入到效益好的领域，从而达到资源的优化配置。

二、运输价格的特点

（一）运输价格是一种劳务价格

运输企业为社会提供的效用不是实物形态的产品，而是通过运输工具实现货物或旅客在空间位置的移动。在运输生产过程中，运输企业为货物或旅客提供了运输劳务，运输价格就是运输劳务产品价格。

劳务产品是无形的，这是与有形商品最大的区别，它既不能储存也不能调拨。由于运输生产过程与运输产品的消费过程是同时发生的，所以，运输价格就是一种销售价格。换言之，运输价格只有销售价格的一种表现形式，而不像工业企业产品那样有出厂价、批发价、零售价之分。同时，由于运输产品的不可储存性，因此当运输需求发生变化时，只能依据调整运输能力来达到运输供求的平衡。而在现实中运输能力的调整一般具有滞后性，故运输价格因供求关系而产生波动的程度往往较一般有形商品要大。

（二）货物运输价格是商品销售价格的组成部分

社会的生产过程不仅表现为劳动对象形态的改变，也包括劳动对象的空间转移。这样才能使物质产品从生产领域最终进入到消费领域。在很大程度上，商品的生产地在空间上是与消费者相隔离的，这就必须要经过运输才能满足消费者对商品的实际需要。而在此过程中又必须通过价格作为媒介来实现商品的交换，货物运价就成了商品销售价格的重要组成部分。货物运价的高低，会直接影响商品的销售价乃至实际成交与否。由于运输活动与其他商品市场的密切联系，必然会出现当运输市场价格变化时，引起相关商品市场价格的连锁反应。

（三）运输价格具有按不同运输距离或不同航线而别的特点

货物或旅客按不同运输距离规定不同的价格，称之为“距离运价”或“里程运价”。这是因为运输产品即运输对象的空间位置移动是以周转量来衡量的。货物周转量以吨公里（或吨海里）为计量单位；而旅客周转量，则以人公里（或人海里）为计算单位。因此，运价不仅要反映所运货物或旅客数量的多少，还要体现运输距离的远近。这种按运输距离制订的价格，货运表示为吨公里（或吨海里）运价；客运则表示为人公里（或人海里）运价。距离运价是我国沿海、内河、铁路、公路运输中普遍采用的一种运价形式。

货物或旅客按不同航线规定不同的运价，称之为“航线运价”或“线路运价”。采用此种运价，是基于运输生产的地域性特点。运输工具在不同航线（或线路）上行驶，因自然条件、地理位置等有显著差别，即运输条件各不相同，即使货运（或客运）周转量相同，运输企业付出的劳务量及供求关系等却相差很大。因此，有必要按不同航线（或线路）采用不同的运价。这种运价常用于远洋运输和航空运输中。

（四）运输价格具有比较复杂的比价关系

因货物或旅客运输，有时可采用不同运输方式或运输工具加以实现，最终达到的效果也各不相同。具体表现为所运货物的种类、旅客舱位等级、运载数量大小、距离、方向、时间、速度等都会有所差别。而这些差别均会影响到运输成本和供求关系，在价格上必然会有相应的反映。受价值规律的影响，运输市场上供求关系的变化会影响运价水平。

第二节　运输价格的形成因素

运价的形成、变化一般受运输产品本身的价值、运输成本、运输供求关系、国家有关经济政策及运输政策、各种运输方式之间的竞争等多种因素影响，是多种因素共同作用的结果。

一、运输成本

运输成本是指运输企业在进行运输生产过程中发生的各种耗费的总和。

在正常情况下，运输企业为能抵偿运输成本而不至于亏本并能扩大再生产，要求运输价格不低于运输成本。因此，运输成本便成为形成运输价格的重要因素。

按照财政部颁布的《运输企业财务制度》规定，运输成本由营运成本、管理费用、财务费用三部分组成。以水路货运价格为例：营运成本是指与船舶营运生产直接有关的各项支出。包括实际消耗的各种燃料、物料、润料、用具和索具；船舶固定资产折旧费、修理费、租赁费、保险费、港口费、货物费、代理费、船员工资福利费以及事故净损失等。管理费用是指运输企业行政管理部门为管理和组织营运生产活动的各项费用。包括公司经费、工会经费、劳动保险费、财产、土地使用税、技术转让费、技术开发费等。财务费用是指运输企业为筹集资金而发生的各项费用。包括企业营运期间发生的利息支出、汇兑净损失、调剂外汇手续费、金融机构手续费以及筹资发生的其他财务费用等。

二、运输供求关系

运输市场的供求平衡，不仅会因运输市场价格对供给和需求的调节而引起，而且还会由于运输供给和需求对市场价格的调节而产生。考察运输供求对运输价格的影响，主要是指后者。运输供给和需求对运输市场价格的调节，通常是由于供求数量不同程度的增长或减少引起的。为分析方便，以假定其中一个量不变为前提来讨论对运输市场价格的影响。

（一）运输需求不变，供给发生变化而对运输市场价格的影响

在图 8—1 中，S 为运输供给曲线，D 为运输需求曲线。当 D 不变时，由于运输供给的增长，曲线 S 向右下移至 S_1，市场平衡点由 E 移至 E_1，市场供给量从 Q_0 上升到 Q_1，运输市场价格由 P_0 下降至 P_1。相反，若运输供给下降，曲线 S 向左上移至 S_2，市场平衡点 E 移至 E_2，市场供给量从 Q_0 降至 Q_2，运输市场价格由 P_0 上升至 P_2。

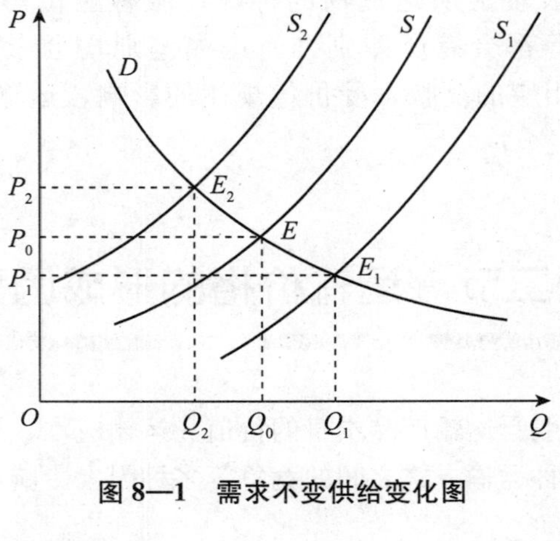

图 8—1　需求不变供给变化图

（二）运输供给不变，需求发生变化而对运输市场价格的影响。

在图 8—2 中，D 为运输需求曲线，S 为运输供给曲线。当 S 不变时，由于运输需求的增长，曲线 D 向右上移至 D_1，市场平衡点由 E 移至 E_1，市场需求量从 Q_0 上升至 Q_1，运输市场价格随之由 P_0 上升至 P_1。相反，若运输需求降低，曲线 D 向左下移至 D_2，市场平衡点由 E 下移至 E_2，市场需求量从 Q_0 下降至 Q_2，运输市场价格随之由 P_0 下降至 P_2。

从以上分析可看出，运输供给或运输需求的变化都会引起运输价格的改变。

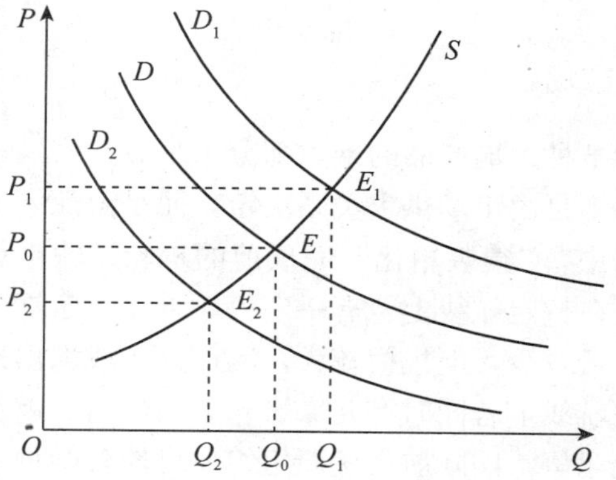

图 8—2　供给不变需求变化图

三、运输市场结构

根据市场的竞争程度，运输市场结构可大体分为四种类型，即完全竞争运输市场、完全垄断运输市场、垄断竞争运输市场和寡头垄断运输市场。不同类型的市场有不同的运行机制和特点，对运输价格的形成会产生重大影响。

（一）完全竞争运输市场

完全竞争运输市场是指运输企业和货主对运输市场价格均不能产生任何影响的市场。在这种市场上，运输企业和货主都只能是运输价格的接受者，故运输价格完全由供求关系决定。虽然在现实中并不存在这种市场，但基本具备该市场条件的则为国际航运市场中的普通干散货船的即期市场。首先，不定期船市场中的运输供给者（即船舶所有人或占有人）和需求者（货主）众多，无论谁都无法控制市场价格。其次，船舶所有人只要具备一定的经营条件和能力就可进入市场，投入运输。若航运市场不景气，即可随时退出，而不像班轮运输那样有较大限制——无论进入或退出均不容易。

（二）完全垄断运输市场

完全垄断运输市场又称为"独占运输市场"，指某一运输市场完全被一个或少数几个运输企业所垄断和控制。在这种市场上，垄断企业有完全自由的定价权，它们可以通过垄断价格，获得高额利润。在现实中，完全垄断运输市场也并不存在。但我国铁路运输管理体制改革前，铁路运输市场被公认为是典型的具有垄断运输市场的性质。

（三）垄断竞争运输市场

垄断竞争运输市场指既有独占倾向又有竞争成分的市场。这种市场的主要特点是：同类运输产品在市场上有较多的生产者，市场竞争激烈；新加入运输市场比较容易；不同运输企业生产的运输产品在质量上（如快速性、货物完好程度）有较大差异，而某些运输企业由于存在优势而产生了一定的垄断性。在这种情况下，运输企业已不是一个消极的运输价格的接受者，而是具有一定程度决策权的决策者。国际航运市场中的集装箱班轮运输市场接近于该市场类型。

（四）寡头垄断运输市场

寡头垄断运输市场指某种运输产品的绝大部分由少数几家运输企业垄断的市场。在这种市场中，运输价格主要不是由市场供求关系决定，而是由几家大企业通过协议或某种默契规定的。国际航运市场中，“集装箱化”完成前的班轮运输市场是较为典型的寡头垄断市场。首先，班轮运输是在特定航线上，有一定停靠港口，定期开航的船舶运输。故一般经营班轮运输的船公司数量较少，但规模较大，因而进入或退出班轮运输市场均不是轻而易举的事。其次，在某一航线上若同时有几家班轮公司经营，就会产生激烈的竞争，其结果往往两败俱伤。为避免竞争，国际航运垄断组织—班轮公会便应运而生。班轮公会的重要任务之一，就是通过共同制定所控制航线的运价来避免激烈竞争。

四、国家经济政策

运输业是国民经济的基础产业，为克服市场机制自身存在的问题，政府常常制定一系列政策和法规对市场价格进行调节和管理，并采用各种改革措施建立规范的价格管理体制。因此，运输价格的制定一般要受国家宏观运价政策的指导和监督。国家对运输业实行的税收政策、信贷政策、投资政策等均会直接或间接地影响运输价格水平。

五、各运输方式之间的竞争

影响运输价格水平的竞争因素有：运输速度、货物的完好程度、舒适度、方便程度等。以运输速度为例：若相同起讫地的货物运输可采用两种不同运输方式进行，此时运输速度较慢的那一种运输方式只能实行较低的运价。就货主而言，它增加了流动资金的占用和因货物逾期、丧失市场机会而造成的市场销售损失，与运输速度较快的那一种运输方式相比，其理论降价幅度为上述两项费用之和。

六、其他因素

运输需求是社会经济活动的派生需求，受宏观经济发展态势影响较大。当宏观经济形势较好，运输需求旺盛；但经济不景气时，运输需求萎缩。另外，季节性农副产品、工业品销售、旅客节假日出行等带来的运输需求的季节性波动，也是运输企业在制定运输产品价格时应考虑的因素。

第三节　运输价格的制定理论

定价的重要性是由价格因素在交换中所处的重要定位决定的。按运输对象划分，可分为货物和旅客运输两大类。这里主要讨论货物运输价格的制定原理，旅客运输价格的制定原理与此相类似，故不作重点论述。

一、平均成本定价论

平均运输成本定价理论是指在运量一定的情况下，以运价为基础的运输总收入必须能够补偿运输部门的平均运输成本费用，平均运输成本是定价的最低界限。运输收入在补偿平均运输成本后，还需要留有必要的利润以维持和促进运输业的发展，因此，以平均运输成本定价应是运输部门的平均成本加上一定比例的利润，它是根据单位产品（劳务）平均成本的变化，确定在不同运量条件下产品（劳务）价格的方法。成本与运量的关系见图8—3，以公式表示为：

$$P=\frac{F}{Q}+C_v+r \tag{8—1}$$

式中：P——运价（元/吨）；

F——固定总成本（元）；

Q——运量（吨）；

C_v——单位变动成本（元/吨）；

r——单位运量的利润（元/吨）。

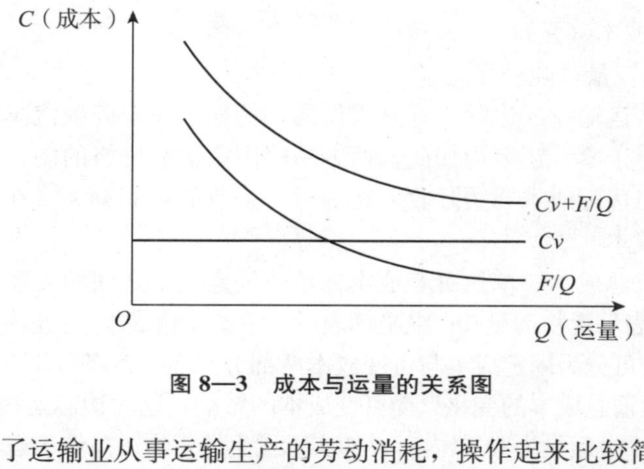

图 8—3　成本与运量的关系图

这种理论考虑了运输业从事运输生产的劳动消耗，操作起来比较简单。它能保证运输企业补偿全部费用、收回投资、取得合理利润。这种方法一般适合于运输市场不十分活跃，竞争不太激烈，并且货源比较稳定的运输方式或运输线路。这种定价方法也存在着一些问题：

第一，没有考虑和反映运输市场上供求关系与运价之间的相互关联和影响，在运输需求发生变化时，不能灵活地调整运价以适应市场状况。

第二，没有考虑成本差异对定价的影响。运输业的实际成本除了受材料、燃料、职工工资以及经营管理水平的影响外，还与线路（路面）质量、地理环境、货源情况等因素有关，因此，即使是同一种运输方式，在不同地区、不同线路上成本也有较大差异。这些差异并不是由于企业经营管理造成的。因此，以平均运输成本定价必然造成各个地区、各条线路由于运输成本不同而产生的盈利差异。

第三，有时会导致运价的严重扭曲。铁路、民航以部门平均成本定价，公路以省、自治区、直辖市平均成本定价，水运以航线、航区平均成本定价。这些运价，有的反映了实际成本，而有的却偏离实际成本很大，因此，各种运输方式运价以及它们之间的比价关系都会出现不同程度的扭曲。

二、边际成本定价论

边际成本是指生产过程中每增加或减少一个单位产量而引起的总成本的变动。以边际成本定价，是指在运输供求发生变动时，运输企业必须增加或减少运输数量，并以因增加或减少运输数量而引起的总成本的变动为基础确定运输价格。换言之，在生产规模不变的情况下，边际成本实际上就是增加的可变成本，它随运量的变化而变化。

假定某运输企业某月份完成的运输周转量为 5 000 万吨公里，运输总成本 100 万元，则单位运输成本为 0.02 元/公里。当运输增至 5 200 万吨公里时，总成本增加了 10 万元，达到 110 万元。这时的平均成本是 0.021 元/公里，而新增周转量的单位成本为 0.05 元/公里，这 0.05 元/公里就是边际成本。

边际成本是总成本对运量的导数，即：

$$MC(\text{边际成本})=\frac{dTC}{dQ} \qquad (8—2)$$

式中：TC——运输成本（元）；

Q——运输周转量（吨公里）。

在通常情况下，运输业的边际成本是很低的，例如，在未满载汽车上，再增加一名旅客的边际成本几乎等于零。正因为如此，西方一些国家运输价格的制定很多以边际成本为基础。一般认为，当边际成本与边际收入相等时，企业的利润最大。在实际操作中，多以变动成本代替边际成本。

边际成本与单位总成本、单位可变成本、单位固定成本之间的关系见图 8—4。

图 8—4 横坐标表示货物运量 Q；纵坐标表示各单位运输成本 C。运输成本按其是否受货物运量的变化而改变可分为固定成本与可变成本两部分。在一定条件下，因固定成本不受运量变化的影响，故运输总成本的变化只受可变成本的影响，这时边际运输成本则与单位可变成本相当，如图 8—4 中运量为 Q_1 以内时；如实际发生的货物运量低于运输工具的运输能力，边际成本将低于单位总成本，如图 8—4 中运量为 Q_2 以内时。反之，运输企业必须投入新的运输能力，这时的边际成本将高于单位总成本，如图 8—4 中运量超过 Q_2 时。

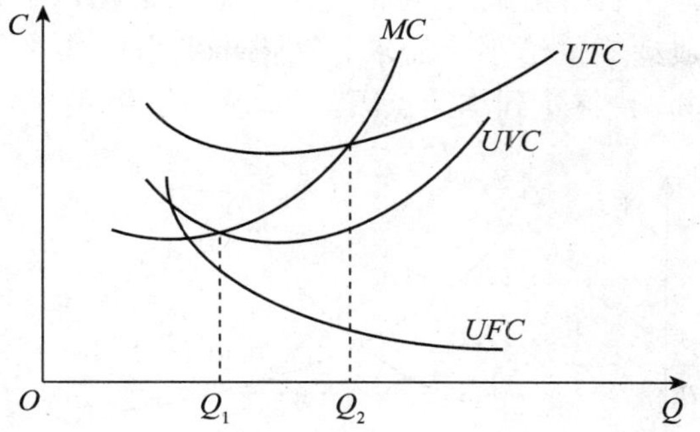

图 8—4　各单位成本关系图

图中：*MC*（Marginal Cost）——边际成本；
UTC（Unit Total Cost）——单位总成本；
UVC（Unit Variable Cost）——单位可变成本；
UFC（Unit Fixed Cost）——单位固定成本。

从上述可知，边际运输成本与单位运输总成本之间的相对关系，可以反映运输工具的运输能力是否被充分利用、随之用运输价格来调整运输供求关系。

在货物运输密度较低的地区或航线，由于现有的运输能力未能充分发挥作用，这时每增加单位运量的边际成本低于单位总成本（如图 8—4 中运量在 Q_2 以内时），这时若以边际成本为基础定价，就可低于原来按运输总成本为基础所定的价格，从而可促进运输需求；反之，在运输密度高、运输能力紧张的地区或航线，由于运量的增加将导致运输企业新的投入，每增加单位运量的边际成本，将会大于单位运输总成本（如图 8—4 中运量超过 Q_2 时），这时若以边际成本为基础定价，就会使得运输价格相应变高，从而可起到抑制需求的作用。

我国国内货物和旅客运输已存在按边际成本论定价的例子。例如，有关部门规定，在新开辟的铁路和水运线路上采用“新线新价”。由于新的运输线路资本投入较原运输线路多，其边际成本大大超过原运输线路的单位总成本；而且，一般都在运输需求量大于运输能力供给的情况下开辟新的运输线路，所以采用的“新线新价”均高于其他运输线路的价格。这也符合运输市场价格对运输需求进行反向调节的客观规律。

应该注意的是，运输需求的大小从总体上看是受到国民经济发展规模等因素的制约，因此，它在一定空间和时间内受运输价格的影响极其有限，所以不能过分估价这种定价理论的作用。另外在运输需求严重不足的地区或航线，由于其边际成本长期低于单位总成本，以边际成本论定价，会导致运输企业长期大面积亏损。

三、均衡价格定价论

均衡价格定价伦强调市场供求关系对制定运价的影响。在货物运输中，运输企业和货主经过讨价还价，使运输供求数量达到一致时的价格称为均衡运输价格。

如图 8—5 所示，*D* 为运输需求曲线，*S* 为运输供给曲线，运输供求数量平衡为 Q_0，此时的均衡运输价格为 P_0。若价格偏高（如 P_1）会造成运输供给大于需求；相反，若价格偏低（如 P_2）则会造成运输供给小于需求。在供求关系的作用下，前者的价格逐步下降而后者的运价逐步上升，最终达到均衡点 E。

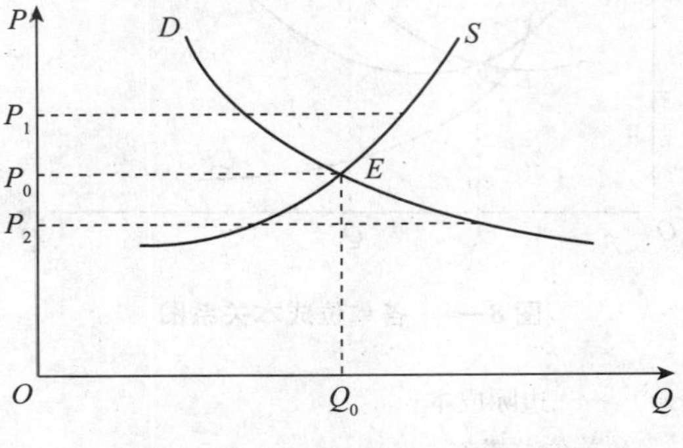

图 8—5　均衡运输价格示意图

均衡价格论的核心问题是运输需求或供给量是如何影响价格形成的。有些学者建议采用需求的价格弹性和供给的价格弹性做定量分析。它有别于在市场供求研究中，因运输价格的改变而引起运输需求或供给的变化所采用的价格的需求弹性和价格的供给弹性。

（一）需求的价格弹性

需求的价格弹性是指在特定的运输市场上运输需求量的变动而引起运输价格的变动程度。可用其系数来表示：

$$\text{需求的价格弹性系数 } E_D=\frac{\text{需求量变动的百分率}}{\text{运价变动的百分率}}=\frac{\Delta Q/Q\times 100\%}{\Delta P/P\times 100\%} \quad (8\text{—}3)$$

在通常情况下，由于运输需求量和运价是成反方向变动的，得出的该系数一般为负值。如大于 1，说明价格对需求富有弹性；如小于 1，说明价格对需求缺乏弹性；如等于 1，称为单一弹性。只要测得各运输市场的各货物运输需求的价格弹性系数，就可以根据运输需求变动的状况，求得运输价格变动的百分率，以此确定各种货物的运输价格。

（二）供给的价格弹性

供给的价格弹性是指在特定的运输市场上运输供给量的变动而引起运输价格的变动程度。也可用其系数来表示：

$$\text{供给的价格弹性系数 } E_S=\frac{\text{供给量变动的百分率}}{\text{运价变动的百分率}}=\frac{\Delta Q/Q\times 100\%}{\Delta P/P\times 100\%} \quad (8\text{—}4)$$

在通常情况下，由于运输供给量和运价是成同方向变动的，得出的该系数一般为正值。同样供给的价格弹性也可分为富有弹性、缺乏弹性和单一弹性等。只要测得各运输市场的各货物运输供给的价格弹性系数，并根据运输供给变动情况，求得运输价格的变动百分率，便可以以此确定各种货物的运输价格。

以均衡价格作为运价的制定理论，很显然只是注重运输供求关系对价格的决定因素，而没有考虑其他各种因素对价格的影响，因此，它只能在完全竞争的运输市场结构中才适宜采用。同时，需求和供给的价格弹性系数测算比较困难，又有较强的时间性，故在现实中，该理论尚无法得到广泛运用。

四、负担能力定价论

负担能力定价论也称之为从价理论，又叫服务价值定价论，是按照待运商品本身的价值高低为基础确定的运输价格。高价值商品制定较高运价，而低价值商品则制定较低运价，这种方法是以运输需求而不是以运输成本为基础定价。

负担能力定价论的实质是在货物运输供求双方进行价格竞争的条件下，按需求弹性高低来确定货物运价的一种转化模式。在一般情况下，本身价值较高的货物，其运输需求对运价的弹性较小，也即弹性系数小于1，此时可提高货运价格。这是因为，此时若提高运价，运输收入将会相应提高。因为运输需求量的下降比率小于运价提高的比率，而运输收入为货运价格与运输量之乘积，其结果对运输企业有利。同样，本身价值较低的货物，其需求对价格的弹性较大，也即弹性系数大于1，此时应降低货运价格，由于需求量提高的比率大于价格下降的比率，其结果运输收入亦会得到提高。即使有时因对低价值货物的运价定得过低而造成损失，也可从高价值货物的运输收入中得到补偿。正因为这样，负担能力定价论在国际海运中至今仍有较高的应用价值。

按负担能力定价论，运输企业存在一个对货运价格的具体选择问题。其基本原则应该是：在考虑各种货物运输需求量的前提下，运输企业应选择货主能提供最多抵偿固定费用的货物运价。

图 8—6 中，X 轴代表某货物的运输需求量，Y 轴代表每货运吨成本（或价格）。$D-D$ 代表该货物的需求曲线，$C-C$ 代表单位变动成本。变动成本虽随运量的变化而发生相应变化，但单位变动成本（即每吨变动成本）可近似看作不变。从图 8—6 中可知，货物运价若定为 OR，总收入可由长方形面积 $ORPQ_0$ 代表，此时的变动成本为面积 $OCAQ_0$，则所能提供抵偿固定费用的收入为面积 $CRPA$。同理，如货物运价定为 OR_2，则能提供抵偿固定费用收入为面积 $CR_2P_2A_2$。但若将货运价格定在 OR_1，能提供抵偿固定费用的收入为最多，也即面积 $CR_1P_1A_1$（图 8—6 中阴影部分）为最大，则 OR_1 为最佳选择的运价。

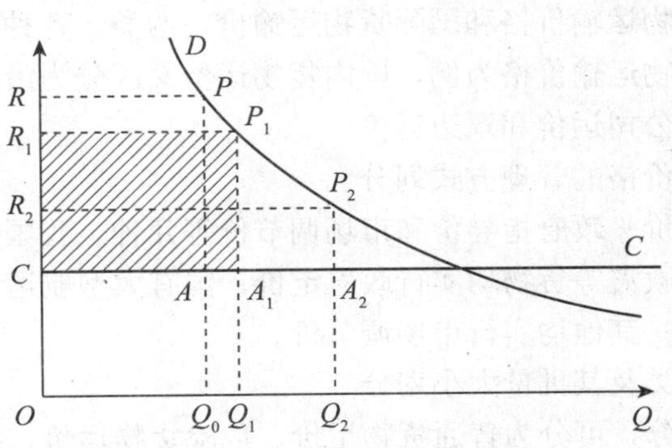

图 8—6　运输成本（或价格）与运输需求量关系

事实上，对高价值货物实行高运价是有一定限度的。其主要原因有两个：其一，本身价值较高的货物往往是各种运输方式争夺的对象，因此运输需求交叉弹性较高，这样就牵制了货物运价的过高波动；其二，货主对货物运价具有一定范围的承受能力，即货物运价不能高于所运货物销售地与生产地价格之差，否则货主因销售商品不能获利甚至亏本而会放弃运输。就价格形成上分析，从价理论是属于“市场竞争决定论”范畴的；而从市场营销角度看，它又是一种需求差异定价模式。虽然该理论在国际海上货物运输中具有悠久的历史，而且从运输市场竞争规律以及从市场营销的角度分析均有其可取之处，但不可否认，该理论在实际应用中也会带来一定的困难。采用从价理论定价需要注意的是：即使采用以成本为基础的方法确定运价，高价商品通常也需要支付较高运价，这是因为运输这类商品更具风险，也需要更好的运输设备和运输劳务。再者，商品的价值能够显示它对运价的需求弹性，例如高价商品能够承受较高运价，主要是因为运输成本只占其最终售价很少的一部分。

第四节　运输价格的分类及其结构形式

一、运输价格的分类

运输价格可按不同运输对象、不同运输方式以及多种运输方式的联合等划分为若干种类。

（一）按不同服务对象划分

运价可分为货物运价、旅客运价和行李包裹运价。

1. 货物运价

货物运价可按其适用范围、管理方式、货物种类及其批量大小等进行不同的划分。

（1）按货物运输价格的适用范围划分

具体可分为国内货物运输价格和国际货物运输价格两类。各种不同运输方式对此又有不同的规定。以水路货物运输价格为例，国内货物运价又区分为沿海和内河货物运价；国际货物运价可分为班轮公司运价和双边运价。

（2）按对货物运输价格的管理方式划分

具体可分为政府定价、政府指导价和市场调节价等几种。我国对铁路、水路、公路运输中的国防战备、抢险救灾等货物均实行政府定价；国有大型航运企业承运的合同能源货物往往实行政府指导价；其他均实行市场调节价。

（3）按运输货物种类及其批量大小划分

以货物不同种类划分，可分为普通货物运价、危险货物运价、冷藏货物运价、集装箱货物运价等。其中，在普通货物运价中，一般又按其不同的运输条件和货物本身价值高低等因素划分若干等级。例如我国沿海、长江等航区将货物划分为10个等级；铁路《货物运价分类表》中将货物分为 23 类 146 项，共规定 17 个运价号等。

以货物批量大小划分，一般将其区分为整批货物运价和零担货物运价两种，并规定后者价格高于前者。如沿海、长江航区凡满 30 吨以整批货物计价；一次托运未满 30 吨的则以零担货物计价。后者的价格高于前者 20%。铁路、公路货物的整批或零担的认定，则以一次托运量是否能装满一整车（车辆或车厢）为标准，能装满一整车的为整批货，否则为零担货。

2. 旅客运输价格

旅客运输价格可按其适用范围、管理方式以及旅客在途中占用的舱（座）位的不同而进行不同的划分，其中对适用范围和管理方式的划分与货物运价基本相同。如在公路客运中，农村客运实行政府定价，班车客运主要实行政府指导价，非定线旅游客运、包车客运实行市场调节价。国内航空客运运价则以政府指导价为主，对航空运输基准价和浮动幅度进行间接管理。

按交通运输部 1991 年 2 月颁布的《汽车运价规则》，客运车型计费等级分为普通客车、中级客车、高级客车三类。每类按其座位数又分为大型、中型、小型三种。普通大型车按基本运价计价；中级大型客车票价高于基本运价的 20%～40%，高级大型客车票价可高于基本运价的 80%～100%。其他不同等级、型号的客车依次规定相应的票价。

根据 1995 年 10 月 1 日调定的铁路客运运价，全国铁路客运基价为 5.861 分/人公里，其中硬座、软座、硬卧、软卧的席别比价为 1∶2.0∶2.2∶3.85。航空运输因旅客舱位等级不同，其运输价格也均有较大差异。一般公务舱票价按照普通舱票价的 130%计算，头等舱票价按照普通舱票价的 150%计算。

（二）按不同运输方式划分

按不同运输方式，可划分为水路、铁路、公路、航空和管道运输价格等。又可按其运输的对象区别为货物运输价格和旅客运输价格。限于篇幅，仅介绍不同运输方式的货物运价。

1. 水路货物运输价格

具体又可划分为国际海上货物运价和国内水路货物运价两大类。

(1) 国际海上货物运价

班轮运价（liner freight rate）：指以班轮方式承运货物时规定的价格。它包括货物从装运港至目的港的海上运价及货物的装卸费率两部分。

航次租船运价（voyage charter freight）：指船舶所有人和承租人在航次租船合同中约定的运输价格。航次租船市场基本上是由运输的供求关系决定的，波动性较大。此外，其运价水平的高低还受运输货物的种类、数量的多少、船舶航行的区域和距离长短以及租船合同的其他条款如装卸时间的计算方法、装卸费的分担、运费支付的时间等因素的影响。

油船运价（tanker freight rate）：指油船所有人和承租人在航次租船合同中约定的运输价格。与一般航次租船运价不同的是，它通常按伦敦国际油船费率表协会和纽约油船经纪人及代理人协会共同颁布的《世界油船（基本）费率表》（*Worldwide Tanker Nominal Freight Scale*）所规定的运价为基础，双方商定一个增减比例记载于租船合同中，作为拟定的油船运价。

（2）国内水路货物运价

我国国内水路货物运价按不同航区分别制定。具体划分为沿海航区、长江、黑龙江、珠江水系以及各省（市）内河航区等。各航区以不同货种、不同运输距离各自制定相应范围的货物运价。

2. 铁路货物运输价格

我国铁路除少数线路外均实行全路统一货物运价，并按不同货种、不同运距分别制定。

3. 公路货物运输价格

我国公路货物运价由各省（市）行政区分别制定。具体按不同货种、不同运输条件和不同运输距离分别制定。

4. 航空货物运输价格

我国航空货物运价先区分国际航线和国内航线，然后按不同航线，并考虑货物种类和批量大小等因素分别制定。

5. 管道货物运输价格

我国管道货物运价按不同管道运输线输送不同货种分别制定。管道输送的货种为石油类（原油和成品油）、压缩气体（天然气和燃化气体）、水浆（矿砂和煤粉）等。

（三）货物联运运价

货物联运运价按货物联运起、讫点不同，可分为国内货物联运和国际货物联运两大类。前者指起、讫地点均在同一国境内的运输；后者为跨越国境的运输。据此，货物联运运价可相应划分为国内货物联运运价和国际货物联运运价两大类。分别适用相应的运价规章或协议。

二、运输价格的结构形式

所谓运价的结构形式，是指按货物运输距离的差别制定的运价或按不同运输线路制定的运价。一般将前者称为距离运价或里程运价形式；后者则称为线路运价或航线运价形式。

（一）距离运价

即按货物运输距离而制定的价格。主要有两种制定形式：均衡里程运价和递远递减运价。

1. 均衡里程运价

均衡里程运价指对同一货种而言，货物运价率（即每吨货物运价）的增加与运输距离的增加成正比关系，也即每吨公里运价不论其运输距离的长短均为一不变值。均衡里程运价与运输距离的关系见图 8—7 与图 8—8。

公路货物运价之所以采用均衡里程运价形式，主要是因为公路货物运输成本的变化与运输距离的变化有其内在的联系。也即其运输成本的增加（或减少）与运输距离的增加（或减少）基本上成正比，因此，均衡里程运价能较好地反映运输成本的变化。

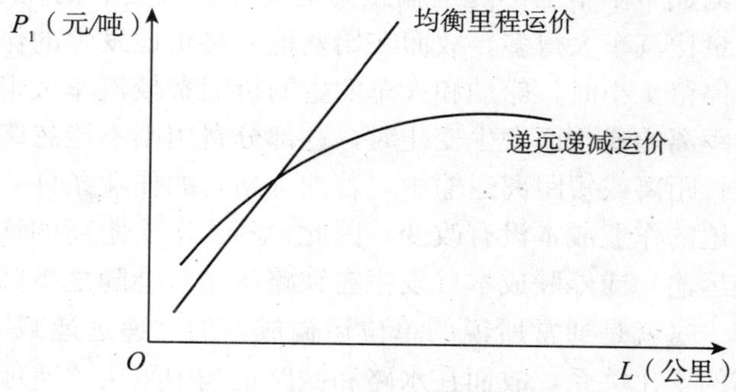

图 8—7　每吨货物运价与运距关系示意图

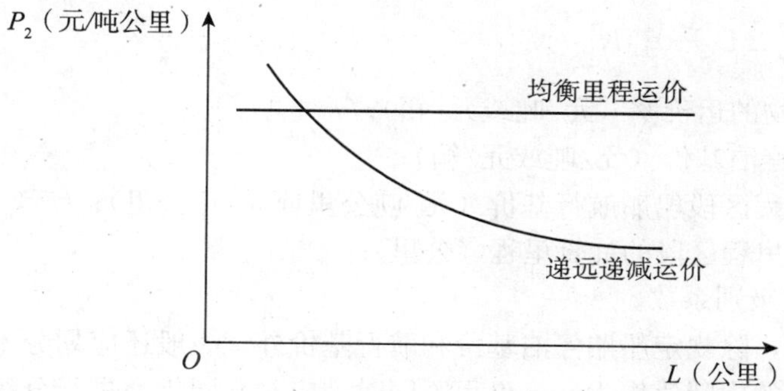

图 8—8　每吨公里货物运价与运距关系示意图

公路货物运输按其营运过程，成本由三部分组成：始发地作业成本、途中行驶成本和终止地作业成本。由于汽车的装载量一般都较小，故始发地、终止地作业成本占全部运输成本的比例很小，在长途运输中尤其如此。而在全部运输成本中占绝大部分的行驶成本，诸如燃料消耗、折旧费、人员工资、管理费用、保险费、税费等与运输时间的长短基本呈正比关系。而同一辆汽车的运输速度是基本固定的，这样，运输距离的长短则与运输时间的多少亦基本呈正比关系。其结果，行驶成本的增减与运输距离的长短就有相同的正比关系。这就为采用均衡里程运价提供了理论依据。当然，在实际制定运价时，考虑到短途运输中始发地、终止地作业成本的实际支出，另加一项“吨次费”，作为公路货物运价的组成部分。但就是这样，它在基本运价中所占的比重亦很小。故可以认为，我国公路货物运价基本上采用均衡里程运价形式。

2. 递远递减运价

递远递减运价指对同一货种而言，货物运价率（即每吨货物运价）虽然随运输距离的增加而相应增加，但并不呈正比增加，致使每吨公里货物运价随运输距离的增加而逐渐降低。所谓“递远递减”，是针对每吨公里运价随运输距离增加而相应减少而言的。具体可见图 8—7 与图 8—8。

“递远递减”运价被广泛使用于我国水路运输（包括沿海和内河）和铁路运输中。这是由于水路、铁路运输方式在营运中发生的成本与运输距离之间的变化关系与公路相比有较大的差别。在公路运输中，因货物在始发地、终止地的作业成本占全部运输成本的比重很小，故每吨公里运输成本基本上不随运输距离的变化而改变。而在水路和铁路运输中，由于运输工具的载重量比汽车大得多，故而在始发地、终止地发生的作业成本也较大。例如，同样在港（站）停留1小时，船舶和火车发生的折旧费较汽车大得多。这样，在分析单位运输成本因运输距离的变化而发生变化时，这部分费用则不能忽略，在短途运输中尤其如此。由于无论在长距离或短距离运输中，若港（站）的作业条件一样，作为同一运输工具在始发地、终止地的作业成本没有改变。因此，随着运输距离的增加，每吨公里的停泊成本（发生在水路运输）或停驶成本（发生在铁路运输）会随之下降，最终使每吨公里运输成本也随之下降。这就是通常所说的单位运输成本的"递远递减"。为使运价能适应运输成本随运输距离的变化关系，故而在水路和铁路运输中采用"递远递减"运价。

在具体制定运价时，我国水路和铁路运输则采用不同的方法，以下作简要介绍。

（1）水路货物运输以下式确定定价：

$$P=(\sum B_iL_i+A)K_i \tag{8—5}$$

式中：P——某货物的运价率（元/吨或元/箱）；

A——船舶停泊基价（元/吨或元/箱）；

B_i——各里程区段船舶航行基价（元/吨公里或元/箱公里）；

L_i——相应里程区段的计算里程（公里）；

K_i——货类级别系数。

在具体测算时，除规定船舶停泊基价和航行基价外，一般还应划分不同的运输里程区段，并以所在区段的中间值作为计算里程。同时，应对不同货类进行分级（如我国沿海和长江分为10级），每一级别规定相应的级别系数。

以1993年7月交通部颁布的《货物运价规则》为例，长江下游（上海一武汉运输区段）20英尺（每英尺约为0.304 8公尺）国际集装箱货物运价的确定，其货类级别系数为1；以200公里为起码计算里程，200公里以上以50公里为一运输区段；船舶停泊基价为246元/箱；不同里程区段的航行基价以表8—1确定。

表8—1　　长江下游（上海——武汉运输区段）20英尺国际集装箱货物运价

里程区段（公里）	1～300	301～400	401～500	501～600	600以上
航行基价（元/箱公里）	1.05	0.95	0.80	0.70	0.55

（2）铁路货物运输以下式确定运价：

$$P=\sum B_iL_i=B_0L_0+B_1L_1+\cdots+B_iL_i \tag{8—6}$$

式中：P——某货物的运价率（元/吨）；

L_0——起码计算里程（现规定100公里）；

B_0——起码计算里程的行驶基价（元/吨公里）；

L_i——各里程区段的计算里程（公里）；

B_i——相应里程区段的行驶基价（元/吨公里）。

以铁道部现行整车货物1号运价为例，各里程区段的行驶基价见表8—2（近似值）。

表 8—2　　铁路整车货物各里程区段的行驶基价

里程区段（公里）	1～100	101～400	401～1 000	1 000 以上
行驶基价（元/吨公里）	0.014	0.006	0.005	0.010

从表 8—2 可以看出，铁路货物运输在 1 000 公里以内，每吨公里运价表现为递远递减；而超过 1 000 公里，则转变为均衡里程运价，每吨公里运价不再降低，对限制过远运输有积极意义。

（二）线路运价

线路运价是指按运输线路或航线不同分别确定的货物运价。它被广泛使用于国际海运和航空货物运输中。

如前所述，之所以采用距离运价的形式，主要是因为它能较好地适应运输成本随运输距离变化的规律。但也应该看到距离运价有其不足的一面。其一，单位运输成本的"递远递减"规律，应以运输条件相同或基本相同作为前提条件，也即运输具有一定的区域性（故可称为"航区运价"形式），否则距离运价便丧失制定基础。例如同一艘船舶，在运输条件较差的长江上游行驶 200 公里的每吨公里成本，可能比在运输条件较好的长江下游行驶 100 公里的每吨公里成本还要高，并不呈现"递远递减"。此时，若将整个长江作为一个航区统一实行距离运价，显然会严重脱离实际。其二，在市场经济条件下，货物运价的形成除运输成本外，还受运输供求关系、各种运输方式的竞争等多种因素的影响。因此，以运输成本为基础的距离运价有时在实际中无法实施。

由于国际海运和航空货物运输线路一般都较长，而每条线路的自然条件和运输条件千差万别，即使运输距离相同，其发生的运输成本却会有很大差异，例如北大西洋航线与太平洋航线的船舶运输显然不能相提并论。此外，各线路的运输供求关系、竞争状况以及社会、政治环境等各不相同。因此只有按不同线路（或航线）分别确定运价才更符合实际。

综上所述，从理论上看，无论何种运输方式采用线路运价的形式才比较符合运输价格的形成规律。但在实际操作中，由于港、站的密度大，加上货种复杂，为简化运价的制定和运费的计算，在我国水路、公路、铁路运输中采用距离运价有其合理性。

第五节　运输价格管理

当今世界各国虽然采用不同类型的市场经济体制，但在商品或劳务交换过程中，对价格并不都是自由放任的。国家对价格的管理已普遍成为各国政府加强宏观调控的重要手段，对运输价格尤其是这样。运输业是连接商品生产和消费的桥梁和纽带。若作为运输产品交换媒介的运输价格因市场秩序混乱、管理不规范而被扭曲并发出一种失真的信号，会导致严重的后果。若货物运价信号失真，则会直接影响商品的正常交换，并导致运输企业经营决策的失误；若旅客票价信号失真，则会影响人们正常的工作、生活秩序以及社会稳定。由此可见运输价格管理的重要性。

所谓运输价格管理，是指根据运价本身运动的客观规律和外部环境，采用一定的管理原则和管理手段对运价的运动过程所进行的组织、指挥、监督、调节等各种职能活动的总和。具体包括：运输价格的管理模式、管理原则、管理形式和实施管理的基本手段等。

一、运输价格的管理模式

运输价格的管理模式是指在一定的社会形态下，国家对运输价格的形成及运行机制等的调节方式。运输价格管理模式的类型取决于社会经济性质和整个社会的经济模式。也就是说社会经济及其运行模式不同，形成了不同的价格模式，而运输价格管理模式则从属于社会的价格模式。

我国经济体制改革的目标是建立社会主义市场经济体制，使市场在政府宏观调控下对资源配置起决定性作用。社会主义市场经济是在政府宏观调控下的规范有序的竞争性经济，其实质是“政府调控市场，市场形成价格，价格引导资源配置”的一种经济运行机制。运输价格管理采用有控制的市场价格模式，即政府主要运用间接手段，调节和控制运输市场，在此条件下形成的市场价格引导运输企业对产品或服务实施生产、流通、消费和分配，使得运输资源优化配置。运输价格管理采用有控制的市场价格模式，其积极作用的发挥是有一定前提或条件的。归纳起来，主要有以下几方面：其一，市场机制必须与宏观调控有机结合；其二要有一个健全的运输市场体系，市场主体、行为都要求规范化；其三，要有一个比较宽松的社会经济环境，特别是要有一个相对平衡的运输市场供求环境；其四，需要国家的各种法律手段、经济手段、行政手段等有效的调控和指导。

二、运输价格的管理原则

国家对运输业实行有控制的市场价格管理模式时，其管理原则是：统一领导、分级管理；直接管理与间接控制相结合；保护竞争、禁止垄断。

（一）统一领导、分级管理的原则

运输价格管理的“统一领导”，是指涉及全国性运输价格管理工作的价格方针、价格调控计划、定价原则、调价方案与步骤、价格管理法规等内容应由国务院价格主管部门统一制定、统一部署、全面安排。并借助一定的组织程序和组织机构，采用相应的管理手段，对运输价格管理过程进行组织、监督、调节和协调。运输价格的“分级管理”，是指各级政府、运输主管部门按照各自的价格管理权限，对运输价格和费收标准实施的管理。

按我国 1991 年 5 月颁布实施的《铁路法》，铁路运价分为两级管理：国务院管理国家铁路的客货运价，铁路主管部门管理铁路运输杂费；省级价格主管部门管理地方铁路的运价和杂费。公路运价除国际联运、跨省集装箱、零担货物运价由国务院价格主管部门和交通部管理外，其余货物、旅客运价由省级价格主管部门会同交通主管部门管理。我国航空运价实行公布运价和多种折扣运价相结合的管理方式。其中，公布运价由国务院价格主管部门管理；国内折扣运价由民航总局管理。

（二）间接控制为主、直接管理为辅的原则

对运输价格的直接管理，是指政府直接制定、调整和管理运价的一种行政管理方法。这也是我国 20 世纪 80 年代以前对运输价格管理使用的一种主要方法。其基本特点是运价由国家价格主管部门或业务主管部门直接制定并调整，并采用行政手段，强制企业执行。运输价格一经制定，具有相对稳定性。我国已确立实行社会主义市场经济体制，在一定范围内保留对价格的直接管理是有必要的，即使是实行“自由市场经济”体制的国家也不例外。对运输价格的间接控制，是指政府通过经济政策的制定与实施，并运用经济手段来影响市场定价环境，诱导企业定价行为的一种价格控制方法。它的基本点是政府不直接规定和调整运价，而主要采用经济政策和经济手段来诱导运输企业作出准确的价格决策。

按照前述的运输价格管理采用有控制的市场价格模式，就是要建立以市场形成价格为主体，政府宏观调控的运价形成机制。其实施途径应采用直接管理与间接控制相结合，并以间接控制为主的方式。随着运输市场的开放，多种经济成分、多渠道的运输格局已经形成，除对少数如抢险救灾、军运物资等实行运价的直接管理外，其余货物运输价格均应采用间接控制的办法，即由企业根据市场供求的变化自主定价。

为达到政府部门对运输市场交易进行监控的目的，并引导运输企业在运输市场交易中合理定价，国家应建立和完善运输价格信息网络。以水运为例，应将已经组建的航运交易所有关交易信息联网，各交易所各自对运价信息进行采集并向网内反馈。这样，运输企业可利用计算机终端及时掌握自身需要的运价信息。与此同时，交通部运价信息监控中心应定期或不定期地向全国水运系统发布主要航线、主要货种的运价指数，分析运价变化走向，并开展对运输价格的咨询服务。这样，运输企业便可根据自身的条件，参与运输市场的正常交易。若在某些航线发生运价指数异常，大大背离以往正常交易下的指数，运价信息监控中心在进一步确认的前提下，应亮“红灯”以示警戒，必要时应采取果断措施，责令有关航运交易所暂停交易，以保护运输企业或货主的利益。

（三）鼓励竞争、禁止垄断的原则

价格竞争是商品经济发展的必然产物。在客货运输质量大体相同的条件下，通过不同运输方式之间、同一运输方式各企业之间的运价竞争，达到运输资源的合理配置和提高运输企业的经济效率。鼓励竞争，实质就是实行公平、公开、公正的市场交易。而地方保护主义，“地下”交易和“黑市”交易等就是不正当竞争行为。因此，为了保护运输业的正当竞争，政府要建立并完善保护竞争、反对垄断的法规体系，制止任何企业和企业集团利用某些优势进行价格垄断，牟取暴利。

三、运输价格的管理形式

政府采取何种价格管理形式，是价格管理的最基本内容，它是由管理模式决定的。根据《中华人民共和国价格法》，我国采取三种运输价格形式，即政府定价、政府指导价、市场调节价，其中市场调节价在市场价格机制中占主导地位。

（一）政府定价

政府定价主体是政府，具体价格由政府价格主管部门或者运输有关部门按照定价权限和范围制定。政府定价具有强制性，属于行政定价性质。凡实行政府定价的运输服务价格，不经价格主管部门批准，任何单位和个人都无权变动。

在政府定价时，除了反映运输价值外，还应注意在市场经济条件下的客观经济规律的要求，诸如运输市场的供求关系、与其他运输方式之间的比价关系等。同时，还应根据运价指数的走向，定期与不定期地对运价进行调整。

（二）政府指导价

政府指导价，是一种具有双重定价主体的价格形式，由政府价格主管部门或者运输其他有关部门，按照定价权限和范围规定基准价及其浮动幅度，指导经营者制定的价格。政府通过制定基准价和浮动幅度，由此形成一个价格区间，具体价格水平是有边界的、可控的，而属于价格干预措施的价格，其具体价格水平是开放的，从而达到控制价格水平的目的。经营者可以在政府规定的基准价和浮动幅度内灵活地制定调整价格。政府指导价既体现了国家行政定价强制性的一面，又体现了经营者定价相对灵活性的一面。

（三）市场调节价

市场调节价是运输企业根据国家有关政策和规定，主要通过市场竞争形成的运输价格。市场调节价的定价主体是经营者，形成途径是通过市场竞争。运输企业自主定价，并非是可以任意定价、随意定价。正是由于集合在市场上的运输服务的供给者和需求者所形成的两股不同力量互相影响而导致运输价格的形成，在这个意义上，经营者又是市场价格的接受者。除政府定价和政府指导价外，运输企业提供的劳务均采用市场调节价。

四、运输价格管理的基本手段

从运输价格调控体系来看，运输价格管理手段应是法律手段、经济手段和行政手段的三者结合体。

（一）以法律手段管理运输价格

价格管理的法律手段，是指用法律规范来调整价格关系，使价格的制定、调整、实现、争议、裁决等行为法律化，从而使价格关系具有法律的规范性、稳定性和强制性。就运输价格而言，就是指规范其管理形式和管理权限、调价的基本原则、保护措施、禁止运输价格垄断和暴利行为的措施和制裁办法等。

法律手段的稳定性是行政手段稳定性的高级形态，是法律化了的行政手段。法律调控手段的调整对象是价格行为。从这个角度而言，法律手段对价格的调控又是间接的，它是行政手段中间接手段的“升华”。

（二）以经济手段管理运输价格

以经济手段管理运输价格，是指国家根据价格形式的内在规律和市场供求规律，运用财政、税收、货币、信贷、投资等措施和政策工具，从内部影响价格形式的各种要素，从而达到控制运价总水平、调节运输服务的社会需求和供给总量的目的，即变原来的事后价格对资源的调节为事先调整运价的形成机制，从而达到社会资源的合理配置和运输能力的最有效使用。

运输业是一个初期投资大、资本回收期长、对国民经济发展具有举足轻重作用的基础产业。除了运输企业本身应适应运输需求的变化，准确选定、实施经营决策并改善经营管理外，国家应对运输业进行必要的扶植。世界各国大都对运输业推行经济扶植政策。

（三）以行政手段管理运输价格

以行政手段管理运输价格，是指政府价格主管部门或运输主管部门，运用行政命令的方式，对“极少数”运输服务价格的形成、价格的制定及价格关系进行的直接管理，即运用行政命令，下达统一的运价和实施带强制性的措施和监督等办法，管理和协调各种价格关系的一种手段。这种直接管理，往往通过采取行政措施、行政监督、行政法规和行政处罚等一系列方法和制度来实现。运用行政手段调控运输价格，具有法定性、强制性、直接性的特点。

综上所述，价格体系有其自身的内在规律性，价格调控手段亦有其内在的独特性。运输价格调节手段是相互联系、相互补充的辩证统一体。其经济手段是从价格形式的内部入手，处于基础地位；行政手段是经济手段的延伸和补充，是从价格形式的外部入手，与经济手段相照应，产生内因和外因同方向的运动效果；法律手段则是价格调控的高级形态，它指导经济手段和行政手段的运动方向。政府价格主管部门只有掌握好各种调控手段的内在功能，依据经济发展状况和市场价格发展变化趋势，审时度势，科学决策，才能充分发挥价格在宏观经济调控中的应有作用。

第九章　运输企业理论与制度

第一节　企业理论

企业（firms，亦可译为厂商），是一种久已存在的经济组织形式。现代意义上的企业，是指具备一定的经济条件，从事生产、流通或服务性劳务等经济活动，以满足社会需要并获得利润，实行自主经营、自负盈亏，具有法人或法律地位的经济实体。在不同的社会形态下，企业总是与其所有制形式相联系，是该社会生产力和生产关系的载体，其性质具有两重性。

企业是商品和劳务的供给者，是生产力和生产关系的直接体现者，在社会经济生活中起着重要的作用：第一，作为最主要的经济组织，企业构成整个经济运行的微观基础，起着经济增长动力源的作用；第二，企业是市场机制发挥配置资源作用的一个基本前提，而且在一定条件下又可成为部分市场机制的替代物；第三，企业提供就业机会，是社会稳定的一个有力的调节器。因此，在讨论运输企业之前，阐明企业的基本理论具有十分重要的意义。

一、西方企业理论

现代西方企业理论有不同学派，内容较多，有交易费用学派的企业理论、产权学派的企业理论、委托——代理学派的企业理论等等。这些学派的理论都是相互联系和交织在一起的；某一学者的理论，有时会对不同学派的企业理论有所贡献。这里主要介绍新古典经济学对企业的解释和对我国有较大影响的科斯的企业理论。

（一）新古典经济学对企业的解释

新古典经济学认为，企业是生产单位。在新古典经济学理论中，只有生产函数理论，没有完整的企业理论。它认为，企业作为生产单位，其功能是把土地、劳动、资本等生产要素的投入转化为一定的产出，并用生产函数来描述投入与产出之间的转化关系。

生产函数的表达式是：

$$Q=f(x_1,x_2) \tag{9—1}$$

这里 Q 为某种产品的产量，x_1 和 x_2 分别为两种投入品，一般视为资本和劳动两种要素。

生产 Q 的成本开支可写成：

$$C=P_1x_1+P_2x_2+K \tag{9—2}$$

这里 P_1 和 P_2 分别为两种要素 x_1（资本）和 x_2（劳动）的价格，K 是固定成本，因此，总成本 C 是可变成本与固定成本之和。

如果我们假定产品的市场价格为 P，那么利润函数 F 就可以定义为销售收入与生产成本之差，即：

$$F=Pf(x_1,x_2)-(P_1x_1+P_2x_2+K) \tag{9—3}$$

在每一种既定的技术条件下，都存在一个生产函数。生产函数理论仅仅把企业简单地归结为投入—产出的技术关系，研究在什么条件下产出最大化或利润最大化。但是，生产函数理论把具有上述行为特征的企业作为分析的已知前提，而把它本身看作一个“黑箱”(black box)，对它内部的组织结构，以及各种要素所有者（如资本所有者和劳动所有者）之间的关系存而不论。同时，在新古典经济学那里，没有系统地论述交易费用问题，实际上是认为企业的交易活动是不稀缺的，是不发生交易费用，即交易费用为零的。因此，传统的微观经济学把企业看作一个生产函数，把它归结为技术关系，不能揭示企业的起源和演变，也不能说明企业的性质和功能。

（二）科斯的企业理论

美国芝加哥大学法学院教授罗纳德·哈里·科斯被认为是西方企业理论（包括产权理论）的奠基者。以科斯等人为代表的经济学家对传统的经济理论进行批判性考察，从产权结构或产权制度的角度研究资源配置效率，研究如何通过界定、变更产权安排，创造或维持一个交易费用较低，从而效率较高的产权制度。

科斯的理论形成大致分为两个阶段：第一阶段是在 20 世纪 30 年代对正统微观经济学进行批判性考察，指出市场机制中存在摩擦，克服摩擦是要花费代价的，其关键在于财产制度创新—完善私有制。这一阶段的代表作是著名论文《企业的性质》。这篇论文被认为是西方企业理论产生的标志。第二阶段是 20 世纪 50 年代末至 60 年代中期，科斯论述了产权的经济作用，指出产权的经济功能在于克服外在性，降低社会成本，从而在制度上保证资源配置的有效性。这一阶段的代表作是《社会成本问题》。

科斯的企业理论核心内容如下：

1. 交易费用是核心范畴

科斯在《企业的性质》中提出了交易费用范畴。这一范畴可以说是现代产权理论的基础。科斯在《企业的性质》一文中指出，交易费用是运用价格机制的成本，它至少包括两个方面的内容：(1) 发现贴切价格，获得准确的市场信息的成本；(2) 谈判与履约的成本。这一范畴的提出是直接针对传统的经济理论的。其一，传统的完全竞争理论的假定是，价格信息为既定，并为所有当事人所掌握。而在科斯看来，价格是不确定的、未知的，要将其转化为已知，发现贴切价格，企业是要付出代价的。其二，传统的经济理论认为市场机制是一种完善的自动调节机制，交易是假定瞬间完成的。在科斯看来，市场当事人之间进行交易存在着摩擦甚至冲突，因而需要谈判、缔约，并诉诸法律。因此，要建立市场当事人间有序的联系就需要支付费用。

科斯之所以提出交易费用范畴，直接目的是论证企业制度存在的必要性。其隐含着的一个更为深刻的思想，即交易背后的产权制度问题。他实际上已意识到，在企业产权界区清晰的条件下，运用价格机制实现企业间联系的摩擦就会减少，交易费用就低；反之，交易费用就高。正是在这个意义上，交易费用范畴成为产权理论的核心范畴。

2. 企业是价格机制的替代物

科斯指出，我们发现在经济理论中生产要素在各种不同的用途之间的配置是由价格机制决定的。然而，在现实世界中这种说法在许多地方并不适用。既然人们通常认为统筹协调能通过价格机制来实现，那么，为什么这样的企业组织是必需的呢？在企业之外，价格变动决定生产，这是通过一系列市场交易来协调的。在企业之内，市场交易被取消，伴随着交易的复杂的市场结构被企业家所代替，企业家指挥生产。可见，价格机制和企业具有可替代性。科斯的结论是：企业的显著特征就是作为价格机制的替代物。但是，企业替代价格机制是有条件的。因为利用价格机制或市场运行是有成本的。如果通过形成一个组织，即组成一个企业，并允许一个企业家来支配资源，参与市场交易，则可以减少市场当事者的数目，减少交易摩擦，降低交易费用。但组成的企业，其内部的组织与管理也要花费一定的费用；当组成企业的费用低于其所节约的交易费用时，人们就会以企业来替代一部分市场。企业的规模取决于企业内部组织的交易费用与公开市场的交易费用的比较；企业规模扩大的极限，是其内部组织的交易费用等于所节约的市场交易费用的那一临界点。科斯进一步指出，这种交易费用的节约，推动了企业合并。当运用两个或更多的企业分别进行交易的交易费用高于由一个企业所进行交易的交易费用时，合并就会发生。并由于技术进步、管理水平提高而引起企业内部交易费用的降低，导致企业规模的进一步扩大。这样，一个原先是由生产者和消费者直接交易的原始型竞争市场，由于企业的出现与扩大，逐步成为不完全竞争市场。

3. 权利界定与资源配置

科斯用于解释企业存在的是交易费用概念。后来，科斯在其《社会成本问题》中，把交易费用概念拓展为社会成本范畴。而社会成本范畴研究的核心是外在性问题。所谓外在性是指经济当事人一方的行为对另一方或对其他诸方的利益造成的损害或促进，不能通过市场加以确定，也难以通过市场价格进行补偿或支付。科斯在该文中指出，只要交易界区清晰，交易费用就不存在；如果交易费用为零，那么，传统经济学所描绘的市场机制就是充分有效的，经济当事人之间的纠纷便可通过一般的市场交易得到解决，外在性也就根治了；只要产权界区不清，交易费用不为零，市场机制就会由于外在性的存在而失灵。

后来，G. 斯蒂格勒将科斯的上述思想推崇为“科斯定理”：若交易费用为零，无论权利如何界定，都可以通过市场交易达到资源的最佳配置。显然，现实经济生活中交易费用不可能为零，由此人们推出“科斯反定理”：即在交易费用为正的情况下，不同的权利界定，会带来不同效率的资源配置。这样，实际上已经将权利安排即制度形式与资源配置效率直接联系起来。

4. 交易费用与企业组织

20世纪60年代以后，威廉姆森拓展了科斯所建立的以交易费用为基础的企业调节资源配置的理论，系统地研究了交易费用，用以说明各种经济问题，从而形成交易费用经济学。

交易费用经济学所研究的基本单位是交易。所谓交易实际上可以被理解为人们之间的经济联系方式。人们之间的交往实际上可以被看作是交易完成和交易再发生的过程，而交易的达成是要通过契约的，契约的签订和修改都是要通过一定的经济体制去贯彻的。所以交易费用经济学着力于研究和比较什么样的经济组织体制更有利于节约交易费用，从而更有利于节约成本，提高经济效率。这里所说的经济组织体制，主要指企业组织体制和市场体制。威廉姆森从合同的订立、实施和保障必然发生费用这一点出发，详尽分析了市场交易的内在缺陷。契约的出现就是以市场交易的"内部化"来克服这些市场缺陷的。由此，契约组织就被看成是内部一体化的市场组织的替代物。

威廉姆森用来解释现代企业组织形成原因的主要因素是资产的专用性（asset specificity)。当一项耐久性投资被用于支持某些特定的交易时，所投入的资产即具有专用性。在这种场合，假如交易过早地终止，所投入的资本将完全或部分地无法改作他用，因而，在投资所带来的固定成本和可变成本中都包含了一部分"不可挽回的成本"。因此，契约关系的连续性意义重大，契约双方中有一方投入了专用资产，一旦另一方采取机会主义行为提前终止交易，投资一方就可能蒙受损失。资产越是专用，其潜在的交易费用就越大。所以，组织的保障可以大大降低交易费用，因而企业组织就趋于替代市场机制。

最为典型的资产专用性莫过于铁路了。威廉姆森认为，在铁路运输业，技术上有效率的单位较之于经济上有效率的单位要小得多。原则上，一条铁路可以分为若干段落，各段自主经营，通过市场契约来连接各相继段落的业务。这种办法之所以行不通，是因为各段落都已投入了专用资产：一段铁路一旦建成，其投资便不能再移往他处改作他用。因此，相继段落间契约关系的连续性对双方都极为重要，以致必须结合为一个企业来保证这种连续性。这就是为什么铁路企业的组织规模一开始就是庞大的原因之所在。铁路企业是第一个现代工商企业，也是第一个组织的创新。

（三）对科斯的企业理论简析

以科斯为代表，西方产权理论关于产权分析有一个基点，即以当代私有制为分析基础，以私有制为明确产权界区的唯一可能的制度形式。这种以私有制为分析前提，以完善私有制为归宿的基本宗旨，在我国经济改革理论和实践上是不能接受的。但是，西方产权理论把产权问题引入现代市场经济运行分析，进而提出了产权界区与克服外在性，产权清晰度与市场交易费用大小，产权构造与财产权利和风险责任制衡，产权转让与资源配置有效性的关系等命题，这些对于我们思考如何在现有的公有制基础上造就商品生产者企业制度，如何把公有制与商品关系、市场机制有机地统一起来等问题，还是值得重视的。

第一，科斯的理论强调交易费用的经济意义，这对于我们认识企业规模与运用市场机制的效率之间的关系是有启发的。交易费用思想既强调交易的界区必须清晰，还强调参加交易的当事者数量要适度，这就要求资源所有者不能高度分散地直接进入市场，而应以一定的组织状态和规模集合地进入市场。企业制度之所以重要，其原因即在于此。我国经济改革中的一个原则选择，是使生产交易单位从原来的大一统向权利分散方向转变。在这里应注意生产交易单位的适度规模，即参与生产交易的当事者的数量适度，以减少交易摩擦，降低交易费用。因此，必须使其参与市场交易活动以现代企业制度为基础，而不是以小生产制度为基础。

第二，科斯的理论认为，企业与市场是经济运行的两个层次，它们的关系是：企业产权界区越清晰，企业进入市场的摩擦会越小，市场就越有序；反过来，市场越有序，运用市场机制的代价越小，企业的行为就越有效。据此来思考我国经济体制改革，在公有制的基础上，要构造众多的市场主体，也有一个明确产权界区的问题。企业所有制的改革与市场机制的形成，对于社会主义市场经济来说是缺一不可的。

（四）企业能力理论

自从 1942 年熊彼特的《资本主义、社会主义和民主》和 1959 年潘罗斯的《企业的增长理论》强调企业能力以来，越来越多的学者投身于企业能力理论的研究。经过几十年的迅速发展，企业能力理论目前已经与交易成本理论、企业演变理论和企业生态理论并列成为企业的四大主流理论之一。该理论主要有两大分支，一个是强调企业资源的资源基础理论，另一个是强调企业资源中知识的知识基础企业理论。

资源基础理论超越主流经济理论把企业视为投入联合体的思想，将企业与那些资源转化行为联系起来，对现代企业理论的基本问题提出了一些新的见解。在解释企业存在原因的问题上，资源基础理论从企业之间的异质性出发，认为一个企业存在的原因是它与其他企业相比具有优越性。与市场相比的优越性是科斯等人早已论述过的，资源基础理论的不同之处是它把其他企业也纳入了分析之中。其目的是想阐明单个企业存在的原因，即为什么这个企业的资源未被分配至其他企业。资源基础理论的一个基本观点是认为企业的竞争地位是由其独特的资源条件决定的，企业之间是存在异质性的。因此，企业不仅仅只是一个投入要素的结合者（新古典理论)，它更应当是独特投入要素的寻求者，是产出和配置效率的追求者，并且不论是要素结合者还是要素寻求者，其成功运作都要依赖于企业所处的外部环境。

知识基础理论在企业性质的问题上也给出了不同于以往企业理论的回答。该理论认为，企业的存在代表一种对知识经济学基本非对称的反应，知识获取比使用需要更强的专业化，因此，生产需对处理许多具有不同类型知识的个体专家进行协调。但市场不可能确保这种协调作用，因为市场无法面对隐含知识的不可流动性和潜在购买者占用显性知识的风险。这样企业作为生产产品和服务的机构而存在，因为这种机构能够创造使多个个体整合其特有知识的条件。这种把企业的作用看作是整合知识的机构的观点与科斯和威廉姆森的交易成本企业理论是很不相同的，交易成本企业理论认为企业存在是因为它们能够避免同市场交易的成本；而知识的企业理论则关心与特殊交易类型相关的成本。但最根本的差别在于，基于知识的企业理论强调企业是管理团队生产的组织，而非交易的机构。

（五）企业的性质

科斯在分析企业的性质时，从劳资关系入手，认为雇主——雇员关系是一种长期的、权威的契约关系，并认为企业可以通过“权威”配置资源来节约交易成本。阿尔钦与德姆赛茨（Alchian and Demsetz）虽然不同意科斯的企业比普通市场拥有更为优越的诸如命令、强制等权利，但赞同企业的本质是一种合约结构，提出企业所进行的是一种合作生产，在此过程中，客观上存在计量合作成员边际贡献的困难，由此必然产生具有外部性的机会主义行为。为此，他从降低交易成本和提高企业运营效率角度提出，企业物质资本所有者必须组成一个专门从事监督合作成员行为的团体，并认为要提高这个团体的监督效率，则该团体必须拥有剩余索取权。资本、产权的社会化与有价证券等金融工具的发明，产生了公司制的企业制度结构。公司尤其是股份公司的出现，使企业产生了所有权与控制权的分离问题并由此产生了代理的问题。

在两权分离理论的基础上，德姆赛茨等人建立的代理经济学，从信息不对称的契约关系角度上，探讨了企业委托人和代理人之间如何进行企业所有权及风险配置，以及如何通过设计有效的绩效报酬来激励管理者从而使各代理人（主要是经理人）尽心工作。他们将代理理论、产权理论和金融理论的各种要素结合起来，构建了企业所有权理论。他们从企业的价值最大化规模、潜在控制和系统管理等角度分析了企业所有权的决定因素，探讨了公司证券所有权与控制权相分离具有较强生命力的原因。

交易成本理论的一个重要突破是格罗斯曼、哈特、摩尔的“不完全合同理论”。这一理论认为，产权安排的重要性来自于合同的不完全性。因为在制定合同时，人们不可能实现预料到未来的所有可能出现的情况。即使预料到了，也由于成本太高而不能执行。所以对于合同中没有预料到的情况拥有决策控制的权力，就是所谓的“剩余控制权”。

二、马克思的企业学说

马克思在其著作中尤其是《资本论》中，仔细研究过资本主义企业，并早已形成关于企业的起源、本质、职能、规模和治理结构等一整套较为系统的学说。这是马克思留给我们的宝贵的理论遗产，应当深入研究和阐发，以指导我国企业改革的实践。这里，重点介绍马克思关于企业的起源和关于企业的规模和制度变迁的理论。

（一）关于企业的起源

从经济发展历史看，企业的起源就是资本主义企业的起源。马克思详细地考察了资本主义发展初期企业产生的条件。他指出：“资本主义生产实际上是在同一资本同时雇佣人数较多的工人，因而劳动过程扩大了自己的规模并提供了较大量的产品的时候才开始的。人数较多的工人在同一时间、同一空间（或者说同一劳动场所），为了生产同种商品，在同一资本家的指挥下工作，这在历史上和概念上都是资本主义生产的起点”①。马克思在这里讲的“资本主义生产”，可以理解为资本主义企业的生产或资本主义企业。在这段话中，实际上提出了协作、资本、劳动力和利润等是形成企业的一般条件。

企业的萌芽形态是与简单协作联系在一起的。马克思认为，协作是许多工人在同一生产过程中，或在不同的但相互联系的生产过程中，有计划地一起协同劳动。如果在同一生产过程中，从事协作的劳动者没有劳动分工，就叫做简单协作。“协作”之所以能称为企

① 马克思：《资本论》，2版，第1卷，374页，北京，人民出版社，2004。

业的起源条件之一，是因为协作提高了劳动的社会生产力。“和同样数量的单干的个人工作日的总和比较起来，结合工作日可以生产更多的使用价值，因而可以减少生产一定效用所必要的劳动时间”①，“这里的问题不仅是通过协作提高了个人生产力，而且是创造了一种生产力，这种生产力本身必然是集体力”②。简言之，协作提高了个人和集体的生产效率，因而可以节约生产费用和非生产费用，具有经济性。

在马克思看来，简单协作是与一切较大规模的生产结合在一起的，它是资本主义生产方式的基本形式，是整个资本主义生产方式所共有的、最一般的基础。而简单协作的产生是有条件的，主要有：

第一，技术条件。这种条件在封建手工业中就已经存在。

第二，劳动力成为商品。马克思的研究表明，协作是自古就有的，但资本主义协作和过去有本质的区别。资本主义的协作形式一开始就是以劳动力成为商品，即以出卖自己劳动力给资本家的自由雇佣工人为前提。只有劳动力成为商品，货币才能转化为资本，这是资本主义企业形成的关节点。而劳动力成为商品的基本条件是劳动力具有人身自由和一无所有。他指出：“有了商品流通和货币流通，决不是就具备了资本存在的历史条件。只有当生产资料和生活资料的占有者在市场上找到出卖自己劳动力的自由工人的时候，资本才产生”③。而资本主义企业的产生就是在同一资本同时雇佣较多的工人为基本前提时才产生的。

第三，资本的最低限额。马克思指出，资本主义企业所生产的剩余价值量取决于所雇佣的工人数，而要雇佣一定数量的工人，就需要一定数量的可变资本，而且还需要一定数量的不变资本。他说：“起初，为了有足够的同时被剥削的工人人数，从而有足够的生产出来的剩余价值数量，以便使雇主本身摆脱体力劳动，由小业主变成资本家，从而使资本关系在形式上建立起来，需要有一定的最低限额的单个资本。现在，这个最低限额又表现为使许多分散的和互不依赖的单个劳动过程转化为一个结合的社会劳动过程的物质条件”④。这表明，以协作为基础的资本主义企业产生的条件，是需要达到一定的资本的最低限额，当然，这个资本的最低限额在资本主义生产的不同发展阶段是不同的，而在一定的发展阶段上，不同生产部门也是不同的。

第四，协作所产生的生产力为资本占有。马克思指出，随着许多雇佣工人的协作，资本的指挥发展成为劳动过程得以进行所必要的条件，成为实际的生产条件。只要资本把工人置于一定的条件下，协作所产生的劳动的社会生产力就不费资本分文而发挥出来。同时，又因为这种社会生产力是工人在其劳动本身属于资本以前所不能发挥出的生产力。所以，劳动的社会生产力好像是资本天然具有的生产力，是资本内在的生产力。协作所以产生，必须具有资本、劳动力等条件；协作所产生的生产力为资本占有，表现为资本的生产力，即当它可带来更多的剩余价值时，资本家才会去组织协作，建立企业。

综上所述，在一定的技术基础上，如果说一定数量的雇佣工人、最低的资本限额是企业起源的必要条件的话，那么，资本对协作所产生的社会生产力的无偿占有，资本家利润

---

① 马克思：《资本论》，2版，第1卷，382页，北京，人民出版社，2004。

② 同上书，378页。

③ 同上书，198页。

④ 同上书，383页。

的实现则是企业起源的充分条件；只有当这两种条件同时具备，企业才得以产生。

（二）关于企业的规模和制度变迁

马克思把企业的规模大小和制度变迁，看作是技术、协作、劳动力、资本、市场和利润等基本经济条件变化的必然反映；看作是社会生产力和生产关系不断发展及相互作用的结果，其实质是相对剩余价值的提高。《资本论》用大量篇幅，客观而详尽地描述了资本主义企业规模和制度的演进轨迹。

第一，从简单协作制度到工场手工业制度。

简单协作是现代企业的萌芽状态，它最初是作为个体经济的对立形式，以生产资料的资本家所有制为基础，以资本家为中心组织起来的。它是资本主义企业生产的起点。从简单协作向工场手工业演进，在技术条件上没有根本区别，但是协作的基础却发生了变化，这就是同一生产过程中从事协作的劳动者从没有分工发展到分工，即协作建立在分工的基础上，是工场手工业与简单协作的主要区别。其起源有两种方式：一是混成的工场手工业，指不同工种的手工业工人，为同一个资本家所雇佣，在同一工场里进行协作劳动，产品必须经过这些工人之手才能最终完成。二是有机的工场手工业，指从事同一个或同一类工作的手工业工人，在同一个资本家指挥下在同一个工场里劳动，产品经过一系列有机程序的操作而完成。工场手工业的分工协作较之简单协作，扩大并固化了资本主义的经济关系，提高了劳动效率和企业利润。因此，以企业内部分工为基础的协作，在工场手工业上取得了自己的典型形态。这种企业形态大约从16世纪中叶到18世纪中叶占据统治地位达200多年。

第二，从工场手工业制度到工厂制度。

机器大工业取代工场手工业，是推动工场手工业制度向工厂制度转变的根本原因。马克思指出，工场手工业本身的狭隘的技术基础发展到一定程度，就和它自身创造出来的生产需要发生矛盾。这一矛盾的解决，则有赖于生产方式的变革。如果说生产方式的变革在工场手工业中以劳动力（分工）为起点，那么，在大工业中则是以劳动资料为起点的。在机器大工业中，劳动资料取得机器这种物质存在方式，不仅使得工场手工业分工的技术基础消失殆尽，而且要求以自然力来代替人力，以自觉应用自然科学来代替从经验中产生的陈规，劳动过程的协作性质进一步加强，尤其是劳动资料（机器）本身的性质所决定的技术构成，决定了协作的规模、方式和制度。

机器大工业最终确立了工厂制度，这意味着企业制度才从根本上得以稳固，成为经济生活中的主要组织形式。这种以机器协作为基础的资本主义企业制度，具有提高效率和增加利润的优势。机器大工业造就了生产的大规模，而生产规模的扩大，迅速提高了劳动生产率，降低了产品的成本，大幅度提高了相对的或绝对的剩余价值。资本对利润的追求决定了机器使用的最低界限，即机器的使用必须具有经济性。马克思指出，企业使用机器的界限是它所费的劳动必须少于它所代替的劳动；资本主义企业使用机器的界限在于，只有当机器的价值少于它所代替的劳动力的价值时，才会使用机器。

机器大工业不仅从根本上使资本关系加深，而且由于其具有很大的扩张性，因此，它总是力图征服和改变一切领域，并把它们置于自身之下。正像马克思指出的那样："现代工业从来不把某一生产过程的现存形式看成和当作最后的形式。因此，现代工业的技术基础是革命的，而所有以往的生产方式的技术基础本质上是保守的。现代工业通过机器、化学过程和其他方法，使工人的职能和劳动过程的社会结合不断地随着生产的技术基础发生变革”①。正是因为现代工业技术基础的革命性，推动着技术的不断进步和发展，从而推动着工厂制度的进化。现代股份制之所以能在单个资本所有的基础上产生，大工业及其变革的本性确是其中的重要因素。

第三，从工厂制度到公司制度。

在早期资本主义生产中，简单协作、工场手工业和工厂三种企业形式基本上是独资性质的，采取公司制度的企业极少。然而，马克思对其成因作了精辟的阐述：“在资本主义生产的基础上，历时较长、范围较广的事业，要求在较长时间内预付较大量的货币资本。所以，这一类领域里的生产取决于单个资本家拥有的货币资本的界限。这个界限被信用制度和与此相联的联合经营（例如股份公司）打破了”。依马克思所见，股份公司产生和快速成长的首要原因是扩大再生产和资本集中的需要。而且，私有制公司还可以替代政府企业，并引起企业内部财产关系发生变化。马克思对比独资企业和合伙企业，揭示了股份制企业资本的所有权与管理权相分离以及资本集中和资本积累等一些重要特点，并得出股份制企业是资本主义生产方式向更高形态的生产方式的过渡点。

三、现代企业的产生和成长

现代企业是指公司制企业，它是现代市场经济中占主导地位的经济组织形式。从企业演化的历史过程来看，古典企业或传统企业（独资企业和合伙企业）向现代企业转变，是技术创新和组织创新的结果。而这一创新首先是在运输业，具体地说是在铁路上实现的。铁路公司是最早出现的现代工商企业，它是现代工商企业管理和组织方面的先驱，也是现代企业制度的典型模式。

（一）铁路——第一个现代工商企业

在企业的发展史上，19 世纪 40 年代是一个分水岭。它标志着现代企业及其制度的开端。这种开端出现在美国，而非其他国家，是由一系列历史条件所促成的。②

钱德勒（Alfred Dupont Chandler Jr.，1918—2007）指出：“最早的现代企业是为了管理新的铁路公司和电报公司的作业而建立起来的那些企业。”③ 现代工商企业有两个特点：它包括许多不同的营业单位，且由各层级支薪的行政人员所管理。“因而，由一组支薪的中、高层经理人员所管理的多单位企业即可适当地称之为现代企业。”④

在 1840 年以前，美国的企业基本上属于所谓单一单位的传统企业这一类。之所以现代多单位工商企业没有在此之前出现，其原因是受技术和市场两个基本条件的限制。其一，从技术方面看，到 1840 年，虽然经济有所扩张，但是传统的能源、风力和畜力依然是工商企业的动力源，那么工商企业的投入产出规模和交易的范围、数量就要大受限制。

---

① 马克思：《资本论》，2 版，第 1 卷，560 页，北京，人民出版社，2004。

② 参见［美］小艾尔弗雷德·D·钱德勒，《看得见的手——美国企业的管理革命》（以下引用简称《看得见的手》），587～591 页，北京，商务印书馆，1987。

③④ 同上书，572、1～3 页。

与此相对应，由于技术的一贯性，尽管经济有了一定的发展，但公司的内部组织及经营的交易的方法，并没有多大改变。其二，从市场方面看，19 世纪 40 年代的美国，依然是个农业国家，城市规模小，商业中心彼此相距遥远，而且交通运输落后，货物送达速度缓慢。这种狭小的市场需求，不足以引致大企业的产生。

随着技术的发展和市场的扩大，现代工商企业应运而生。现代企业是如何起源的呢?换言之，传统企业是如何走向现代企业的呢？钱德勒认为，首先在于技术创新，并由此导致制度和组织创新。无论是技术创新，还是制度和组织创新，在美国都是以铁路为起点的。正如他所说："铁路旋风般的胜利导源于组织上及技术上的革新。"①

19 世纪 40 年代铁路运输技术得到了迅速提高。铁路修筑、路基平整、隧道开凿以及桥梁建造的统一方法均有所发展，T 形铁轨也开始经常使用。到 19 世纪 40 年代末期，蒸汽机火车头已具备凸轮、水箱、驱动轮、转向滚轮及平衡杆等；客车也改为可两面乘坐的专车，可容纳 60 名乘客；货车、牲畜车、木材车及其他种类的运货车，除了车体较小以外，和 20 世纪美国铁路上使用的这类货车没有什么差异。不仅如此，由于铁路运输速度快、时间准确、有规律和全天候的运输服务，以及更集约地利用已有的运输设备，从而缩短了运输时间，大大地降低了运输成本，这些优点对客货运输产生了巨大吸引力。铁路的速度比水运快，而且在历史上第一次陆上的客、货运速度超过马匹的速度。它迅速地取代运河及其他内陆水运。铁路运输线路的发展，有着广泛的扩散效应，带动了更大的人流和物流，刺激了经济发展。也因为铁路建设与经营有利可图，促进了铁路网的迅速扩展，所以出现了 19 世纪 50 年代的第一个铁路繁荣期，而且带动了相关产业的发展。

铁路技术上的创新，是其组织上创新的基础和前提。铁路技术上的革新，使得迅速且全天候的运输得以实现；但是，安全、准时并可靠的客、货运，以及机车、车皮、铁轨、路基、车站、调车房和其他设备的长期保养与修理，则有赖于相当规模的管理组织。这意味着需要雇佣一群经理人员来监督在地理上极为广阔范围内的各种职能活动；需要任命中、上层管理人员来执行监督、评估和协调负责日常经营活动的管理，也意味着各种崭新的内部管理程序以及会计和统计监督的形成。从此以后，产生了美国企业管理上最初的管理层级制。②

钱德勒在其论著中详细论述了铁路组织创新的历史演进。19 世纪 50 年代，美国铁路进入第一个繁荣期。"一旦一条铁路经过筹集资本、修建完工并投入营业后，下一步的挑战便是管理。如果没有管理人才，没有设计良好的内部管理结构和管理程序，以及没有良好的内部信息联系的话，便无法安全而有效率地运行极其庞大的交通流量。充分发挥新技术的潜力要求在组织方面付出前所未有的努力。历史上还从来没有别的企业或非商业性机构曾要求对这么多不同单位进行协调与控制，这些单位完成着如此繁杂且需加以十分仔细地安排的大量工作；也从来未有任何企业处理过如此众多不同种类货物的载运和如此众多

---

① ［美］小艾尔弗雷德·D·钱德勒：《看得见的手》，97 页，北京，商务印书馆，1987。

② 现代企业内部拥有不同市场横向交易的金字塔式垂直结构—层级组织，也就是由若干个行政层次组成的组织。随着现代企业规模的扩张，现代企业表现为复杂的多层次层级组织，在各层次之间，存在着委托—代理（principal-agent）关系。

不同财务账目的记录。”①

铁路应付前所未有的挑战，几乎无前例可循。首先，面对这些挑战的是一种新型的人；他们都是在其服务的铁路公司支薪的职员，他们没有或仅有少许公司股份，而且大部分是受过专门训练的人。其中，现代管理的先驱者们，在其接掌铁路管理以前，均是受过训练而且具有铁路和桥梁修筑经验的土木工程师。他们的生活道路和现代经理极为近似，而不同于铁路兴起以前那种拥有企业并自己经营企业的商人和制造商。他们在管理知识和能力方面与投资者相比占有明显优势。

其次，修筑铁路需要巨额资本，其数额大大超过了购置种植园、纺织厂甚至一个船队所需的资本。这样，单独一个企业家、家族或合伙人的小集团根本不可能拥有铁路，于是铁路建造就通过股份制的形式来实现。以债券、股票筹资导致了所有权的分散化，也使银行家和其他金融中介人成为主要的铁路所有者。但是，众多的股东不可能亲自去经营铁路，因为管理的复杂性决定了管理工作必须由具有专门知识的支薪人员才能胜任。于是所有权和管理权得以分开，管理企业成了支薪管理人员的专门职业。

但是，这个时代的支薪管理人员面对的是特殊的挑战，他们不仅要在既定的组织机构内进行日常管理，而且还必须致力于组织结构的创新，即致力于创立新型的管理层级制组织。在 1841 年的美国，全长仅 150 英里的西部线的管理人员就遇到了这种挑战。这条铁路是分三段建筑的，建成后也分三段管理，各段有一组管理人员。在这条线路上，每日在两头起点站各发三趟车（两趟客车，一趟货车），相反方向的行车每天交会 12 次，协调的缺乏很快造成了一连串的事故。其中最严重的一次是 1841 年 10 月 5 日发生的客车相撞事故，伤亡 19 人。这场事故促使美国企业界首次建立了一套分工细密的内部组织机构，西部线因此成为美国第一家以专职支薪经理通过严密的管理系统而经营的现代企业。

19 世纪中期，几条线路较长、运输量较大的铁路投入使用，它们都采用了与西部线相似的组织结构。但这时的管理已不单纯为了安全因素，而是猛然大增的运输量与速度，使得火车的流量协调日益困难。经营大型铁路的管理者发现，大型铁路的每英里货运成本竟比短程铁路要高。纽约和伊利铁路总主管丹尼尔·麦卡勒姆专门研究了这个问题，认为基本原因在于缺乏合适的内部组织。降低成本的需要，使其他铁路在 50 年代后，相继采用了与西部线类似的组织结构。

在使铁路系统完善化的过程中，连接东、西部四条干线中有三条干线的高层经理，在管理现代多单位企业方面作出了重要的创新：(1) 巴尔的摩和俄亥俄铁路的本杰明·拉特罗布专门致力于财务会计理论和铁路管理所要求的精确性；(2) 麦卡勒姆提出了合适的责任划分、责任与权力相当等六条设置组织结构的基本原则；(3) 在此基础上，宾夕法尼亚铁路的总经理 J. 汤姆森以明确中央管理机构和区段管理机构中各职能部门的关系为重点，发展了西部线的结构，形成了一套分权的权力机构与职能部门分设的组织形式。这种形式就是后来的 M 型结构的雏形，汤姆森因此而被钱德勒称为“美国历史上最显赫的组织创新者之一。②

① [美] 小艾尔弗雷德·D·钱德勒：《看得见的手》，106 页，北京，商务印书馆，1987。

② 参见同上书，106～114、205 页。

（二）现代铁路企业成长的主要阶段

美国铁路企业的成长开始于19世纪40年代末，到20世纪头几年完成。主要分为两个阶段：

第一阶段始于19世纪40年代末铁路开始繁荣之际，延续到19世纪70年代经济萧条的来临。这一时期除内战年份外，铁路网几乎在不断地扩张：1850年全国铁路总里程仅为9 000英里，到19世纪70年代萧条来临时，投入使用的铁路已有70 000英里。这一时期的重要标志是铁路运输技术得到迅速的提高，在组织上的创新是创立了最初的管理层级制组织，铁路公司作为第一个现代工商企业出现。

第二阶段从19世纪70年代的经济萧条到20世纪头几年。这一阶段铁路网不断扩张，到1900年时投入使用的铁路已近20万英里。成为这一阶段标志的是铁路公司的彼此竞争和合并。到1906年时，资产超过1亿美元，经营里程超过1 000英里的公司所经营的总里程已占全国总里程的80%，其中有5家公司的经营里程已超过了10 000英里。

钱德勒指出："当进入20世纪时，全美铁路网系统实际上已全部完成，几个主要铁路系统的界线也已固定下来。直到20世纪下半叶，汽车、卡车和飞机又一次改变了美国的交通运输时为止，这一些铁路系统营业的地区和方式基本上没有变化。几十年来，这些合并了的铁路系统一直是世界上最大的企业组织。"①

铁路企业的成长，还有通讯、轮船等的进步，对现代工商企业的成长具有多方面的重要意义：

第一，铁路的发展，带动了相关产业的发展，从而为现代工商企业、金融业的成长创造了巨大的市场和必备的基础设施。当这种基础设施于19世纪50年代和80年代之间得以形成时，现代方式的大量生产和大量分配，以及管理它们的现代工商企业也随之出现。

第二，铁路企业在其成长过程中的组织创新，不仅是现代企业组织创新的先驱，而且为后来其他企业，尤其是制造企业的组织创新打下了良好的基础。

第三，铁路企业的成长表明，当管理的协调比市场机制的协调能带来更大的生产力、较低的成本和较高的利润时，现代多单位的工商企业就会取代传统的小企业。这是因为现代企业可以把以前由几个经营单位进行的活动及相互交易实现内部化。这种内部化可以带来多方面的节约，即降低信息的收集传递费用、相互讨价还价的交易费用和各单位之间联系的协调费用等。因此，现代企业取代部分市场机制而实现内部化要比传统企业更具有经济性。

（三）现代工商企业的成长②

1. 企业规模的扩张

按照钱德勒的描述，美国工商企业的规模扩张包含两个过程：一是大规模分配和大规

---

① ［美］小艾尔弗雷德·D·钱德勒：《看得见的手》，99页，北京，商务印书馆，1987。目前，从美国历史上演化过来，且规模十分庞大的铁路公司，有宾夕法尼亚中央铁路公司、南太平洋铁路公司、联合太平洋铁路公司等。

② 张春霖：《企业组织与市场体制》，81～87页，上海，上海三联书店，1991。

模生产的发展；二是两者的结合（integration，或译为“一体化”）。

所谓大规模分配指的是大批量经销商品的商业企业的出现。他指出：“分配领域中商业企业的规模和活动的转变是发生得最突然的。19 世纪 40 年代，经营方法与 500 年前大同小异的传统式商业公司，仍然在执行全国货物的市场交易和分配功能。仅仅在一世纪之内，它在农产品和消费品的销售上，就被现代形式的营销企业所取代”[①]。铁路和电报是造成这一转变的主要原因，这一转变使大量市场交易被内部化于一个单一的大型现代企业之中。[②] 大规模生产的出现在时间上晚于大规模分配，造成这一差别的基本原因是，除了运输和通讯方面的革命外，大规模生产过程通常还要求进一步的技术上的突破。

现代工业企业“是把大量生产过程与大量分配过程结合于一个单一的公司之内而形成的”[③]。这种结合导致了大量市场交易的内部化。结合的过程表现为两种形式：一是纵向结合，即某些小的、单一单位的企业直接建立他们自己全国性和世界性的销售网络以及广泛的采购组织，并取得自己的原料来源和运输设备；二是横向结合，许多小的、单一单位的、家族或个人拥有的企业合并成一个大型全国性企业，新合并的企业把生产管理加以集中，然后再向前和向后实行结合。钱德勒特别指出，横向的结合“并不是一种在生意上常见而可行的长期策略”，经由这种合并而变大的企业之所以能维持利润，“只是因它们在合并之后接着又采取了纵向结合的策略”[④]。由此可见，纵向结合实际上是更为基本的形式。

经由结合而形成的企业出现于 19 世纪 80 年代，到 1917 年，资产额为 2 000 万美元或以上的全部 278 家公司有 90%是经历了纵向结合而形成的。至此，“美国工业完成了自己的形成时期”[⑤]。

2. 企业所有权与管理的分离

企业规模的扩张及与之伴随的技术和管理过程的复杂化导致了所有权与管理的分离。分离的具体形式依企业扩张的筹资方式而不同，主要有两种形式，用钱德勒的术语说就是经理式资本主义的兴起和家族式资本主义、金融的资本主义衰落的过程。[⑥]

在那些主要经由纵向结合成长起来的企业中，有许多是靠内部资本而发展起来的；在经由横向结合而成长起来的企业中，也有一些是靠内部筹集资本而扩张的。这种筹资方式使这些企业成为钱德勒所说的企业主企业或家族式的资本主义。在这类企业中，企业主本人与其亲密合伙人或家族在企业的高阶层管理中居于支配地位，所发展的只是中阶层管理。但是，除非企业家族的成员本身受过职业经理的训练，否则就很难在高阶层管理中发挥作用。这就是说，真正决定他们在高阶层管理中的地位的已不再是他们所掌握的股份，而是他们自己的管理能力。这一点导致了家族式资本主义的衰落。事实上，“在美国大型生产企业中，曾有两代以上的家族参与其公司的管理决策者只有少数几个企业”。[⑦] 到 1963 年，在美国 200 家最大的非金融公司中有 169 家（占 84.5%）是由经理管理，而由某一家族或集团控制的只有 31 家，其中以多数股份实现控制的只有 5 家。甚至在杜邦公司这样的长期被公认为杰出的家族企业中，杜邦家族也已不再做出重要的经营决策；“杜邦家族

①③④⑤⑥⑦ ［美］小艾尔弗雷德·D·钱德勒：《看得见的手》，239、328、365、425、581、580 页，北京，商务印书馆，1987。

② 参见同上书，237 页。

仍然是所有者，但不再参与管理"①。

在那些主要或大量依靠外部资本扩张的企业中，发展了钱德勒所谓金融的资本主义。铁路企业是最早的这类企业。与建立铁路系统相比，工业企业的扩张对外部资本的依赖性要小，金融家的地位也相对较弱。由于金融家的地位以企业对外部资本的依赖性为基础，而支薪经理人员则在专业管理技能方面占有优势，因而金融家的控制更多的是通过否决而非建议。到本世纪中叶，经理人员在大部分这类企业中取得了支配地位。因此，钱德勒的结论是："金融的资本主义在美国乃是一种实行领域不广、存在时间不长的现象。"②

支薪经理人员在高阶层管理中占据支配地位的企业，被钱德勒称为经理式企业。这种企业形式从 19 世纪 50 年代的铁路企业中萌生，到 20 世纪 50 年代，在美国经济的一些主要部门中成了现代工商企业的标准形式。这就是所谓的经理式资本主义。所以，家族式资本主义和金融的资本主义的衰落也就是经理式资本主义的兴起，即所有权与管理权的分离。

3. 企业内部管理层级制的形成

既然企业规模的扩张意味着一部分市场交易内部化于企业之中；原来由市场协调机制执行的一部分资源配置职能现在就必须由企业内部的行政协调机制来执行了。因此，市场交易的内部化、所有权与管理权的分离并不等于现代企业组织的形成。没有一个有效率的、较为发达的层级组织来取代过去个人企业或家族企业的简单层级组织，企业的行政协调机制往往无法替代市场机制的功能，资源配置因此将处于程度不同的体制真空状态，以致已经扩大的企业因效率降低而无法生存，前面提到过的西部线和其他铁路企业的历史说明了这一点。因此，现代企业从一开始就面临着组织创新的严峻任务。

在近一个世纪的成长过程中，现代企业先后采用过三种内部组织结构：第一种是控股公司（holding company）结构，简称 H 型结构；第二种是集中的、按职能划分部门的结构或一元结构（unitary structure），简称 U 型结构；第三种是多分支单位结构（multidivisional structure，或译事业部制），即 M 型结构。这几种结构实际上都是管理层级制的不同形式。

H 型结构较多地出现于由横向合并而形成的企业中，这种结构使合并后的各子公司保持了较大的独立性。在美国，它曾存在于标准石油公司。这家公司的组织结构被称为功能性控股公司，它的子公司执行不同的经济功能，总公司的控制和协调通过若干委员会和职能部门来进行。不过，这种结构在美国很少有人效仿，到 1917 年，"在大的美国工业公司中，已经几乎没有人仍然利用控股公司来管理他们的生意"③。但在欧洲，这种形式却曾被广泛采用。例如，汉纳指出，在英国，M 型结构没有发展的场合，H 型结构是控制分支机构的最普遍的形式。

U 型结构是一种中央集权式的结构，企业内部按职能（如制造、销售等）划分为若干部门，各部门独立性较小，权力集中在高阶层管理人员手中。按照钱德勒的分析，这种结构的一个重要缺陷是，高层经理们陷于日常经营活动，无法做好长期性的资源分配工作。同时，由于高层经理们通常都各自负责一个部门的工作，所以他们几乎总是从他们的专业

① ［美］小艾尔弗雷德·D·钱德勒：《看得见的手》，532、581 页，北京，商务印书馆，1987。

②③ 同上书，581、450 页。

和他们各自部门的立场来评价公司的政策，结果，“政策的制订和计划的编制，通常是有利害关系的各方协商的结果，而不是根据公司全盘需要而做出的反应”①。U型结构最早是在1892年成立的通用电气公司发展起来的，它吸收了由铁路公司发展的高阶层管理方法和由家族式企业发展的中阶层管理方法。到1917年，这种结构在美国制造业中居于统治地位。1917年最大的236家制造公司中有80%以上采用这种结构。②

M型结构是一种分权式结构。在这种结构中，分支公司通常是半自主的利润中心，按产品、商标或地区来设立。④ 各分支公司通过下设的职能部门来协调从生产到分配的过程，在它们之上设有一个由高层经理所组成的、由许多财务和管理人员协助的总办事处。总办事处一方面负责监督、协调各分支公司的活动并评估他们的绩效，另一方面负责整个公司的资源分配。这样，就使政策制定和行政管理两项职能实现了分离，完善了决策劳动的分工形式。高层经理因此得以摆脱日常经营工作，集中精力于长期性经营决策。M型结构最早出现于1920—1921年经济萧条中被杜邦公司接管的通用汽车公司。④在英国，帝国化学工业公司（ICI）于19世纪20年代末30年代初最早由U型结构过渡到了M型结构。

第二节 现代企业制度

运输企业建立现代企业制度，首先要明确几个基本问题，即现代企业制度的内涵和基本特征、建立现代企业制度的意义、现代企业制度的主要内容等具有共性的问题。

一、现代企业制度的内涵和基本特征

关于现代企业制度的内涵有很多说法，主要有3种。

（一）从其所具有的基本特征来定义

“建立适应市场经济要求，产权清晰、权责明确、政企分开、管理科学的现代企业制度。”这是按其特征为现代企业制度下的定义，是党的十四届三中全会通过的《关于建立社会主义市场经济体制若干问题的决定》（以下简称《决定》）首先提出的。

（二）从其所包含的内容来定义

“现代企业制度是适应社会主义市场经济要求，以完善的企业法人制度为基础，以有限责任制度为保证，以公司企业为主要形态，以产权清晰、权责明确、政企分开、管理科学为条件的新型企业制度。它是一种体制模式，一种制度体系，一种微观的经济

① ［美］小艾尔弗雷德·D·钱德勒：《看得见的手》，533～534页，北京，商务印书馆，1987。

②③ 参见同上书，509、404～405，541～542页。

④ Williamson. O. E，1985，*the Economic Institutions of Capitalism*，Free Press，New York，P. 281.

体制。”①

“现代企业制度是指适应社会大生产需要，反映社会主义市场经济体制的要求，企业真正成为面向国际、国内市场的法人实体和市场竞争主体的一种企业制度。”它是“一种企业体制，或称微观经济体制”，这种“企业体制，不只是某些方面一两项制度，也不只是企业内部组织管理制度，而是一种制度体系，涉及企业外部环境和内部机制各个方面。”②

（三）从企业演化过程和组织形态来定义

“所谓现代企业制度，就是上世纪末以来发达的市场经济中发展和形成起来的现代公司制度。”③

“现代企业制度实际上就是现代公司制度。”“按照财产构成公司也有多种组织形式，其中符合现代企业制度要求的，基本上只有有限责任公司和股份有限公司两种公司形式。”④

应该说，上述3种定义并不矛盾，它们从不同的方面揭示了现代企业制度的内涵。然而，任何定义都具有相对性，特别是对于一个复杂的事物，对其定义往往难以包含其所有的方面。因此，对现代企业制度内涵的理解应该从不同方面全面地去把握。

现代企业制度是商品经济和社会化大生产充分发展的产物，最早是在资本主义制度下实现的。因此，西方国家的现代企业制度是有其特定含义的。在现代市场经济各国通常存在着3种基本的企业（厂商）制度，即个体业主制（proprietorship）、合伙制（partnership）和公司制（corporation，也译为法人制）。在企业形式的发展中，业主制企业和合伙制企业早已有之，已经存在了几千年，而公司制企业则产生在16世纪与17世纪之交，迄今只有400年的历史。但是，现代企业制度的真正形成是在19世纪末和20世纪初，它主要指的是现代公司制度，其典型形式是股份有限公司。作为一种财产组织形式，它是人类智慧和经济活动在资本主义时代所创造的一种文明成果，它反映了社会化大生产和商品经济发展的共同需要，不具有社会经济制度的属性，是市场经济的发展对企业制度的历史选择。

我国所要建立的现代企业制度，不仅具有上述意义上现代企业制度的某些共性，而且具有自己的特色。这种现代企业制度必须体现以公有制为主体、党组织的政治核心作用和职工的民主管理与监督的要求，它的基本特征是产权清晰、权责明确、政企分开、管理科学。因此，这种现代企业制度是从我国国情出发，并借鉴国外经验、吸取企业改革成果所实现的企业制度的创新。

关于我国所要建立的现代企业制度的基本特征，在《决定》中已做了科学的概括，即产权清晰、权责明确、政企分开、管理科学。

1. 产权清晰。这里是指国有大中型企业（包括国有大中型运输企业）改组为公司，即产权主体多元化的公司的产权清晰或产权关系清晰。法律为这种产权组织形式专门构造

---

① 李有荣：《中国现代企业制度》，81页，北京，中国商业出版社，1994。
② 国家体改委生产体制司：《现代企业制度百题问答》，27页，北京，改革出版社，1994。
③ 吴敬琏：《大中型企业改革：建立现代企业制度》，173页，天津，天津人民出版社，1993。
④ 高尚全：《现代企业制度》，36页，武汉，湖北人民出版社，1994。

了一种特殊的法人财产制度，这就是出资者对其投资所形成的财产拥有所有权，而公司则拥有法人财产权，这种法人财产权具有独立于出资者的法律地位。我国建立现代企业制度，正是要使国有大中型企业变成具有这种产权关系清晰的公司制企业。把一批竞争性行业的国有大中型企业改造成为产权主体多元化的规范的股份公司，是我国建立现代企业制度的关键。只有按照公有制和市场经济双向要求统一的原则，构造一种新的合理的产权制度，依法界定、协调和维护各经济当事人（包括出资者、经营者和生产者）对财产的权利，充分发挥产权的特殊功能，将某些难以把握的不确定的外部因素转化为内部可控因素，形成有效率的产权结构，才能硬化财产约束和自我激励，规范企业作为市场主体的交易行为，实现资源的优化配置。

2. 权责明确。权责利统一是现代企业制度处理各种关系的基本准则。规范的公司有一套有效维系所有者、经营者和生产者权责利制衡关系的法人治理结构，即由股东大会、董事会、监事会和高层经理人员所组成的组织结构。有了这种结构，就可以避免权责利相互脱节，有责任无权利或有权利无责任的现象。我国建立现代企业制度，就是要彻底改变国有企业过去存在的这种弊病。在改制为规范的公司后既有独立的法人财产权、自主经营权和独立的经济利益，同时又确立了它应承担的经济责任。公司在经济上实行有限责任制度，即当公司发生资不抵债、依法被宣告破产时，股东以出资额为限对公司负责，而公司则以其全部财产对债务负责。当其全部财产不足以偿还全部债务时，其不足清偿部分，公司不再负清偿责任。

3. 政企分开。按现代企业制度的规范，政企（即政府职能和企业职能）是明确分开的，两者之间是法律关系。在公司制的条件下，政府不再像过去那样执行“企业主”职能，而通过中介机构向企业投资，执行“股东”的职能，只能通过自己委派的股权代表，参加公司的董事会，影响公司的决策，贯彻自己的意图。股东的权利和义务，董事的信托责任，法律上都有明确的界定。

政企分开以后，政府与企业之间又形成一种新型的政企关系，政府不能直接干预企业活动，但仍要履行政府的职能，依法管理企业，培育和规范各类市场，建立健全社会保障体系，减轻企业的社会负担，为企业开展生产经营活动创造良好的外部环境。

4. 管理科学。就是适应市场经济和社会化大生产的要求，对企业进行科学管理。科学管理是一门综合性的学问和艺术，其内容非常丰富。作为现代企业制度基本特征之一的管理科学，主要有3个方面的内容：（1）建立科学的组织管理机构，权责分明，相互制约；（2）建立科学的内部管理体制，包括形成合理的领导体制、科学民主的决策体制、职工参与民主管理的制度、严格的内部经济核算体系、体现效率与竞争的内部劳动人事分配制度等；（3）建立企业规章，使企业运行规范化、制度化，形成激励和约束相结合的企业经营机制，协调出资者、管理者和职工之间的关系，保证企业健康地发展。

二、现代企业制度的主要内容

现代企业制度的内容决定于对其内涵的理解。现代企业制度的定义，有广义与狭义之分。广义的现代企业制度，是指一种微观经济体制，是一个相关的制度体系，即多种制度的集合；狭义的现代企业制度指的是企业财产的组织形式。“企业制度”通常在这样两种意义上使用：当企业的产权制度及其他制度已作为前提时，企业制度就是指企业的组织形式，而当一般意义地提到企业制度时，就应从广义上来理解。所以在谈到现代企业制度的内容时，应从广义上来论述。现代企业制度的主要内容，是以企业法人制度为核心，以企业组织形式中的公司制度为代表，以公司的治理结构为特征，此外还包括其他一些制度。主要内容概括如下。

（一）现代企业法人制度

按照国家规定，对企业的资产、债权、债务进行界定评估，核实企业法人财产占有量，进行国有产权登记，确定企业法人财产权，以便真正确立国有企业法人的地位。

（二）国有资产营运制度

政府通过授权，组建国有资产营运机构，即代表国家的投资主体。其基本职责是从价值形态上管理产权，营运国有资产并使其不断增值。国有资产营运机构依法保护企业出资者利益，决定国有产权的变动与重组，委托或推荐产权代表通过法定程序进入企业权力机构，按法定形式行使权力。国有资产营运机构与企业法人没有行政隶属关系，对企业不行使任何政府管理职能。

（三）现代企业组织形式

按照现代企业组织制度的法律规范，区别企业的不同情况，完善公司体制或其他财产组织形式。我国《公司法》规定，公司是指依照本法在中国境内设立的有限责任公司和股份有限公司。国有独资公司是有限责任公司。国有企业要根据其行业特点、在国民经济中的地位、经营状况等选择适宜的公司形式。对于已经成立的各类公司，则必须按照《公司法》加以规范。

（四）现代企业治理结构

企业应依法建立完善的由股东会、董事会、监事会和经理层组成的领导管理体制，使权力机构、决策机构、经营机构、监督机构相互分离，相互制衡，权责明确，各司其职。企业中的党组织要发挥政治核心作用，工会和职工代表大会要组织职工参与民主管理。

（五）现代企业财务与会计制度

按照《企业会计准则》和《企业财务通则》的规定，健全企业的财务与会计制度，完善企业财务管理。

（六）现代企业内部经营管理制度

打破企业内部管理人员和工人的界限，实现全员劳动合同制；按照效率优先、兼顾公平的原则，制定不同的分配办法。企业自主决定工资奖金分配；自主设置内部机构；健全市场营销、科技开发、质量管理等项制度。

（七）新型的政企关系

取消企业同政府的行政隶属关系，改变政府管理企业的方式，要逐步通过市场中介组织、行业管理组织进行管理。运用利率、税率、汇率等经济杠杆来强化宏观调控的能力。取消企业的行政级别，积极造就企业家队伍，放开企业工资总额，改革企业劳动用工制度。

三、企业制度的基本形式

企业制度发展到现代，形成了多种形式。在现代市场经济各国，通常存在着三种基本的企业（厂商）制度，即个体业主制、合伙制和公司制（亦称为法人制）；它们与企业形式相结合构成个体业主制或独资企业（proprietorship）、合伙制企业（partnership）和公司制企业（corporation）三大基本类型。此外，还存在一些联合组织形态，如集团企业、联营企业、中心卫星工厂制度和连锁店制度。

（一）个体业主制企业

个体业主制企业，又称个体企业或私人独资企业。它由业主自己出资，自己经营，收入归自己所有，并自担风险。一旦企业倒闭出现资不抵债的情况，则用家庭财产负责赔偿。

个体业主制企业的有利之处是：所有权与经营权归于一体，经营灵活，决策迅速，精打细算，开业和关闭的手续简单，产权可自由转让。其不利之处是：（1）企业没有独立的生命，如果业主死亡或者在未转让的情况下放弃经营，企业的生命就中断了，企业的存续时间短，随时可能歇业，信誉有限；（2）企业的规模小，机构简单，财力不足，由于受偿债能力的限制，取得贷款的能力也有限，难以从事投资规模较大的产业。

由于上述特点，个体业主制企业一般适合于零售商业、服务业、手工业、家庭农场、家庭医师、开业律师等。当然，个体业主制企业也有一些是规模较大的。个体业主制企业诞生于市场经济早期，延续到今天仍普遍存在。在西方国家的企业形式中，绝大多数为个体企业，但它们的营业额很小，与公司企业相比是微不足道的。但个体企业在现代市场经济中仍然必不可少，是社会化大生产的必要补充。

（二）合伙制企业

合伙制企业是由两个以上的个人或业主制企业通过签订合伙协议联合经营的组织。它可以由其中的一位合伙人出面经营，也可以由若干个合伙人共同经营。经营所得由全体合伙人分享，经营亏损由全体合伙人共同承担。如经营失败，出现合伙企业倒闭、资不抵债的情况时，每个合伙人都要以自己的家庭财产按人股比例进行赔偿。如果有的合伙人财产不敷赔偿，其他合伙人要代为赔偿。这称之为财产的无限连带责任。合伙制企业虽然能够以集体的名义对外签订合同，提起诉讼，但从其财产的法律关系上说，它不具有法人资格。

1. 合伙制企业的优点

（1）它由许多合伙人共同出资，筹集的资金量大为增加，资金较为充裕，能够参与一些资产规模较大的生产和经营活动。

（2）合伙人对企业的债务负有无限连带责任，全体合伙人对企业的盈亏都十分关心，要求经营者必须有很强的责任心，以提高企业的信誉。

2. 合伙制企业的缺点

（1）尽管有许多合伙人共同出资，但每个合伙人的资产毕竟有限，合伙人也不能无限增多，因此合伙企业的规模一般达不到社会化大生产的要求，局限在较小的生产和经营领域内。

（2）合伙制企业是依照合伙人之间的协议建立起来的，合伙人与经营者没有分离，没有建立其财产委托关系，所有的决策都要经全体合伙人一致同意，合伙人对每一项经营决策关心程度的提高，造成经营决策时效的延误，协调起来就很麻烦。

（3）如果合伙人中有一位死亡或撤出，原来的合伙协议就要进行修改，甚至会影响合伙企业能否继续存在。

（4）合伙企业实行无限连带责任，增大了投资者的风险，而每一位投资者又不可能都亲自投入管理。

合伙制企业的上述特点，决定了它一般只适合于资产规模较小、管理不复杂、不需设专门管理机构的生产经营行为。此外，一些营业资金需要量较小，而其工作业务涉及的资金量却较大、个人信誉非常重要的企业，如会计师事务所、律师事务所等，常采取合伙制企业的形式。这种以信誉为特征的企业，资本收益率（即投入资本与取得收益的比率）大大超过一般企业，根据收益与风险对等的原则，它们适于采用无限连带责任制度，由此可以增强其责任心和约束力。

（三）公司制企业

1. 公司的演进

公司作为股份制的组织形态，从萌芽到成熟有几千年的历史。早在罗马帝国时期已有公司的萌芽，那时，流行于大部分沿海城市的船夫协会就是类似公司的组织。古罗马包税人的股份委托公司，被认为是股份经济的前身。在中世纪，欧洲地中海沿岸海商繁荣，都市兴旺，因财产世袭、分家析产而又共同经营，出现了所谓家族营业团体或家族企业，这就是后来的无限公司、有限公司的前身。由于从事海上贸易既需要巨额资本，又要冒风险，于是，以船舶共有为特征的合伙企业也就应运而生了。这种合伙企业是一种集借贷和合伙于一体的康枚达，它隐含着公司的雏形。

最初真正意义的股份公司，是在资本原始积累时期的海外掠夺性贸易中产生的。1581年，英国出现第一个真正以股份制建立的海外贸易公司，即利凡特公司，又称土耳其公司。它以股票的方式公开招股集资，资本全部或部分留在公司使用，年终股东按股分红。进入17世纪，股份制公司逐渐发展，先有英国的东印度公司（1600年），荷兰的东印度联合公司（1602年），欧洲也相继出现了一大批海外贸易公司。这些公司的共同特点都是采用股份集资，合股经营，风险共担，利益共享。1613年，荷兰成立了世界上最早的证券交易所。17世纪上半叶，英国第一次确认公司是独立法人的观点。1657年，英国又出现了股本长期投资稳定的公司组织。1635年，英国最大的东印度公司发生危机以后，股份公司的有限责任开始建立起来，大大促进了股份公司的发展。

18 世纪末 19 世纪初，股份公司在银行业、保险业、交通运输业以及一些公用事业部门得到迅速发展，逐步成为企业的主要组织形式。尤其是它对交通运输业的发展立下了不可磨灭的功勋。英国 18 世纪 70 年代到 19 世纪 20 年代的半个世纪中，共修建了长达 3 540 公里的运河系统；从 19 世纪初开始修建铁路，于 1838 年建成铁路 805 公里，十年后达到 8 047 公里。美国建国不久，州政府就特许私人利用股份公司筹集资金，修筑公路、运河和铁路，到 1840 年已建成运河 3 000 公里；1828 年始建铁路，1842 年为 2 808 公里，到 1916 年铁路里程高达 40 万公里，超过了西欧各国铁路里程的总和，已占世界铁路总里程的 1/3。这些运输工程规模浩大，需要巨额资本，如果离开了股份公司是难以筹集到所需资本的，正如马克思所言，假如必须等待积累去使某些单个资本增长到能够修建铁路的程度，那么恐怕直到今天世界上还没有铁路。但是，集中通过股份公司转瞬之间就把这件事完成了。由于有美国采用股份公司修建铁路的成功经验，从 19 世纪后半叶起，各工业部门也广泛采用股份公司组织形式，通过股份制度使资本迅速集中，垄断组织迅速发展，出现了各大财团，使美国经济跃居世界前列。

在当代资本主义国家中，股份公司遍布各行业，并出现了许多新的特点：股份制度的法规越来越严格；在股份资本中，法人相互持股、参股，法人持股率上升，而个人持股率却下降；股份的分散化、多元化，以及在股份公司制度中，产权实体已扩展到物力资本以外的人力资本，形成了一种扩大的股份制，即泛股制。所有这些变化，使以股份公司为组织形态的股份制越来越完善，对经济发展也越来越重要。

2. 公司的特征和作用

(1) 公司企业与独资企业、合伙企业的区别

早期资本主义企业形态，主要是私人独资企业和合伙企业，在法律上这两种企业是自然人企业。企业的财产和责任与企业主或合伙人的财产和责任是不可分的。每个企业主或合伙人必须以其全部财产承担风险，一旦企业倒闭，就要负财产的无限连带责任。这既阻碍了企业规模的扩大，也影响了经济的发展。商品经济和社会化大生产的发展，客观上要求扩大企业规模，分散风险，这就产生了资本集中与资本归属不同主体所有的矛盾，而股份公司作为资本联合的一种组织形式解决了这一矛盾。因为，资本的集中，不增加社会总资本的数量，而是在既定社会总资本的数量范围内，通过信用，以募股集资形式实现现有资本的重新组合，以达到单个资本的增大，适应企业规模扩大对资本的需求。股份制企业出现之后经过了长期的演变，法律终于承认了它的法律地位，即公司法人。

在现代市场经济中，法人的一般形式是公司，典型的形式是股份有限公司。公司作为法人企业，区别于企业的其他两种形式，即独资企业和合伙企业。独资企业和合伙企业虽然也是企业，但不是法人企业，而是自然人企业。这种企业当然必须注册，以取得合法地位，但它只具有法律地位，而不具有法人地位。公司法人企业与自然人企业比较，有以下几个基本区别。

1) 产权主体。公司法人的财产掌握在多个所有者主体手中，企业所有者是多元化和分散化的；而自然人企业所有权却是单一的。

2) 财产边界。公司法人具有独立的、边界十分清楚的财产，即公司法人的财产与属于公司这个团体的自然人的财产是分离的；而自然人企业的财产与个人财产没有清楚的边界，或者说企业的财产在法律上仍属其成员个人所有。

3）所有权与经营权。公司法人一般都存在所有权与经营权的分离，即公司由经营者集团直接经营；自然人企业的所有权和经营权是统一的。

4）清偿责任。公司法人有独立的利益，承担有限责任，完全实行自负盈亏；自然人企业和企业主的利益是完全一致的，承担无限责任，由企业主自负盈亏。

5）民事主体。公司法人享有民事权利和承担民事义务，能以自己的名义在法院起诉和应诉；而在自然人企业中，这种权利和义务全由企业主直接承担。

（2）公司的作用

在现代市场经济中，公司作为一种最主要的企业组织形式，是经济发展的基础和经济运行的主体，它的作用已渗透到社会的各个领域，与人们的生活息息相关。一个国家的经济繁荣，必须是这个国家的企业生机勃勃。无论是美国、日本，还是欧盟各国，其经济实力的强盛或经济奇迹的创造，无不是因为它们都拥有一批极具国际竞争力、名震遐迩的大公司。尤其是巨型跨国公司的发展，正在改变着世界经济的格局，使世界真正成为一种全球性的市场经济。现代市场经济不断孕育出一批批现代企业，而现代公司的涌现又推动着市场经济向前发展。当今，在西方国家的企业中，公司以其成熟的形态占据主导地位，在经济、文化、社会乃至政治生活中扮演了十分重要的角色，因此，难怪有人把西方国家称为“公司国家”。

在现代企业中，公司居于主导地位，但并不否定个体企业和合伙企业的应有作用。例如，美国企业制度的一个显著特征，就是少数大的垄断企业与众多的中小企业并存，小企业被认为是最具竞争性的，它是使美国经济保持活力的重要力量。在现代市场经济中，公司之所以具有如此重要的作用，是因为这种企业组织形式更适应商品经济和社会化大生产的需要，是历史长期发展和选择的结果。

世界各国经济法一般认为，公司的本质特征有两条：一是公司是企业法人；二是公司实行有限责任制度。股份有限公司是法人最充分的发展形式，这种形式的法人，其股东的个人财产和责任与公司的财产和责任完全分开。比如某有限公司负债 1 500 万元，股东入股为 1 200 万元，那么就以这 1 200 万元来清偿债务，而股东未入股的个人财产则不能用来清偿。这就叫作公司以其全部财产为限，股东以其出资额为限对公司债务承担有限责任。这样，既可加速资本的集中，又可保障股东获利并承担有限的风险，选择自己最有利的投资途径。公司从无限责任制向有限责任制的转变，是企业财产组织形式的一个重大进步，是企业发展史上的一次飞跃。美国前哥伦比亚大学校长 N. M. 巴特勒说：“有限责任公司是近代最伟大的一个发现，甚至连蒸汽机和电的发现都不如有限责任公司来得重要。”

（3）公司的形式

国外很多国家通常按债务清偿责任和信用基础将公司划分为无限公司、有限公司和两合公司 3 种形式。

1）无限公司，即无限责任公司。股东对债务负无限连带责任，公司的信用主要建立在股东本人的信用上，亦称为“人合公司”。

2）有限公司，它采取两种组织形式：有限责任公司和股份有限公司。它们的共同特征是股东以其出资额为限，公司以其全部法人财产为限对公司的债务承担有限责任。它们是以公司的资本为信用基础的“资合公司”。与股份有限公司相比，有限责任公司具有股东数量较少，注册资金数额低，组建手续简便，不涉及募集资金和股票发行以及不采取社会公示的方法，有利于保守商业秘密等特点。股份有限公司与此正相反，其特点是募集资金的社会性和广泛性，股票的发行和可转让性等。它可以在短期内集中巨额资本，扩大企业规模。

3）两合公司，可分为两合公司和股份两合公司。它们具有“人合”与“资合”的双重特征。一般说来，两合公司以无限公司特点为主，其法律地位与无限公司相同。英美法系（即普通法系）国家不承认无限公司和两合公司的企业法人资格。

在现代公司中，有限责任公司和股份有限公司是最普遍的形式。中小型企业及不少大企业采用有限责任公司的形式；而采用股份有限公司形式的，多是实力雄厚、资信度很高的大型公司，而其股票可以在证券交易所上市交易的公司数量更少，因为各国公司法对上市公司应具备的条件规定得很严格。在当代西方国家或部分发展中国家，无论是国有企业还是私有企业，大多采用公司这种组织形式。

世界各国在国有企业中实行股份制，与西方一些国家（如英国等）推行国有企业私有化有本质的不同。国有企业实行股份制是企业组织形式的变化，虽然它涉及从单一产权（国家产权）变成多元产权，但国家作为股东对企业的控制作用并未改变。为了使国家能控制住公司，大部分国家都规定国有股份所占比例不得低于50%或51%，有的国家还规定国有股份未经国会批准不得出售和转让，从而确保国家资产存量保持在一定的水平上。同时，国有公司的股票上市是为新增企业法人资本向社会集资的，这就使得风险资本多元化。只要国家同时按一定比例追加投资，就会使资产扩大，而国家控制股份的比例并不减少，仍拥有对企业的控制权。

在西方国家，交通运输（含邮电）业是资金较密集的基础产业，历来是资本投资的重要领域。如前述，西方公司的演进无不与交通运输业紧密相连。当今，公司这一企业组织形式已在交通运输业获得大的发展，以国际航运为例，丹麦的马士基、台湾地区的长荣、日本的邮船等大集装箱船公司，无一不是按照有限公司的形式组建的，其中不少公司还是某个企业集团的子公司。香港国际码头公司（HIT）与现代码头公司（MTL）是香港最大的两家码头经营公司，都是实行股份制经营的。随着国际货物运输进入“综合物流”的时代，跨国海运公司的经营正向多元化和国际化发展，其经营领域也从集装箱船的运输业务逐渐拓展到国内外港口、铁路、公路、航空等其他运输领域中，出现了所谓“船公司登陆”的趋势，即船公司在综合物流所经过的各个环节设立综合物流中心据点。这种趋势必然促进企业的财产组织形式的变化。它或者使各相关企业法人之间相互参股，或者以某一海运公司、某一其他企业为核心企业，以资金为联结纽带，由多个法人企业组成企业集团。由此可见，公司这一形式确已在现代市场经济和社会化大生产中得到广泛应用。

第三节　现代企业法人制度

现代企业法人制度是规范市场主体，确立企业市场主体地位的法律制度。它是现代企业制度的核心。企业作为市场经济主体，是构成市场经济的基本要素。现代市场经济的主体，早已由掌握一定资本的个人、小业主发展为企业法人；而企业法人地位的确立，则有赖于企业法人制度。在我国，完善企业法人制度，正是从法律上真正确立市场主体资格，规范市场主体行为，为建立社会主义市场经济体制的微观基础—现代企业制度提供法律保障。

一、法人及其分类

（一）法人的概念

法人是对自然人而言的一种法律上的人。自然人是基于自然出生而成为民事关系主体的人。如我国的公民是自然人，是中国的民事主体。法人不是一个人，而是一种社会组织。法人的实质是法律对一定的社会组织赋予法律上的人格，使其成为民事关系权利义务的主体，从而具有主体所应有的民事权利能力和民事行为能力。

法人是一种社会组织，而社会组织取得权利义务主体资格，是社会生产发展到一定历史阶段的产物。早在罗马时期，就已有了法人制度雏形，如罗马法中规定“团体的权利和义务为其所独有，与属于团体的个人无干”.“地方自治团体”、“罗马公民团体”等组织就享有民事权利。这些规定改变了过去团体和个人是一个人格的状况，在订立契约、参与诉讼或处分团体财产时，均需团体的全体成员的同意或参与，从而使团体和个人形成两个不同的人格，团体即法人的法律行为，可以由其少数代表进行，这就大大便利了经济活动的开展。现代意义上的法人，是在中世纪末期、资本主义生产关系产生以后才出现的。在资本主义社会，随着商品经济规模的扩大，生产社会化程度的提高，使单个经济组织的规模越来越大，这在客观上产生了两种需要：一是必须找到迅速获得大量资本的手段；二是必须为资本的集中找到一种使之获得稳定存在的法律形式。它不因个别资本家的去留或存亡为转移。法人的产生使上述两种需要得到了实现。法人经历了一个发展过程，西方国家的股份有限公司，是法人最充分发展的形式。法人这种社会形式在自由资本主义时期已被广泛应用，但是在立法上系统地规定法人制度则是近代的事。1900年施行的《德国民法典》，对法人制度作了较为完备的规定。现在世界上绝大多数国家的民法都有法人制度的条文，如我国有《民法通则》、《公司法》等，法人已经成为现代社会极其有用的法律形式。

（二）法人的分类

对法人可以按不同的标准进行分类。

1. 按由谁创立，可分为集体法人和国家法人

前者是由若干个人或团体自愿结合而成的集体；后者是指由国家或地方政府创设的机关、企事业单位。在资本主义国家，把前者称为“私法人”，后者称为“公法人”。按私法（指民法、公司法等法律）而成立的法人，称为“私法人”；而按公法（指行政法律）成立的法人，称为“公法人”。我国不分“公法”与“私法”，当然也不分“公法人”与“私法人”。

2. 按法人有无组织成员，可分为社团法人和财团法人

这是在资本主义国家对私法人的进一步分类。社团法人是由社员集合而成立的法人，

这类法人既可以从事公益性事业，也可以进行经营活动。但成立时，必须订立章程，载明目的、任务及法人的意思。财团法人没有组织成员，它以财产为组织基础，财产来源于捐献人。法人的意思、活动的范围、目的、形式都决定于捐献人，这类法人只能以谋取公益为目的，例如世界各国设立的各种基金会等。

3. *按法人成立的目的，可分为营利法人和公益法人*

前者是以其构成成员获得经济利益为目的而成立的法人，例如各种生产和流通领域中的公司等经济组织；后者是指以社会公共利益为目的的法人。那些以公共利益为目的，虽以营利为手段，但其成员不因营利而获得财产上的利益的法人，也被认为是公益法人。例如以政治、学术、技艺和慈善等社会公益事业为目的的法人。

在我国的《民法通则》中，把法人划分为企业法人与非企业法人两大类。企业法人是从事生产经营活动，以营利为目的的各类经济组织，其中主要包括工业、农业、商业、交通运输业和金融业等企业及各种公司。非企业法人是指依靠国家拨款作为经费或具有其他财产、从事非生产经营活动、不以营利为目的各类社会组织。如国家机关中行使文教、卫生、学术等职能的事业单位及社会团体等。

二、法人的基本特征

法人必须具备三个基本特征，即组织特征、财产特征和人身特征。

(一) 组织特征

任何法人都必须依法成立；应有自己的名称、场所和组织机构，并具有作为一个整体从事经济活动的统一组织。法人的组织机构是管理法人事务、代表法人从事民事活动的机构总称。法人的意志是通过一定的机构产生并具体实现的，没有一定的组织机构，社会组织就不能作为有意志的主体参与民事活动，不可以享受权利并承担义务。

所谓依法成立有两层含义。一是实体意义上的依法成立，也就是依照国家法律允许的形式、内容、经营范围和经营方式成立。成立公司必须按照国家有关法律规定的形式，如我国《公司法》规定了两类三种公司形式，即有限责任公司（分为一般有限责任公司和国有独资公司）和股份有限公司。在我国，要成立公司就只能在这三种形式中选择，否则，就不是依法成立。二是根据法律规定，需要依法登记的社会组织，必须在履行登记手续以后，国家法律才正式承认其作为民事主体的资格，即法人的资格。在其法人的组织发生变更时，如公司分立、合并、变更章程、解散等，都应依照有关法律的规定办理。

(二) 财产特征

任何法人都必须拥有自己能够独立支配和管理的财产或经费。这不仅是法人能够独立享受民事权利和承担民事义务的物质基础，也是它能够独立承担民事责任的保障，特别是对从事生产经营活动和以盈利为目的的企业法人来说，必须具备法定的必要的财产或经费。例如，我国《公司法》规定，以生产经营活动为主的有限责任公司注册资本的最低限额为 50 万元，股份有限公司注册资本的最低限额为 1 000 万元。

（三）人身特征

法人具有法律所虚拟的创制和认可的独立人格，它是一种“人格化”了的经济组织，同时是经济法律关系的直接承担者。法人能够像自然人一样，作为社会的基本细胞参与经济活动。法律给法人以类似于自然人的人身特征。比如，法人可以有自己独立的名称、字号和经济户口；它对自己的名称拥有专用权；可以享受专利权、发明权、商标权和获得荣誉权；它也可以以自己的名义建立经济法律关系，如开展生产经营活动，与他人签订合同，以自己的名义在法院起诉、应诉，具有权利能力和行为能力。

在现代市场经济中，法人的一般形式是公司，典型的形式是股份有限公司。公司作为法人企业，区别于企业的其他两种形式，即独资企业和合伙企业。独资企业和合伙企业虽然也是企业，但不是法人企业，而是自然人企业。在法人企业出现之前，企业一般都采用私人独资或合伙的形式。这种企业的财产同自然人私人财产是不可分的。因此，承担民事权利义务主体的是作为企业主的自然人，企业则没有法人地位。这种企业当然必须注册，以取得合法地位，但它只具有法律地位，而不拥有法人地位。股份制企业出现之后经过了长期的演变，法律终于承认了它的法人地位，即公司法人。

三、完善企业法人制度

（一）完善企业法人制度是确立企业市场主体地位的客观需要

在市场经济条件下，企业是最基本的市场主体。企业主体地位不确立，社会主义市场经济体制就无从建立。而企业主体地位的确立，必须有健全的法人制度作保障。现代企业法人制度的核心在于企业法人具有独立的财产权。在传统的计划经济体制下，国家集“三权”（即生产资料所有权、经营权和宏观经济管理权）于一身，国家对企业进行全面直接的干预，国家与企业的关系行政化，国家是唯一的经济主体，而国有企业则成为国家行政机构的附属物。国有资产的产权是一个不可分割的整体，更不能通过市场交易、流动和重组，国家与企业的产权关系，企业之间的财产边界是模糊不清的。它有独立经营的财产，而没有独立的法人地位，不能成为市场主体。在实行有计划的商品经济过程中，国家按《全民所有制工业企业法》建立了现代企业法人制度（尽管它还不是完整的法人制度）。国有企业名义上有法人地位，却没有法人所具备的独立财产权，难以建立起财产约束机制，实际上国家对企业仍负有无限责任，企业也难以自主经营、自负盈亏，还不是真正独立的法人。因此，完善企业法人制度，就必须从根本上解决企业法人财产权问题。

（二）实行出资者所有权与法人财产权的分离，是确立企业法人财产权的关键

要解决这个问题，必须进行国有资产产权制度的改革，理顺国家与企业的产权关系，寻求科学的企业财产组织形式。根据国际经验，公司法人或公司制是实行出资者所有权与法人财产权分离的有效形式。公司法人的出现，创造了一种全新的企业形式；出资者出资设立公司之后，就出现了一个独立的法律人格——法人组织，公司资产的完整支配权已全部转入法人机关之手，而出资人由此退居股东地位，但并未丧失本来意义上的财产所有权

而得到公司股东权。股东权包括自益财产权和公益社员权两大类。

1. 自益财产权有两重含义：一是期待债权，包括红息分配期待权和破产清偿期待权；二是有价证券所有权。股权随信用制度的发展而转化为有价证券，这时股票等物成为财产所有权的客体，在市场上自由流通，由股东任意支配。

2. 公益社员权是一种非财产的权利，同时也是一种社团组织内的成员表决权，它包括法人机关的选举权及重大问题的投票权等。但是，这种权利并不支配公司财产本身，而只是在其组织内对行使支配权的经营者产生制约作用。美国制度学派经济学家贝利说过：公司制度的出现改变了财产关系，“被称为公司法律上的实体，作为财产所有人而出现了”。股东虽然掌握着股权，但股东已没有任何权利同那些形成公司资产的东西发生实际的关系。“美国电话电报公司股票的所有权，并不给予股票持有人以出卖一根电线杆的权利”。

由此可见，两权分离采取了两个层次分离的形式。第一层次是出资人股权与公司法人所有权的分离；第二层次是公司法人所有权与经营者经营权的分离。根据我国的实际情况，在借鉴上述国际经验时，有我们自己的创造，最主要的是提出“法人财产权”，而不提“法人所有权”，这是理论上的重大突破。在国有企业实行公司制改组中，实行出资者（国家）所有权与法人（企业）财产权分离，出资者所有权表现为出资者拥有股权，即以股东的身份依法享有资产受益、参与重大决策和选择管理者等权利。企业破产时，出资者只以投入企业的资本额对企业债务负有限责任。法人财产权表现为企业依法享有财产的占有、使用、初始收益和处分权，以其独立的财产对自己的经营活动负责心出资者所有权与法人财产权通过法律给予确认，并受法律的保护。①

（三）理顺产权关系是确定国有企业法人地位实行公司制的前提

1. 界定企业产权

企业应通过清产核资，清理债权债务，理清资本的来源及去向。界定企业产权，包括企业资本金的出资者和企业作为出资者向外的投资、参股。有些国有企业掺和一部分集体成分，产权界定起来更为复杂。界定企业产权，要按照国家有关规定，确保国有资产不能流失，防止蚕食国有资产的现象发生。对企业中资产来源不清、难以确认其性质的，应视为无主财产，所有权属于国家。

2. 确认投资主体

国有资产属国家所有，但所有者的具体代表一直没有落实。虽然国务院代表国家行使所有者权力，但对企业来讲，国务院不可能管得那么具体，因此，产权虚置问题长期没有解决。推行现代企业制度，需要构建出直接面对企业、能有效行使所有者权力的投资主体，即《公司法》规定的“国家授权的投资机构或者国家授权的部门”，这样就使所有者的代表人格化，依法对企业中的国有资产实施股权管理。

（1）国家授权的投资机构可采取以下形式：国家投资公司、国家控股公司、国有资产经营公司，以及具备条件的企业集团公司。这些投资机构必须是国有独资公司。它可以通

---

① 《中华人民共和国公司法》第三、四、五条和《国有企业财产监督管理条例》第二十七、二十八、二十九、三十条，分别对公司的法人财产权和国有企业的法人财产权作出了明确的规定。

过各种方式对企业实行交叉持股，将所投资的单一产权主体的企业改组为多元股权结构。

(2) 国家授权某个部门作为国有资产投资主体的管理机构，部门中负责国有资产经营管理的机构，应与部门的行政管理职能分开。国家授权的投资机构和授权的部门中负责经营管理国有资产的机构，对所持股的公司均不行使任何政府的行政管理职能。

3. 建立企业资本金

通过清产核资，企业要按规定请有合法资格的评估机构对企业资产进行评估，核实企业法人财产的占用量，并在此基础上，建立企业资本金制度。要明确资本金保全和独立运转原则，出资者的资金一旦投入法人企业作为资本金，就再也不得以任何形式抽回。

4. 理顺多法人之间的产权关系

这主要是理顺母子公司之间的产权关系，将企业集团以产品或其他形式为纽带的关系改变为以产权为纽带，用母子公司体制来规范集团公司与紧密层企业之间的关系。同时，非集团的法人企业之间的投资参股，亦应在明确产权关系的基础上予以规范，并鼓励其充分发展。

第四节　现代企业治理结构

现代企业制度以公司制为代表，而公司是由一个法人治理结构（corporate governance）来管理的。“治理结构”一词从国外引入，含有“统治和管理”的意思。公司的治理结构也可以理解为公司的组织制度和管理制度。任何治理结构都得靠有意志的人来管理。公司作为一个团体、一个经济组织，没有意识和意志，它只能通过一个组织，即在法人治理结构控制下的经理人员，才能对公司进行治理。所谓公司治理结构，是指由所有者、董事会和高级执行人员即高级经理人员三者组成的一种组织结构。它最明显的特征是：上述三者之间，通过公司的权力、决策、管理、监督等机构，形成各自独立、权责分明、相互制约的关系。由所有者（股东）组成股东会，它是公司的最高权力机构，所有者将自己的资产交由公司董事会托管。公司董事会是公司的最高决策机构，拥有对高级管理人员的聘用、奖惩及解雇权。高级经理人员受雇于董事会，组成董事会领导下的执行机构，在董事会授权范围内经营企业。这三者之间形成一定的制衡（check and balance）关系，它是由法律（如公司法）和公司章程来加以确立和保证的。

公司治理结构具体表现为公司的组织结构及其运行规则，即表现为股东会或股东大会、董事会和监事会，以及这些机构的所有组成人员。根据我国《公司法》，公司的形式主要有 3 种，即有限责任公司、国有独资公司和股份有限公司。这 3 种形式的组织结构有一些共同特征，也有某些差异，现说明如下。

（一）股东会或股东大会

有限责任公司的股东会或股份有限公司的股东大会均由股东组成，是公司的权力机构，它行使下列职权：

1. 决定公司的经营方针和投资计划；

2. 选举和更换董事，决定有关董事的报酬等事项；

3. 选举和更换由股东代表大会出任的监事，决定有关监事的报酬等事项；

4. 审议批准董事会的报告；

5. 审议批准监事会或者监事的报告；

6. 审议批准公司的年度财务预算方案和决算方案；

7. 审议批准公司的利润分配方案和弥补亏损方案；

8. 对公司增减注册资本作出决议；

9. 对发行公司债券作出决议；

10. 对公司合并、分立、解散和清算等事项作出决议；

11. 修改公司章程。

有限责任公司股东会除上述 11 项职权外，还有两项职权：一是对股东向股东以外的人转让出资做出决议；二是对变更公司的形式，如由有限公司向股份有限公司转变做出决议。

国有独资公司不设股东会，它由国家授权投资的机构或国家授权的部门，再授权给公司董事会行使股东会的部分职权，决定公司的重大事项；但公司的合并、分立、解散、增减资本或发行公司债券，必须由国家授权的机构或国家授权的部门决定。

股东会或股东代表大会是资产所有者的代表，它以维护股东的权益为宗旨，保持着对公司的最终控制权。它从资产关系上对公司的董事会形成必要的制约。同时，股东会的权力也受到制约，无权干预公司的经营活动。

（二）董事会

董事会是公司的经营决策机构，董事会对外代表公司，由公司董事组成。按照我国《公司法》，有限责任公司的董事会由 3 至 13 人组成，其中国有独资公司的董事会由 3 至 9 人组成；股份有限公司的董事会由 5 至 19 人组成，董事人选通常由股东推荐，经股东会选举产生。我国《公司法》特别规定了“两个以上的国有企业或者其他两个以上的国有投资主体投资设立的有限责任公司，在其董事会成员中应当有公司职工的代表。”这些职工代表“由公司职工民主选举产生。”董事会设董事长 1 人，副董事长若干人。董事长一般为公司的法定代表。依照《公司法》，不同类型公司的董事长、副董事长的产生办法不尽一致。如国有独资公司的董事长、副董事长由国家授权投资的机构或者国家授权的部门从董事成员中指定。股份有限公司的董事长、副董长由 1/2 以上的董事选举产生。

董事会对股东会负责，它执行股东会的决议。董事会的主要职权是对公司的经营做出决策，包括决定公司的经营计划和投资方案；决定公司内部管理机构的设置和基本管理制度；制定公司财务预、决算方案，利润分配和亏损弥补方案，公司增减资本和发行公司债券的方案等。在人事权上，董事会负责任免公司正副经理、财务负责人，并决定其报酬。董事会实行集体决策，采取每人一票（在双方票数相等的情况下，有的国家规定董事长可以投两票）和简单多数通过的原则。我国《公司法》规定，董事会的决议必须由 1/2 以上的董事通过。并且，每个董事会成员对其投票要签字，以承担责任。董事会的决议如果违反法律、行政法规或者公司章程而使公司遭受严重损失的，参与决策的董事要负赔偿责任。但经证明，在表决时曾表明异议并记载于会议记录的，该董事可以免除责任。这就对董事的决策能力和决策水平提出要求，并要求在实践中接受检验。

（三）经理

公司经理负责公司的日常经营管理，主持公司的生产经营管理工作。公司经理由董事会聘任或者解聘，对董事会负责。公司经理的职责是：组织实施董事会的决议；组织实施公司年度经营计划和投资方案；拟定公司内部的机构设置方案、管理制度及规章等。在人事权上，经理提请董事会聘任或解聘公司副经理和财务负责人，直接聘任或解聘其他管理人员。经理是董事会决议的执行者，也是公司日常经营管理的负责人，采取一元化领导，以效率为准则。公司经理可从外部聘任，也可以经公司董事会决定由董事会成员兼任。

（四）监事会

监事会是公司的监督机构。监事会成员一般不少于 3 人，具体人数可由公司章程规定。监事会由股东代表和一定比例的职工代表组成，职工代表由工会或职工民主选举产生（我国《公司法》和世界上许多国家的公司法都做出了此类规定）。监事会的主要职责是：对公司董事、经理在执行公司职务时违反法律、法规或者公司章程的行为进行监督，防止他们滥用职权；在发现其行为有损公司利益时，有权予以纠正，必要时可向股东报告，提议召开临时股东大会，采取解决办法；监事会有权检查公司的财务；可要求公司董事、经理和财务负责人提供所需的材料。为保证监督的独立性，公司的董事、经理及财务负责人一律不得兼任监事。

上述 4 个方面构成了公司治理结构的主要内容。从产权关系看，股东会对董事会是委托代理关系；董事会对经理是授权经营关系；监事会代表股东会对财产的委托人即董事和经理实行监督。这是一种纵向的财产负责关系。从职权关系看，它们有各自不同的职权范围，这些职权是具体而明确的，行使职权的时间也不一样（如股东大会通常一年召开一次，董事会每几个月召开一次，经理每周或随时召开会议），谁都不能越权行事，彼此相互制约。这种纵向的财产负责关系与横向的职权限定关系，构成了整个公司内部的约束机制。同时，这种体制还将不同方面的利益关系统一在一个完整的利益机制下面，这就是公司治理结构的科学含义之所在。

第五节　运输企业建立现代企业制度

传统运输企业建立现代企业制度是指在传统运输企业自身的基础上，通过转变其业务和服务范围，更新经营理念和经营方式，优化资源配置，建立新型现代企业制度，实现盈利的目的。在传统运输企业不适应经济社会发展要求时，传统运输企业建立现代企业制度确是明智之举，通过改革的方式继续维持企业的生存以及实现企业的长期稳定发展；但从另一种角度看，也是被迫之举，现代物流业的迅速发展给传统运输企业带来了巨大压力，使得传统运输企业被迫转型，适应社会发展。

目前市场竞争越来越激烈，传统运输企业处在复杂多变和不确定性的环境中。在这样复杂多变的环境中，传统运输企业需要快速及时地改变自己，通过转型来建立现代企业制度，实现自己在竞争中的不败之地。如何在外部环境发生变化时，及时地调整传统运输企业自身的经营形态，促进企业的发展壮大，是传统运输企业面对的一个重要问题。尤其我国的中小型传统运输企业，更是普遍面临转型的压力。

一、运输企业建立现代企业制度的本质

运输企业建立现代企业制度的本质是指企业为了实现生存和发展，对自身结构和组织形式做了重大调整，以实现彻底的转变，使企业获得新生，是企业进行的积极主动的变革。转型的最根本的本质是生产力和生产关系发展的结果，生产力和生产关系相互作用促进了社会的发展，导致了企业不断地进行更新改造以适应社会的发展。

运输企业建立现代企业制度，是经济社会发展的结果，其最根本的本质是生产力和生产关系发展的结果。

第一，运输企业建立现代企业制度，是生产力发展的必然结果。生产力的发展，促进了社会的发展，实现了经济的快速发展，传统运输企业产生在生产力水平较低的环境下，而现代企业产生在生产力水平较高的环境中，传统运输企业建立现代企业制度，也就是从生产力较低的水平向生产力较高的水平迈进，实现与生产力的发展相适应。

第二，运输企业建立现代企业制度，是生产关系发展的结果。生产关系的三要素为劳动者、劳动对象、生产工具，生产力的发展，促进生产关系的发展，生产关系的发展，要求对劳动者和生产工具做出改变，对劳动对象做出调整。传统运输企业建立现代企业制度，也就是提高劳动者的服务质量，更新生产运输工具，调整企业服务的对象，对生产关系作以调整，使之与生产力发展相适应。

从企业转型的竞争优势分析可以得出企业建立现代企业制度的动因，动因有两方面：一是内因，企业内部结构不合理，企业发展受限，促使企业不得不优化企业结构，实施转型；另一个是外因，外部生存环境发生变化，企业不适应外部变化，必须改变自身，对自身结构做出调整，或者转向其他行业，才能适应环境，实现企业发展。

二、运输企业建立现代企业制度的内涵

由于受历史条件的限制，运输企业关注的只是基础设施的建设和运输工具的增长，而忽略了服务意识、服务范围和服务质量的提高。同时，自身发展依靠数量和规模，而没有考虑经营、管理、服务和技术的方面的改进，为了改变这一现状，运输企业必须建立现代企业制度。运输企业建立现代企业制度就是企业决策层人员按照外部环境的变化，对企业的体制机制、运行模式和发展战略大范围地进行动态调整和创新，将旧的发展模式转变为符合当前时代要求的新模式。

运输企业建立现代企业制度的内涵是：以服务创新为先导，转变经营模式，大力发展信息化建设，培养企业先进文化，从管理、经营、技术和文化四个方面实现彻底转型，提高服务质量，赢得顾客满意度，提升企业竞争能力。

（一）运输企业服务创新

传统运输企业和现代企业都属于服务业的范畴，他们最大的区别在于服务方式和服务模式的不同，传统运输企业进行服务创新，向现代企业转型。

1. 创新服务方式——生产导向到顾客导向

传统运输企业服务方式为生产导向型，现代运输企业是以顾客导向型为主的服务方式，传统运输企业建立现代企业制度转型，必须改变服务方式，完成从生产导向型向顾客导向型的转变。传统运输企业的生产导向型服务方式，在计划经济时代发挥了一定的作用，起到了良好的效果。但在市场经济高速发展的今天，传统运输企业生产导向型服务方式已经不适应经济和社会的发展。现代运输企业的服务方式是顾客导向型，注重顾客需求，强化“以客户为中心”的理念，服务具有规范性和时效性，强调企业的经营、管理和其他活动的中心和出发点都要放在顾客的需求上，企业经营的目的是满足客户需求，顾客导向的营销观念贯穿于整个过程，从而赢得顾客满意度，获得市场，增强了竞争能力，企业利润也得到了提高。

运输企业建立现代企业制度必须创新服务方式，构建顾客导向型服务方式，将顾客需求放在首位，然后将顾客需求转化为企业体系要求，最后形成产品或服务需求，企业再根据服务需求，组织相应的资源提供服务。

2. 转变服务模式——被动服务到主动服务

转变服务模式是指改变以往传统运输企业被动服务的情形，变被动服务为主动服务，充分为客户考虑，充分利用市场资源，积极主动提供服务，真正提高顾客满意度。建立主动型服务模式，需要考虑如何提供运输服务和如何保证服务质量。如何提供运输服务主要通过前期充分考虑顾客需求、强化员工与顾客间的互动和建立反馈联系来实现，这样就实现了运输服务前期的主动服务。充分考虑顾客需求要对客户需求设身处地地考虑，并尽一切努力满足顾客需求，以顾客为基础，建立服务的标准体系。比如为顾客托运货物，就不仅要明确货物运送到达时间，而且应明确顾客办手续花费的额外时间以及取货所花费的额外时间。

（二）运输企业转变经营模式

传统运输企业建立现代企业制度，必须改变其经营模式和经营理念，转变其运输业务单一的现状，对业务进行拓展，向大型化发展，扩大运营规模，形成网络覆盖优势，改变经营观念，转化为现代运输企业。

1. 转变经营模式——从单一经营到全方位经营

转变经营模式就是指改变传统运输企业单一的经营模式，向现代运输企业的全方位型经营模式转变。传统运输企业经营只局限于运输、装卸、搬运业务，部分包括仓储、包装及信息处理等，其主要业务是运输，经营方式单一，不能满足客户一体化服务、全程服务的需求，各项物流服务功能不能有机衔接和缺少各种有效的运输增值服务，并且不能为客户提供整体的、满意的解决方案，专业化程度不强，竞争能力欠缺，造成企业经营不善，生存面临巨大压力。现代企业的全方位经营，是从系统的观点出发，把企业作为一个由市场经营、产品经营、投资经营三个子系统的有机整体，从他们之间及其外部环境的相互关系中把握企业运行的动态平衡的经营活动。传统运输企业建立现代企业制度，应注重经营的全方位性，向运输的两端，以及运输服务所涉及的环节拓展。现代运输企业涉及供应链的各个环节，能够对运输环节进行综合优化，降低运输成本，并能够为用户提供完整的解决方案。

2. 转变经营理念——从落后观念到先进经营理念

经营理念就是管理者追求企业绩效的根据，是顾客、竞争者以及职工价值观与正确经营行为的确认，然后在此基础上形成企业基本设想与科技优势、发展方向、共同信念和企业追求的经营目标。经营理念在企业的发展中占据着越来越重要的位置，运输企业建立现代企业制度，必须从经营理念上下工夫，改变其传统的经营理念，摆脱故步自封的束缚，促使传统运输企业转型。传统运输企业由于受到计划经济的影响，经营理念比较落后，阻碍其向前发展，阻碍其顺利转型，因此必须树立正确经营理念。

(三）运输企业应发展信息化

传统运输企业建立现代企业制度，是信息化作用的结果。传统运输企业谈不上信息化，现代运输企业则是信息化的高度应用，现代运输的根本宗旨是提高运输效率，降低运输成本，满足客户需求，并日益呈现出信息化、网络化、自动化、智能化、标准化等发展趋势，其中信息化是现代运输的核心。从某种角度上讲，现代运输就是传统运输的信息化，即采用信息技术对传统运输业务进行优化整合，达到降低成本，提高服务水平的目的。现代运输充分利用现代信息技术，打破了运输环节独立于生产环节之外的分业界限，从整体上完成优化的生产体系设计与运营，将实现运输、资金流和信息流的有机统一。信息技术的运用降低了运输的成本，提高了服务的质量和效率，为现代运输企业获得了市场。传统运输企业转型，必须从信息化着手，加强信息化建设。

信息化在运输管理中发挥了重要的作用，无论是要提升服务质量，还是向现代化企业迈进，信息化建设已成为传统运输企业建立现代企业制度的重要工作，信息化是基础，是实现建立现代企业制度的重要手段。

现代电子技术和通信技术的发展，尤其是计算机和互联网的使用，极大地推动了现代社会的发展，给各行各业带来了巨大的变化，给整个社会的生产、生活带来革命性的变革，其带来的信息化进程给传统运输企业转型提供了技术支持，促进整个行业的发展以及内部管理水平的提高和服务质量的明显上升。传统运输企业建立现代企业制度，是信息化进程带来的现代企业运作模式的要求，同时由信息化技术提供保障。

现代运输企业是以信息化为前提，广泛采用了现代化通讯和计算机技术作为运输组织与管理的手段，各种设施设备的使用均是信息化的产物，计算机和互联网给现代运输提供了一个广阔的舞台，电子订单、货物状态查询、库存信息管理、电子凭证等使用，充分验证了信息技术在现代运输中的地位。现代运输企业综合运用了信息化所带来的优势，进行企业管理和生产，提高了服务质量与管理水平。在运输控制方面，通过信息管理系统．提高运输管理效率；在运输服务方面，利用信息化手段，提高运输服务效率；在运输管理方面，依靠信息化平台，降低运输管理成本，竞争优势明显。传统运输企业在建立现代企业制度的过程中，应注重信息化的建设，构建全面的、合理的运输信息平台及系统，对于降低传统运输企业的运输成本，加速企业的转型具有重要的意义。

（四）运输企业建设现代企业文化

传统运输企业提供的服务就是运输，从本质上来讲，它的工作性质就是一种服务。运输服务不仅要达到“货畅其流，人便于行”的功能，而且服务必须真诚，富有情感。这样的服务让每一个顾客都能切身感受到，企业的形象也就在顾客心中得到了肯定，就能够获得顾客的满意度和忠诚度，获得长久的市场，促进企业的持续发展。建设运输企业文化，就是要在强化技术性、功能性的同时，重点开展企业文化建设，提高服务的质量，增强顾客的满意度，增强企业的凝聚力，树立企业良好的服务品牌，使其适应向现代运输企业转型的需要。

1. 企业文化差距——生产文化到服务文化

传统运输企业和现代运输企业存在着巨大的文化差距，运输企业建设现代企业文化就是从生产文化转变为以人为本，客户至上的现代企业文化。

由于我国传统运输企业体制的关系，企业的管理者对企业的文化重视不够，这使得虽然产生一部分的企业文化，但是没有鲜明的特色，没有独创性。企业文化的词语多以“创新、求实、严谨”等居多，雷同现象多，企业文化没有得到有效发展。现代企业注重企业文化的建设，把企业文化作为企业的生命，是企业的灵魂。在管理文化上注重“以人为本”，积极调动并发挥员工的主观能动性，使员工的发展与企业的发展融合在一起，个人的成才和企业的进步是相辅相成的。重视和发展现代运输企业文化，对于发展运输具有导向功能，好的企业文化引导和指导运输企业向着健康方向发展，从而促进社会发展。重视和发展现代运输企业文化，能够正确的约束管理者和企业员工，利于形成良好的运输行业规范和标准。重视和发展现代运输企业文化，能够促进员工的凝聚力，强化了团体意识，使企业员工之间形成强大的凝聚力和向心力。重视和发展现代运输企业文化，能够对员工形成强大的激励功能，激励每个人为运输行业的发展做出自己的贡献。

2. 建设先进企业文化——品牌、特色文化

传统运输企业建立现代企业制度，就是要塑造良好的企业文化，增强企业竞争力。传统运输企业建立现代企业制度的过程中，要注重企业文化的建设，把企业文化的建设作为企业发展的重点，在实施企业文化的过程中，要注重品牌文化的建设，通过品牌战略，形成有效的竞争力。要注重服务文化的建设，通过服务文化的建设，增强企业在顾客心中的地位，增加其满意度，获得顾客的支持，也就获得了一定的竞争优势。

打造“品牌”，铸造企业文化。品牌文化是一个重要的企业文化，也是目前企业应用最广泛的企业文化，很多企业通过各种方式宣传自己的品牌，介绍自己的企业文化。建设“特色”文化，就是推出其特点，使企业文化具有生命力，发挥自己的优势和特长，才能形成核心竞争力。打造品牌文化、特色文化和以人为本文化，目的都是在于打造企业文化，通过企业文化的建设，加快传统运输企业的转型。

第十章 运输企业集团

企业集团是以大型企业为核心，由多个法人企业联合组成的高级形态的企业联合体，是介于企业和市场之间的中间形态的经济组织形式，是适应现代生产力和市场经济要求而产生的一种企业组织形式。运输企业集团是以交通运输为主要业务的企业组成的集团，是企业集团的一个产业类型。

企业集团在国民经济发展中占有重要地位。一个国家的经济发展，工业化的实现，经济整体素质的提高，主要依靠大型企业和企业集团。从 20 世纪 80 年代中期起，国家根据产业结构调整的需要，为实现国有资产存量的流动与重组，提高生产经营的集中度，以形成规模优势，增强企业的竞争力，通过运用行政手段以及政策引导，在企业横向联合的基础上，组建了不同产业部门以及不同类型的企业集团。在运输业中，最早出现的企业集团是 20 世纪 90 年代初组建的中国长江航运集团和中国远洋运输集团。

第一节 运输企业集团及其特征

一、运输企业集团的含义及基本特征

（一）运输企业集团的含义

运输企业集团是由以交通运输为主要业务的企业组成的集团。运输企业集团分布于水运、铁路、公路、民航等不同的运输方式，以其雄厚的实力以及运输产业的特殊作用和贡献，在国家的企业集团中占有重要地位。

在欧美国家中，类似于企业集团的组织早已存在。19 世纪末，欧美国家首先出现了托拉斯、卡特尔、辛迪加等垄断组织，随后又出现了康采恩、财团、财阀等组织。后一类组织，随着社会化大生产的发展，部分成为企业集团的一种模式，如德国的康采恩，部分演变为企业集团，如日本的财团型企业集团（又称金融系企业集团）和产业型企业集团（又称独立系企业集团）。产业型企业集团在运输领域的代表有日本邮船、西武铁道等运输企业集团。我们现在所使用的企业集团（business group or industrial group）的名称是第

二次世界大战后在日本首先出现的。

在我国，在企业集团的组建与试点过程中，国家有关部门曾颁布了一些法规，对企业集团的概念、组建的目的和意义、内部组织结构等内容进行了一些规定。如在1991年国务院批准执行的《关于选择一批大型企业集团进行试点的请示》中，专门对企业集团应具备的条件作了规定：(1) 必须有一个实力强大，具有投资中心功能的集团核心。这个核心可以是一个大型生产、流通企业，也可以是一个资本雄厚的控股公司。(2) 必须有多层次的组织结构。除核心企业外，必须有一定数量的紧密层企业，最好还要有半紧密层企业和松散层企业。(3) 企业集团的核心企业与其他成员企业之间，要通过资产和生产经营的纽带组成一个有机的整体。核心企业与紧密层企业之间应建立资产控股关系。核心企业、紧密层企业与半紧密层企业之间，要逐步发展资产的联结纽带。(4) 企业集团的核心企业和其他成员企业，各自都具有法人资格。这是企业集团与单个大型企业的重要区别。以上四点是我国最早对企业集团的规定，具较强的法律属性，它不仅仅规定了企业集团的条件，而且也反映了国际上企业集团所共有的一些基本特征。

（二）运输企业集团的基本特征

运输企业集团有不同的模式，但作为企业联合体中的一种类型，却具有某些企业集团的共同特征。而对于企业集团来说，其中多元产权结构、多种联结纽带和多层次组织结构是企业集团的基本特征。

第一，多元产权结构：集团本身并不是法人，而是多个法人企业组成的联合体，或者也可以说是母子公司群体，而不是单一法人经济实体。无论核心企业，还是紧密层企业，都是独立的法人企业，即使由它们控股的子公司也是独立的法人企业。这些企业都以独立法人地位在市场上开展经营活动，彼此之间在法律上都享有平等的地位。

第二，多种联结纽带：企业集团成员之间可以有多种联结纽带，其中以资本纽带为基础。这种资本联结纽带是通过企业集团成员之间持股、控股和融资等方式实现的。资本的联结一般采取金字塔式垂直持股方式，在此基础上产生了集团成员之间派遣人员（如董事、经理、监事等）的联系。此外，还有生产、技术、销售、商标、专利等联结纽带。

第三，多层次组织结构：企业集团有核心企业和以与核心企业关系的密切程度划分的紧密层企业、半紧密层企业和松散企业等多层次组织。由内到外，资本联结逐步由紧密到松散，由资本联结纽带的联系到其他联结纽带的联系。

第四，规模的大型化：它既指企业集团核心企业的规模，也指企业集团整体的规模。企业集团的巨大规模，提高了社会化大生产的集中度，具有规模经济效益，形成强大的凝聚力、控制力、辐射力和竞争力。

第五，多元化经营：企业集团一般都实行多元化经营，包括经营层次上的多元化和产品、劳务经营的多元化。运输企业集团既在与其关联的行业实现纵向经营多元化，也在非关联行业实现横向经营多元化。

第六，国际化经营：随着世界经济一体化进程的加快，企业集团将更多地面临着国际性竞争，因此，发展外向型经济，开展国际化经营，是企业集团拓展经营空间，融入世界经济潮流的必然选择。

二、企业集团与其他多单位企业组织的区别

为了进一步了解企业集团及运输企业集团，我们有必要对企业集团与其他类型的企业组织进行一些比较。

（一）企业集团与大型企业的区别

企业集团与大型企业的重要区别在于，企业集团的核心企业和其他成员企业，各自都具有法人资格，而大型企业无论拥有多少成员单位，其整个企业只有单一的法人。从组织设立看，两者区别在于拥有分公司或子公司的区别。

一般认为，一个大型企业内部公司形成母子公司关系，其中母子公司均具有法人地位的称为企业集团；而仅设有分公司没有子公司的，则从总体上讲是一个法人的大型企业。这种区分具有相对性，一个大企业设立子公司或是设立分公司有时仅仅是出于风险和税收考虑。全资子公司和分公司都是由母公司独自拥有和管理的实体，从经营管理上看并无明显区别。但是，当一个大企业认为该实体从事的业务有着巨大风险时，它可能会倾向于将该实体设立为子公司，以减少或避免母公司的经营风险；反之，当企业信誉对于其经营至关重要时，则倾向于将该实体设立为分公司，以利于充分利用该大企业的信誉。由此可见，一个企业可以成为一个大型企业，也可以组成一个企业集团，这在一定程度上取决于企业经营的需要。

我国大型企业，包括大型运输企业在集团化过程中，也要注意子公司与分公司的区别，根据不同情况采取不同形式：（1）为了保持核心企业的优势，有必要采取分公司的形式，而将核心企业下属的主体生产经营单位和部分新兼并企业组建成一个个法人；（2）为了不使核心企业过于庞大臃肿，更好地发挥下边的积极性，可适当把核心企业中与主业关系较远甚至无关的部分，逐步剥离为全资或控股的、具有法人地位的子公司；（3）向新经营领域发展，则主要采取股份制形式，组建新的子公司。

（二）企业集团与企业联盟的区别

企业联盟不同于企业集团，这不仅是因为联盟企业之间没有体现母子公司间的产权联系，还因为联盟企业通常只是在一定的环境下和一定的范围内进行合作，各方均有自己的战略。例如，运输界的联盟通常通过协议来协调，协调的内容也多限制在航线分配、价格制定和相互利用资源等方面，属于战术级别的协调和统一。而企业集团的成员企业之间则明显表现出具有共同遵守的战略，在所有的业务范围内都进行合作。而且，企业集团的成员企业间以资本为主要联结纽带，其关系要比联盟的企业之间的关系牢固得多，这种关系在股权转让之前是不会断裂的。竞争对手也有可能结成联盟，如美国的福特公司和日本的马自达公司，美国的德州仪器公司和日本的日立公司等。企业联盟为加强相互联系，有时会相互参股或由一家企业收购另一家企业，这时，他们可能就成为企业集团而不再被看作联盟了。

（三）企业集团与西方传统经济联合组织的区别

卡特尔、辛迪加、托拉斯这三种企业联合的组织形式，与企业集团都有显著的差别。

卡特尔、辛迪加是以协定为联系纽带，只限于在某类特定商品的生产、销售方面，或者在同一生产部门的原料采购、商品销售等方面进行联合。这种联合对协定以外的经营业务不存在任何约束力。因此，这种联合是不牢固、不全面的初级联合。它不像企业集团那样以资本为纽带形成紧密联合，开展全面的业务协作。

托拉斯则是一个大企业通过兼并多个企业而形成的庞大经济组织，其内部实行统一管理，对外是一个统一的法人。因此，托拉斯不管组织如何庞大，兼并的企业如何多，分支机构如何复杂，它本身只是一个大企业，而不是由多个企业组成的企业集团。托拉斯的总公司与分公司之间的关系是领导与被领导、管理与被管理的关系，而不是企业集团成员企业之间以持股形式形成的控制与被控制的关系。最重要的一点是，托拉斯的分公司不是法人，而企业集团成员企业都是法人。

第二节　运输企业集团形成的动因及组建

一、运输企业集团形成的动因

运输企业集团是运输产业中的企业集团，有其特殊性，但是其形成的动因与一般企业集团没有区别，主要有以下几个方面。

（一）实现企业规模经济效益的需要

规模经济的存在是导致大企业或企业集团产生的一个重要的经济原因。规模经济（economies of scale）中的规模是指生产要素的集中程度或集聚水平。规模经济则是指生产要素集中程度同经济效益之间的关系，即经济规模扩大在一定范围内引起经济效益的增加，具体表现为单位投资获得更高比例的经济效益，或是经济规模达到某一水平后单位成本下降。但是当经济规模超过一定限度时，经济效益不再提高，反而下降。这种经济效益随经济规模的扩大而增加或减少的现象称为规模经济或规模不经济。不同行业要求达到规模经济所需的经济规模是不同的。

在运输业，企业经营规模是非常重要的。例如，当代航运业经过充分发展，已经成为成熟和饱和的行业，运力过剩和船舶的现代化、低龄化已成为航运业的发展趋势，使航运业投资巨大、回收期长和专业化程度高的特点表现得更加突出，日趋激烈的市场竞争使航运业越来越成为巨型企业之间角逐的场所。因此，航运企业朝优势组合的大型化规模经营和跨国化全球竞争发展的趋势日益显著。我国的航空业也是如此。自从我国的民航改革以来，在航空运输紧张时期，地方航空公司纷纷抓住时机迅速发展起来。但是，相对于民航总局直属的航空公司和中央与地方合营的航空公司，地方航空公司的规模明显偏小。运输业特别是国际航运业、国际航空业要求大型化经营，使运输业的进入障碍比较大，因此如希望运输业有进一步的发展，则必须具备一定的规模。国内现有的众多在前期进入运输业的企业，为使规模进一步扩大，可以被大企业或企业集团兼并，依附于某一个大企业或企业集团，或者可以通过企业的整合（integrated）形成企业集团。

（二）企业联营发展的促进

联营是发展综合运输的一种重要形式，是现代交通运输发展的一种趋势。在新的竞争环境下，运输企业联营成为一种趋势，尤其是在航运业和航空业特别突出。联营的运输企业共享某些资源，如码头、舱位、空箱调运等等。航空业的联营可以使联营企业统一订购飞机和零部件，减少相互重叠的航线、航班，分享使用各自的机场和其他基础设施等。但是，通过协议达成的联营在具体执行过程中可能因多种原因导致失败或效率低下。为加强和巩固企业之间的联营关系，有时相关企业会进一步进行资本的联系，通过这样的方式来保证合作网络的完整和竞争地位的稳固。所以，联营企业之间通常会发生收购或合并，以企业集团的形式来实现联营，这时，企业集团便成为更高级的联营方式。当然，这种情况产生的根本原因还在于行业特征，运输企业资产专用性的特征特别明显，因此，靠联营协议来维持的联营使各联营企业面临很大的风险。在这种情况下，加强资本联系是减少各联营企业风险的主要方法。

运输企业，特别是国际航运企业，在国际航运界普遍实行联营的情况下，要加强国际竞争地位，也必须实行国际间的联营。而在对外合作的时候，能否争取到有利的合作条件取决于各企业自身的实力。所以，国内运输企业必须通过集团化建设以扩大自己的规模，加强竞争优势，这样才能在国际竞争中占有有利的地位。

（三）提高企业国际竞争力的需要

随着经济全球化，国家间的竞争也具体反映到企业间的竞争上，特别是大型企业的竞争上。一个国家的国际竞争力如何，关键取决于它的几个大型企业集团是否在国际市场上具有竞争力。这是因为企业的大型化发展使为数不多的企业集团决定了一个国家大部分的经济贡献。

在外资看中我国大陆巨大的市场而纷纷抢滩之时，国内企业开始面临越来越大的竞争压力，而组建企业集团是抵御国外竞争的有力武器。组建企业集团一方面可以减少内耗，统一行动，另一方面也可以壮大企业的竞争力量。从航运市场看，许多国外大公司如丹麦马士基等，进入中国市场较早，力量雄厚，仍渴望占领更大的市场份额。随着服务贸易领域的进一步开放和全球经济一体化进程的加快，国内航运和航空市场将面临更加激烈的国际竞争。我国运输企业要获得国际竞争优势，组建运输企业集团是必由之路。

（四）通过多元经营减少风险的需要

运输企业的特征之一是固定资产占企业总资产的大部分，投资大，回收期长，银行贷款是运输企业资金的主要来源。这样，运输企业的成本结构和资本结构决定了运输企业的经营风险和财务风险都比较大。而运输业的兴衰与经济发展周期有非常密切的关系，面临着相当大的市场风险。当经济发展衰退导致运输市场不景气时，运输企业在资金和利息压力下，将很容易陷入经营困境。即使在市场好转时期，由于运输市场的供过于求的现实，运输企业也很难获得较高利润。因此，多元经营、分散风险是运输企业经营中的重要问题。

多元化经营是分散经营风险的常规方法，但多元化与专业化是相互矛盾的。何况，多元化经营也有一个条件问题，在企业资源有限的前提下，企业是无法实现经营多元化的。企业集团正好能解决运输企业的这一经营难题，在企业集团层次上实行多元化经营，而在成员企业层次上实现专业化。

多元化经营的企业集团有两种形成方式。如果一个运输企业资源足够丰富，那它可以投资其他行业的企业，逐渐以自己为核心，形成企业集团。如果实力不足，则多个行业的企业可以通过互相换股的方式，通过资产所有权的相互调整，形成企业集团。这两种方式都可以使企业在一定程度上分散经营风险。大型运输企业集团实行多元化经营，可以在集团内用一个行业的利润去弥补另一个行业的亏损。

（五）节约交易费用的需要

企业集团作为中间形态的经济组织，可以取代部分市场机制作用，达到节约交易费用的目的。按照现代交易费用的经济学观点，企业的产生是为了节约交易费用，企业是作为市场的一种替代形式出现的。钱德勒在《看得见的手》一文中指出，当管理上的协调比市场机制的协调能带来更大的生产力、较低的成本和较高的利润时，现代多单位的工商企业就出现了。由此可见，现代企业的出现使多单位间的交易由市场实现转为在企业内部实现，即由企业将交易内部化。从交易费用节约的角度出发，企业有规模扩大的倾向，即将更多的单位包容于一个企业之中。但企业规模的扩大却不是无限的，这是因为企业运行本身也有成本，也就是管理协调的成本，主要体现在信息的收集和处理成本。企业规模的界限是在企业运行成本与市场交易成本相等之处。一般认为，企业这种经济组织在节约交易成本和提高资源配置效率方面具有优势，而市场在激励约束机制方面具有优势。

企业集团作为一种中间性经济组织，其目的在于尽可能多地利用市场和企业二者的相对优势。简单地通过一定协约或其他途径建立的松散型企业联合体，虽然在一定程度上可以共享信息，降低风险，减少交易成本，但是，如果要获得交易内部化的收益，则必须要在企业联合体内建立层级制度，将原来通过市场完成的交易转由层级制度中的行政协调来完成。这种联合体在内部化道路上的进一步发展可能导致多个企业合并成一个企业。但是，受企业规模限制，这种合并不一定能够实现或不一定经济，因此共享联合体利益的多个企业便以企业集团的形式出现了。

概括地讲，企业集团利用集团内企业之间的市场协调来代替部分行政协调，避免大企业过高的管理成本，同时也利用部分行政协调来代替集团内企业之间的市场协调，以此来节约市场交易成本。可见，企业集团内市场协调和行政协调并存，是企业集团的一大特征，也是其优势所在。

二、运输企业集团的组建方式

运输企业集团的组建方式如同一般的企业集团一样，主要有三种方式，从而形成三种类型，依次为市场成长型、行政捏合型和混合推动型。

（一）市场成长型

企业出于自身经济利益的考虑，依靠自己具有的生产要素或生产经营优势和经济实力发展壮大，吸引相关企业，彼此为求得要素互补，更好地获得整体效益而在平等互利的基础上自愿联合起来，形成企业集团。这种方式是典型的市场经济条件下的企业集团组建方式。这种方式形成的企业集团一般比较稳固，是市场自然选择的结果。我国市场成长型企业集团的产生是以企业的横向经济联合为先导的。随着经济体制改革的深化和市场经济的发展，横向经济联合得到了较快的发展，此种市场成长型的企业集团也逐渐多了起来。随着我国市场经济体制的不断完善，市场成长型将成为我国企业集团的主要组建方式。

市场成长型企业集团从产权形式看一般是股权联结型企业集团。由于企业集团的这种组织形式能够容纳高度发展的生产力并适应激烈竞争的需要，所以市场成长型企业集团较多地产生于生产社会化程度较高和市场经济发达的地区。按这一方式组建的企业集团一般比较规范，企业集团内部各企业之间以股权为纽带，各企业独立经营、自负盈亏，各股东之间按股份分红，按股份比例或公司章程派遣管理人员。从产权关系、领导体制、分配关系、经营管理决策等方面来看，关系比较紧密和稳定，能较好地发挥企业集团应有的经济效应。

（二）行政捏合型

这种企业集团组建的主体是政府部门。政府通过行政命令、行政手段等行政力量来组建企业集团，集团成立后也主要靠行政力量来管理，并以行政关系作为企业内部各企业集团之间的联系纽带。这种方式下组成的企业集团不是完全来自经济发展的客观需要，动因还来自一些复杂的非经济因素。例如，一些企业主管单位为了弥补行政性公司被取消后的空白，便于继续对企业进行行政性的管理和控制，将原下属企业组建为企业集团；一些部门组建企业集团是为了收回原来下放给企业的权利，达到恢复部门集中统管的目的；也可能是为加强地区经济实力，强化区域垄断而进行局部地区性的企业联合；也有为政治考虑而将亏损企业或破产企业强行实行优劣结合，把效益差的企业塞入效益较好的企业集团中去的等等。

行政捏合型企业集团在当前的现实中还大量存在。它的形成途径主要有两条：一是行政公司翻牌而来；二是政府机构代表所有者硬性撮合而成，即靠政府通过核心企业统管成员企业的经营的行政授权形式而联结成企业集团。从产权组织看，这种企业集团大多以非股份制作为产权组织制度，主要通过行政纽带和产品、技术、销售等契约纽带联结。也有一部分采用股份制产权组织形式。但通过行政力量组织起来的股份制企业集团，集团成员名义上是法人，实际上却缺乏相应的法定权利，不具备独立经营的自主权。这种企业集团最大的弊端在于无法减少政府对企业的干预。当企业经营行为中出现过多的政府干预时，企业集团效率低、市场竞争能力和市场应变能力较差。另外，政府和企业集团间关系过密，还容易产生腐败，导致严重的经济和社会后果。东南亚金融危机中，韩国企业集团的困境充分地说明了这一点。

尽管通过这种方式形成企业集团的时间短，看上去改革成本低，能迅速扩大企业集团规模，但由于政府在其中体现了第一推动力作用，不符合减少政府干预企业的发展趋势。并且，这种类型的企业集团在组建时往往与市场经济的真正需求之间存在差距，不利于企业集团的发展、壮大。故此，随着市场经济的不断完善，这种类型的企业集团将逐渐减少。

（三）混合推动型

这种企业集团是在市场力量和行政力量的共同推动下形成的。不过，这里的政府推动主要指政府运用经济手段、法律手段引导企业的经营活动，保证市场竞争，并推动市场体系的建立和保障市场按市场规则运行。这是比较理想的市场经济条件下国有企业集团的组建方式。行政力量和市场力量不是单独存在的，而是同时并存，同时起作用的，而且往往是市场推动力量对行政推动力量产生重要的作用。事实上，一些工业发达国家在经济发展过程中，政府在初期也常给企业一定的帮助。政府为了实现某些社会目标，为了在一定程度上对国家经济的运行和发展进行干预和调节，往往根据市场发展的实际需要，通过行政的方式组建企业集团，而且国有企业集团为了自身的利益和发展也充分利用这种机会积极扩展自己。

当行政力量符合经济发展的客观要求，行政力量与市场力量所起的作用方向一致时，即当行政力量基本上反映了经济发展和企业发展的客观要求时，其企业集团的效果与市场推动型的效果基本上是一致的。否则，就会产生不良的后果。当前，政府对企业兼并所采用的一些政策，如税收优惠、银行贷款挂账、人员安置等在很大程度上鼓励了企业集团的组建。

三、组建运输企业集团的主要内容

（一）确立企业集团独立的市场主体，明晰的产权关系

运输企业集团的组建与运行都要以独立的市场主体以及明晰的产权关系为基础。

组建运输企业集团，首先，要进行企业的改制，建立起现代企业制度，使运输企业成为具有真正独立法人地位的市场主体；其次，要明确地确立运输企业集团（主要是运输集团公司）的产权主体地位，具备条件的要按国家规定成为国家授权投资的机构即国有资产营运机构，取得国家投资主体的地位。

在我国《关于选择一批国有大中型企业进行现代企业制度试点的方案（草案）》中，规定“按照政府的社会经济管理职能和国有资产所有者职能分开的原则，国家授权投资的机构或者国家授权的部门是国有资产的投资主体，依法对企业中的国有资产实施股权管理。”同时规定国家授权的投资机构可以采取多种形式，其中之一就是“具备条件的企业集团的集团公司”。

企业集团国有资产授权经营是政府运用产权管理手段来促进建立产权纽带，以组建、巩固和发展企业集团的重要措施，也是实现国有产权多元化的重要举措。

（二）用股份制进行组建和规范

企业集团具有行政协调和市场调节共存的特征，其组织结构具有层次性。在组建企业集团的实践中，通过股份制来组建企业集团能更好地体现规范的企业集团的特征。所谓股份制企业集团，是指企业集团要以股份制的形式来组建，股份制要以自身特有功能为企业集团的建立、发展和巩固创造条件。用股份制组建企业集团的优点是：

1. 股份制，特别是股份公司制度自然形成了层级组织的行政协调关系。通过规范企业集团的母子公司体制，集团的母公司能够依据其对所属的子公司、关联公司的控股程度，以股东的身份派遣董事和管理人员，体现母公司的管理意图。这样，既实现了集团的统一领导，又保持了企业集团各成员企业的独立性。可以说，股份公司的组织形式为企业集团提供了良好的领导体制。

2. 股份制实现了资产所有权和管理权的分离，使企业成为独立的法人，其经营完全按照市场法则运作。股份公司作为独立的市场主体，在与其他企业发生交易关系时，考虑的是企业的利益，即全体股东的利益，而非某个股东或某些股东的利益。这样保证了成员企业在企业集团内经营上的独立性。

3. 股份制使众多投资者的利益通过股份公司这一组织形式而联结和统一起来。在同一企业中，全体股东的利益是一致的，每个股东按其所占股份分享企业经营利润，这解决了企业集团成员之间的利益分配问题，增强了企业集团的凝聚力。

4. 股份公司的资产以股权的形式存在，可以方便地进行转让。这为企业集团兼并、控股、参股等创造了有利的条件，有利于企业集团的扩张和产权重组。

5. 股份公司，特别是上市公司具有独特的市场融资方式，为企业集团的规模扩展提供了资本上的保证。如果企业集团母公司或下属控股公司成为上市公司，则可以通过配股等方式不断从资本市场上筹集资金。

因此，在组建企业集团之前，一般应该对相关企业先进行股份制改造，在此基础上，组建股份制的企业集团。

（三）以多种方式构建企业之间的产权纽带，形成规范的母子公司关系

企业之间的产权纽带有行政划拨、投资、合资、内部剥离、收购兼并以及国有资产授权经营等，以形成核心企业对成员企业的控股、参股关系。通过合并的方式组建企业集团的主要优点是节省时间，特别是组建行业集团时，相同的业务构成和原来同一的产权所有者以及领导体系，使合并设立企业集团的时间效益特别明显。

在上述方式中，我国的资产剥离和国有资产授权形成了自己的特色。所谓资产剥离，是为了解决原来国有企业政企不分、企业办社会的问题，将经营性资产从原企业中分离出来，形成新的规范的企业，从而避免将老企业的弊端带到企业集团中去。国有资产授权经营是指国家资产管理机构将相关企业的资产授权给集团公司经营，让企业集团的核心企业成为其成员企业的投资主体，形成事实上的母子公司关系。国有资产授权经营是一种通过行政方式进行的产业调整，体现了国家对产业调整的干预，从我国当前经济的发展状况看，不失为一种有效和迅速组建企业集团的方法。随着中国证券市场的发展，证券市场上的收购和兼并行为将成为企业集团组建的主要手段之一，而这种市场行为无疑将大大地提高企业集团组建的效率，也逐渐成为企业集团扩张和组建的重要手段。

在企业集团的核心企业为一家大型企业的情况下，通过兼并和控股，将一批子公司置于自己垂直控制体系之下，这些子公司与该企业一起构成企业集团的核心层和紧密层，当集团公司对下层子公司处于控股地位时，它就可以通过人事派遣方式，来控制下层子公司，完成层级组织的构造。这种核心企业可以是纯粹的控股公司，也可以是混合控股公司。若企业集团内有多家处于核心层的大型企业，由于核心层企业之间的行政协调非常重

要，为促使它们效用函数的一致性，核心层企业之间通过彼此持有股份，形成一个环状或网络状的股权联系结构，共同作为企业集团的领导核心。在多数情况下，可以将这些企业合并设立一家新的企业，作为集团公司。在单一企业作为企业集团的核心情况下，集团公司的董事会即是企业集团的领导机构；在多企业是核心企业情况下，由于它们利益的高度相关性，这些企业可派出人员以委员会形式组成企业集团的领导机构。这样，就形成了企业集团的决策中心。决策中心形成以后，通过核心层企业对其他企业的参股、控股，形成整个集团的紧密层、半紧密层和松散层企业。与此同时，企业集团内部的母子公司体系也不断完善起来。

（四）企业集团的并购和重组

企业并购是兼并与收购的简称，一般以企业产权作为交易对象，并以取得并购企业的控制权作为目的，以现金、证券或者其他形式购买被并购企业的全部或者部分产权或者资产作为实现方式。人们习惯将兼并与收购一起使用，简称并购。企业重组是指对企业的生产要素和资源进行重新组合，达到优化配置的目的。并购与重组是传统运输企业向现代物流企业转型的有效方式，通过并购与重组，可以增强传统运输企业实力，拓展传统运输企业业务，实现向现代物流企业的顺利转型。

并购与重组模式适合大型传统运输企业的转型，我国国有传统运输企业，是大型的传统运输企业，具有良好的基础设施和条件，自身条件较好，具有一定的并购和重组基础，可以实施此类模式的转型。

企业集团通过对外投资，在经过一系列收购和兼并或者经过国有资产授权经营和行政调拨、合并后，集团成员企业数量不断增加。这时，必须根据决策中心、利润中心、成本中心的格局对企业集团成员之间的关系以及业务重点进行调整。在组织结构上，把业务相同或相近的企业归类，作必要的调整或合并；在产权关系上，通过收购、控股、兼并等方式，作相应的产权重组。

并购和重组的优点有：

并购与重组可以降低企业经营风险，这是因为企业通过横向和纵向的并购，增强了企业在整个行业的竞争能力，通过增强规模效益，市场占有率和控制市场的能力，从而降低经营的风险。混合并购可以实现多元化的经营策略，当某一行业不景气，就可以依靠其他行业来支撑，降低了风险，增强了抵御突发性事件的能力，促进了企业的稳定发展。传统运输企业本来底子薄，基础弱，通过并购与重组可使传统运输企业风险值降低，充分利用并购和重组企业的优势经营，减轻了企业的负担。

并购和重组可以获得经验曲线效应。在要求劳动力素质较高的行业里，随着企业的生产经营经验积累的增多，单位成本就会有不断下降的趋势。随着经验的不断积累，劳动者的熟练程度就会不断地提高，使经验成本曲线效果明显，增加了竞争优势。企业在并购时，不仅获得了该企业，也获得了该企业的经验，获得了竞争优势。企业可以通过并购在技术、产品、市场、管理等方面取长补短，互相补充，传统运输企业是服务行业，企业的生产经营与服务人员素质密切相关，服务人员素质高、经验丰富可给企业带来很强的竞争力，通过并购与重组可直接获得服务人员，获得经验共享和互补效应。

并购和重组可以获得规模效益，并购可以获得需要的资产，重组也能够获得相应的资源，这对于实现一体化经营，实施规模经济是有益的。实施规模经济包括生产规模和管理规模经济组成，通过企业并购和重组，可以对生产资本进行补充和调整，达到规模经济要求，同样，通过并购和重组，可以使得一定的管理费用在更大范围内分摊，使得每个单位的管理费用大大降低。规模经济同样也可以大大降低营销费用，使企业可以集中大量资金和技术用于开发新产品或改革新技术。对于大型传统运输企业，通过并购与重组实现规模的扩大，生产规模经济和管理规模经济都能够实现扩张，平均成本在下降，获得了规模效益。企业集团的并购和重组还有一项重要的内容，即对集团成员进行机构、人事等方面的调整，以使核心企业能真正掌握控制权。在这方面，股份制企业集团有现成的方式。

企业集团的并购和重组是一个动态的过程，随企业的经营战略而变化。企业集团的并购重组在一定程度上也与企业集团的资本经营密切相关。重组，是实现企业集团经济功能的前提条件，尽管它不是一次就能完全实现的，但在组建企业集团时，必须充分注意其内在的生产要素的重组。

第三节　运输企业集团的规模扩张及发展

纵观国际上大型企业集团经验，企业集团的规模扩张其实就是决策中心（核心企业）投资战略的实施结果。在投资战略中，重点要做到通过控股方式，利用杠杆原理，以较少的自有资本推动经营更大规模的资产，实现企业集团规模的扩大。利用外部资本离不开市场，特别是发达的资本市场。所以，在企业集团规模扩张过程中，金融中介机构往往发挥着重要的作用，这也是为什么许多国外大型企业集团往往以银行为核心的原因。

一、集团公司投资以及规模扩张的模式

（一）独资公司模式

这是指集团公司通过投资拥有被投资企业的全部所有权，从而拥有对该企业的绝对控制权。这种投资模式具有如下的特点：

1. 资源的一揽子转移，母公司的管理、资金、技术、市场和其他技能一次性注入子公司；

2. 决策权独享，母公司能有效地控制和管理该企业；

3. 利润独享，独资公司经营所得利润全部归母公司独立支配，有利于发挥母公司的谋利潜力；

4. 集团公司对资源和管理的投入承诺大，从而使集团的责任和风险增加。

（二）合资企业模式

合资企业模式是指集团公司与其他企业联合投资、共同经营、共负盈亏、共担风险的

一种经营模式。这种合资企业一般为股权式合资经营企业。由合营者相互协商，为经营共同事业组成的经济实体，按投资的多少确定股权比例，并按股权比例分配控制权、利润和承担风险。一般来说，非完全独资的股份制企业均可称为合资企业。这些企业可以由集团公司与其他公司发起设立，也可以通过集团公司对外兼并和受让产权来实现。在合资企业里，按集团公司占有的股权，可将合资企业视为集团公司的控股企业和参股企业。合资企业经营模式是集团公司资本经营的重要方式之一。通过合资企业，集团公司可以获得合资企业的资本、技术、劳动力和管理经验；还可以获得合资企业现成的市场和营销渠道；也可以在一定程度上分散风险。

当然，合资企业经营模式也存在不足之处，主要体现为决策权分散，管理成本较高；集团公司难以实施统一的集团战略；资源和利润的分享使集团公司的谋利潜力不能充分地发挥出来。

（三）非股权安排模式

非股权安排也称为非股权投资，是指集团公司在其他合作企业中不参与股份，而是通过与股权没有直接联系的技术、管理、商标、销售渠道为合作企业提供各种服务，并从中获得利益。通常，这种投资方式主要通过签订一系列的合同，如许可证合同、管理合同、技术协助合同、销售合同、商标使用合同等实现规模的扩张。非股权安排模式的主要特点是，虽然合作企业在形式上拥有对企业的控制权，但集团公司通过非股权安排在一定程度上拥有对企业的实际控制权。我国国内曾经流行的企业托管可以认为是非股权安排的典型例子。非股权安排可以作为过渡到股权式合资经营的预备阶段。

上述三种主要的投资和规模扩张模式可以通过新设企业来实现，也可以通过收购兼并来实现。新设创立和收购各有其优点和缺点。相比之下，收购兼并应该是目前中国企业集团发展的首要选择方式。首先，当前国内行业集中度很低，低水平的竞争非常严重，规模不经济，如在扩张过程中再新设创立企业，一般会进一步恶化这种状况；其次，政府从调整产业结构等多方面因素出发，鼓励收购兼并，并且给予多项政策优惠，相对来说，收购兼并较之设立新企业具有一定的优势；再有，收购兼并能为企业集团发展节省时间。因此，随着股份制改革的深入和资本市场的不断完善，收购兼并将会成为企业集团发展的主要途径。

企业集团公司以上述三种模式进行资产经营，实现其规模扩展。除核心企业外，集团成员企业也可各自以上述模式分别发展。当企业集团的管理需要对集团成员的结构进行调整时，集团公司或相关的成员企业就调整相应的投资模式。采用何种投资模式取决于集团的经营战略和有关企业的资源和经营状况。

中国的资本市场特别是证券市场正逐步发展起来。通过资本市场进行的兼并活动是当前中国企业集团快速发展的重要途径。

二、运输企业集团的国际化发展

从发展趋势来看，我国企业将实施大公司、大集团战略。近年来，越来越多的中国企业或主动或被动地尝试了“走出去”战略。这不仅是中国市场发展到一定阶段的产物，也是企业自身提升竞争能力、拓展生存发展空间、谋求全球资源配置的必然结果。当中国步入中等收入国家行列后，企业国际化是我国经济结构转型和摆脱中等收入陷阱的必由之路。向海外进军、实行国际化战略，正成为越来越多我国企业的选择。2007 年党的十七大报告首次具体阐明了我国企业国际化的战略方向，即创新对外投资和合作方式，支持企业在研发、生产销售等方面开展国际化经营，加快培育我国的跨国公司和国际知名品牌。相对而言，国资委旗下的航运板块的企业集团国际化步伐发展较快。

三、典型运输企业集团概况

（一）中国远洋运输（集团）总公司

中国远洋运输（集团）公司（简称中远集团或 COSCO），是中国大陆最大的航运企业，中国中央政府直管的特大型国有企业。中远集团成立于 1961 年 4 月 27 日，成立之初是一个仅有 4 艘船舶、2.26 万载重吨的小型船公司。半个世纪以来，在几代中远人的不懈努力下，中远集团已经发展成为以国际航运、物流码头、修造船为主业的跨国企业集团，也是全球最大的海洋运输公司之一。

中远发展初期，是典型的传统运输企业，在计划经济时期发挥了重大作用。改革开放以来，现代物流的快速发展给传统运输行业带来了巨大冲击，中远面临转型的危机。十几年前的中远与许多老牌大型国有企业一样，由于历史的沉积，船队结构失调、船舶设备老化、船舶在市场上的竞争力较差等问题急需解决。由于航运市场的开放，国内外竞争形势严峻，在计划体制下赋予中远在航运业的垄断地位被打破，中远在计划经济体制下形成的观念、战略和运作模式已不适应开放的航运市场的竞争要求，中远"下海、登陆、上天"的战略定位和实施进一步加剧了中远发展的风险。从传统的远洋运输企业向全球物流经营人企业转化，提升中远作为远洋综合运输企业的综合竞争力已刻不容缓。为此，中远利用自身条件，综合分析转型因素，采用了并购重组的模式展开一系列并购重组工作。中远集团首先是对集装箱运输管理体制进行了改革，把原来集装箱运输由 3 家远洋公司分别经营的状况改变成集中起来进行规模经营，组建中远（集团）集装箱运输总部（现为中远集装箱运输有限公司）。这一改革实现了中远集团内部集装箱的规模经营和规模效益，使集装箱运输成为中远集团的一个拳头产品，提高了中远集团在国际市场上的竞争能力。

1995 年，中远集团又将原来散货运输业务由多家经营的局面收拢在一起，成立中远散货运输有限公司，将中国远洋旗下中远散货运输有限公司、中远（香港）航运有限公司（深圳远洋运输股份有限公司）、青岛远洋运输有限公司的所有散货资源纳入中散集团，进行统一领导、统一经营、统一管理，对散货船进行集中经营，向世界航运市场推出了另一个拳头产品。接着，又把国内陆上揽货和承运大宗散货运输业务进行统筹经营，成立中远国际货运公司，每天向船队提供 40 万吨货物。中远集装箱运输有限公司、中远散货运输有限公司和中远国际货运公司是中远集团重组后的利润中心和分权后的管理中心和责任中心，这三个机构的设立，明显地理顺了整个中远集团内的产权关系和业务关系。

中远集团拥有和经营700余艘现代化商船，5 100多万载重吨，年货运量超4亿吨，远洋航线覆盖全球160多个国家和地区的1 500多个港口，其中，集装箱船队、干散货船队、专业杂货、多用途和特种运输船队规模实力均居世界前列，油轮船队也是当今世界超级油轮船队之一。中远集团在全球范围内投资经营码头32个，总泊位达157个。中远集团所属中远太平洋的集装箱码头吞吐量持续保持全球第五，中远太平洋旗下的佛罗伦公司拥有和代管的集装箱规模达177万标准箱。中远集团控制各种物流车辆超过4 000台，堆场77万平方米，拥有和控制仓库105万平方米。2002年成立的中国远洋物流有限公司，在内地29个省、市、自治区、香港及境外建立了400多个业务分支机构，物流服务创造多项业界记录，已成为国市场领先地位的国际化第三方物流企业，在家电和电子物流、航空物流、化工物流、会展物流、电力物流、供应链管理、海运空运货代等业务领域为国内外客户提供全程物流解决方案。中远集团拥有世界先进水平的造船企业、国内领军的海洋工程装备制造企业和最大的修船企业，在国内多家修造船基地拥有含30万吨级、50万吨级在内的各类型船坞16座，年修理改造大型船舶500余艘，年造船能力840万吨。在海工装备建造领域，中远成功设计、建造了多个世界尖端水平的首制海工产品。中远集团正在加快从跨国公司向全球公司转变，形成完整的航运、物流码头、船舶工业的全球业务链，打造具有国际竞争力的世界一流企业。

（二）中国东方航空集团公司

中国东方航空集团公司（简称东航集团或CEAH）成立于2002年，总部设于上海。东航集团是中国三大国有骨干航空运输集团之一，它以原东航集团公司为主体，兼并原中国西北航空公司、联合原中国云南航空公司组建而成，并在2010年完成了与上海航空公司的联合重组。东航集团隶属国务院国有资产监督管理委员会监督管理。

作为历史悠久的中央直属企业，东航集团前身可追溯到1957年原民航上海管理处筹建成立的第一支飞行中队。1988年，按中国民航“政企分离”的改革方案，经原中国民用航空总局上海管理局体改后成立了中国东方航空公司。1993年，适应市场形势需要，正式成立了中国东方航空集团；1995年，中国东方航空集团改制分立为东方航空集团公司和中国东方航空股份有限公司。同年，东方航空集团公司作为唯一发起人，发起设立中国东方航空股份有限公司。1997年，中国东方航空股份有限公司分别在香港、纽约和上海挂牌上市，成为中国民航首家在海内外上市的企业。1997年，东方航空集团又在全国民航首开先河，成功兼并了中国通用航空公司，成立了中国东方航空股份有限公司山西分公司、河北分公司和东方通用航空公司，并与中远集团合资组建中国货运航空公司，填补了中国没有专业货运航空公司的空白。之后，东方航空集团不断兼并、控股，规模迅速扩大。2002年10月，中国东方航空集团公司正式宣布成立。

经过持续的产业结构调整和资源优化整合，东航集团旗下目前共有200多家全资或控股分、子企业，基本形成了以航空运输核心主业为支撑，以通用航空、航空食品、进出口贸易、金融期货、传媒广告、旅游票务、酒店管理、机场投资、机上免税品销售等业务为辅助的航空运输服务体系。下属主要投资公司有8家，即：东航股份有限公司、东航金控有限责任公司、上海东航投资有限公司、东航进出口有限公司、东航食品投资有限公司、东航实业集团有限公司、东方通用航空有限责任公司、东航传媒股份有限公司。作为集团核心主业的东航股份有限公司，在全球现拥有 10 家分公司、50 家海外营业部及办事处，同时拥有包括上海航空有限公司、东方航空云南有限公司、上海东方航空物流有限公司、中国联合航空公司等在内的 24 家全资及控股子公司。在新的发展时期，东航集团提出创新驱动发展，努力推进商业模式升级，实现从传统航空承运商向现代航空服务集成商的转型。

第十一章 运输业投资

第一节 运输固定资产

一、运输固定资产的性质

固定资产指的是运输生产过程中使用期在一定年限以上、单位价值在一定数额以上的主要劳动资料。包括：直接参加运输生产过程的运输工具、车、船、民用飞机、管道、装卸机械等；对运输生产过程起辅助作用的通讯信号设备和修理用机械设备等；作为运输生产过程的必要条件而存在的车站、港口、机场、管道的泵站设施、房屋及其他建筑物等。此外，运输企业用于职工集体生活福利设施的建筑物和设备也属固定资产。永久性的房屋、建筑物、陈旧可用的铁路线路上部建筑（除路基以外的线路设备，包括道床、枕木、钢轨及其连接部件等）材料、动力装卸机械等，不论其价值大小，均属固定资产。

一定使用期、限额以上的单位价值是区分固定资产与流动资产的两大条件，其中限额以上的单位价值的数额大小随时间推移、通货膨胀等因素而改变，如财政部于 2000 年 12 月 29 日颁布了《企业会计制度》（于 2001 年 1 月 1 日起暂在股份有限公司范围内执行，然后逐步在所有的企业中执行）规定：固定资产，是指企业使用期限超过 1 年的房屋、建筑物、机器、机械、运输工具以及其他与生产、经营有关的设备、器具、工具等。不属于生产经营主要设备的物品，单位价值在 2 000 元以上，并且使用年限超过 2 年的，也应当作为固定资产。财政部 2006 年 2 月 15 日发布，自 2007 年 1 月 1 日起施行的新的《企业会计制度》规定，固定资产，是指同时具有下列特征的有形资产：一是为生产商品、提供劳务、出租或经营管理而持有的；二是使用寿命超过一个会计年度。根据这一规定，企业固定资产通常包括房屋、建筑物、机器、机械、运输工具以及其他与生产、经营有关的设备、器具、工具等等。新的会计准则取消了定义固定资产的价值标准，没有确定限额，使用期限超过一个会计年度，一定程度上扩大了固定资产的范围。

我国于 1993 年 7 月 1 日开始施行的《运输企业财务制度》第 25 条规定：固定资产是指使用期限超过一年的房屋，建筑物，铁路线路上部建筑和铁路线上的桥梁、隧道、涵洞、港务设施、飞机跑道、停机坪、运输设备、装卸机械以及其他与营运生产有关的设备、器具、工具等。不属于营运生产主要设备的物品，单位价值在2 000元以上，并且使用期限超过两年的，也应当作为固定资产。按照新的企业会计制度，运输企业和其他企业执行同一制度标准。

固定资产的形态各异，用途、规格多种多样，应当选择适当的分类标准，将固定资产进行分类，以满足经营管理的需要。在一般的工商企业，从四个方面对固定资产进行分类：按经济用途可分为生产用固定资产和非生产用固定资产两类；按使用情况，可以分为使用中的固定资产、未使用的固定资产和不需要的固定资产三大类，按其所属关系可以分为自有固定资产和租入固定资产两大类；按经济用途结合使用情况可分为生产用固定资产、非生产用固定资产、租出固定资产、未使用固定资产、不需要固定资产、封存固定资产和土地七大类。运输业是国民经济基础结构中占用固定资产较多的部门。由于固定资产的特殊性，仅仅作这样分类还不够，还需要从功能与流动性特征两个方面对固定资产进行分类。

（一）运输固定资产的分类

按固定资产的功能和经济差别，运输固定资产可分为一般经营性固定资产、经营基础性固定资产与公共性固定资产三大类。该分类有利于国家投融资政策的实施，有利于明确国家与有关交通运输企业对这些固定资产进行投资建设与维护的职责。一般经营性的固定资产主要包括铁路机车车辆、公路运输车辆、运输船舶、运输飞机、集装箱，以及装卸机械、设备、仓库、堆场等，其功能在于直接进行交通运输的生产经营活动，主要体现为一种直接的经济效益；经营基础性的固定资产主要包括铁路线路、码头、飞机跑道、停机坪、客运站等，其功能主要在于为铁路机车、公路车辆、船舶、飞机等运输工具与装卸机械等提供经营基础，部分或大部分体现为社会效益，部分或小部分体现为直接经济效益；公共性的固定资产主要包括航道、防波堤、护岸、港池、锚地、浮筒、航标、临港道路、给排水等设施，其功能在于为交通运输开创必不可少的条件，主要表现为一种社会公益性项目特征。

按固定资产在使用中的流动性，运输固定资产可以分为不可移动的固定资产与可移动的固定资产两大类。该分类可以更好地了解固定资产的性质以及其价值消耗方式，从而可以合理地选择固定资产折旧方法，正确反映固定资产的价值。不可移动的固定资产是指在生产经营过程中位置不发生移动的固定资产，主要包括构成运输系统的线路（公路、铁路、管道、内河及运河航道）及其附属设备，各种港站及其附属建筑物（港务设施、飞机跑道、停机坪、库场设施）、通信信号设备、固定的装卸机械或设备，以及生产经营使用的房屋、建筑物等；可移动的固定资产是指在生产经营过程中随着生产的进行位置不断发生移动的固定资产，包括铁路机车车辆、公路运输车辆、运输船舶、运输飞机等运输工具。

（二）运输固定资产的性质

运输业固定资产有其特殊性：一是运输固定资产种类复杂、组成部件较多，许多部件的使用年限不尽相同。二是运输固定资产形成特殊、整体性强但配置分散。运输固定资产中基础性建筑设施较多、铁路运输的线路、机车车辆和信联闭（信号、连锁、闭塞）设备、车站设备等，水运中港口与船舶航运等要协调配合，整体发挥作用。运输活动要在延伸的线网上完成，各项技术设备在沿线分布。三是运输生产过程是大多数暴露在自然环境中，在剧烈的运动中进行，运输工具和线路磨损量大，极易受自然条件的影响而增大损耗。例如，洪水会造成线路等交通设施的毁损；大雾会影响飞机的正常运行，台风会影响港口装卸机械的正常作业；船舶在整个寿命期间都浸在水中，极易受腐蚀，北方河流冬季封冻又会影响船舶的正常航行。因此，运输固定资产的利益实现方式与一般工商业有所不同，在计价、折旧计提范围与方式上有所区别。四是部分固定资产具有“公共产品”属性。运输业的一些固定资产如港池、防波堤、进港航道、灯塔、航标等港务设施具有公共产品的性质。对于这些设施，一个消费者对它的消费不会减少另一消费者对它的消费，同时拥有者也很难把拒绝支付的消费者排除在这些设施的消费之外。因此，从经济学角度来讲，这些固定资产具有公共产品的性质，企业无法对其提供的服务进行控制；然而它们又是企业自己兴建的，其产权属于企业所有。这些交通运输设施作为交通运输企业的固定资产进行核算尚存在着争议。

二、运输固定资产的损耗与使用年限

运输固定资产的损耗分为有形损耗和无形损耗两种，是固定资产由于各种原因与现实同类新型资产相比较所存在的缺陷或不利影响。

（一）运输固定资产的有形损耗

固定资产的有形损耗指的是固定资产使用性能或物理性能的损耗，由于使用和自然力的影响而引起的使用价值和价值的损失。不同的资产有不同的表现形式，有的逐渐变薄（如铁路钢轨、汽车轮胎等），有的磨损断裂（如各种机械设备零部件等），有的腐蚀（如房屋、港口码头等）。但它们的共同点是到了一定限度就需要加以修复或更换，以保证使用效率和生产安全。

使用是造成运输固定资产有形损耗的第一个原因，也是最主要原因。资产在使用过程中发生磨损，这种磨损与其使用强度和持续时间成正比，使用强度越大，磨耗越快，使用时间越长，磨耗量越大。如汽车轮胎和铁路机车车辆的轮对载重时比空车时磨耗快，高速行驶时比低速行驶时磨耗快，船舶与飞机在使用中逐渐磨损。

自然力的作用是运输固定资产有形损耗的第二个原因。许多固定资产露天使用，由于风、霜、雨、雪的侵袭发生损耗。如房屋、建筑物、铁路与公路线路的路基、各种运载设备等，在一定程度上因此而发生有形损耗。这种损耗与资产的使用无关。

此外，固定资产有形损耗的快慢与制造它们的材料、材料的质量及工艺水平有关，还与资产使用者的技术熟练程度及对资产的保养有关。

固定资产的有形损耗，决定着资产的使用寿命，当使用寿命以年为计算单位时，称为使用年限。使用寿命指从资产投入使用直到它们的物理性能损耗到不能或不宜继续使用或某一使用指标达到规定标准而退出生产过程为止的时间。判断资产是否达到使用年限，主要有以下标志：运输资产（设备）中最耐磨的重要部件损耗到使用限制标准，这时为了运输生产的安全，资产已不能按照原来的用途使用或根本无法使用；运输资产（设备）经过长期使用，虽然外形完好，但材质损伤疲劳，强度不足规定标准；运输设备动作失灵、欠准或者性能不稳定，不能再通过大修恢复其原有的使用性能；运输设备陈旧，虽然尚可勉强使用，但使用效率比正常设备显著降低，修理费用过大，继续使用极为不经济。

（二）运输固定资产的无形损耗

固定资产的无形损耗指由于科学进步等而引起的固定资产的价值损失。资产设备在物理性能上虽还可以使用，但同技术先进的同类新资产设备相比，继续使用经济上不合算，以至必须缩短使用期限，提前报废，进行更新。

运输固定资产的无形损耗，包括两种情况：

第一种情况是资产设备的技术结构和经济性能没有变化，但由于科学技术的进步、劳动生产率的提高，生产成本降低，新的同类资产的价格下降，造成原有资产的贬值。

第二种情况是由于性能更好、生产能力更强或经济效益更高的新型设备投入使用，引起原有设备的经济效能相对降低而造成的损耗。这种损耗表现为原有设备继续使用经济上不再有利，它们或是不能满足产品数量、质量和品种的要求，或是原材料、燃料动力的消耗过多，或是二者都有。这时设备在其物理性能全部消耗完以前就需要报废，而它的部分价值还没有通过折旧收回。

有形损耗决定着资产的技术使用年限，无形损耗决定着资产的经济使用年限。在运输生产活动中，如果考虑无形损耗而提前更新资产，在经济上会引起两种损失：一是原有资产还有一部分价值未转移到产品中去，报废使这部分价值无法收回，带来经济损失，二是需要提前投资购买新的资产，增加资金成本。但另一方面，提前更新资产可以获得增加产量、提高产品质量、减少物化劳动和活劳动的消耗等带来的利益。是否提前更新资产，可以通过计算可能的损失、收益来确定。

运输固定资产由于损耗而具有一定的使用时间限制，到时就需要对资产进行更新。习惯上以年为时间单位来计算资产的使用期限，称为使用年限。确定合理的使用年限，是对运输固定资产进行折旧的基本依据，不仅关系到固定资产使用的经济效果，还关系到运输生产的安全。因此，确定固定资产的使用年限是运输固定资产使用与管理的一项重要工作。

三、运输固定资产的修理与更新

为了保证运输生产不间断地进行，需要对受到损耗的资产设备进行及时的修理或更新。修理分为维修和大修两种情况。维修指设备使用一个较短的时间之后或者在使用过程中检查其容易磨耗的部分，修理或少量更换磨耗了的一般零、配件，维持设备的正常技术状态。大修指设备经过较长时间的使用之后，由于磨耗的积累，需要全面翻修和更换主要零、部件。因此设备大修具有局部更新的性质。许多运输设备在使用年限内需要进行多次大修（局部更新），如铁路车辆可以多次大修，直到它的底架、中梁和侧梁不能正常工作为止，但有些设备可以通过大修实现整体更新，如铁路线路大修可以整段地更换线路的上部结构，公路可以通过大修更新路面。大修一般是在设备完成一定的任务量或经历一定的使用时间后进行。每两次大修之间的时间，称为大修周期。一个企业某类设备每年大修的数量原则上可以按照大修周期来测算。

大修虽然可以实现设备的局部更新，但它的技术可能性和经济合理性都有一定界限。当设备的主要零、部件磨耗过限，即使经过大修也难以恢复原有的物理性能，或者在经济上不宜继续修理，或者在效率上不宜继续使用，就需要用新的设备去替换旧的设备，这种现象就称为固定资产的整体更新。

设备的修理与更新，其目的除了保证运输生产不间断进行外，是在技术进步的前提下，通过采用新技术、新工艺、新设备、新材料，提高产品质量，增加产品种类，降低能源和原材料的消耗，加强资源综合利用和治理污染等，提高社会综合经济效益，实现以内涵为主的扩大再生产。更新改造措施项目的种类很多，包括为了改善原有运输设施、港站的运输条件、提高装卸能力等目的而进行的更新改造工程。

不同的运输设备，需要不同的修理与更新。一般情况下，每种设备的修理与更新，都有相应的具体规定，对大型设备的更新需要进行技术鉴定，从经济年限（无形损耗）的角度考虑提前更新设备时更是如此。

固定资产更新是从运输生产持续发展的角度讲的。从资本周转角度讲，用于运输固定资产的投资及其回报，应该在所购固定资产使用期限内逐步收回。从投于运输固定资产到本利全部收回，资本完成了一次周转。

四、运输固定资产折旧的主要方法

（一）固定资产折旧的概念

就固定资产折旧的实质而言，从经济学角度讲，折旧就是固定资产在其使用过程中发生有形和无形损耗后的价值转移。在生产过程中固定资产不断发生磨损，必须同时取得实物补偿和价值补偿。没有合理的补偿，简单再生产都无法进行，更谈不上扩大再生产了。这种补偿在实物上表现为设备的大修和整体更新，在价值上表现为提取折旧费。固定资产折旧实质上就是要估计固定资产损耗，并把这种损耗计入会计期间的成本或费用，通过企业取得的收入来进行补偿。折旧费是实物补偿的资金来源，固定资产折旧，构成产品成本的一个要素，这一部分成本从产品销售收入中提取出来，形成折旧基金，专门用于设备的大修和整体更新。

使用中的运输设备每时每刻都在发生磨耗，保证设备正常运转的日常维修随时在进行，其费用直接列入产品成本。但设备的大修可能需要几个月、几年甚至更长时间才进行一次，设备大修的时间和发生磨耗的时间不一致，大修费用应该计入大修周期内生产的全部产品中去，不能一次摊入当年的产品成本中去，因为当年的大修，并不只是当年的生产过程所引起的，那样不能真实反映产品成本水平，会造成各年产品成本的忽高忽低。为了保证大修所需资金，又能真实反映产品成本情况；通常的办法是把大修费用均衡地摊入大修周期内所有产品中去，提取大修折旧形成大修折旧基金。

运输设备大修只是部分更新，不能解决设备的整体更新。为了保证设备报废时有足够的资金重新购置，还需要根据设备的原价（或重置价）和整体使用寿命提取折旧，称为基本折旧，由此形成的基金称为基本折旧基金。

大修折旧和基本折旧都是随着固定资产的使用，将价值逐渐转移出来，变成使用期间所生产产品的成本，它们都反映固定资产在使用中的价值转移，在本质上是一致的。但两者在对象上有部分和整体的区别，时间上有长短之分，资金使用上有比较分散和相对集中的差别，所以需要分别提取和建立折旧基金。大修基金仅限于用来对已有固定资产的部分更新，基本折旧基金是固定资产投资收回的资本及其投资回报，可以根据需要用于运输固定资产的更新，也可以用来投资于其他项目。

（二）计提折旧的范围和影响折旧的因素

运输企业下列资产计提折旧：房屋、建筑物、港站设施、库场设施、在用的各种运载设备、装卸机械、机器设备、季节性停用和大修停用的固定资产、以经营租赁方式租出的固定资产、以融资租赁方式租入的固定资产等。

下列固定资产不计提折旧：房屋和建筑物以外的未使用或不需要的固定资产，已经租赁方式租入的固定资产，已提足折旧继续使用的固定资产，破产、关停企业的固定资产，已经估价单独入账的土地等。

计提折旧的固定资产原值、净残值率、折旧年限、折旧方法等，应按有关的规定进行确定。

影响折旧数额大小的因素有四个：一是计提折旧的基数，它是固定资产的原始价值或固定资产的账面价值。二是预计残值。固定资产的净残值是指预计的固定资产报废时可以收回的残余价值扣除预计清理费用后的数额。如果未来的残值不确定或很小，可估计为零。如果固定资产处置时的清理费用高于清理收入，估计的残值为负数。固定资产成本与残值的差额称为折旧基础。三是固定资产折旧年限，其确定直接关系到各期应计提的折旧额。因此在确定使用年限时，不仅要考虑固定资产有形损耗，而且应考虑固定资产无形损耗及其他因素。固定资产在其报废处置之前所提供的服务的单位数量，服务单位既可用固定资产的服役时间表示，也可以用固定资产的业务量或产出量表示（如机器小时、钢铁的吨数、运输工具行驶的里程），最常见的表示方式为固定资产的服役时间。固定资产使用寿命的上限是物质寿命。国家财务制度规定了国有运输企业固定资产分类折旧年限，一般是规定一个最高限和最低限，制定了折旧年限的弹性区间，企业根据实际情况，在这个区间内自行确定折旧年限，适当选择加速折旧的幅度。是折旧方法，其中折旧年限和预计净残值属于人为估计，折旧方法可以选择。折旧年限、预计净残值及折旧方法一经确定不得随意变更。

（三）固定资产折旧的计算方法

固定资产的计价和折旧是影响企业应纳税所得额的重要项目。但资产的计价几乎不具有弹性。就是说，纳税人很难在这方面作合理避税筹划的文章。于是固定资产折旧就成为经营者必须考虑的问题。而不同折旧方法使每期摊销额不同，从而影响企业的应税所得，影响企业的所得税税负。

固定资产的折旧方法有直线法和加速折旧法，其中直线法包括平均年限法和工作量法，加速折旧法主要包括双倍余额递减法和年数总和法。我国会计准则规定使用年限平均法、工作量法、双倍余额递减法和年数总和法等；国际会计准则的规定是直线法、工作量法和余额递减法等。

固定资产折旧计提的理论依据一般包括：固定资产的磨损程度；固定资产的产出效率；固定资产的维修费用率；固定资产的无形损耗率等。为使成本具有可比性，均匀单位产品成本中的固定资产使用费用是选择折旧方法时必须考虑的一个重要方面。考虑到固定资产年维修费用递增性和生产效率的递减性可以采用加速折旧法等。运输固定资产折旧方法一般采用平均年限法和工作量法。铁路、船舶和汽车运输企业，其机车车辆、运输船舶和运输车辆可以采用双倍余额递减法或者年数总和法。

1. 平均年限法

平均年限法又称直线法，是将固定资产的折旧均衡地分摊到各年的一种方法。采用这种方法计算的每年折旧额是等额的。其计算公式如下：

年度基本折旧额＝固定资产原值×年度基本折旧率

年度大修折旧额＝固定资产原值×年度大修折旧率

年折旧率＝(1－预计净残值率)/预计使用年限×100%

使用年限法的特点是每年的折旧额相同，但是缺点是随着固定资产的使用，修理费越来越多，到资产的使用后期修理费和折旧额会大大高于固定资产购入的前几年，从而影响企业的所得税额和利润。

2. 工作量法

工作量法是根据实际工作量计提折旧额的一种方法。基本计算公式为：

每一工作量折旧额＝固定资产原值×(1－预计净残值率)/预计工作量

某项固定资产月折旧额＝该项固定资产当月工作量×每一工作量折旧额

3. 双倍余额递减法

双倍余额递减法是按双倍直线折旧率计算固定资产折旧的方法。它是在不考虑固定资产净残值的情况下，根据每期期初固定资产账面余额和双倍的直线法折旧率计算固定资产折旧的一种方法。计算公式为：

折旧额＝固定资产账面净值×双倍直线折旧率

双倍直线折旧率＝2/预计使用年限×100%

由于双倍余额递减法不考虑固定资产的残值收入，实行双倍余额递减法计提折旧的固定资产，应当在其固定资产折旧年限到期以前两年内，将固定资产净值（扣除净残值）平均摊销。

4. 年数总和法

年数总和法又称合计年限法，是将固定资产的原值减去净残值后的净额乘以一个逐年递减的分数计算每年的折旧额，这个分数的分子代表固定资产尚可使用的年数，分母代表使用年限的逐年数字总和。计算公式如下：

年折旧额＝(固定资产原值－预计净残值)×年折旧率

年折旧率＝尚可使用的年数/预计使用年限的年数总和

或者：

$$年折旧率=\frac{预计使用年限-已使用年限}{预计使用年限}\times(预计使用年限+1)\div2$$

此种方法的折旧率是逐年减小的。

采用双倍余额递减法和年数总和法计提折旧，每年计提的折旧额是不平均的，开始年份计提的多，以后逐年减少，而相对加快了折旧的速度。这两种方法又叫加速折旧方法或递减折旧费用法。

采用加速折旧法，可使固定资产成本在使用期限中加快得到补偿。但这并不是指固定资产提前报废或多提折旧，因为不论采用何种方法提折旧，从固定资产全部使用期间来看，折旧总额不变，因此，对企业的净收益总额并无影响。但从各个具体年份来看，由于采用加速的折旧法，使应计折旧额在固定资产使用前期摊提较多而后期摊提较少，必然使企业净利前期相对较少而后期较多。不同的折旧方法对纳税企业会产生不同的税收影响。首先，不同的折旧方法对于固定资产价值补偿和补偿时间会造成早晚不同。其次，不同折旧方法导致的年折旧额提取直接影响到企业利润额受冲减的程度，因而造成累进税制下纳税额的差异及比例税制下纳税义务承担时间的差异。企业正是利用这些差异来比较和分析，以选择最优的折旧方法，达到最佳税收效益。

从企业税负来看，在累进税率的情况下，采用年限平均法使企业承担的税负最轻，自然损耗法（即产量法和工作小时法）次之，加速折旧法最差。这是因为年限平均法使折旧平均摊入成本，有效地扼制某一年内利润过于集中，适用较高税率；而别的年份利润又骤减。因此，纳税金额和税负都比较小、比较轻。相反，加速折旧法把利润集中在后几年，必然导致后几年承担较高税率的税负。但在比例税率的情况下，采用加速折旧法对企业更为有利。因为加速折旧法可使固定资产成本在使用期限内加快得到补偿，企业前期利润少，纳税少；后期利润多，纳税较多，从而起到延期纳税的作用。

从应纳税额的现值来看，运用双倍余额递减法计算折旧时，税额最少，年数总和法次之，而运用直线法计算折旧时，税额最多。原因在于：加速折旧法在最初的年份内提取了更多的折旧，因而冲减的税基较多，使应纳税额减少，相当于从国家那里得到了一笔无息贷款。这样，其应纳税额的现值便较低。在运用直线法、产量法计算折旧时，由于直线法将折旧均匀地分摊于各年度，而产量法根据年产量来分摊折旧额，该企业产量在初始的几年内较高，因而所分摊的折旧额较多，从而较多地侵蚀或冲减了初始几年的税基。因此，产量法较直线法的节税效果更显著。目前，国家采用比例税制对企业征收所得税，因此，企业只需考虑不同的折旧方法对于固定资产价值补偿和补偿时间造成的影响。加速固定资产折旧，有利于企业节税，因为它起到了延期缴纳所得税的作用。纳税额的在不同年度分配直接影响企业的经济效益。对于一些税负过高的运输企业而言，部分缓解了资金供应紧张的矛盾，有利于企业设备的更新改造，同时降低了筹资成本，这对企业经营是十分有利的。

此外，实行加速折旧是也发展市场经济的需要。市场经济是一种充满竞争的经济，运输企业迫于市场竞争压力而不得不把许多设备提前报废，这就会形成大量的无形损耗。减少以致避免这种无形损耗带来损失的方法之一，就是加速折旧。采取加速折旧，不仅使运输企业避免损失，还可以尽快收回资金，使运输企业有充足的资金购置或开发新型运输工具，增强运输企业发展的后劲。加速折旧不仅是市场经济的客观要求，而且也对市场经济的发展起到了促进作用。加速折旧一方面使折旧费用尽快进入成本，分散了风险；另一方面又使费用尽快转化为资产，增强了企业承担风险的能力，因而促进了市场经济风险机制的形成。

实行加速折旧也有利于提高我国运输企业的国家竞争力。目前，西方主要市场经济国家，大都采用固定资产加速折旧的方法，即使不使用这种方法的国家，其固定资产折旧率尤其是机器设备的折旧率也大大高于我国目前的水平。由于我国的折旧方法和折旧率目前尚未与国际接轨，必然影响我国商品的竞争能力，不利于走向世界市场。实行加速折旧，是我国经济体制向国际惯例靠拢的必要步骤。

长期以来运输固定资产折旧，考虑无形损耗较少，造成某些运输设备陈旧、经济性能低下、企业经营困难。现代运输行业内部市场竞争加剧，在考虑运输固定资产使用年限时，应充分考虑技术进步带来的固定资产的无形损耗，这对于基础设施以外的运输设备是一个十分重要的问题。运输企业固定资产分类折旧年限表见11—1。

表11—1　　运输企业固定资产分类折旧年限表

分类	折旧年限
一、通用设备部分	
1. 机械设备	10～14年
2. 动力设备	11～18年
3. 传导设备	15～28年
4. 运输设备	6～12年
5. 自动化控制及仪器仪表	
自动化、半自动化控制设备	8～12年
电子计算机	4～10年
通用测试仪器设备	7～12年
6. 工具及其他生产用具	9～14年
7. 非生产用设备及器具	
设备工具	18～22年
电视机、复印机、文字处理机	5～8年
二、专用设备及设施部分	
8. 铁道专用设备	
铁路机车车辆	12～16年
铁路通信线路	16～20年
铁路通信信号设备	6～8年

续前表

分类	折旧年限
电气化铁路供电系统	8～10 年
9. 港口装卸机械及设备	8～18 年
10. 运输船舶及辅助船舶	8～18 年
11. 运输车辆及辅助车辆	6～12 年
12. 通信导航设备	6～8 年
13. 集装箱	5～8 年
14. 运输飞机	
起飞全重小于（或等于）100 吨	10～15 年
起飞全重大于 100 吨	8～10 年
15. 铁路线路上部建筑和铁路线上的桥梁、涵洞、隧道	35～45 年
16. 港务设施	30～50 年
17. 库场设施	20～40 年
18. 飞机跑道、停机坪	30～40 年
三、房屋、建筑物部分	
19. 房屋	
生产用房	30～40 年
受腐蚀生产用房	20～25 年
受强腐蚀生产用房	10～15 年
非生产用房	35～45 年
简易房	8～10 年
20. 建筑物	15～25 年

第二节　运输投资的经济分析

一、运输设备的分类

运输设备根据其可移动性分为固定设施和移动设备两类。运输固定设施一般是指运输基础设施，即固定在特定空间位置、不能移动的建筑物、构筑物及其附属设备，包括航道、公路、铁轨、管道、港口、停车场、车站、机场等及与之密不可分的导航、通信和管制设施。运输基础设施一般不能直接提供运输服务，只有管道比较特殊，本身就能够提供相应的运输服务。运输移动设备即载运工具，是指移动性的运输工具，包括各类船舶、汽车、飞机、铁路机车车辆等。载运工具一般直接用于提供运输服务，可以根据需要在不同地区或不同运输市场之间转移，而且还可以在二手货市场上转让。

二、运输基础设施投资分析

（一）运输基础设施投资的特点

运输基础设施投资是指用于建设、养护和维修运输基础设施的投资，包括基本建设投资和更新改造投资等。运输基础设施投资建设一般具有以下的主要特点：

第一，运输基础设施投资往往需要针对某一项目的整体进行设计，统一规划，形成系统配套，一次性投资。例如港口码头的建设需要装卸机械、仓库堆场、集疏运通道、锚地、航道、防波堤、港口生产辅助设备（如给排水、照明、通讯及导航系统、办公楼）等一次性整体投资。

第二，由于运输基础设施建成后一般不能在空间上变动位置，只能固定地点发挥作用，因此运输基础设施投资一般只能增加特定地理位置或区域的运输能力，而不能同时增加整个运输系统的运输能力。

第三，运输基础设施投资具有公共性和外部性。运输基础设施项目建成后是面向全社会开放的，无论是不是投资方、建设方，只要有相应的使用意愿，都可以从该项目中获得使用效益。另外，运输基础设施的建设和使用可能会给予其他经济主体带来附加的成本，产生外部性。

第四，运输基础设施的投资是具有沉淀性的，因为这些设施一旦建成就不能再移动，而且在一定程度上难以派上其他用途。例如，港口被废弃时，原来的码头几乎无法改作他用。

第五，运输基础设施建设耗资巨大，投资回收周期长、流动性差。运输基础设施从建设到投入运营，需要较长的时间和巨额投资，建成后还要发生一定的维护和保养费用。这些投资和费用要经过长时间才能全部回收。而且运输基础设施投资难以转让、出售，流动性较差，导致这些建设资金不能是只注重短期经济效益、片面追求高回报率、进行短期炒作的资金，而是更加注重长期投资效益和项目本身的宏观经济效益、社会效益、环境效益的长期资金。

从以上分析可以看出，一方面，运输基础设施投资一般数额大，沉没成本高，回收期长，未来的投资成本和项目收益也都具有更多的不确定性，企业投资运输项目的风险比较大。另一方面，运输基础设施投资对运输业本身的发展及整个国民经济增长的外部效应都很大，这决定了运输基础设施投资很难甚至不可能完全由市场机制来自发地进行投资。因此，政府投资在运输基础设施投资中往往占有较大的比重。

由于“搭便车”动机的普遍存在，那些通过使用政府投资的运输基础设施而获得效益的用户可能并不必为此而支付全部成本，因此往往会造成对这些项目或设施过大的需求，但政府财政的能力毕竟是有限的，结果就必须由政府做出兴建某些设施而不兴建另一些设施的决策。然而，很多情况下这种决策机制并不成功，于是就出现一些设施投资过量，而另一些必要的设施却未能及时兴建。为了解决地方政府一般愿意争相在本地上项目，而项目实际并不完全满足运输基础设施投资评价标准的问题，政府在投资一些公共运输项目建设时，往往规定地方政府也必须配套一部分资金。然而，尽管各国政府在运输基础设施建设中发挥了巨大作用并将继续发挥巨大作用，但是，仅仅靠政府的财政投入毕竟远远不能满足运输基础设施建设的巨额资金需求。随着各国政府放松对运输业的管制，私人资本在运输基础设施中发挥着越来越重要的作用。

（二）运输基础设施投资经济分析

运输基础设施投资的经济评价通常以社会净福利作为基本标准。社会净福利等于效益减去费用，即投资项目的社会效益与社会成本之间的差额。如果考虑资金时间价值的话，就是社会效益的折现值与社会成本折现值之间的差额。社会净福利不一定要求得到全部效益的货币补偿。在价格管制的情况下，如果价格水平不足以补偿其投资和运营成本，单从经济利润角度考虑，就不会为那些潜在而无法获得的收益而投资，但如果从整个社会净福利角度考虑则可能是可行的。

传统上，最常用的运输基础设施投资评价方法，就是成本一效益分析（Cost-Benefit Analysis，CBA）。该方法是法国工程师杜伯依特（J. Dupuit）在 1844 年根据福利经济学理论正式提出的。成本一效益分析的效益是指投资效益，包括所有可以用货币衡量的有形和无形效益；而成本则是指投资所发生的投入成本，包括所有可货币化的直接与间接投入成本。至于不可货币化的效益和成本则忽略不计。

运输基础设施投资的成本一效益计算，一方面要考虑消费者剩余，另一方面则要考虑外部性。

在运输基础设施投资的成本一效益分析中，需求曲线是计算社会效益的依据。在典型的供求平衡关系图中，如图 11—1 所示，供求均衡数量是 Q^*，均衡价格是 P^*。一般把总效益分为消费者实际支付（OP^*EQ^* 所包围的面积）和消费者剩余（P^*EB 所包围的面积）两部分。消费者剩余是指消费者对某种产品或服务的支付意愿超过其实际支付的部分。例如，建造一个集装箱码头或修建一条高速公路，使货物的运输距离缩短，装卸时间节约，船舶在港停时减少，这些节约都可以用消费者剩余描述。运输基础设施项目投资的社会效益是消费者对该项目支付意愿的总和，包括该项目所产生的消费者实际支付和消费

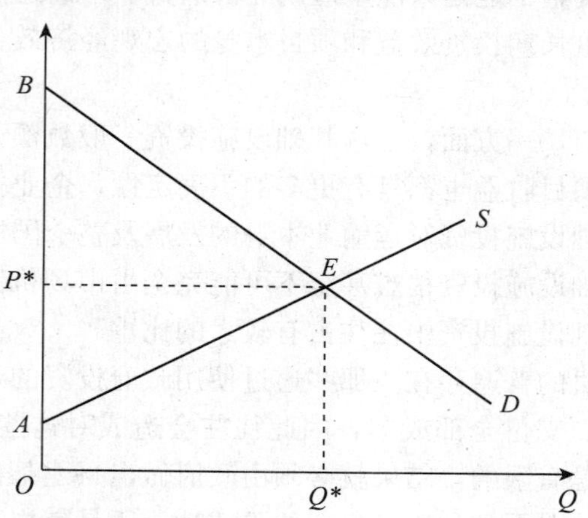

图 11—1　运输基础设施投资的效益分析

者剩余。无论这些意愿支付发生与否，都应该算做效益。然而在实际应用中，运输基础设施项目的社会效益是很难精确计算的，而且很容易因为重复计算而被夸大。例如，新建一条公路可以使货物的运输更加快捷，但是如果计算效益时在运输企业、发货人和最终消费者那里各算一次，那么这些效益就被重复计算了。为避免运输基础设施效益的重复计算，一般规定这种效益只对该设施的直接使用者进行计算，而不再计算间接使用者。

运输外部成本和外部效益的计算是运输项目成本一效益分析中最复杂的问题之一。在产生运输外部成本的情况下，例如空气污染，总效益要根据受损害人希望避免该损害的支出额向下调整，或者把相应边际成本的计算向上调整。例如某人去学校的驾车成本和效益都是 10 元，而所有其他人为免受其汽车废气污染愿意支付 5 元，则社会由于该次驾车的总成本就应调整为 15 元，或者总效益应调整为 5 元。同样，在成本一效益分析时，还应考虑到政府对运输企业的运营补贴，因为没有得到补贴时的实际成本可能更低。

从前面的分析可以看出，运输项目中的社会成本等于固定设施的建设与维护费用，加上外部成本。如果一个运输项目从社会角度看是合理的，那么它的社会净福利应该增加。根据微观经济学原理，社会净福利＝消费者剩余＋生产者剩余＝消费者剩余＋企业收入－企业成本。该等式对强调了成本一效益分析并不在乎谁得到了效益或者谁负担了费用，只要社会净福利是正值就可以。例如某一投资项目可以带来较大的消费者剩余，并使它的社会净福利为正值，那么尽管该项目可能使投资者或经营者亏损，也应该建设。当然从另一方面说，根据同样的道理，假如某一项目没有多少消费者剩余，但却可以带来巨大的生产者剩余（即企业利润），那么也应该建设。

三、载运工具投资分析

（一）完全竞争市场情况

图 11—2 中 *AFC* 曲线代表载运工具的平均购置成本（假设所有运输市场上同一种载运工具的售价是一样的），这是一种资本成本，与市场利率有关。由于载运工具的购置费用是相对固定的，因此随着载运工具使用天数的增加，平均所分摊到的单位固定成本应该逐渐下降。*AVC* 曲线代表载运工具的平均使用成本，主要包括维修费和燃料费等。*AFC* 曲线与 *AVC* 曲线的叠加是载运工具的平均总成本曲线 *AC*。边际成本曲线 *MC* 应该分别穿过 *AVC* 曲线和 *AC* 曲线的最低点。

在图 11—2 中，假定运输市场是一个完全竞争市场，则代表运价 P 的水平线就是载运工具拥有者所面临的需求曲线，它不受其提供服务数量的影响。根据微观经济学原理，运载工具拥有者提供载运工具的天数是由价格线与边际成本 *MC* 曲线的交点决定的，即在运价水平 P^* 上最优的载运工具服务天数为 Q^*。在 Q^* 数量上，运价水平高于平均成本的部分 BA 是边际利润，面积 P^*ABC 是运载工具拥有者提供该数量服务所获得的超过总成本的经济利润。有利可图的拥有者如果判断这种情况会继续下去，就会投资扩大载运工具数量，以便增加盈利。但是随着运输能力的增加，运价可能下跌，导致载运工具拥有者不能再获得经济利润，甚至出现亏损。这时，载运工具拥有者将不再投资扩大载运工具数量，甚至可能报废或者出售一部分现有的载运工具以平衡收支。

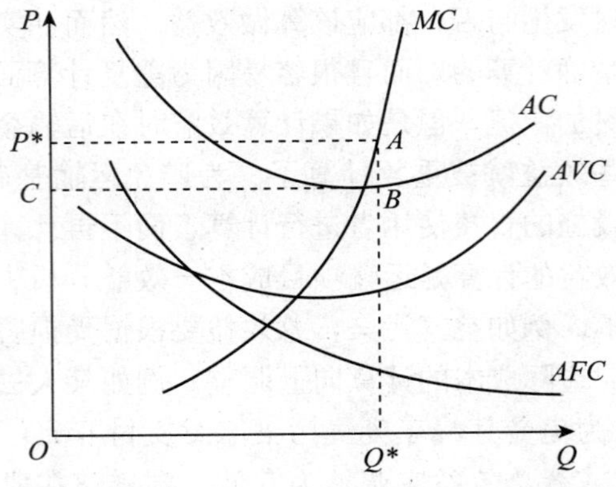

图 11—2　完全竞争市场下的载运工具投资分析

（二）非完全竞争市场情况

在图 11—3 中，假定有一家追求利润最大化的运输企业，拥有一定数量的载运工具，其短期平均成本和边际成本曲线分别为 SAC_1 和 SMC_1，面临的需求曲线为 D（边际收益为 MR）。根据利润最大化准则，短期均衡时（$MR=SMC_1$）的运价为 P_1，运量为 Q_1。但该产出水平下的长期边际成本（LMC）低于其边际收益（MR），因此，从长期角度看，该运输企业会购买更多的载运工具以扩大产出。这样一来，运力的增加将迫使运价下跌。假设载运工具的规模可以扩大到与 SAC_2 和 SMC_2 相一致的水平。此时，运输企业达到了长期最优均衡，即边际收益等于长期和短期的成本（$MR=LMC=SMC$），并由此实现了利润最大化，对应的运价和运量分别为 P_2 和 Q_2。但是，如果根据社会净福利最大化准则，采取边际成本定价法，则只有当 $D=LMC=SMC_3$ 时才能够实现长期均衡。为此，仍需要增加载运工具数量（于是就有了 SAC_3 和 SMC_3 曲线），而最佳长期运量将提高到 Q_3，同时运价降低到 P_3。在这一运价和运量水平下，社会净福利达到最大，不过由于 $P_3<LAC$，从长期角度看，企业将会出现亏损。

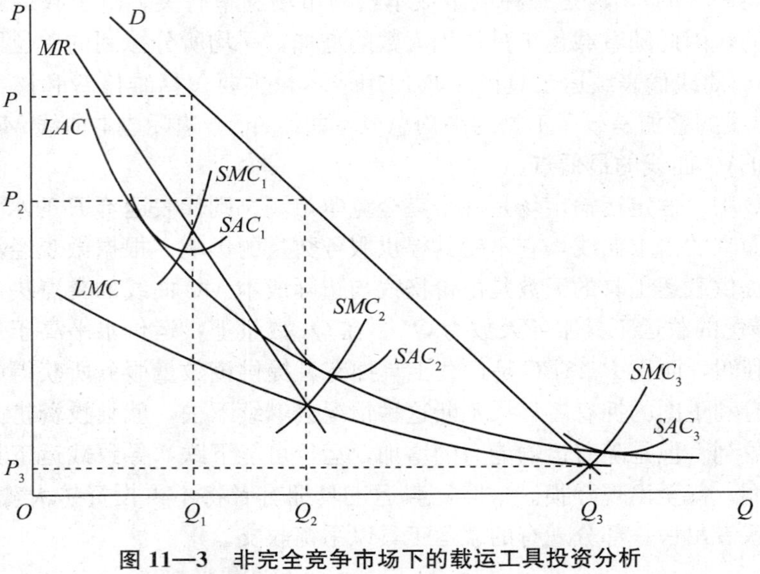

图 11—3　非完全竞争市场下的载运工具投资分析

四、运输投资经济分析存在的主要问题

运用经济学方法分析运输项目投资，可能会存在一些困难。

第一，由于运输投资是不可分的，平均成本曲线和边际成本曲线是不连续的线段或者是点，可能与需求曲线不相交；

第二，由于需求的波动性和不可预测性，不可能准确地得到运输企业所面临的需求曲线；

第三，收益和成本的范围难以准确统一，例如运输业投资经常对其他地区的运输使用者或周围地区非运输使用者产生范围广泛的外部影响，运输基础设施使用的价格往往无法从运输企业的成本中反映出来，等等。

第三节　资金的时间价值与等值计算

一、资金的时间价值

（一）资金时间价值的意义

资金是劳动者在再生产过程中，为社会创造物质财富的货币表现，是一种特殊形态的货币。资金的价值既体现在额度上，同时也体现在发生的时间上。例如，现在可以用于投资的200万元，与两年后同样是200万元的资金相比较，具有更高的价值（假设不考虑通货膨胀因素）。资金的时间价值就是指资金在扩大再生产及产品生产、交换过程中，随着时间的推移而发生的增值，即等额资金在不同时间点上的价值差额。

资金随时间变化而增值的原因主要可以从两个不同的角度加以分析。从生产的观点看，资金的时间价值表现为资金运动过程中的价值增值。即资金在项目的建设、营运过程中，由于劳动者的劳动，创造出了新的价值——利润，增加了社会财富，使社会的总资金扩大，这相当于原有资金发生了增值，其实际是劳动者创造的剩余价值。从消费的观点看，资金的时间价值表现为对放弃现期消费的损失而得到的报酬。也就是说，如果资金的所有者不把现有资金用于投资，而是作为一般的货币存入银行，暂时放弃这些资金的使用权利，那么他可以根据资金数额的大小和时间的长短从银行取得相应的报酬——利息。其产生的前提条件是：借贷关系的普遍存在，即货币所有者和使用者的不统一。此外，通货膨胀、货币贬值、资金使用风险等方面也是资金随时间变化而增值的原因。

资金的时间价值是客观存在的，只要商品生产还存在，就应该考虑资金的时间价值，遵循“资金只有运动才能增值”的规律性，合理、有效地利用资金，并根据资金的增值程度检验利用资金的经济效益。由于运输项目的寿命周期比较长以及不同项目比选时寿命周期、投资金额、投产时间、经营成本、产出效益等方面存在着差异，因此，在进行运输项

目投资的经济评价时，同样必须考虑资金的时间价值，否则就可能会导致更多的错误决策。

（二）资金时间价值的衡量

资金随时间推移出现增值，其比率常用“i”表示，称之为贴现率或折现率，有时为了使用方便，就按银行的利率计算。资金时间价值的大小主要取决于以下三个因素：

第一，资金的金额大小；

第二，资金金额发生的时间；

第三，利率的大小。

二、利息和利率

（一）利息和利率的含义

利息是衡量资金时间价值的绝对尺度。它是指借贷关系中借方支付给贷方的报酬，实际上是资金使用者获得净收益的一种再分配。从资金使用者的角度看，利息是占用资金所付出的代价；从资金所有者的角度看，利息是放弃使用资金所得到的报酬。

利率或利息率是在一个计息周期内所得的利息额与借款金额（本金）之比，反映了资金随时间变化的增值率，是衡量资金时间价值的相对尺度，通常用百分比表示。均衡利率理论认为：均衡利率是由可贷资金的需求和供给共同决定的。当利率超过均衡利率时，对资金的需求就会小于资金的供给，市场上存在多余的资金，于是贷款者之间将会相互竞争使利率下降。当利率低于均衡利率时，市场上可贷资金不足以满足所有对资金的需求，借款者之间的竞争将使利率上升。资金的需求和供给就是在这样的不断运动中实现动态平衡的。

利息计算周期又称计息周期或计息期，表示计算利息的时间间隔，有年、月、日等。根据计息周期的不同，对应的利率有年利率、月利率和日利率等。在项目的经济评价中，通常采用年利率。同样的年利率，由于计息周期不同，即期数不同，利息也不同。

（二）单利和复利

利息的计算形式有单利法和复利法两种。

单利法是指在每一个计息周期里，均以最初投入的本金按规定的利率计息，而已取得的利息不再计息的一种计息方法。即只计本金利息，而利息不计利息。

设本金为 P，利息为 I，利率为 i，本利和为 F，计息期数为 n（一般单位为年）。

单利法的计算公式为：

$$I=P\cdot i\cdot n \tag{11—1}$$

$$F=P+I=P(1+i\cdot n) \tag{11—2}$$

【例 11—1】 假设某人借款 1 000 元，借期 2 年，每年的单利利率为 5%，则两年后他共需要偿还的本利和＝1 000×(1＋5%×2)＝1 100（元），其中，利息＝1 000×5%×2＝

100（元）。

单利法是从简单再生产的角度计算经济效益，即假定每一年的新收益，不再投入国民经济的建设中去。

复利法是计算利息的另一种方法。它与单利法的不同点是：除了本金以外，上一期的利息也要计算下个计息周期的利息，即利滚利。

复利法的计算公式为：

$$I=P[(1+I)^n-1] \tag{11—3}$$

$$F=P(1+i)^n \tag{11—4}$$

（11—4）的推导过程详见表11—2。

表11—2 复利法的推导过程

年末	年末利息	年末本利和
0	0	P
1	Pi	$P+Pi=P(1+i)$
2	$P(1+i)i$	$P(1+i)+P(1+i)i=P(1+i)^2$
3	$P(1+i)^2i$	$P(1+i)^3$
⋮	⋮	⋮
n	$P(1+i)^{n-1}i$	$P(1+i)^n$

例11—1中，如果采用复利法，则，两年后的本利和＝1 000×（1＋5%）^{2}＝1 102.5（元），其中，利息＝1 102.5－1 000＝102.5（元），比按单利法计算增加了102.5－100＝2.5（元）。如果本金越大，利率越高，年数越多时，两者差距将越大。

复利法的出发点是：资金在投入生产后的当年就得到一定的收益，将这部分收益再投入生产，又可能获得一定的效益，为社会增加一定的财富；然后再投入生产，如此周而复始地进行下去。因此，与单利法相比，复利法更加符合资金在社会再生产过程中运动的实际情况，反映资金运动的客观规律，可以较好地体现资金的时间价值，更为合理。在运输项目的经济评价中，一般采用复利法进行等值计算。

（三）折现的概念

折现，又称贴现，是指把将来某一时点上的资金换算成与现在时点相等值的金额的换算过程。未来时点上的资金折现到现在时点的资金价值称为现值（或现在值、贴现值、本金），与现值等价的未来某时点的资金价值称为终值（或将来值、未来值、本利和）。

【例11—2】 定期一年存款100元，月息9.45厘，采用单利法计算，一年后本利和111.34元。这100元就是现值，111.34元是其一年后的终值。终值与现值可以相互等价交换，把一年后的111.34元换算成现在的值100元的折算过程就是折现，即

$$P=\frac{F}{1+ni}=\frac{111.34}{1+12\times0.009\ 45}=100(\text{元})$$

（四）名义利率与实际利率

名义利率，即表面上或形式上的利率，是通常所说的银行公布的利率或借贷双方商定的利率。年名义利率常用 r 表示。

实际利率又称为有效利率，是实际计算利息时所用的利率。年实际利率常记为 i。

按单利法计息时，名义利率与实际利率是一样的。

按复利法计息时，如果利率的时间单位与计息周期相一致，则名义利率等于实际利率，例如年利率为 12%，每年计息一次，则 12%既是名义利率，也是实际利率。如果一年内计息次数为 m，则计息周期的实际利率为 $\frac{r}{m}$，年实际利率为 $i=\left(1+\frac{r}{m}\right)^{m}-1$。例如，年利率为 12%，每月计息一次，即每年计息次数为 12 次，则其年名义利率为 12%，月实际利率为 1%，年实际利率为 $i=\left(1+\frac{12\%}{12}\right)^{12}-1=12.68\%$，大于年名义利率 12%。

三、现金流量及其表示方法

（一）现金流量

现金流量指投资项目在寿命周期内各支付周期（一般按年计算）应该收入和支出的货币量，是由许多次投入（支出）和产出（收入）按时间顺序构成的动态序列。

现金流量包括现金流入量和现金流出量。投资项目在某一支付周期内所发生的支出或费用（如投资、经营成本等）称为现金流出，以负值表示；所取得的收入或收益（如利润、销售收入等）称为现金流入，以正值表示。现金流出量和现金流入量的代数和称为净现金流量。在进行项目经济评价时，要先计算出各年的现金流入和现金流出量，再计算出每年的净现金流量。

为了更加形象、直观地分析项目的经济效果，通常采用表格或图形的方式表示投资项目的现金流量。

（二）现金流量表

现金流量如果用表格来表示，就称为现金流量表。

【例 11—3】 某运输项目，期初投资 800 万元，预计该项目的寿命期为 7 年，每年可获收益 300 万元，每年的经营成本为 100 万元，则该项目的现金流量表见表 11—3。

表 11—3　某运输项目的现金流量表

年末	0	1	2	3	4	5	6	7
现金收入	0	300	300	300	300	300	300	300
现金支出	−800	−100	−100	−100	−100	−100	−100	−100
净现金流量	−800	200	200	200	200	200	200	200

（三）现金流量图

现金流量图是投资项目在一定的寿命周期内资金流动状况的图示方法，是根据项目的现金流量或现金流量表绘制的。

现金流量图要反映现金流入和现金流出发生的时间和数额大小。画现金流量图时，首先画一条水平线作为时间轴，并分成相等的时间间隔，每一格表示一个时间单位（通常为年）。时间坐标从起点开始向右方逐渐递增，分别为“0，1，2，…，n”，均表示为年末。其中，“n”表示项目的投资寿命周期，“0”表示项目投资的起始时间，“1”表示第一年年底，同时也是表示第二年年初，依次类推。

然后，相对于时间轴画带有箭头的垂线。箭头向上表示现金流入量，箭头向下表示现金流出量。垂线长度根据金额的多少按比例画出，并在垂线旁标注具体的现金流量值。

例 11—3 的现金流量图如图 11—4 所示。

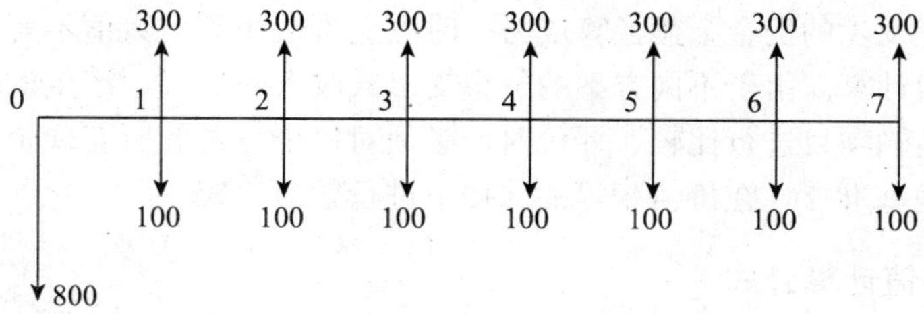

图 11—4　某运输项目的现金流量图

现金流量图与其所表示的立脚点有关，站在不同角度画出来的现金流量图可能正好相反，因为在借贷关系中，借款人的收入就是贷款人的支出，而贷款人的收入则正好是借款人的支出（归还贷款），如图 11—5 和图 11—6 所示。

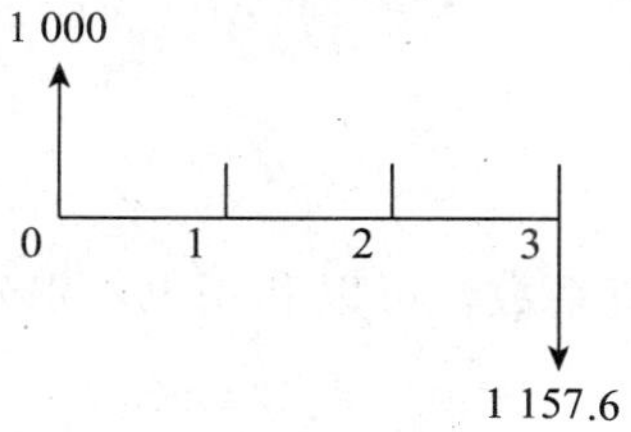

图 11—5　借款人的现金流量图

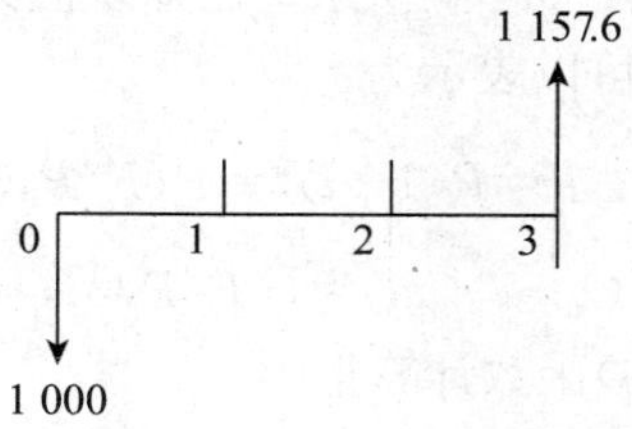

图 11—6　贷款人的现金流量图

对借款人来说，第一年初借款 1 000 元，是一笔收入，三年后还款 1 157.6 元是一笔支出（假设利率为 5%）；对贷款人来说，第一年初贷出款项 1 000 元是一笔支出，三年后收回 1 157.6 元是一笔收入。

四、资金等值计算

（一）资金等值的概念

资金等值是指在考虑时间因素的情况下，不同时点上发生的、数额不等的相关资金，在一定利率条件下具有相同价值的现象。

例如，现在的 1 000 元与 1 年后的 1 000 元数值相等，但价值不等。而在利率为 10% 的条件下，从时间价值上看，现在的 1 000 元与 1 年后的 1 100 元、2 年后的 1 210 元、3 年后的 1 331 元……等值，虽然在不同时点上，这笔资金的数值不等。其计算过程如下：

1 年后的本利和 $F=1\,000\times(1+10\%)=1\,100$(元)

2 年后的本利和 $F=1\,000\times(1+10\%)^2=1\,210$(元)

3 年后的本利和 $F=1\,000\times(1+10\%)^3=1\,331$(元)

…………

资金等值的性质：如果两个现金流量等值，则它们在任何时间折算的相应价值必定相等；位于同一时点时，其价值与数值均相等。

将某一时点上发生的资金金额换算成另一时点上价值相等但数值不等的资金值，这一过程称为资金等值计算。由于不同方案的资金支出或收入的形式、产生的时间和数额不尽相同，因此，对运输项目进行比较、评价时，必须对每个方案的所有现金支出和收入折算到某一规定的时间基准点，在价值相等的前提下进行数值比较。

（二）资金等值计算公式

1. 一次支付终值公式

资金一次支付（又称整付），是指支付系列中的现金流量，无论是流入还是流出，均在一个时点上一次性全部发生。

一次支付终值的计算就是已知现值 P，求终值 F。其经济活动过程可以简单地描述为：如果现在往银行存入资金 P，年利率为 i，n 年后本利和 F 为多少？

如图 11—7 所示，已知现值为 P，计息周期为 n，利率为 i，终值为 F，则一次支付终值公式可以表示为：

$$F=P(1+i)^n=P(F/P,i,n) \tag{11—5}$$

式中，$(1+i)^n$ 记为 $(F/P, i, n)$，称为一次支付终值系数，可以利用 Excel 公式中的 FV（ ）函数计算得到。

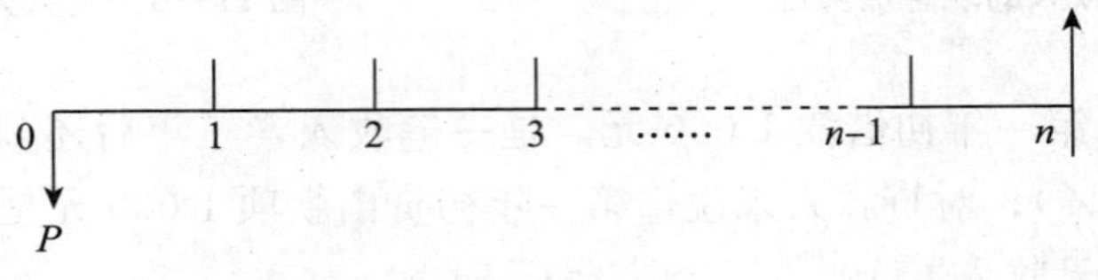

图 11—7 一次支付时的现金流量图

【例 11—4】 某项目投资向银行贷款 200 万元，年利率 7%，5 年后一次性还本付息，那么第 5 年末应偿还的本利和是多少？

解： $F=P(1+i)^5=200\times(1+7\%)^5=280.51$（万元）

或 $F=200\times(F/P, 7\%, 5)=200\times1.402\,6=280.51$（万元）

即第 5 年末应偿还的本利和 280.51 万元。

2. 一次支付现值公式

一次支付现值的计算是一次支付终值计算的逆过程，即已知终值 F，求现值 P。其经济活动过程可以简单地描述为：已知 n 年后的一笔资金 F，在利率 i 下，相当于现在多少钱？

如图 11—7 所示，已知终值为 F，计息周期为 n，利率为 i，现值为 P，则一次支付现值公式可以表示为：

$$P=F\frac{1}{(1+i)^n}=F(P/F,i,n) \tag{11—6}$$

式中，$\frac{1}{(1+i)^n}$记为（P/F，i，n），称为一次支付现值系数，可以利用 Excel 公式中的 PV（ ）函数计算得到。

【例 11—5】 某运输公司拟在今后第 3 年末能从银行取出 80 万元购置一台设备，假设年利率为 5%，那么现应存入银行多少钱？

解：$P=F\frac{1}{(1+i)^n}=80\times\frac{1}{(1+5\%)^3}=69.11$（万元）

即现在应存入银行 69.11 万元。

3. 等额分付终值公式（或年金终值公式）

在资金等值的计算中，经常会碰到多次支付的情况，即现金流入和流出在多个时点发生，而非集中在某个时点上。等额分付是多次支付形式中的一种，其系列收入或支出是等额。一般用 A 表示其等额的资金，这种等额的资金称为年金或年值。

等额分付终值的计算是已知年金 A，求终值 F。其表示的含义为：如果每年年末支付年金 A，在年利率为 i 的条件下，n 年后一次性可以得到多少资金额？（见图 11—8）

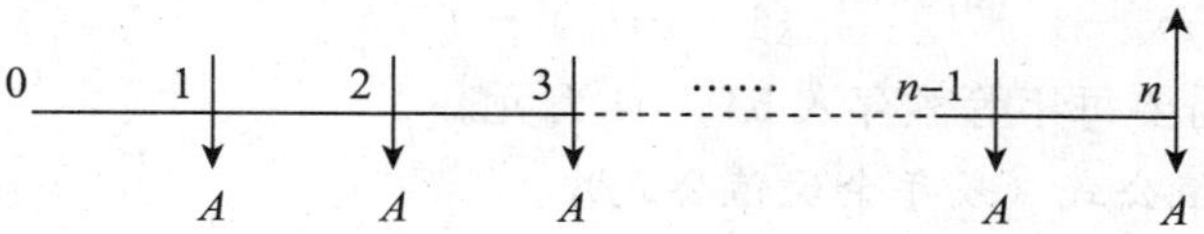

图 11—8 现金流量 A 与 F 的关系图

由图 11—8，根据式（11—5），有

$$F=A+A(1+i)+\cdots+A(1+i)^{n-2}+A(1+i)^{n-1} \tag{11—7}$$

式（11—7）等式两边同乘以（$1+i$），得到

$$F(1+i)=A(1+i)+A(1+i)^2+\cdots+A(1+i)^{n-1}+(1+i)^n \tag{11—8}$$

式（11—8）减去（11—7）的等式两端，有

$$F(1+i)-F=-A+A(1+i)^n \tag{11—9}$$

即

$$Fi=A[(1+i)^n-1] \tag{11—10}$$

因此，可以得到等额分付终值公式为：

$$F=A\frac{(1+i)^n-1}{i}=A(F/A,i,n) \tag{11—11}$$

式中，$\frac{(1+i)^n-1}{i}$记为（F/A，i，n），称为等额分付终值系数或年金终值系数，可以利用Excel公式中的FV（ ）函数计算得到。

【例11—6】 某航空公司连续5年，每年末向银行存款400万元，利率8%，问5年末本利和是多少？

解：$F=A\frac{(1+i)^n-1}{i}=400\times\frac{(1+8\%)^5-1}{8\%}=2\ 346.64$（万元）

即5年末本利和为2 346.64万元。

4.（等额分付）偿债基金公式

偿债基金的计算是等额分付终值计算的逆过程，即已知终值F，求年金A。

其表示的含义为：为了在n年后得到一笔资金F用于偿还债务，在年利率为i的条件下，从现在开始每年需要等额存款多少钱？

由式（11—11）可以得到偿债基金公式为：

$$A=F\frac{i}{(1+i)^n-1}=F(A/F,i,n) \tag{11—12}$$

式中，$\frac{i}{(1+i)^n-1}$记为（A/F，i，n），称为等额分付偿债基金系数，可以利用Excel公式中的PMT（ ）函数计算得到。

【例11—7】 某运输部门计划在6年后修建一座公路桥梁，预计需用资金5 000万元，在年利率为10%的条件下，从现在开始需要每年等额存入多少钱？

解：$A=F\frac{i}{(1+i)^n-1}=5\ 000\times\frac{10\%}{(1+10\%)^6-1}=648.04$（万元）

即从现在开始需要每年等额存入648.04万元。

5. 等额分付现值公式（或年金现值公式）

等额分付现值的计算是已知年金A，求现值P。其表示的含义为：在年利率为i的条件下，为了在未来的n年内每年年末取得等额资金A，现在必须投入多少资金？见图11—9。

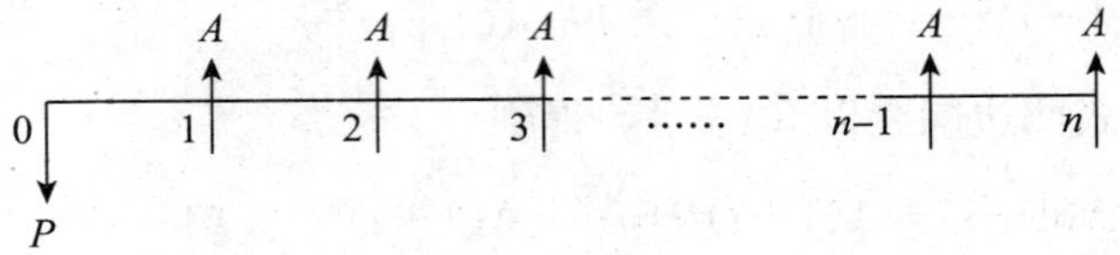

图11—9 现金流量A与P的关系图

由式（11—6）和式（11—11）可以得到

$$P=\frac{F}{(1+i)^n}=A\frac{(1+i)^n-1}{i(1+i)^n}$$

即等额分付现值公式为：

$$P=A\frac{(1+i)^n-1}{i(1+i)^n}=A(P/A,i,n) \tag{11—13}$$

式中，$\frac{(1+i)^n-1}{i(1+i)^n}$记为（$P/A$，$i$，$n$），称为等额分付现值系数，可以利用 Excel 公式中的 PV（ ）函数计算得到。

【例 11—8】 某运输项目建成投产后，每年净收益为 20 万元，预计经济寿命为 10 年，若按 10%的折现率计算，恰好能在寿命期内收回全部初期投资。问该项目的期初投资是多少?

解： $P=A\frac{(1+i)^n-1}{i(1+i)^n}=20\times\frac{(1+10\%)^{10}-1}{10\%(1+10\%)^{10}}=122.89$（万元）

即该项目的期初投资为 122.89 万元。

6.（等额分付）资金回收公式

资金回收公式的计算是等额分付现值计算的逆过程，即已知现值 P，求年金 A。

其表示的含义为：在年利率为 i 的条件下，若现在投入资金 P，为了在 n 年内回收全部资金，每年年末应回收多少资金?

由式（11—13）可以得到资金回收公式为：

$$A=P\frac{i(1+i)^n}{(1+i)^n-1}=P(A/P,i,n) \tag{11—12}$$

式中，$\frac{i(1+i)^n}{(1+i)^n-1}$记为（$A/P$，$i$，$n$），称为等额分付资金回收系数，可以利用 Excel 公式中的 PMT（ ）函数计算得到。

【例 11—9】 一套运输设备价值 30 万元，希望在 6 年内等额回收全部投资，若年利率为 8%，问每年年末至少应回收多少资金？见表 11—4。

解： $A=P\frac{i(1+i)^n}{(1+i)^n-1}=30\times\frac{0.08(1+0.08)^6}{(1+0.08)^6-1}=6.49$（万元）

即每年年末至少应回收资金 6.49 万元。

表 11—4　　主要资金等值计算公式汇总表

公式名称	求	已知	符号	公式
一次支付终值公式	F	P	（F/P，i，n）	$F=P(1+i)^n=P(F/P,i,n)$
一次支付现值公式	P	F	（P/F，i，n）	$P=F\frac{1}{(1+i)^n}=F(P/F,i,n)$
等额分付终值公式	F	A	（F/A，i，n）	$F=A\frac{(1+i)^n-1}{i}=A(F/A,i,n)$
偿债基金公式	A	F	（A/F，i，n）	$A=F\frac{i}{(1+i)^n-1}=F(A/F,i,n)$
等额分付现值公式	P	A	（P/A，i，n）	$P=A\frac{(1+i)^n-1}{i(1+i)^n}=A(P/A,i,n)$
资金回收公式	A	P	（A/P，i，n）	$A=P\frac{i(1+i)^n}{(1+i)^n-1}=P(A/P,i,n)$

第四节　运输投资项目的经济评价

一、运输投资项目经济评价的基本原则

运输项目经济评价是指根据社会经济发展战略和运输发展规划的要求，在运输需求预测及运输项目工程技术研究的基础上，计算项目的效益和费用，通过多方案比较，对拟建项目的财务可行性和经济合理性进行综合分析论证，做出全面的经济评价。运输项目经济评价是运输项目可行性研究的重要组成部分和核心内容，是项目科学决策的重要依据。

由于运输项目的投资一般经费都比较高，且与经济发展息息相关，如果处理得当，可以提高投资经济、社会效益，促进国民经济与社会的发展；可是一旦评价决策错误，将会招致国家及社会的重大损失。因此，运输项目的经济评价对于社会、国家、家庭及每个人都是至关重要的。为了保证运输项目经济评价的科学性与准确性，在评价过程中需要遵循一定的原则。

（一）系统性和程序性原则

影响运输项目投资建设的各种因素是相互联系，彼此制约的，在经济评价时，要深入调查和搜集各方面的投资信息，并按照一定的科学程序，运用科学的评价方法，对其进行科学的分析和研究。同时须考虑项目的相关建设和同步建设，正确处理宏观投资与微观投资、外延扩大再生产与内涵扩大再生产，新建与续建等关系。

（二）定量分析与定性分析相结合

运输项目经济评价的根本原则，是通过对项目全过程的各个环节的效益和成本进行测算，做出科学判断。而运输投资项目对社会经济的影响，有些可以通过定量计算，用具体数字说明，有些却无法用数字表示，而只能用文字描述。因此，必须对运输项目同时进行定量与定性分析。

（三）宏观效益分析与微观效益分析相结合

在对运输项目进行经济评价时，不仅要分析项目本身的盈利能力，更要考虑项目对整个社会经济发展的影响，不能一味追求项目本身的财务利益而忽视整体社会效益。应该在兼顾宏观效益与微观效益的前提下，讲求总体效益最优化，或在达到同样投资目标的前提下，选择投资最节约的方案。而当运输项目的微观效益与宏观效益发生冲突时，应主要以宏观效益为准来确定项目的取舍和方案优选。

（四）全过程效益分析与阶段性效益相结合

运输项目经济评价应以项目的整个寿命周期为考察地全过程，侧重分析项目全过程的

社会经济效益，同时处理好项目全过程效益与阶段性效益的关系。如果只讲全过程效益而不顾阶段性效益，又会造成运输项目投资生产经营困难；反之，如果只顾阶段性效益不顾全过程效益会影响运输项目的长期发展。因此，应力求做到全过程效益分析与阶段性效益的统一。

（五）以动态评价为主，静态评价为辅

静态评价是指在评价方案的经济效益时不考虑资金的时间价值因素，其主要包括单位投资、单位成本、利润率、劳动生产率、产品产量、单位耗能及静态投资回收期等。静态评价的优点是计算简单、直观和省时但是不能反映整个建设期及寿命期经济活动的整个过程及整个经济活动中资金的时间价值，一般适用于寿命周期较短且每期现金流量分布均匀的技术方案评价和方案初选阶段。

动态评价法考虑了项目在整个建设期及寿命期中，由于资金投入与产出的时间带来的影响，也就是资金时间价值的影响，使一切价值的计算建立在等价可比的基础上，适用于寿命周期较长，分期费用和收益的分布差异较大的技术方案评价。动态评价的指标主要有净现值、内部收益率、动态投资回收期及净现值率等。

由于在运输投资过程中，在对各投资方案进行比较时，各方案都存在投资时间不同和投产时间不同的问题，如果不考虑资金的时间价值，各投资方案的经济指标就缺乏可比性，就不能正确评价和选择投资方案。因此运输项目的经济评价应以动态评价为主，即主要采用动态指标进行评价分析，必要时另加静态指标进行辅助分析。

二、运输投资项目经济评价体系

运输项目经济评价分为国民经济评价和财务评价两个层次。凡有经营收入的运输项目，除了进行国民经济评价外，还应该进行财务评价，分析和计算项目的财务盈利能力和偿债能力。财务评价与国民经济评价的结论均可行的项目，应予通过。国民经济评价结论不可行的项目，一般应予否定。对某些国计民生急需的项目，如国民经济评价合理，而财务评价不可行，应重新考虑方案，必要时也可向主管部门提出采取相应经济优惠措施的建议，使项目具有财务上的生存能力。

（一）财务评价

1. 财务评价的含义

财务评价是在国家现行财税制度和价格体系的条件下，从项目微观角度，分析和计算项目直接发生的财务盈利能力和清偿能力，据以评价项目的财务可行性。财务评价对投资项目未来整个寿命期内的投资效益进行预测和分析，是一种事前评价。

2. 财务评价的目的和意义

（1）考察项目的财务盈利能力和偿债能力

盈利能力和偿债能力是反映投资项目财务效益的主要标志，是项目投资主体、债权人，以及国家、地方各级决策部门、财务部门共同关心的问题。通过财务评价，可以考察投资项目建成投产后能否盈利、盈利能力的大小及其是否满足国家或行业规定的基准收益

率，以及项目对贷款的偿还能力和风险程度，作为项目投资决策和银行确定贷款与否的重要依据。

（2）为项目制订资金计划奠定基础

财务评价能够清楚地反映资金的需求和运动过程。通过投资项目的财务评价分析，可以根据资金的可能来源及资金的使用效益，制定出较为合理的资金筹措和使用计划，拟定出各种资金的筹措和运行方案，以保证项目所需资金能够及时到位。

（3）为有关部门审批项目和协调整体利益提供依据

运输项目投资的财务状况不仅与项目本身的生存和发展息息相关，而且还会对社会及国家财政状况产生一定的影响，因此，国家有关部门在审批拟建项目时，应将财务效益好坏作为审批的重要依据之一。对于社会效益高，但财务效益不可行的项目，政府相关部门要运用经济手段予以协调，使项目利益与国家利益趋于一致。

3. 财务评价的步骤

（1）收集、整理项目的基础资料；

（2）识别财务收益与费用；

（3）分析、预测基础财务数据；

（4）编制财务报表（主要包括现金流量表、损益表、借款偿还表、资产负债表等）；

（5）计算财务评价主要评价指标；

（6）进行必要的风险分析；

（7）对项目进行评价，做出财务评价结论。

4. 运输项目财务收益与费用识别

识别收益与费用是编制财务报表的前提。运输项目的财务评价以项目实施单位的盈利为标准，凡对运输项目盈利有贡献的就是收益，反之为费用。判断收益、费用的计算范围是实施单位的直接收入或支出，对于那些虽为项目所引起的费用或带来的收益，只要不为实施单位所支付或收取，则不予计算。因此，运输项目的财务收益主要表现为运输经营收入或运输基础设施的使用收费、流动资金回收、固定资产残值、其他现金流入（政府补贴等）。运输项目的财务费用主要包括运输项目投资、经营成本、税费等各项成本支出。在进行财务评价时，要对运输项目收益项和费用项逐一识别，做到不遗漏也不增加或重复计算。

识别运输项目收益与费用的常用方法有两种：一是“前后对比法”，是将某一运输项目实现以前和实现以后的效益进行对比，这种方法将效益水平固定在运输项目实施以前的某个时点，仅适用于改善现状的项目；二是“有无对比法”，是将“有项目”和“无项目”的各种效益情况进行对比，从而确定该个运输项目的效益。其中，“有项目”是指拟建的运输项目实施后将要发生的情况；“无项目”是指不实施拟建项目，现有运输系统在计算期内将要发生的情况。运输项目收益、费用的识别，应主要采用“有无对比法”。

（二）国民经济评价

1. 国民经济评价的含义

国民经济评价是从国民经济整体角度出发，按照资源合理配置的原则，分析、预测项目对国民经济的净效益，据以判别项目的经济合理性和宏观可行性。国民经济评价实质上是一个以国民经济净收益为目标函数，以国家稀缺资源的合理利用为约束条件的最优化问题。它是运输项目评价的核心和关键，是运输项目投资方案取舍的决策依据。

2. 国民经济评价的意义

(1) 能够客观地反映出项目对国民经济的净贡献

由于运输投资项目往往具有较大的公共性和外部性，仅进行财务评价可能无法真实反映整个社会资源消耗和效益情况，因此还必须从全社会角度出发进行项目的国民经济评价。国民经济评价运用反映资源机会成本的影子价格计算项目的效益和费用，可以真实地反映出项目对社会的贡献和社会为项目付出的代价。这里的影子价格是指当社会经济处于某种最优状态时，能够反映社会劳动的消耗、资源稀缺程度和对最终产品需要情况的价格。它是社会最优生产组织条件下，资源供给和需求达到均衡时的价格。在数学中是目标函数对某一约束条件的一阶偏导数，表现为线性规划中的对偶解。

(2) 有利于合理配置和有效利用投资资源

国民经济评价中采用影子价格，能够反映资源最优配置状态下的边际产出价值，通过鼓励或抑制某些项目的发展和投资规模的控制，对资源和投资的合理流动起到引导作用，达到宏观调控的目的，提高资源的配置效率。

(3) 可以使不同项目具有可比性

由于国民经济评价中采用影子价格等全国各行业各地区都统一的评价参数，因此，可以使不同地区、不同类型的投资项目的经济评价达到统一的标准，使不同项目的效益费用具有可比性。

3. 国民经济评价的步骤

(1) 识别国民经济效益和费用；

(2) 计算和选取影子价格；

(3) 编制国民经济评价报表；

(4) 计算国民经济评价指标；

(5) 不确定性分析；

(6) 提出评价结论和建议。

4. 运输项目国民经济效益和费用识别

运输项目的效益主要表现为所涉及的运输系统在客货运输过程中发生的各种运输费用的节约（包括正常运量、转移运量、诱发运量的运费节约）、运输时间节约（包括旅客、运输工具、货物在途时间节约）、减少拥挤的效益、提高交通安全的效益、提高运输质量的效益（减少货损）、包装费用节约效益等直接效益。除此之外，还应该包括项目为社会作了贡献，而其本身并未得益的那部分间接效益（又称外部效益）。例如，运输项目的实施可能会带来技术扩散效益，改善投资环境，吸引外资，提高人民的生活福利，改善经济、社会和自然环境，创造新的就业机会和促进旅游业、地面公共运输以及地区经济的发展。

运输项目的费用主要表现为运输线路（包括构造物）、枢纽（港、场、站）、运输工具以及相关配套的固定资产投资、流动资金投入、维修养护费、运营费等直接费用，以及国民经济为其付出了代价，而项目本身并不实际支付的间接费用，如项目建设造成的环境污染、生态破坏等。对于一些难以量化的效益和费用应该进行定性描述。

而对于税金、补贴、国内贷款及其还本付息、折旧（国民经济评价不涉及固定资产的转移和补偿问题）等转移支付，由于只导致资源在国民经济内部发生转移，不造成资源的实际耗费或增加，因此不构成国民经济评价中的收益或费用。

（三）财务评价与国民经济评价的关系

1. 财务评价与国民经济评价的联系

（1）评价对象相同，都是针对同一项目进行评价；

（2）计算期相同，都包括建设期和生产期全过程；

（3）评价基础工作相同，两种分析都要在完成产品需求预测、工艺技术选择、投资估算、资金筹措方案等可行性研究内容的基础上进行；

（4）评价方法相同，都是经济效果评价，都使用效益与费用比较的基本经济评价理论，都是分析项目的效益和费用关系，都寻求以最小投入获得最大产出；

（5）财务评价在先，国民经济评价在后；

（6）财务评价是国民经济评价的前提和基础，国民经济评价是财务评价的主导。

2. 财务评价与国民经济评价的主要区别

（1）评价角度不同

财务评价从项目角度出发，着重考虑微观经济效益；国民经济评价则站在国家角度，侧重于宏观经济效益。

（2）评价目的不同

财务评价的目的仅是为了分析项目的财务盈利水平；而国民经济评价则要考察项目对整个国民经济的贡献及国家资源合理分配。

（3）衡量效益的范围不同

财务评价只根据项目直接发生的财务收支，计算项目的直接效益。国民经济评价则从全社会的角度考察项目的效益，除了直接效益外还包括间接效益及政治、社会、生态环境等方面的效益。

（4）现金流量内容不同

财务评价的现金流量包括全部实际收入及支出，而有些收入和支出，从全社会的角度考虑，却不能作为社会费用或收益，例如，不包括税金、国内借款利息、财政补贴。

（5）采用的价格体系和对通货膨胀的考虑不同

财务评价用市场预测价格、工资、官方汇率，考虑通货膨胀的影响；国民经济评价则用影子价格、工资、影子汇率，不考虑通货膨胀问题。

（6）使用的参数不同

财务评价用基准收益率；国民经济评价用社会折现率。社会折现率即资金的影子价格，表示从国家或社会角度对资金时间价值的估计，是项目应该达到的最低投资收益率标准，体现了资金的机会成本。财务基准收益率根据分析问题角度的不同而不同，而社会折现率则是全国各行业各地区都是一致的。

（7）评价的内容不同

财务评价主要包括盈利性评价和清偿能力分析；国民经济评价主要包括盈利能力分析，没有清偿能力分析。

（8）适用的不确定性分析方法不同

盈亏平衡分析只适用于财务评价，敏感性分析和概率分析可同时用于财务评价和国民经济评价。

财务评价与国民经济评价的相同点与不同点详见表 11—5。

表 11—5　　　　　　　　　　　　财务评价与国民经济评价比较

评价体系		财务评价	国民经济评价
相同点	评价对象	都是针对同一项目进行评价。	
	计算期	都包括建设期和生产期全过程。	
	评价基础	都在需求预测、技术方案、资金筹备等基础上进行。	
	评价方法	都是分析项目的效益和费用关系，都寻求以最小投入获得最大产出。	
不同点	评价角度	企业角度，微观经济效益。	国家角度，宏观经济效益。
	评价目的	企业项目盈利水平。	对国民经济的贡献及国家资源合理分配。
	衡量效益的范围	只有直接效益。	还包括间接效益及政治、社会、生态环境等方面的效益。
	现金流量内容	全部实际收入及支出。	不包括税金、国内借款利息、财政补贴。
	价格、工资	市场预测价格、工资、官方汇率。	影子价格、工资、影子汇率。
	对通货膨胀的考虑	考虑。	不考虑。
	主要参数	基准收益率。	社会折现率。
	评价内容	主要包括盈利性评价和清偿能力分析。	主要包括盈利能力分析，没有清偿能力分析。
	不确定性分析方法	盈亏平衡分析、敏感性分析和概率分析。	敏感性分析和概率分析。

三、运输投资项目经济评价的主要指标

（一）投资回收期

投资回收期是指以项目投产后，每年取得的净收益，将全部投资回收所需的时间。一般以年为计量单位，自项目投资建设之日起算，可以从一定程度上反映项目的经济性和风险性，是衡量项目投资回收能力的重要指标。

投资回收期按其是否考虑资金的时间价值，可以分为动态投资回收期和静态投资回收期。

1. 静态投资回收期 T_p

静态投资回收期以累计净现金流量计算，累计净现金流量等于零时的年份数即为项目的静态投资回收期，其计算公式为（11—13）或（11—14）。

$$\sum_{t=0}^{T_p}(CI_t - CO_t) = 0 \tag{11—13}$$

式中，CI_t：第 t 年的现金流入量；

CO_t：第 t 年的现金流出量。

$$T_p = \begin{bmatrix}\text{累计净现金流量开始}\\\text{出现正值或零的年份数}\end{bmatrix} - 1 + \frac{\text{上年累计净现金流量的绝对值}}{\text{当年净现金流量}} \tag{11—14}$$

2. 动态投资回收期 T_p^*

动态投资回收期根据累计净现金流量现值求得，累计净现金流量现值等于零时的年份数即为项目的动态投资回收期，其计算公式为（11—15）或（11—16）。

$$\sum_{t=0}^{T_p^*}(CI_t - CO_t)(1+i)^{-t} = 0 \tag{11—15}$$

式中，i：折现率或贴现率，在对项目进行财务评价时用基准收益率，对项目进行国民经济评价时用社会折现率。基准收益率，又称基准贴现率或基准折现率，即投资项目所要求的最低期望收益率（目标收益率），是投资者从事投资活动可接受的最低界限标准。基准收益率根据单位资金成本、风险补偿系数、通货膨胀率等因素确定。

$$T_p^* = \begin{bmatrix}\text{累计净现金流量现值}\\\text{开始正值或零的年份数}\end{bmatrix} - 1 + \frac{\text{上年累计净现金流量现值的绝对值}}{\text{当年净现金流量现值}} \tag{11—16}$$

当评价项目的投资回收期小于或等于部门、行业的基准投资回收期时，可以认为该项目具有经济上的可行性。

投资回收期的优点是经济含义明确、直观；计算简便；能够反映项目的风险大小；可以表明投资费用得到补偿的速度；同时在一定程度上反映了投资效果的优势。其局限性在于：没有提供项目投资回收期后的收益情况；无法反映整个项目的盈利水平和盈利能力；方案评价选择必须以基准投资回收期为准；只能用于评价单一方案项目，不能直接对不同方案进行比较选择。

【例 11—10】 某运输项目投资方案的资料如表 11—6 所示，假设基准投资回收期为 6 年，基准收益率为 10%，试通过计算该项目的静态投资回收期和动态投资回收期评价其经济可行性。

表 11—6　　某运输项目投资方案资料　　单位：万元

年末	0	1	2	3	4	5	6
投资	3 000	2 000					
收入			4 000	4 000	4 000	4 000	4 000
经营费用			2 500	2 500	2 500	2 500	2 500

解： 以列表形式计算各相关指标，详见表 11—7。

表 11—7　　某运输项目投资回收期相关指标计算　　单位：万元

年末	净现金流量	累计净现金流量	$(1+i_0)^{-t}$	净现金流量现值	累计净现金流量现值
0	−3 000	−3 000	1	−3 000	−3 000
1	−2 000	−5 000	0.909 1	−1 818.2	−4 818.2
2	1 500	−3 500	0.826 4	1 239.7	−3 578.5
3	1 500	−2 000	0.751 3	1 127.0	−2 451.5
4	1 500	−500	0.683 0	1 024.5	−1 427.0
5	1 500	1 000	0.620 9	931.4	−495.6
6	1 500	2 500	0.564 5	846.7	351.1

（1）静态投资回收期 $T_p=5-1+\dfrac{500}{1\ 500}=4.33$（年）

（2）动态投资回收期 $T_p^*=6-1+\dfrac{495.6}{846.7}=5.59$（年）

由于该运输项目静态投资回收期为 4.33 年，动态投资回收期为 5.59 年，均比基准投资回收期短，因此，该项目从经济上看是可以接受的。

（二）净现值（Net Present Value，NPV）

净现值是指项目寿命期内发生的所有净现金流量，按设定的折现率（或基准收益率或社会折现率）折算到同一时点上的现值之和。也可以表示为各年收益的现值与各年支出现值之差，是考察项目在计算期内盈利能力的动态评价指标。其计算公式为：

$$\mathrm{NPV}=\sum_{t=1}^{n}(CI_t-CO_t)(1+i)^{-t} \qquad (11—17)$$

对于单一方案，当 NPV>0 时，表明该投资方案除了可以得到符合指定折现率的盈余外，还能够获得超额收益现值，该投资项目可以接受。反之，NPV<0，表明该投资计划达不到盈余目的，不能接受。当 NPV=0 时，表明该投资方案刚好可以得到符合指定折现率的净收益现值。

若有两个或两个以上投资方案，投资额相同，i，n 相同，且净现值都为正，则 NPV 大的投资方案更优。

净现值法的优点：考虑了资金的时间价值和项目在整个计算期内的费用和收益情况，以绝对数形式反映投资效果，比较直观。

净现值法的缺点：（1）需要事先确定基准收益率，基准收益率定得越高，能被接受的项目越少，且当 i 从某一值变为另一值时，可能出现结论相悖的情况；（2）用绝对数不能反映项目单位投资的使用效率，在决策时易于采用投资大收益大的方案，而忽视收益总额虽小，但投资更省，经济效益更好的方案。

【例 11—11】 某运输公司考虑选用 A、B、C 三种型号中的汽车，假设寿命均为 10 年，残值为 0，$i=12\%$，各车型初期投资和等额年净收益如表所示，请问采用哪种型号好？见表 11—8。

表 11—8　　　　　　　　A、B、C 三种方案的投资和年净收益

方案	A	B	C
初期投资（万元）	100	150	200
等额年净收益（万元）	30	40	46

解：$NPV_A=30(P/A，12\%，10)-100=30\times 5.6502-100=69.51$（万元）

$NPV_B=40(P/A，12\%，10)-150=40\times 5.6502-150=76.01$（万元）

$NPV_C=46(P/A，12\%，10)-200=46\times 5.6502-200=59.91$（万元）

$NPV_B > NPV_A > NPV_C > 0$

∴选 B 型车好。

（三）净现值率（Net Present Value Rate，NPVR）

净现值率又称为净现值指数（Net Prsent Value Index，NPVI），是项目的净现值与项目总投资的现值之比，表示单位投资现值所能获得的净现值，是个相对指标。其计算公式为：

$$NPVR=\frac{NPV}{I_p} \tag{11—18}$$

投资项目的 NPVR 为正的方案可取，否则方案不可取或有待改进。在各方案投资额不同的情况下，如用 NPVR 对方案进行比选，则 NPVR 大的方案为优。当投资项目有明显的资金限制时，宜采用净现值率法。

（四）内部收益率（Internal Rate of Return，IRR）

净现值法和净现值率法虽然可以说明投资方案高于或低于某一特定的投资报酬率，但却不能揭示方案本身可以达到的具体报酬率是多少。而内部收益率则可以从本质上反映投资项目内部实际盈利率，即反映了项目的内部盈利能力。

内部收益率又称为内部报酬率，是指项目寿命周期内净现值等于零时的折现率。即有：

$$NPV=\sum_{t=1}^{n}(CI_t-CO_t)(1+IRR)^{-t}=0 \tag{11—19}$$

在项目的经济评价中，将求出的内部收益率与行业的基准收益率或社会折现率 i 进行比较。当 $IRR>i$ 时，认为其盈利能力已满足最低要求，投资项目可以考虑接受。反之，项目就不能接受。内部收益率法和净现值法在评价单独常规投资项目时的评价结论应该是一致的。

由于公式（11—19）是一个高次方程，很难直接求解，通常采用试算内插法计算 IRR 的近似值，其计算思路为：

首先采用投资方案使用期正常年份的年净现金流量除以该投资方案的总投资所求得的比率作为第一个试算的贴现率，以此试算贴现率计算投资方案的净现值，如果净现值为正值，说明该试算贴现率偏小，需要提高；如果净现值是负值，说明该试算贴现率偏大，需

要降低。这样不断地调整贴现率试算下去，当找到某一个试算贴现率（i_1）所求得的净现值为正值，而按与其相近的另一个试算贴现率（i_2）所求得的净现值为负值时，就表明内部收益率一定在这两个贴现率之间。为减少计算误差，应满足（i_2-i_1）$\leqslant 5\%$。把正负净现值标志于以内部收益率为横轴，净现值为纵轴的坐标系上，连接两点的直线与横轴相交的那一点所对应的贴现率即是所求的内部收益率，如图11—10所示。其计算公式如下：

$$\mathrm{IRR}=i_1+\frac{|\mathrm{NPV}(i_1)|}{|\mathrm{NPV}(i_1)|+|\mathrm{NPV}(i_2)|}\times(i_2-i_1) \qquad (11—19)$$

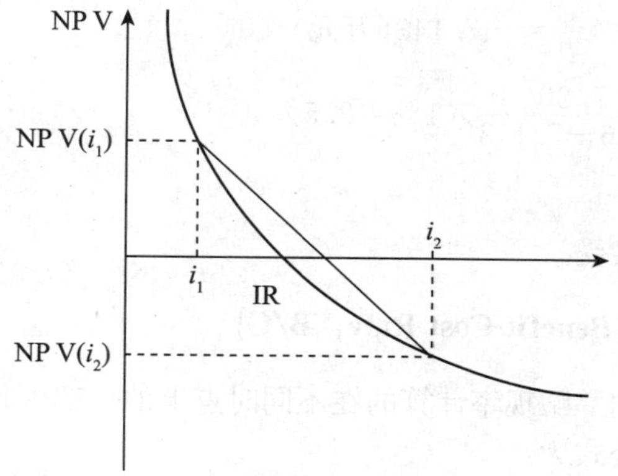

图11—10　用内插法求IRR的示意图

内部收益率法的优点是，在投资评价时，无需事先确定贴现率，因此适宜在贴现率无法预先确定的情况下采用，而且内部收益率用百分率表示，形象直观。但这种方法也存在一定的不足：（1）内部收益率法假定投资每期收到的资金可以用来再投资，并且获得与内部收益率一样的贴现率。这种情况对于内部收益率很高的投资，是很难做到的，不太切合实际。（2）内部收益率是一个相对值，评价结论可能与企业利润最大化目标不一致。（3）内部收益率计算比较复杂，而且在某些特殊情况下公式（11—19）可能会出现多个解，无法直接确定方案的内部收益率。（4）内部收益率法不能直接用于比较各种项目的优劣。

【例11—12】　某运输项目，期初投资500万元，预计该项目的寿命期为5年，每年可获收益150万元，每年的经营成本为40万元。项目在期末的残值为100万元，设基准收益率为6%，试计算该项目的内部收益率，并判断其经济可行性。见图11—11。

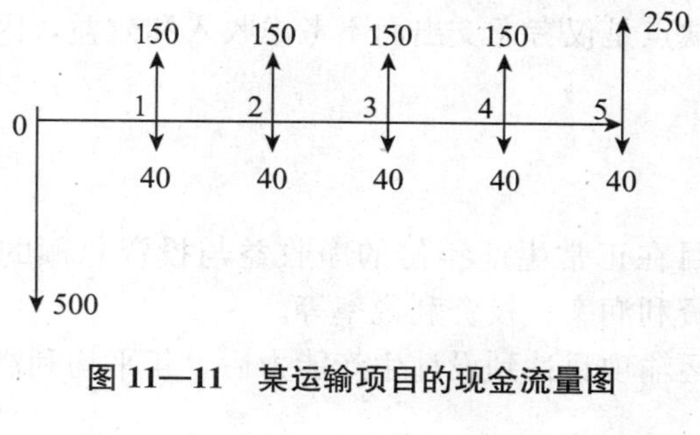

图11—11　某运输项目的现金流量图

解：$i=6\%$时，$\mathrm{NPV}(6\%)=-P+110(P/A,6\%,5)+100(P/F,6\%,5)$

$$=-500+110\times4.2124+100\times0.7473$$

$$=38.09(\text{万元})>0$$

$i=8\%$时，$\mathrm{NPV}(8\%)=-500+110(P/A,8\%,5)+100(P/F,8\%,5)$

$$=-500+110\times3.9927+100\times0.6806$$

$$=7.26(\text{万元})>0$$

再取$i=9\%$，$\mathrm{NPV}(9\%)=-500+110(P/A,9\%,5)+100(P/F,9\%,5)$

$$=-500+110\times3.8897+100\times0.6499$$

$$=-7.143(\text{万元})<0$$

$$\mathrm{IRR}=8\%+\frac{7.26}{7.26+7.143}\times1\%=8.5\%$$

$\because \mathrm{IRR}>6\%$

$\therefore$该项目可以考虑接受。

（五）效益成本比（Benefit-Cost Rate，B/C）

效益成本比是指以同一贴现率计算的在不同时点上的全部项目效益现值总和与成本现值总和的比率。其计算公式为：

$$(B/C)=\frac{\text{项目效益现值总和}}{\text{项目成本现值总和}} \tag{11—20}$$

如果$(B/C)>1$，说明项目投资可以获得比指定贴现率更高的效率，可以考虑接受。反之，如果，$(B/C)<1$，说明项目的盈利能力不及指定的贴现率，应予以拒绝。

（六）必要运费率（Required Freight Rate，RFR）

必要运费率是指为达到预定的贴现率，单位运量所必须达到的最低限度收入。只有投资项目达到这一最低收入，才能抵偿必要的平均年费用支出。其计算公式为：

$$\mathrm{RFR}=\frac{\text{平均年费用}}{\text{年运量}} \tag{11—21}$$

利用必要运费率指标比较投资项目时，以指标值较小的项目为优，同时，必要运费率还必须低于实际运价。

必要运费率指标兼顾了托运人和承运人的利益，得到广泛的应用，尤其适用于收入不能预估的方案论证。其缺点是仅考虑支出而不考虑收入和效益，因而带有片面性，常用作辅助指标。

（七）投资收益率

投资收益率是指项目在正常生产年份的净收益与投资总额的比值，又称投资效果系数。其具体形式包括投资利润率、投资利税率等。

投资利润率是指将运输项目达到设计生产能力后，年平均利润总额与该项目总投资的比率。其计算公式为：

$$投资利润率=\frac{年平均利润总额}{项目总投资} \tag{11—22}$$

投资利税率是指运输项目达到设计生产能力后，年平均利税总额与该项目总投资的比率。其计算公式为：

$$投资利税率=\frac{年平均利税总额}{项目总投资} \tag{11—23}$$

四、运输投资项目方案比较

在运输投资项目的多个方案的比较选择中，一般采用增量分析法。增量分析法的评价指标主要有增量投资回收期、增量净现值、增量内部收益率和增量效益成本比等。

增量投资回收期是指一个方案比另一个方案多追加的投资，用年费用的节约额或超额年收益去补偿增量投资所需要的时间。增量投资回收期小于标准投资回收期时，说明投资大的方案所追加的投资可以在标准投资回收期内收回，因此，投资大的方案为优；反之，增量投资回收期大于标准投资回收期时，说明投资大的方案所追加的投资无法在标准投资回收期内收回，因此，投资小的方案为优。

增量净现值是指在给定的基准收益率下，两方案在寿命期内各年净现金流量差额折现的累计值，或两个方案的净现值之差。增量净现值大于零时，说明增量投资可以接受，投资大的方案为优；反之，增量净现值小于零时，说明增量投资不可以接受，投资小的方案为优。增量净现值与净现值最大化准则的评价结论是一致的，评价多个方案时直接采用净现值最大化准则比两两比较的增量分析还要简便。而且，增量净现值只能反映增量现金流量的经济性，不能反映各方案自身的经济性，因此只能用于方案间的比较，不能仅根据△NPV 大小判断方案的取舍。

增量内部收益率是指增量净现值等于零时的折现率或两个方案净现值相等时的折现率。增量内部收益率大于或等于指定的折现率时，投资额大的方案较优。否则，投资额大的方案较差。增量内部收益率法的前提是每个方案的经济评价都是可行的，或者排在前面的投资较少的方案是可行的，只有这样，比较到最后所得到的方案才是最优的可行方案。

此外，对于效益相同或基本相同的方案比较，还可以采用费用现值比较法和费用年值比较法。费用现值是方案在寿命期内发生的所有费用的现值之和。费用现值比较法分别计算各个方案的费用现值并进行比较，费用现值较低的方案为最优方案。费用年值是指通过资金等值计算，将各方案寿命期内各个不同时点发生的费用分摊到寿命期内各年的等额年值。同样道理，费用年值比较法分别计算各个方案的费用年值，并进行比较，年费用较低的是可取的方案。

五、运输投资项目评价的不确定性分析

为了正确地进行投资项目评价，仅仅对投资项目进行前述分析和评价是不够的，还要考虑运输投资外部条件的变化对投资项目经济效果影响的可能性，估计项目可能承担的风险，以及确定项目在经济上的可靠性，即进行不确定性分析。运输投资项目评价的不确定

性分析包括盈亏平衡分析、敏感性分析和概率分析等。

（一）盈亏平衡分析

盈亏平衡分析方法比较简单，它是通过分析产品产量、成本和收益之间的关系，找出方案盈利和亏损在产量、价格、成本等方面的临界点（盈亏平衡点），判断不确定性因素对方案经济效果的影响程度，说明方案实施的风险大小的一种方法。

盈亏平衡点通常根据正常年份的运费收入、可变成本、固定成本和年销售税金及附加值等数据计算，用盈亏平衡点运量、盈亏平衡运价、运输能力利用率等表示。

（二）敏感性分析

敏感性分析是分析各种不确定性因素变化一定幅度（或变化到何种程度）时，对方案经济效果的影响程度（或改变对方案的选择）。不确定性因素中对方案经济效果影响程度较大的因素称为不确定因素，例如旅客运输量、货物运输量、运价、汽油价格、柴油价格、煤油价格、可变成本、固定资产投资、外汇牌价等。敏感性分析是对投资项目进行经济评价所必要的、不可缺少的内容。敏感性分析就是要找出项目的敏感性因素，分析其影响程度，预测项目承担的风险。

【案例分析】 公路隧道投资项目评价

假设目前有一条通过山区城际公路，如图 11—12 所示，政府计划在 A、B 两点之间修建一条隧道。

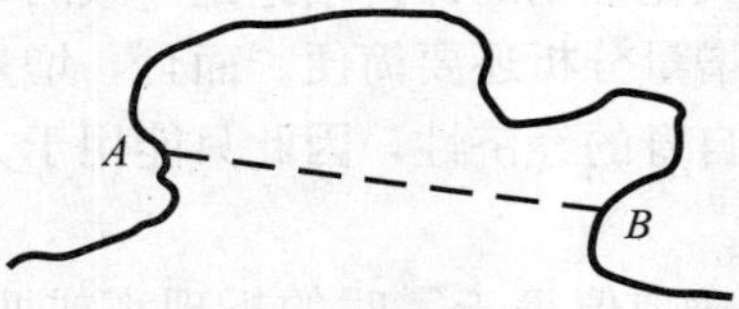

图 11—12 某山区城际公路隧道图

假设这条城际道路只允许小客车使用，且城际交通量的需求函数为：

$$Q=250\,000-1\,000(P'+C)$$

其中，Q：每年经过 A、B 区间的城际车辆数；

P'：每辆车经过 A、B 区间的通行费；

C：每辆车经过 A、B 区间的私人成本（包括车辆营运成本和时间成本）。

A、B 之间有无隧道时的车辆通行费、营运成本、旅行时间等情况详见表 11—9。

表 11—9 **A、B 之间有无隧道对比**

	无隧道	有隧道
A、B 区间的通行费 P'（元/车）	0	10
经过 A、B 区间的车辆营运成本（元/车）	100	10
旅行时间（分钟）	60	12
车辆的时间价值（元/车·小时）	100	100
私人成本（元/车）	200	30

假设城际交通量的需求曲线在未来不会改变，且隧道通车后，所有的城际车辆改用隧道通行，而 A、B 区间的地区交通量不会受隧道通车的影响。另外，没有隧道时，每辆从 A、B 区间公路上经过的城际车辆，给当地居民造成 15 元的空气或噪声污染。

隧道的建设时间为两年，第 1 年投资 1 亿元，第 2 年投资 1.1 亿元。隧道建成后可长期使用，且维修费用忽略不计。

请以每年 10% 的折现率计算该项目社会全体的净现值，并以此评价该项目的可行性。

解： 各相关经济主体每年的效益、成本分别为：

(1) 隧道使用者

隧道通车后，使用者每年可获得的利益如图 11—13 所示。

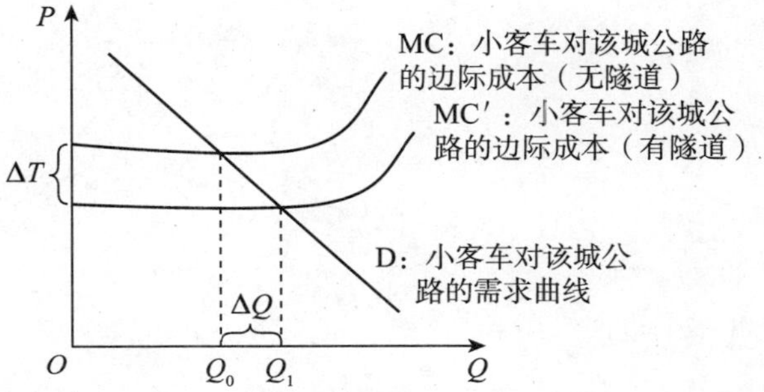

图 11—13 隧道通车后使用者每年可获得的利益

由 $Q=250\ 000-1\ 000(P'+C)$ 可得

无隧道时，城际交通的需求量 $Q_0=250\ 000-1\ 000(0+200)$

$=50\ 000$(车)$=$转移运量

有隧道时，城际交通的需求量 $Q_1=250\ 000-1\ 000(10+30)$

$=21\ 0000$(车)

新增运量 $\Delta Q=Q_1-Q_0=160\ 000$(车)

每辆车成本节约 $\Delta T=(0+200)-(10+30)=160$(元/车)

使用者效益＝转移运量×成本节约＋新增运量×平均减少的成本

$=Q_0\times\Delta T+\Delta Q\times\Delta T\times\frac{1}{2}$

$=50\ 000\times160+160\ 000\times160\times\frac{1}{2}$

$=2\ 080$(万元)

(2) 政府

第 1 年投资支出 1 亿元，第 2 年投资 1.1 亿元；第 3 年隧道通车后，每年收取的通行费$=210\ 000\times10=210$（万元）

(3) 当地居民

每年可从污染减少中获得的效益$=50\ 000\times15=75$(万元)

因此，隧道通车后每年的总效益$=2\ 080+210+75=2\ 365$（万元）

$$NPV=\frac{2\ 365}{(1+10\%)^2}+\frac{2\ 365}{(1+10\%)^3}+\cdots-10\ 000-\frac{11\ 000}{(1+10\%)^2}$$

$$=1\ 500(万元)>0$$

由此可见，该项目社会全体净福利的现值为正，即该项目值得投资。

第十二章　运输业融资

第一节　运输基础设施融资

一、融资概述

（一）融资的含义

从事投资活动的一个首要前提就是要有资金。资金是投资活动得以顺利进行的基本保证。融资就是资本的调剂与融通行为，是指资金的需求者，即融资者、融资主体，通过一定的渠道，为某种特定活动筹集所需资金的各种活动的总称。从广义的角度来说，融资既包括融资主体与其他资金持有者之间资金融通的外源融资（资金的筹措），也包括融资主体通过一定的方式在其内部进行资金融通的内源融资（资金的运用）。

融资与投资都是研究资金运动的过程，是资金活动不可分割的两个环节。二者关系极为密切，具体体现在以下两个方面：第一，融资和投资是两个不同主体之间的相对经济活动。融资源于储蓄，储蓄是资金供给的源泉。融资过程，对融资者来说，是其吸收、利用他人储蓄的过程；而对储蓄者而言，就是其储蓄转移的过程，是储蓄者的投资过程。第二，投资和融资是同一主体在不同经济活动过程中不同阶段的表现。对于融资者来讲，融资的目的必然是进行投资活动（成为投资主体），融资必须以投资的需要为依据。融资是投资的前提，是投资过程的第一个环节，投资必须充分考虑融资能力。融资规模决定于投资规模，反过来，融资规模、融资方式、融资成本等又影响投资的规模和效益。由于投资和融资的关系非常密切，因此，人们经常用“投融资”一词来描述整个广义的投资过程。

融资是资金在融资主体与他人之间调剂余缺的经济活动，可以从资金来源的角度反映通过哪些方式来筹措投资所需要的资金，在社会经济发展中具有重要作用。为了经济、有效地筹措资金，必须认真分析筹资渠道，掌握筹资的基本方法。

融资渠道是指取得资金的来源，而融资方式则是指取得资金的具体形式。资金从哪里来和如何取得资金既有联系，又有区别。同一渠道的资金往往可以采取不同的方式取得，而同一融资方式又可以适用于不同的融资渠道。如居民储蓄是资金来源，但可以通过发行股票、发行债券等不同融资方式取得；利用发行债券融资方式可以通过个人储蓄、企业储蓄资金和外资等渠道获得。

（二）融资的类型

融资有多种类型，根据融资主体不同分为项目融资和企业融资，按照资产性质不同分为权益融资和负债融资。

1. 项目融资和企业融资

项目融资和企业融资最大的不同是融资的信用基础不同。

项目融资是以项目公司（为建设和经营项目成立的新的独立法人）为融资主体，以项目未来收益和资产为融资基础，由项目的参与各方分担风险的具有有限追索权性质的融资方式。其特点是：融资主体是项目公司；还款基础是特定项目的未来收益和资产；债权人对项目发起人具有有限追索权或无追索权，所谓追索权是借款人未按期偿还债务时，贷款人要求借款人用除抵押资产之外的其他资产偿还债务的权利；风险承担者是项目参与各方，债务不进入发起人的资产负债表，不影响信用度；融资成本较高。项目融资主要用于资金需求量比较大的基础设施项目。采用这种融资方式，项目必须具有较强的盈利能力，稳定的未来现金流量，并且这种现金流量能够被独立地识别出来，通过契约予以界定，以保证用于项目的还本付息。

企业融资是以现有企业为融资主体，以企业自身的信用条件为融资基础的资金融通活动，是一项自主的资金筹措活动。企业融资的目的是为了实现企业一定时期的经营目标，自主决策，适量、适时、适价、适质地取得或筹集到生产经营所需的全部资金。其特点是：融资主体是现有企业；投资回报和偿还的基础是企业和担保人的信用，对企业具有完全追索权；对债权人而言，债务的风险程度相对较低；风险承担者是企业，负债进入企业的资产负债表，影响企业信用度；相对融资成本较低；必须考虑企业整体的盈利能力和信用状况。

2. 权益融资和负债融资

权益融资和负债融资主要是按照融入资金后是否需要归还进行划分的。

权益融资所融入的资金是以所有者身份投入的，可以长期或永久使用，如企业发行股票所筹集的资金。其特点是：筹措的资金形成企业或项目的资本金，具有永久使用的特点；不需归还本金和固定支付利息，财务负担相对较小；可能分散对未来权益的控制。权益融资是投资的基本资金来源，体现着企业或项目依托法人的经济实力，是其他融资方式的基础。

我国实行资本金制度。资本金是企业在工商管理部门登记的注册资金，对股份制企业来说就是股本。资本金也可以看成是注册资本，投资人缴足资本后的企业实收资本就是注册资本。投资项目资本金是在项目投资总额中，由投资者认缴的出资额，是项目的非债务性资金。国家规定了经营性项目的建设都要有一定数额的资本金，并提出了各行业项目资本金的最低比例要求。实行资本金制度的目的在于建立投资风险约束机制，提高投资效益。资本金是从事生产经营活动、承担经济责任的物质基础，是企业在经济活动中向债权人提供的基本财务担保。根据投资主体不同，资本金分为国家资本金、法人资本金、个人资本金和外商资本金。资本金可以用货币方式出资，也可以用实物财产、无形资产（如工业产权、非专利技术、土地使用权等）方式出资。以非货币方式出资的资产，应进行资产评估，其计价标准得到其他所有者认可。

负债融资所融入的资金是按约定代价和用途取得的，必须按期偿还，如企业通过银行贷款所取得的资金。负债是企业的一项重要资金来源，因为几乎没有一个企业完全是依靠权益资本，而不借助负债就能满足资金需要的。其特点是：筹措的资金形成项目的负债，资金在使用上具有时间限制，必须按期偿还；无论项目经营状况如何，均需要固定支付债务利息，形成企业的一种固定财务负担，筹资的资金成本一般比权益融资低，不会分散对未来权益的控制权。

在现代融资方案设计中，还经常使用一些介于权益融资和负债融资之间的方式，如可转换债券、股东附属贷款等，他们具有权益和负债的双重特征，在现代融资策划中发挥重要作用。

二、运输基础设施的融资渠道

（一）运输基础设施类型

运输基础设施是一个庞大的复杂系统，从不同角度，按照不同的标准可以有多种分类方法。从研究运输基础设施投融资经济规律的角度出发，按照项目融资中市场机制能否发挥作用，可将运输基础设施划分为以下三种类型：

1. 非经营性运输基础设施

非经营性运输基础设施属于纯公共物品，此类项目的建设完全是为了获得社会效益，是市场失灵而政府有效的部分。其主要特征为：第一，服务对象不具选择性，即为不特定的多数人服务；第二，不可减少性，即不会因为使用而造成总量的减少；第三，不具有个人消费性，只能以公共消费的形式出现；第四，使用过程中无收费机制。非经营性运输基础设施投资项目的特性，决定了其资金来源不能靠市场调节，只能以政府财政投资为主，并以固定的税种或费种作为保障，按政府投资的运作模式进行。

2. 纯经营性运输基础设施

纯经营性运输基础设施属于私人消费，具有明显的私人物品性质，竞争性强，设备成本补偿能力比较高，服务私人占有的排他性强，可以向使用者收费，通过价格形式予以补偿。纯经营性运输基础设施项目以利润最大化为目的，可通过市场进行资源的有效配置，吸纳投资，投资主体是全社会投资者。政府投资经营性基础设施项目，仅限于一段时间内社会投资者不愿或无力投资的项目，将来社会投资者对这些项目有了投资意愿，政府投资要逐步退出。目前，我国的高速公路建设多采用这种形式。

3. 准经营性运输基础设施

这一类介于前两类之间的运输基础设施，由于其较强的外部效应和不可分性，具有准公共物品的特征，是市场失灵或低效的部分。这类运输基础设施消费介于公共消费与私人消费之间，虽有收费机制，但因其附带部分的公益性，向使用者收费只能弥补一部分工程建设投入的成本，市场运行的结果将不可避免地形成资金供给的缺口，因此需要政府财政补助或政策扶持。

（二）各类运输基础设施的投资主体

各类运输基础设施的投资建设都要采取市场竞争的办法。纯经营性项目可以进入市场，直接招标，择优选择投资者。经营性项目（包括纯经营性与准经营性运输基础设施）在符合运输发展规划和产业政策的前提下，可以由国有企业、民营企业、外资企业等多种投资主体，通过公平竞争的招投标来投资建设，其融资、建设、管理及运营均由投资方自行决策，权益归投资者所有。但在价格制定上，政府要进行限制，兼顾投资方利益和公众的承受能力，采取“企业报价、政府核价、公众议价”的定价方法、协调社会利益与投资者的利益。

1. 非经营性运输基础设施投资主体

（1）中央政府

中央政府是运输基础设施最高层次的投资者和管理者，以交通运输部等部门为主管单位，负责本部门职责范围内运输基础设施发展规划的制定、实施、协调与管理，并对全国重点运输基础项目进行投资。

（2）地方政府

地方各级政府对本地区运输基础设施项目进行投资。例如，省、市（地）、县、乡政府对本地管辖的非经营性公路投资建设，对现有公路的大修和养护等。

地方政府还通过“以工代赈”的方式投资运输设施。具体做法是：由农民出工修建运输设施，政府从扶贫资金中拿出一部分用于民工的出工补贴。这种方法是从计划经济体制时沿袭下来的，主要用于修建县、乡级公路。

（3）企业、社会组织、医院学校各类组织和个人

主要用满足自身的运输需要，如修筑自用的铁路专线或公路专线、港口等设施。

2. 经营性运输基础设施投资主体

对于有偿使用的运输基础设施，改革开放以后，其投资主体向着多元化方向发展，主要有以下几种：

（1）政府

各级政府（运输管理部门）通过预算拨款、政策性收费、交通收费、专项建设基金和政府财政债券等所筹集的资金，将其中一部分用作经营性投资资金，成立运输基础设施投资开发公司，专门负责运输基础设施项目的建设，项目建成后实行有偿使用。开发公司还可用政府的投资或以已有的运输设施入股与其他投资一起建立合资公司，联合投资运输基础设施，也可以通过政府担保向银行贷款或通过市场融资。开发公司对各级政府注入的资本金承担投资建设、经营管理、收回投资本息及增值的责任风险。增值部分可按约定以比例上缴各级政府（运输管理部门），用于新的运输设施的建设或其他公共项目投资。随着市场经济的完善，政府财政投入在经营性运输基础设施投资中的比重将逐渐减少。

（2）国内企业

随着经济的发展和企业实力的增强，加上国家对运输基础设施投资的优惠政策，运输基础设施成为企业投资的一个发展方向。

（3）外商

近年来，外商对运输基础设施的投资发展很快，许多外商把运输基础设施建设作为投资热点。投资项目涉及公路、桥梁、机场、港口、管道和城市道路等，投资规模不断扩大，逐渐成为补充运输基础设施建设资金的重要来源。投资形式包括贷款、直接购买运输基础设施经营权、合资开发、购买上市公司股票等。

（4）其他投资主体

随着我国经济的发展，人民生活逐渐富裕起来，我国城乡居民的个人储蓄已成为运输基础设施建设的资金来源之一。

三、运输基础设施的融资方式

运输基础设施的融资活动不同于其他项目的融资。根据运输基础设施建设的特点，我国运输基础设施建设可以在借鉴国外运输基础设施建设融资经验的基础上，结合我国运输基础设施建设的实际和资本市场状况，采取以下几种融资方式：

（一）国家财政融资

国家财政融资是政府运用有关资金进行的各种低息贷款活动，或设立各种交通运输专项基金，统一编制收支计划，无偿划拨给相应的地区和部门，主要用于非经营性运输基础设施建设。国家财政投入曾经是我国运输基础设施建设唯一的资金来源，目前仍然在各种投资资金的使用中占有重要的地位，这主要是由运输基础设施的特性所决定的。

1．建立运输基础设施专项发展基金

运输基础设施专项发展基金是政府部门用于运输基础设施建设的专项资金。中央和地方政府通过建立运输基础设施建设专项发展基金，纳入国家或地方财政，形成稳定的运输基础设施建设资金来源，以解决运输基础设施建设资金不足的困难。运输基础设施专项发展基金应主要用于非经营性运输基础设施建设，并实行财政专户储存，实行收支两条线，加强管理。对于经营性运输基础设施建设，则可以考虑将相关企业的资金引入基金，由政府和企业共同承担。

2．利用国际金融机构和外国政府贷款

利用国际金融机构和外国政府的贷款是目前发展中国家最常见的一种融资方式，是由中央政府在一定的期限内，按一定的利率从国际货币基金组织、世界银行、亚洲开发银行等国际金融机构和外国政府借入一定数目的货币资金，然后再贷给相应的运输基础设施建设项目，以解决运输基础设施建设资金不足的问题。

国际金融机构贷款和外国政府贷款各有一定的特点。国际金融机构贷款的目的是为会员国特别是发展中国家提供资金，促进各国经济发展与资源开发；贷款对象只能是会员国的公私机构，一般不对非会员国提供贷款；贷款条件优惠，贷款利率低、期限长，附加条件少；中期贷款一般要有工程项目计划。

政府贷款通常由政府有关部门出面洽谈，或是政府首脑出国访问时，经双方共同商定，签订贷款协议；政府贷款具有双边经济援助性质，按国际惯例，政府贷款一般都含有25％的赠予部分；贷款期限长、利率低；政府贷款受贷款国国民经济总值、财政收支与国际收支状况制约，规模不会太大；政府贷款一般在两国政治外交关系良好的情况下进行，有时还规定购买限制性条款，即借款国必须以贷款的一部分或全部购买提供贷款国家的设备。

改革开放以来，我国利用国际金融机构和外国政府贷款建设了若干条铁路、高速公路、港口和机场项目。例如，利用日本海外协力基金贷款修建衡阳至广州、郑州至宝鸡两条复线电气化铁路，北京至秦皇岛、兖州至石臼所铁路，北京地铁工程、北京机场旅客大楼、浦东国际机场等。

（二）组建运输基础设施产业投资基金

组建运输基础设施产业投资基金是通过成立基金公司或基金会向投资者发行基金收益券的办法，将社会上众多投资者的零散资金集中起来，并由基金公司或基金会委托专门的基金管理机构将组合起来的资金作为一个共同的财产进行管理，由投资专家进行以运输基础设施建设为主的投资。投资收益按投资者的出资股份共享，投资风险由投资者承担。利用产业投资基金进行运输基础设施建设融资时，在项目建设过程中不必集中偿付大量本息，有利于降低项目的融资成本，规避资金风险。

通过组建运输基础设施产业投资基金，可以引导和鼓励社会资金投入到运输基础设施建设中来。目前，我国证券市场已经开放了许多基金进行交易，有的基金就是以投资于基础产业和基础设施为主的，这些金融资产已经为解决运输基础设施建设资金不足做出了贡献。

（三）证券融资

证券融资是在国内外金融市场上发行各种股票、债券等有价证券筹集资金的一种融资方式。从国际资本市场的发展来看，证券融资已成为资本运动的主流。证券融资以其融资主体主动、筹集资金广泛、资金用途灵活和使用期限长等特点较商业银行贷款优越。从中国的情况来看，通过发行股票、债券筹集资金的规模也越来越大，逐渐成为运输基础设施建设的主要筹资方式之一。

1. 债券融资

债券是有价证券的一种形式，是政府部门或企业为筹集资金，经国家金融管理部门批准，根据法定程序而对外发行，承诺按一定利率和一定日期支付利息，用以记载和反映长期借款性质的书面凭证。债券上通常载有发行人名称、利率、年限等。债券融资不改变投资主体，也不必对原有的建设和管理方式进行改革，实际上是向社会公众借款的一种方式。债券的种类包括国债、政策性金融债券和企业债券。期限可以从几年到几十年，期限较短的债券一般将利率固定，期限较长的债券也可以事先规定利率随市场适当浮动，到期必须偿还本息。运输基础设施建设的施工期一般较长，在施工期间，资金的投入是非均衡的，同时由于运输基础设施建设需要的资金数额很大，有时资金不能按计划到位，在施工处于资金使用的高峰期时，可以根据情况适当发行中、短期融资债券，以解决资金周转不灵之需。发行债券还可以解决小型的、经济效益较高的运输基础设施建设项目的资金缺口，因而是比较灵活的融资手段。

2. 股票融资

股票是股份有限公司公开发行的、用以证明投资者股东身份和权益，并据以获得股息和红利的一种有价证券。股票只是代表股份资本所有权的证书，本身没有任何价值，不是真实的资本，而是独立于实际资本之外的虚拟资本。股票的持有者即股东对企业资产享有相应的所有权，以股息的形式取得收益，并承担相应的风险。股票一经购买，不可退股，只能通过市场转让出售或作为抵押品；股票没有利息，股东能否获利完全取决于公司的经营状况，利大多分，利少少分，无利不分，亏损自负。股东可以参加股东大会并发表自己的意见，参与公司的重大决策。在一般情况下股份公司具有永久性，除非根据公司法到了破产清算的情况。

通过发行股票进行运输基础设施建设融资，可以达到利用外资而不举借外债、利用内资而不举借内债的效果，不需要像发行债券、银行贷款一样还本付息，财务压力不大，融资成本相对较低。因此，对于一些经济效益看好的运输基础设施建设项目的融资，可以按照公司法的有关规定组成以赢利为目的的股份有限公司，采取发行股票的形式向社会募集资金。尤其是在经济发达地区，可以成立公路、铁路、机场、港口等专门股份有限公司或综合型的股份公司，由公司承担发行股票、募集资金，并进行综合开发经营。同时，政府还赋予股份公司在土地征用、基本建设、制定运价等方面一定的权利。在成立运输基础设施股份公司时，国家的入股形式既可以投资入股，也可以用现有交通运输基础设施作价入股或其他形式入股。国家对关系国计民生或国家安全的重大运输基础设施项目要拥有控股权。在融资的同时，应注意加强国有股的管理，防止国有资产流失。股份公司根据公司章程的规定，决定投资项目的重大决策，然后交由管理公司具体执行。管理公司是项目公司的投资顾问，其主要人员都是投资、管理方面的专家，通过与投资公司订立的管理契约，办理一切管理事务，并收取管理报酬，但有关资金运用等方面的重大决策要提交项目公司董事会决定。

但是，股票融资与债券融资相比，对企业的业绩要求更加严格。发行股票的股份公司，如果想持续从证券市场上融资，需要维护公司的公众形象，并让公司业绩能够与股本扩张趋势相匹配。另外，股票融资的申报程序、监管、信息披露等方面也比债券融资要严格得多。

（四）资产证券化方式

资产证券化（Asset-Backed-Securitization，ABS）是将原始权益人不流通的存量资产或可预见的未来收入转化为资本市场可销售和流通的金融产品的过程。ABS融资是指以目标项目（包括未建项目）所拥有的全部或部分资产为基础，以该项目资产所能带来的预期收益为保证，通过在资本市场上发行债券来募集资金的一种项目证券融资方式。具体而言，是项目发起人将缺乏流动性、但又可以产生稳定可预见未来现金收入的资产或资产组合（即基础资产），出售给特定的发行人（特设机构，Special Purpose Vehicle，SPV），或者将该基础资产信托给特定的受托人，通过创立一种以该基础资产产生的现金流为支持的一种金融工具或权利凭证（即资产支持证券），在金融市场上出售变现该资产支持证券的一种融资手段。ABS的融资基础不同于传统的普通证券融资，其还本付息主要依靠项目未来收益，但其性质仍属于直接融资方式。

ABS的本质在于通过其特有的提高信用等级功能，使原本信用等级较低的项目可以进入高档证券市场，利用该市场信用等级高、债券安全性和流动性高、债券利率低的特点，降低发行债券筹集资金的成本。资产支持证券的评级仅取决于作为证券支持的资产的信用质量，而与发行这些证券的公司的财务状况及 SPV 本身的资信无关。如果基础资产违约拒付，资产证券的清偿仅限被证券化的资产数额，资产的发起人或购买人无超过此限的清偿义务。

资产证券化作为一项融资技术的创新，最早起源于 20 世纪 60 年代末美国的住房抵押贷款证券（简称 MBS）。1968 年，美国政府国民抵押协会首次公开发行"过手证券"，从此开启了全球资产证券化之先河。资产证券化自 60、70 年代以来发展迅速，尤其是 MBS 在 20 世纪 90 年代到 21 世纪初发展更加迅猛，MBS 市场已成为仅次于美国国债市场的第二大市场，ABS 在欧洲也快速发展。在亚洲，资产证券化发端于 20 世纪 90 年代，目前日本、韩国和中国香港等地资产证券化发展迅速。

我国的运输基础设施项目（如港口、道路、铁路等）建成后，由于具有消费的准公共物品性、经营上的自然垄断性等特点，导致了其经营期间的现金收入流相对稳定，符合 ABS 方式的基本要求，可以采用 ABS 项目融资模式进行融资。1996 年 8 月，珠海高速公路债券的成功发行，成为我国运输基础设施项目融资中不用国家担保、不用银行担保的资产证券化的典型案例。珠海高速公路有限公司发行 2 亿美元债券，所发债券本息偿还的现金流来源于珠海大道的营运收益。该债券发行的收益被用于广州到珠海的铁路及高速公路的建设，资金的筹集成本低于当时从商业银行贷款的成本。

（五）BOT 方式

BOT 是"Build-Operate-Transfer"的简称，直译为"建设—经营—转让"，是世界上许多国家政府为了吸引私人资本建设基础设施而采用的一种项目投融资方式。

BOT 融资模式的基本思路是：以项目构成的有关单位，包括项目发起人、私人投资者、运营商等组成项目公司，对项目的设计、咨询、融资和施工进行一揽子承包，当项目竣工后在特许期内进行运营，向用户收取服务费，以收回投资、偿还债务、赚取利润，最终将项目交给政府。在 BOT 融资方式中，政府与私营部门的"项目公司"签订合同，由"项目公司"进行项目的施工和经营。"项目公司"由一个或多个承建人组成（或者是合营公司，或者是独资公司）。项目公司以股本投资的方式建立，也可以通过发行股票以及吸收少量政府资金入股的方式筹资。BOT 项目所需的资金大部分要通过项目公司从商业金融渠道获得。贷款的形式是无追索权贷款，索赔仅限于项目公司及其财产，以及项目公司得到的任何合同权利、履约保证金、保险金和政府担保。

BOT 融资的基础是特许权协议。特许权协议规定了 BOT 项目中政府与私营机构之间的相互权利义务关系，是一种法律文件。这里的特许权是指政府授予项目公司从事 BOT 项目建设、经营、维护和转让的权利。其实质是政府将本国或本地区的一些基础设施建设项目，通过授权方式特许给私营机构建设和经营。

事实上，这种引入私营部门参与运输基础设施建设的方式早就出现。17 世纪英国政府允许私人建造灯塔，私人向政府租用建造灯塔所占用的土地，在特许期内管理灯塔并向过往船舶收取过路费，特许期满后政府将灯塔收回并交给政府所属的领港公会管理和继续收费。到 1820 年，在全部 46 座灯塔中，有 34 座是私人投资建造的，这些私人投资者为了赚取巨额利润而甘愿承担所有风险。19 世纪后期，在北美大陆的交通运输中，也曾经允许北方工业财阀投资建设铁路和一级公路，建成后定期定点收取营运费用，投资收回并购并获得必要的利润后，以无偿或低于市价的价格转让给政府公共机构。后来这一做法逐渐被推广应用于国内港口码头、地铁等交通工程。目前我国许多运输基础设施项目都已采用了 BOT 方式，如北京长城轻轨铁路、广州轻轨铁路、武汉城市铁路、广东和上海等地的高速公路及杭州湾大桥等。其中，杭州湾大桥项目总投资 118 亿元。2001 年 7 月，杭州湾大桥发展有限公司成立之初，项目资本金占 35%，银行贷款占 65%。在 35%的资本金中，民间资本就占了 50.26%。虽然此后民营资本比例由于各种原因逐渐下降，最终稳定在 30%左右的比例，其市场化融资的创新，仍然可以作为国内大型公共基础设施建设融资的经典案例。

BOT 方式从产生、发展到现在，其内涵不断得到扩充和完善，并在其基本形式的基础上，根据时间、地点、外部条件、政府的要求以及有关规定不同出现了各种派生形式。BOT 的基本形式包括最典型的 BOT、BOOT（Build-Own-Operate-Transfer，建设—拥有—经营—转让）、BOO（Build-Own-Operate，建设—拥有—经营）。BOT 的演变形式有 BT（Build-Transfer，建设—转让）、BOOST（Build-Own-Operate-Subsidize-Transfer，建设—拥有—经营—补贴—转让）、BORT（Build-Own-Rent-Transfer，建设—拥有—租赁—转让）、BTO（Build-Transfer-Operate，建设—转让—经营）。这些形式在具体运作方式和转换方式上各不相同，但其基本原则和基本思路与 BOT 实际上是一样的，因此都被称作 BOT 项目融资方式。

（六）PPP 模式

PPP 模式（Private-Public-Partnership，政府民间合作模式）是一个完整的项目融资概念，是指政府和私人部门为提供公共产品或服务，基于某个项目而形成的相互合作关系的形式。通过这种形式，合作各方可以达到比预期单独行动更有利的结果。PPP 最早由英国政府于 1992 年提出，是在英国首先发展起来的特许权经营制度。伦敦地铁、武广高铁、北京地铁四号线等都采用了 PPP 模式。

PPP 模式在基础设施建设中应用的主要特点在于通过引入私人企业，将市场中的竞争机制引入基础设施投融资中，通过招标方式选择最佳投资商、建设商和运营商，降低项目建设和运营等方面的成本，从而更有效地提供公共服务。在 PPP 模式下，政府和私人企业的关系发生了根本的变化。政府和私人企业之间不是命令和控制关系，而是合作关系。当然，政府也不是把项目的责任全部转移给私人企业，而是由参与项目的各方共同承担项目的责任和融资风险。政府仍然要投入一定的资金，只不过在 PPP 项目中的投入要小于传统方式的投入。

政府的公共部门与私人参与者以特许协议为基础进行合作。他们的合作始于建设项目的确认和可行性研究阶段，并贯穿于项目的全过程，双方共同对项目的整个周期负责。在项目的早期论证阶段，双方共同参与项目的确认、技术设计和可行性研究工作；对项目融资的可行性进行评估确认；采取有效的风险分配方案，把风险分配给最有能力的参与者承担。在 PPP 模式中，公共部门与私人部门之间若存在分歧，任何一方都不能改变项目的实施，而应当平等地在特许协议基础上处理。

PPP 模式一般适用于规模大、周期长的项目。常见的运输基础设施项目（如公路、铁路、桥梁、隧道、港口、机场等）规模都比较大，投资回收周期也比较长，因此适合采用PPP融资模式。PPP模式在运输基础设施融资中的应用，可以通过商业化和私营化的运营，使基础设施的建设和服务效率提高，同时补充基础设施建设资金的不足，减轻政府的财政压力。

四、运输基础设施融资的一般程序

从项目的确定算起，一直到最后完成融资并执行项目，运输基础设施融资一般要经过五个程序，即项目的确定、投资结构的确定、融资结构的确定、融资谈判和项目融资的执行。

（一）项目的确定

运输基础设施项目可以即政府根据需要确定，也可以由私营部门经过对各种因素的分析，根据运输基础设施项目建设的需要，向相关的政府部门提出项目建议。但是，由于运输基础设施项目的投资都比较大，建设周期也相对较长，其建设对社会和人民的经济生活影响较大。因此，项目是否符合宏观经济形势发展的要求，是否适应国家运输产业发展规划，是否能产生良好的社会效益就是项目确定时首先应该考虑的问题。其次，项目在技术上是否适宜，在经济上是否合理，直接关系到项目建成后的技术和经济效益。为保证项目的可行性，对项目进行技术测试和经济测试同样至关重要。

（二）投资结构的确定

确定运输基础设施项目的投资结构时需要考虑很多问题，其中主要包括：项目产权形式、产品的分配形式、债务责任、现金流量控制、税务安排等方面的内容。项目的投资结构与融资模式和资金来源有着密切的关系，投资结构在一定程度上将直接影响到融资模式和资金来源的选择。当然，投资结构并不是一成不变的，在设计融资模式和选择资金来源时也可以对投资结构进行调整。

（三）确定融资模式

融资事宜一般委托融资顾问协助办理。融资顾问针对运输基础设施项目的投资结构和其他实际情况，包括当时融资市场的行情，同融资者一起共同研究和设计项目的融资模式。设计项目融资模式的重要步骤之一是要在分析、评估项目各种风险的基础上合理、有效地使风险在项目参与者之间得到分散。

（四）选择资金来源

根据项目的投资结构和融资模式的要求，选择满足条件的资金来源渠道。首先应尽量选择使用项目所需设备出口国的出口信贷或政府贷款，这样可以降低利率，减少成本支出。其次，选择使用国际银团贷款时，应尽量选择在国际上具有一定声望和经验的银行，或选择与项目规模适合的银行，或选择对被融资项目比较熟悉的银行。再次，在考虑融资者的资金实力和项目实际需要的前提下，为项目安排一定量的从属债务。最后，可以在考虑项目税务安排的情况下，为项目选择直接在资本市场上进行融资。

（五）融资谈判

在初步确定了项目的投资结构和融资结构后，融资顾问会起草项目备忘录，并将备忘录有选择地发送给一些潜在的投资主体，如商业银行或其他一些金融机构。潜在的投资主体在收到备忘录后，单独或聘请各方面专家对项目拟采用的技术进行详细的考核和论证，核实项目的财务分析是否准确合理，并分析项目所在国的政治经济环境是否稳定，项目在环境保护、资源利用方面有无特别规定等，在此基础上做出是否参与融资的决策。

融资顾问负责组织贷款银团，着手起草项目融资的有关文件，并安排有关方面对协议进行谈判。这一阶段会经过多次反复，耗时较长，需要有关方面在充满信心和耐心的基础上通力合作和互相妥协。在谈判中，不仅会对有关融资具体事项的法律文件进行修改，在很多情况下还会涉及融资模式或资金来源的调整问题，有时甚至会对项目的投资结构及相应的法律文件做出修改，以满足贷款人的要求。在这一阶段，融资顾问应发挥穿针引线的作用，努力协调贷款银团、融资者及其他方面之间的关系，为各方灵活地寻找适当的变通办法，绕过难点问题，最后成功促成融资的实现。

（六）项目融资的执行

各方面正式签署项目融资的法律文件后，项目融资就进入执行阶段。在项目融资中，贷款银团通过其代理人监督项目的进展，根据融资协议的规定，参与项目的部分决策程序，管理和控制项目贷款资金投入和部分现金流量。在建设期，贷款银团代理人将经常性地监督项目的进度，并根据进度和资金计划，合理安排贷款资金的提取。在项目试生产期，贷款银团代理人监督项目试生产情况，确认项目是否达到了融资协议规定的商业完工标准。在项目的正常运行期，贷款银团代理人将管理项目的现金流量，直至债务完全清偿完毕。

五、我国运输基础设施投融资体制发展

经济体制改革之前，我国的投资主体只有政府一家，投资主体单一。经济体制改革后，出现了多元投资主体，有中央政府投资主体、地方政府投资主体、企业投资主体、个人投资主体、金融机构投资主体和外国投资主体。各投资主体既可独立投资，也可联合投资，构成了多元化、多层次的投资主体结构。筹资方式也不再单一，即有税费收入、政府补助、国债资金、企业自有资金、银行贷款、转让经营权或合作建设、股票、债券以及各种民间集资方式和利用外资方式，基本实现融资渠道的多元化，但是其中银行贷款和国家投资为主要来源。此外，不同运输方式还根据各自的业务特点，开辟自己的融资渠道。

（一）水路运输基础设施投融资体制发展

建国后，为了国民经济的恢复和建设的需要，国家接收了原有的港口、船队，兴建港口、船队，逐步形成我国的水运行业，实行政企合一、国家集中管理的经济体制。政府成为水运经济的主体，港、航设备、设施投资由国家统一调拨，无偿使用，利润全部上缴，

盈亏由国家负责。随着水运行业不断发展，国家投资过重，中央和地方利益不协调，行业缺乏活力，水运生产能力严重短缺等问题日益突出。“大跃进”、“经济调整时期”和“十年文革”期间，为了克服上述体制的种种弊端，水运管理体制曾做过若干次大的改革，但都围绕着“中央集权”还是“地方分权”的问题上，效果不是很明显。

改革开放以后，水运业也拉开了以“政企分开，港航分开，港口下放”为标志的水运经济体制改革的序幕。港口从航运公司分离出来，主要港口下放到各所在城市，实行“交通部与地方政府双重领导，以地方管理为主”的管理体制。资金上实现“以收抵支，以港养港”，扩大有偿使用建设资金的范围，鼓励多渠道筹集建港资金，等等。

1983年，秦皇岛、连云港等港口首先利用能源港优势，向日本政府海外基金办理我国首批日元贷款。1985年，上海、天津、广州港为投资建设集装箱码头，向世界银行借了第一期世行贷款。

随着1985年9月国务院《关于中外合资建设港口码头优惠待遇的暂行规定》的颁布，我国港口码头实行开放政策，鼓励外商以合资合作多种形式参与港口基础设施的建设和码头的经营，对中外合资建设经营码头给予税收优惠，允许投资者自定费率，中外合资建设和经营码头的企业不断涌现。

1985年11月，原交通部发布了《关于明确和解释〈港口建设费征收办法施行细则〉中有关问题的通知》，明确了沿海港口征收建设费，作为加快港口建设的一项专用资金来源，纳入预算外资金管理，主要用于港口基础设施建设等。1986年，原交通部颁布了《水运工程概算预算编制办法》和《关于内地省、区、市在沿海集资建设港口码头的试行办法》，明确了“拨改贷”后港口基础设施由国家投资、地面设施由港务局和经营单位自筹的政策。

1990年1月，原交通部印发《公路、水运交通产业政策实施办法》，表明了多方筹资，加速港口、码头与航道等交通基础设施建设的思路。1992年天津港率先将下属储运公司进行股份制改造，通过定向募集股份设立股份有限公司，并1996年将定向募集转为上市公司。1993年，大连港通过发行内部职工集资建设债券，筹集资金建设出口成品油码头，债券发行总额5 000万元，期限5年，年利率20%。这是我国港口企业筹资建设码头的一次有益尝试。1995年11月，原国家计委、交通部发布《关于加强港口建设宏观管理的意见》，再次明确了符合国家的有关规定，鼓励多渠道投资建设港口码头，允许货主建设企业专用码头，允许中外合资、合作建设及经营码头泊位。这对于加大对水路交通的投资、促进我国水路交通的发展产生了良好的作用。各方参与港口建设的热情都在逐步高涨，不仅有国外投资，而且有民营资本的参与。随着港口管理权的全面下放，各地对港口投资与经营管理的开放程度进一步加快，使港口的投资吸引力进一步增强。

2004年《港口法》以法律的形式，确定港口的投融资政策，形成建设主体的多元化和港口业务经营主体的多元化。《港口法》第1章第5条规定：“国家鼓励国内外经济组织和个人依法投资建设、经营港口，保护投资者的合法权益”。第2章第20条明确规定：“县级以上有关人民政府应当保证必要的资金投入，用于港口公用的航道、防波堤、锚地等基础设施的建设和维护”。第21条规定：“县级以上有关人民政府应当采取措施，组织建设与港口相配套的航道、铁路、公路、给排水、供电、通讯等设施”。

按照现有规定，我国港口设施大致分为两个部分：一部分是公共基础设施，如航道、防波堤、疏港道路、锚地、公务码头等，由政府和大型港口企业投资；另一部分是某一企业专用的基础设施及经营性设施，如生产性码头泊位、作业浮筒、仓库、堆场、机械、设备等。公共基础设施，由设施的业主建设和管理。

目前我国水路建设资金来源主要有国家预算、交通运输部专项资金、地方政府预算、企事业单位自筹（包括股权与债权融资、项目融资和融资租赁）、国内外银行贷款（包括商业银行贷款和政策性银行贷款）、利用外资（包括外商直接投资、对外发行股票和债券等和利用外商其他投资，如补偿贸易、国际租赁等）、民间资本和利用投资基金等多种渠道。国家预算和交通运输部专项资金是通过征收港口建设费取得的。基础设施维护经费则是通过征收货物港务费获得。各种资金来源渠道所占比重变化较大，其变化趋势主要是：国家投资来源的金额不断减少，所占水路建设资金来源的比重也不断降低；交通运输部专用资金（包括港口建设费、水路客货运附加费、内河航运建设基金等）增长较快；国内贷款主要是国内银行贷款绝对金额增加甚少，所占比重大幅度下降；沿海港口建设利用外资的方式有逐步从国外银行贷款等间接融资方式向合资等直接融资方式转变的趋势，利用外资进行航道建设的态势进一步发展。

（二）公路运输基础设施投融资体制发展

计划经济时代，铁路、港口、机场的建设项目基本上都是由中央政府统一安排投资，而公路建设则有所不同。建国初期，公路建设由中央和地方分工负责，中央政府负责国家干线公路的规划与修建，地方政府负责本区域公路的规划和修建。1958 年，中央政府将国防公路以外的其他公路的建设与管理权全部下放到地方，中央在基本建设投资中不再列公路建设项目，而改由地方政府计划安排。尽管各级政府采用了很多办法推动公路建设，但由于地方政府财力有限，主要依靠各地征收的养路费，难以拿出充足的资金发展公路，导致我国公路建设长期滞后于经济发展，成为制约国民经济发展的瓶颈。

改革开放后，随着国民经济发展的迫切需要，各级政府把解决公路瓶颈制约问题放在突出位置，开始了公路投融资体制改革。1984 年，国务院做出允许贷款或集资修路收取车辆通行费（即“贷款修路，收费还贷”）的决定。为了筹集资金从事公路建设，许多地区提高了养路费，增加了汽车购置附加费。部分省区加收客票附加费，用于客运站的建设。主要国道干线由国家投资建设，省道与县乡公路，则由地方集资建筑，中央予以补助。一些地方公路，实行“民办公助”或“以工代赈”修建。1997 年颁布的《公路法》，以法律形式对政府收费还贷公路、国内外经济组织投资收费公路及公路收费权转让做出了明确规定。

这些改革措施，极大地调动了各级政府加快公路建设的积极性，各地在实践中创造出了许多行之有效的公路投融资方式，如利用国外政府和银行贷款修路；鼓励国内外各类经济组织投资修建高等级公路，包括股份制、BOT 方式等；出售现有收费公路的全部或部分经营权，再投入新路建设，滚动发展；选择经济效益前景好的高等级公路，明晰产权，成立股份有限公司，向社会发行股票，在金融市场融资；等等。

公路投融资体制改革，使公路建设从计划经济体制下的投资主体单一、资金渠道唯一，转变为投资主体多元化、项目业主多层化、筹资方式多样化，有力地促进了公路建设的快速发展。

目前，我国公路交通实行的是政府主导型投融资模式，主要体现为政府主导型市场化投融资模式。常见的是政府主导的负债型投融资模式，通常以政府背景所成立的交通投资公司作为政府的投融资主体，组建项目公司，吸纳地方政府财力，并在政策支持下吸引各类企业自筹资金，共同为拟建项目筹集资本金，资本金以外的部分通过国内外政府贷款商业银行及政策性银行贷款和发行企业债券等多元化的债务融资手段予以解决。资金来源途径一般分为政府投资、社会融资、企业投资三个部分。其中，政府投资资金主要包括：交通运输部对国道主干线建设扶贫项目和国防道路建设的补助资金；各省（自治区直辖市）用于省干线公路国道改扩建等公路建设项目的自筹资金；以及省内一些地市县政府财政对辖区内公路建设的投资。中央政府财政性资金主要由车辆购置税和国债组成，地方政府财政性资金由公路养路费和公路建设基金及其部分地方政府财政拨款等组成。国内银行贷款在所有公路交通基础设施建设资金来源中是数额和比重最大的一部分，已成为目前为止我国公路交通筹措交通建设资本金以外资金的最主要融资渠道，包括项目贷款（中长期贷款）和流动资金贷款（短期贷款）以及设立中外合作企业向外资银行贷款。

(三) 航空运输基础设施投融资体制发展

我国机场建设投资主体的变化可以分为三个阶段。第一阶段是 1981 年以前，民用机场建设投资全部由民航承担；第二阶段从 1982 年开始，地方开始投资民航机场建设，特别是云南对投资机场建设的热情很高；1996 年以后进入第三阶段，部分机场先后进入资本市场。

1949 年中国民航局成立。中国民航局在 1980 年以前是以军方领导为主的政企合一的半军事企业，是独家经营的机构。1980 年，民航不再由空军代管，改由国务院直接领导。这是我国民航史上领导体制的第一次重要变化，对民航业发展具有深远的意义。

1982 年以前，机场数量少，设施简陋，行业发展缓慢，设施建设主要依赖国家财政预算拨款，机场融资模式为单一的国家财政融资模式。随着国家的经济发展和国家投融资体制改革的实施，民航投融资体制也随之不断发生变化。1983 年，机场开始利用银行贷款并自筹资金，突破了单一的国家财政融资模式。1985 年，国务院民航管理体制按照“政企分开，简政放权”的原则进行改革。当年，机场开始利用基金贷款（含“拨改贷”），融资渠道扩展到国家拨款、基金贷款（含“拨改贷”）、银行贷款、企业自筹四种。至 1987 年，后两者的比例逐年上升，但国家财政融资仍占绝对比重，在 60%以上。

1987 年开始实施改革方案，将原有的四级管理该为民航局、地区管理局、省（区、市）局级管理，并实行政企分开，地区管理局、航空公司与机场分设，地方政府开始投资机场建设。1987 年至 1989 年，国家财政融资虽仍略占优势，但在融资总额中的比例从 60%以上骤降到 40%以下，而由银行信贷融资填补了这 20%以上的融资缺口。1990 年民航全年固定资产投资中，国家资金比例占 35.7%。

1993 年，国务院有关部门同意民航征收民航基础设施建设基金和机场建设费。民航基础设施建设基金和机场建设费均属于国家财政资金，用于民航机场、航路建设、空管设施以及其归还贷款本息和财政部批准的其他支出。国家财政融资形式的多样化，使财政融资的比例从 1992 年的 16.5%提高到 30%。但 1990—1994 年间，银行信贷融资比例维持在 40%，已经取代财政融资成为机场融资的主导方式。

1995年之后，银行信贷融资的比重下降，除个别年份，基本保持在15%～20%之间；政府财政融资总量和比例稳中有降，但仍在总融资中占据基础性地位；2001年起开始发行国债用于机场融资，但总体比例仍呈下降趋势；企业自筹资金比例持续增加，逐渐占据主导地位；利用外资所占比例仍较小且不稳定，没有明显变动趋势。此外，民营化融资趋势增强，除IPO外，自筹经费建设的绥芬河机场、泛华圣大公司先期投入500万元获得庐山机场20年的经营权、民营企业均瑶集团5.5亿元收购三峡机场都是机场民营化融资的积极尝试。

2002年、2005年，民航总局分别颁布了《外商投资民用航空业规定》和《国内投资民用航空业规定》，放宽了民航业国内投资准入政策，放宽投资主体和投资范围，进一步调动了各级政府、社会各界投资民航业的积极性。

从机场投融资体制上看，我国正在改变过去以中央财政为主导的投融资体制，改由地方财政为主，中央财政撬动广泛吸纳社会民间和国外资本的投融资体制。目前我国机场建设资金主要来源于国家投资、各级地方政府投资、吸纳社会资本和外资以及企业自筹、以银行贷款为主要形式的债务融资等几种渠道，或多种投资渠道组合。

（四）铁路运输基础设施投融资体制发展

一直以来，我国铁路投融资主要依靠国家铁路建设基金、财政预算内专项资金，我国铁路金融供给体系的构成单一，没有形成多渠道、多品种的金融供给方式。

1986年实行承包制以前，我国的铁道体制基本上承袭了前苏联高度集中的计划管理体制，实行铁路上缴利税、国家再进行财政拨款的预算投资制度。企业不是真正的融资主体，国家财政预算是铁路投资的唯一来源渠道。

1986年，铁路运输系统开始实施承包责任制，明确提出“以路建路和以路养路”。铁道除按规定上交国家税费外，全部利润留在铁道部，用于国家计划里铁道事业的发展，包括新建线路、改善旧线、机车制造等。国家不再对铁路进行投资，铁路用自己的盈利进行投资。1991年开始征收铁路建设基金，对货物周转量收费，作为国家财政投入。1992年8月，铁道部首次发行了“铁路建设债券”，总金额为20亿元，年利率9.5%，期限为3年。同年《国务院批转国家计委、铁道部关于发展中央和地方合资建设铁路意见的通知》是突破铁路建设国家严格管制、铁道部独家建设的重大标志。1996年5月，广深铁路股份有限公司成功地在纽约和香港发行H股，共筹资5.44亿美元，开创了我国铁路利用股票融资的先河。1998年4月，金温铁路全线通车，成为中国第一条股份制铁路。

但是由于与国铁之间的网络性经营等问题没有很好地解决，70%的合资铁路公司亏损，严重影响了地方政府的积极性和新投资者的进入。1991年至2003年，在铁路全行业的基本建设投资中，铁道部占89.6%，地方政府及国有大型企业集团占10.4%，基本没有民营资本和外商直接投资铁路基础设施建设。2004年全国铁路完成基本建设投资516.32亿元，其中铁道部投资476.83亿元，占92.5%。其中，铁道部的资金主要来自铁路建设基金，约占非债务资金的65%，财政预算内专项资金和企业自筹资金所上比例较小。融资方式主要依靠银行贷款和发行铁路建设债券，以项目融资和企业形式在资本市场上融资的比例很小。

2005年7月，铁道部出台了《关于鼓励支持和引导非公有制经济参与铁路建设经营的实施意见》，全面开放铁路建设、客货运输、运输装备制造与多元化经营四大领域，鼓励国内非公资本进入。2006年，大秦铁路公司、广深铁路公司A股股票在上海证券交易所正式挂牌上市，分别筹集资金150亿元和103亿元，标志着铁路投融资体制改革进入了新的发展阶段。

2013年3月底，国务院办公厅下发“关于实施《国务院机构改革和职能转变方案》任务分工的通知”，将铁道部拟订铁路发展规划和政策的行政职责划入交通运输部，组建国家铁路局和组建中国铁路总公司。2013年8月，国务院发布《关于改革铁路投融资体制加快推进铁路建设的意见》，通过改革的方式拓宽中国铁路总公司的投融资渠道，主要内容包括：对新建铁路实行分类投资建设，向地方政府和社会资金放开城际铁路、市域（郊）铁路、资源开发行铁路和支线铁路的所有权、经营权，鼓励社会资本投资建设铁路；研究设立铁路发展基金，以中央财政性资金为引导，吸引社会法人投入；继续发行政府支持的铁路建设债券，并创新铁路债券发行品种和方式；对中国铁路总公司实行过渡性补贴等。

（五）管道运输基础设施投融资体制发展

随着1958年克拉玛依到独山子输油管道的建成，我国管道运输经历从无到有，快速发展的过程。

我国的管道运输业务原隶属于石油化工部，其全部的管道建设投资主体均为国家。当前，我国油气管道建设存在着巨大的投资需求，需要大量资金投入，而目前油气管道建设资金主要来源于企业自筹资金和银行贷款。因此，需要完善投融资体制，在国内外资本市场上筹集资金，鼓励各种资本通过参股、控股、合资、合作等形式推进我国管道运输发展。

第二节　运输企业融资

一、运输企业融资的任务和基本程序

运输企业融资是运输企业生产经营活动中经常进行的工作，不仅创办新企业、扩大再生产需要融资，就是维持企业正常的经营也需要融资。它的主要任务是在运输企业资金短缺时，如何以最小的代价筹措到适当期限、适当额度的资金；并且通过资金的合理流动与运用，充分发挥资金的效益，扩大企业的经营效果，从而促进经济发展。

运输企业融资一般要经过可行性研究阶段、决策阶段和实施阶段。其中，可行性研究阶段主要进行企业内部因素分析、企业目标分析和环境分析；融资决策阶段从融资目标的确立、融资预算与分析开始，一直到融资规模和具体融资方案的确定；实施阶段是整个融资方案的落实与执行阶段，是把目标变成现实的过程，包括融资计划的编制、计划的执行、实施效果的检查与评估三个方面。在融资方案的具体落实过程中，肯定会出现实际与计划的偏差，这时需要进一步收集和分析资料，纠正偏差并反馈到相应的决策层次。

二、运输企业的融资渠道

（一）国家财政资金

国家财政资金是指国家以财政拨款等方式投入企业的资金。同世界上许多国家一样，为了扶持运输企业的发展，我国政府也从不同程度上向企业进行了投资并给予资助，具体做法包括财政投资、财政补贴、加速折旧、税收倾斜和贷款利率优惠等。改革开放以前，国家的财政投资一直是运输企业资金的主要来源之一。随着我国运输市场的发展，国家财政资金在运输企业资金来源中的比例逐渐降低，但仍然是运输企业融资十分重要的一个影响渠道。

（二）金融机构资金

1. 银行信贷资金

为了改变由国家向运输企业无偿拨款而产生种种弊端的局面，国家从 1985 年起对由国家预算安排的基建投资全部由财政拨款改为银行信贷（委托建设银行以贷款方式提供，利息率比较低），简称为"拨改贷"。从此，我国运输企业的长期资金的来源主要就是从银行、信托投资公司以及其他金融机构获得的借款期限长短不一的各种借款。

银行的各种贷款主要可以分为两类。一类是政策性贷款，如国家开发银行、中国进出口银行贷款等，是指为满足国家宏观经济发展战略决策的特殊需要，由国家确定特定投向、投量和利率的贷款。政策性贷款既是特需的贷款，也是特定的贷款，贷款期限比较长，宏观效益较好，微观效益效差。我国运输企业目前取得的固定资产投资贷款主要就是这类贷款。另一类是商业银行贷款，包括中国建设银行、中国工商银行、中国农业银行、中国银行等国有控股银行，以及为数众多的全国性及地方性商业银行，如交通银行、招商银行、民生银行等，根据一定的原则为运输企业提供短期和长期贷款。

2. 非银行金融机构资金

非银行金融机构包括信托投资公司、租赁公司、保险公司、证券公司、企业集团的财务公司等。这些机构通过一定的途径或方式为运输企业直接提供部分资金或为运输企业融资提供服务。这种融资渠道的财力多银行小，但资金供应比较灵活方便。

（三）企业内部资金

企业内部资金又称企业内部积累，包括运输企业利用自身或其他单位留用利润转化为经营资本的提取公积金和未分配利润，以及计提折旧费形成的折旧基金、经常性延期支付款项等。这些资金在企业的生产经营过程中，由于资本运动的规律性和市场情况变化，往往会有部分暂时闲置甚至长期闲置，可以通过入股、发行债券、拆借及各种商业信用在企业之间进行有偿调剂。目前，运输企业与其他单位进行联营、合作、中外合资的情况已越来越多。

（四）社会闲置资金

运输企业可以通过发行股票、发行债券、内部集资等方式将暂时或较长时期内闲置在社会上的资金吸收成为企业的生产经营。这是运输企业融资越来越重要的一个方面。

(五) 国外资金

随着我国的不断对外开放，运输企业进一步有计划、有重点、积极有效地利用国际金融机构、外国政府贷款及境外民间资本等外国资金，以弥补企业资金的不足。

三、运输企业的融资方式

(一) 权益融资

1. 收益留用融资

(1) 收益留用融资概述

收益留用融资是指运输企业运行中不断将自身留存收益和折旧进行投资的过程。运输企业通常不会把全部实现的利润分派给所有者，而是将其中一部分或全部留下来，这被称为留存收益或保留盈余。收益留用融资的实质是所有者向企业追加投资，对企业而言则是一种筹集内部资金的融资方式，也是运输企业挖掘内部资金潜力，提高内部资金使用效率的过程。

(2) 收益留用融资评价

在运输企业融资方式中，收益留用融资不仅不是配角，而且一般还是首选的融资方式。收益留用融资具有融资便利、不必额外支付利息、成本低、受外部因素影响少等优势，还可以让运输企业的所有者获得税收收益，同时向市场传递着运输企业发展的利好消息，提升企业的市场形象和投资价值，增强企业信誉和融资能力，因为资本市场通常认为企业只有在面临投资回报率较高的投资机会时才会进行收益留用融资。

但是，由于受企业自身积累能力的影响，收益留用融资规模往往受到较大限制，而现代经济对运输企业提出了规模化、集团化的要求，企业融资也需要往大型化、集中化和高效率方向发展。因此，现代运输企业相当大部分资金还是要通过外源融资来解决。所谓外源融资则是指运输企业通过一定方式从外部吸收其他经济主体的储蓄，使之转化为自己投资的过程。

2. 吸收直接投资

(1) 吸收直接投资概述

吸收直接投资是非股份有限责任公司筹措资本金的基本形式，是指运输企业以协议等形式吸收政府、企业、个人、外商等直接投入资金，形成企业资本金的一种融资方式。吸收直接投资与发行股票、留存收益等都属于运输企业筹集自有资金的重要方式。

吸收直接投资的具体经营方式包括合作经营和合资经营。合作经营不以股权为基础，合作各方的投资、收益分配、风险和亏损的承担，经营管理方式，以及合作期满后的财产归属等事项，均在签订的合同中规定，是一种比较灵活的直接投资方式。合资经营则由各方共同组建有限责任公司，其特点是“共同投资、共同经营、共担风险、共负盈亏”。

(2) 投资者的出资形式

从出资形式看，吸收直接投资可以分为吸收现金投资、吸收实物资产投资和吸收无形资产投资。其中，吸收现金投资是运输企业吸收直接投资最主要的方式之一；吸收实物资产投资是指投资者以房屋、运输场站、运输工具、运输设备等固定资产或流动资产作价出资；吸收无形资产投资是指投资者以专利权、商标权、非专有技术、土地使用权等无形资产投资。

投资者的出资方式除国家规定外，应在运输企业成立时经批准的企业合同、章程中有详细规定。对于出资方式，我国新公司法规定：投资者可以用货币出资，也可以用实物、知识产权、土地使用权等可以用货币估价并可以依法转让的非货币财产作价出资。对作为出资的非货币财产应当评估作价，核实财产，不得高估或者低估作价。全体投资的货币出资金额不得低于有限责任公司注册资本的30%。也就是说，非货币财产出资在注册资本中不得高于70%。

（3）吸收直接投资的程序

运输企业吸收直接投资，一般应遵循下列程序：

①确定吸收直接投资的数量

吸收直接投资通常是在运输企业开办时所采用的一种筹资方式。在吸收投资以前，必须根据企业的经营范围、生产性质、投资规模、最低注册资金要求、信贷筹资的可能性等情况，确定合理的筹资数量。

②寻找投资者

运输企业在吸收直接投资以前，必须做一些宣传推广工作，让投资者充分了解企业的发展方向和前景、经营性质和规模、获利能力和分配等，以找到合适的合作伙伴。

③协商投资事项

投资者找到后，双方应就有关的出资方式、出资比例、出资数量以及参与管理的形式等进行协商。在出资方式上，除了企业特定需要外，一般情况下尽量使投资者以现金投入。

④签署投资决定、合同或协议

运输企业与出资者确定好投资意向和具体条件后，应按公平合理的原则协商确定实物投资、工业产权投资、土地使用权投资的作价或聘请双方认可并具有职责资质的资产评估机构进行评定。当投资者的出资资产定价确定后，应签署投资决定、协议或合同，从法律上明确双方的权利、义务和责任。

⑤按期取得资金

运输企业根据投资协议中规定的出资期限、出资方式、出资比例、出资数额等，按规定获取资金。如果投资者未按规定缴纳所认缴的出资额，应当对已足额出资者承担违约责任。

（4）吸收直接投资的优点

第一，吸收直接投资所筹资本属于运输企业的自有资金，与借入资金相比，能提高运输企业的资信和借款能力，有利于扩大运输企业的经营规模，增强企业实力。

第二，吸收直接投资不仅可以筹取现金，而且能够直接获得所需的先进设备和技术，与仅筹取现金的筹资方式相比，能较快地形成生产经营能力，提高运输企业的生产水平，快速开拓市场。

第三，吸收直接投资根据企业经营状况好坏，向投资者进行回报，财务风险较低。

(5) 吸收直接投资的缺点

第一，吸收直接投资的资金成本较高，特别是企业经营状况较好和盈利较多时，向投资者支付的报酬是根据其出资的数额多少和企业实现利润的多少来计算的。

第二，采用吸收直接投资容易分散控制权，因为投资者一般都要求获得与投资数量相适应的经营管理权，如果达到一定的比例，就能拥有对运输企业的完全控制权。

第三，吸收直接投资由于没有证券为媒介，产权关系有时不够明确，也不便于产权的交易；

第四，吸收直接投资的投资者资本进入容易出来艰难，故难以吸收大量的社会资本参与，融资规模受到限制。

3. 发行股票融资

发行股票是运输企业向全社会公开募集资金的一种融资方式。我国的一些大型运输企业，如中海集团、中远集团等均已有股份有限公司分别在上海、深圳和香港上市。股份制给航运企业拓展提供了良好的筹资途径。当然，股票的公开发行与上市对运输企业既有有利影响，也有不利影响。不能只看到有利的一面，而不顾自身的情况去上市。

(1) 中国股票的种类

中国上市公司的股票有A股、B股、H股等的区分。这一区分主要依据股票的上市地点和所面对的投资者而定。

①A股：A股的正式名称是人民币普通股票，是由我国境内的公司发行，供境内机构、组织或个人（不含台、港、澳投资者）以人民币认购和交易的普通股股票。

②B股：B股的正式名称是人民币特种股票，是以人民币标明面值，以美元或港币认购和买卖，在境内（上海、深圳）证券交易所上市交易的。B股的上市流通是中国证券市场为实现对外开放，进一步吸引外资的试点。

③H股：H股是指注册地在内地、上市地在香港的外资股。香港的英文是HongKong，取其字首，在港上市外资股就叫做H股。

(2) 股票上市对运输企业的好处

①有利于建立现代企业制度，规范法人治理结构

股票公开上市可以推动运输企业建立完善、规范的经营管理机制，以市场为导向自主运作，完善公司治理结构，不断提高运行质量。由于公众的监督会进一步强化对上市企业经理人员的行为约束，迫使其最大限度地加强企业管理，提高经营效益，降低经营风险。

②改善公司的财务状况

运输公司发行股票可以筹集到大量不必还本付息的资金，提高企业的自有资本的比例，改善公司的财务结构与财务状况，降低负债率，提高企业自身抗风险的能力，减轻财务负担，从而提高盈利水平，增强企业的发展后劲。

③提高公司的知名度，更有效地开拓市场

上市运输公司的证券交易信息通过中介、报纸、电视台等各种媒介不断向社会发布，扩大了公司的知名度，提高了公司的市场地位和影响力，有助于公司树立产品品牌形象，提高公司的业务扩张能力。

④股票价格的变动，形成对公司业绩的一种市场评价机制

上市后，股票市场价格变动一般能够比较准确、及时地对运输公司的经营活动做出评

价。业绩优良、成长性好的运输企业的股价一直保持在较高的水平上，使公司能以较低的成本筹集大量资本，进入资本快速、连续扩张的通道，不断扩大经营规模，进一步培育和发展公司的竞争优势和竞争实力，增强公司的发展潜力和发展后劲。

(3) 股票上市对运输企业的不利影响

①公司控制权可能处于不稳定状态

由于股票具有高度流动性，运输公司股票上市后股权会经常发生转移，导致公司的控制权经常变动，影响公司的经营方针、经营战略，不利于公司的长远发展。

②公司的商业秘密没有保障，不利于竞争

股票上市的运输公司必须定期发布其经营与财务报告，及时披露各种重大事项，这可能会公司的商业秘密被竞争对手掌握，使公司在竞争中处于不利的地位。

③融资成本比较高

股票上市，需要支付资产评估费用、股票承销费用、聘请会计师与律师的费用、登记费，并且要定期向证券交易所缴纳费用，支付各种公告费。因此，股票上市的费用是比较高的。

(二) 负债融资

按照债务偿还期的长短，运输企业的负债融资可以分为短期负债融资和长期负债融资两大类。

1. 短期负债融资

短期负债融资是指运输企业通过短期负债来筹集资金。短期负债又称流动负债，是指应在一年以内或者在超过一年的一个营业周期内偿还的各项债务。

短期负债偿还期比较短，债权人对其顾虑较少，所以融资速度比较快，融资比较容易。而且短期负债受到债权人等方面提出的限定性条件或管理规定也比较少，因此运输企业在资金使用上比较灵活、富有弹性。但是，短期负债融资的风险比较高，运输企业需要随时备足资金以偿还债务。一旦短期负债过多，企业无力偿还或者资金安排不当，就会使运输企业陷入财务危机的困境。运输企业短期负债融资主要有商业信用和短期借款。

(1) 商业信用

商业信用是指在商品交易或服务提供中由于延期付款或预收货款而形成的运输企业与其他企业之间的借贷关系。商业信用提供的信用比银行信用快，是短期负债融资中运用非常广泛的融资方式。商业信用的主要形式有应付账款、应付票据、预收账款和应付未付款项等。

应付账款是运输企业购买物料或接受服务而对对方的欠账，卖方可以利用这种延期收款的方式促进销售，而运输企业相当于借用了卖方的资金来满足自己的短期资金需要。

应付票据是运输企业购买商品时开具的延期付款的票据，根据承兑人的不同又可分为商业承兑汇票和银行承兑汇票两种。

预收账款是运输企业在提供服务之前向买方预先收取部分或全部账款的一种信用形式。对于运输企业来说，预收账款相当于向买方借用资金后再按商定的方式以提供服务进行抵偿。在预收期间，预收账款作为运输企业的一项资金来源，成为运输企业的一种融资方式。

此外，运输企业往往还存在一些不是由于购买物料或接受服务而形成的一些应付而未付的款项，如应付工资、应付福利费、应交税金、应付利润（股利）、其他应付款、其他未交款以及预提费用等。这些应付未付款项往往使运输企业受益在前、支付在后，相当于企业借用了收款方的资金，在一定程度上缓解了企业的资金需求，形成了一项短期资金来源。

(2) 短期借款

短期借款是指运输企业向银行或其他金融机构借入的、用于企业资金流转、并且需要在一年内偿还的款项。

运输企业进行短期借款融资时需要先提出申请，经审查同意后与银行签订借款合同，注明借款的具体用途、金额、利率、期限、还款方式以及违约责任等；随后根据借款合同办理具体的借款手续借得资金。

2. 长期负债融资

运输企业的长期负债是指偿还期在一年或者超过一年的一个营业周期以上的债务。根据不同的形成方式与偿还时间的长短，可以将长期负债划分为长期借款、发行公司债券和其他长期负债。

(1) 长期借款

长期借款是指运输企业向银行或其他金融机构借入的使用期超过一年的借款，主要用于购建固定资产和满足长期流动资金占用的需要。

运输企业要取得长期借款首先要向银行提出申请，银行按照有关政策和贷款条件对企业的财务状况、信用情况、盈利的稳定性、发展前景及投资项目的可行性等进行审查后，再与运输企业进一步商订明确贷款的种类、用途、金额、利率、期限、还款的资金来源及方式、保护性条约及违约责任等，并以借款合同的形式将其法律化。借款合同生效后，运输企业就可以取得长期借款了。

长期借款的偿还方式包括：①分期支付利息、到期一次性偿还本金；②到期一次性还本付息；③平时逐期偿还小额本息，到期时偿还余下的大额部分；④定期等额偿付本息。

长期借款是运输企业目前融资的主要手段之一。其优点是：融资速度快，手续比较简单，不需要像发行有价证券那样的准备、申报、审批和推销等事项，只需与贷款机构达成协议即可；具有较大的灵活性，可与银行直接协商有关条件；融资成本较低，借款利息在税前支付，可以减少实际负担的利息费用。缺点是：借款具有固定的还本付息要求，必须到期足额支付，如果运输企业经营不景气，会带来较大的财务困难；限制条件多，借款合同对借款用途有明确规定，运输企业的生产经营活动必然受到一定的影响。

(2) 发行公司债券

运输企业发行的债券称为企业债券或公司债券，也是运输企业筹集长期资金的重要方式。公司债券反映了发行债券的公司和债券投资者之间的债权债务关系。债券持有人有权按期取得利息和收回本金。

运输企业发行债券进行融资必须具备《公司法》规定的发行资格和条件，而且筹集的资金必须用于审批机关审定的用途，不得用于弥补亏损和非生产性支出。公司债券的内容也必须符合《公司法》的规定。

运输企业发行债券的程序和手续是：公司最高机构做出发行决议（决定）；向国务院

证券管理部门提出申请并得到批准；制定债券募集办法并向社会公告；正式由公司直接向社会发行（私募）或由证券经营机构承销发行（公募）。发行的债券上须载明发行企业名称、票面金额、利率、偿还期限等事项，并由企业董事长签名、发行企业盖章。

债券的发行价格往往会受到票面金额、票面利率、市场利率和偿还期限等因素的影响。当债券的票面利率与市场利率一致时就要以票面金额作为发行价格（平价）发行。当债券的票面利率高于市场利率时，就要以高出票面金额的发行价格（溢价）发行，反之则以低于票面金额的发行价格（折价）发行。

运输企业债券融资的优点是融资对象广、融资市场大，容易筹集到较大数额的资金；而且手续相对简便，融资时间较短，无需每季付息，成为一些信誉、资质良好的大型企业集团参与资本市场运作的重要手段。但是，发行债券的融资成本比较高、到期还本付息压力比较大、融资风险高、受到的限制条件也比较多，这些都是债券融资的不利方面。

债券融资在我国从 20 世纪 80 年代起才得到应用。我国航运企业已经认识到债券融资的优越性，并开始积极地尝试。不过，运输企业发行债券实际上是负债经营，因而发行债券的前提是必须具有一定的偿付能力，即合适的债务与资本比率（资产负债率）。如果负债率偏高，企业的债息负担过重，一旦运输市场不景气，运费率低，造成企业入不敷出，将企业推向破产的边缘。因此发行债券应该时刻以企业的实际偿债能力为基础。

（3）其他长期负债

运输企业还可以通过其他一些方式进行长期负债融资。例如，采用补偿贸易方式引进设备形成的长期负债，可以用引进设备投产使用后所生产的产品作价偿还设备价款，在没有还清款项之前就成为企业的长期负债。

（三）可转换债券融资

1. 可转换债券融资概述

可转换债券，简称可转债或转债，是指运输企业按法定程序发行的，赋予债券投资者在发行后的特定时间内，按自身的意愿选择是否按照约定条件将债券转换为股票的权利的一种公司债券。发行可转换债券的运输企业可以是上市公司，也可以是重点国有企业整体改制或部分改制后设立的股份有限公司。

可转换债券是一种证券，兼具股票和债券的特点。可转换债券持有人可以依据基本的意愿，选择持有至债券到期，要求公司还本付息；也可以选择在约定的时间内转换成股票，享受股利分配或资本增值。发行可转债与增发新股非常类似。如果可转债全部转股成功，相当于按转股价增发了一批股票。区别是增发新股当时一次性全部计入总股本，而可转债是延期逐次转入总股本，因此，可转债相当于是一种“推迟的股本融资”。

2. 可转换债券融资的优点

（1）融资成本较低

按照规定可转债的票面利率不得高于银行同期存款利率。若未被转换，则相当于发行了低利率的长期债券。

（2）融资规模大

由于可转换债券的转股价格一般高于发行前一段时期的股票平均价格，如果可转换债券被转换了，相当于发行了比市价高的股票，可为运输企业筹得更多的资金。

（3）业绩压力较轻

可转债至少半年之后才可转为股票，因此股本的增加至少有半年的缓冲期，即使进入可转换期后，运输企业还可以在发行公告中，安排转股的频率，分期按比例转股，避免了公司股本在短期内的急剧扩张，并且随着投资者的债转股，企业还债压力也会逐渐下降，具有技巧性和灵活性。

3. 可转换债券融资的缺陷

可转债和其他债券一样，也有偿还风险。如果基准股票的市场价格大幅上涨，远高于约定的转股价格时，可转债转股筹集的资金额将远小于按较高股价计算的筹资额。这相当于将原有股东的一部分财富转移给可转换债券的持有人，可转换债券的实际融资成本会高于原有股东的预期。反之，如果转股不成功，运输企业则会面临偿还本金的巨大风险，并有可能形成严峻的财务危机。另外，转股未成功的原因必然是股价低迷，而股价低迷的原因很有可能是公司业绩滑坡，若此时必须偿还转债本金，公司境况将会进一步恶化。

（四）租赁融资

1. 租赁融资的内涵

（1）租赁融资的含义

租赁是指在约定的期间内，资产所有者（出租人、租赁公司）按照租赁协议将资产交由使用者（承租人、运输企业）使用，运输企业在规定的时间内分期支付租金并享有资产使用权的一种经济活动。租赁融资就是通过租赁方式进行的融资。

运输企业采用租赁方式融资，不必一次性支付购买运输设备的巨额资金，只需按期支付租金即可获得设备的使用权，可以解决运输企业需要经营资产而资金不足的问题，同时引进先进的设备和技术，扩大企业规模或进行设备更新、技术改造等，是一种有效的融资方式。每年支付租金的数额一般只相当于设备价款的10％～20％，租金的支付方式可经双方协商确定，具有较大的灵活性。所以，租赁融资方式已被许多运输企业看好并被广泛采用。

（2）租赁融资的特征

①融资和融物相结合

租赁提供的是一种商业信用，兼有融资和融物双重性质，其实质是一种借贷关系。运输企业通过租赁设备取得设备的使用权，相当于从出租人手中获取了一笔信贷资金，因此，租赁是融资的一种特殊方式，主要用于补充和部分替代运输企业其他融资方式。

②租赁资产的所有权与使用权分离

在整个租赁合同期内，资产的所有权与使用权长期分离，分别归属出租人和运输企业。出租人向运输企业让渡的只是资产的使用权，而不是所有权；而运输企业对租赁资产享有完全的使用支配权，但没有所有权，不得擅自处理该设备。

（3）租赁融资与银行借贷的关系

运输企业租赁融资实质上同银行借贷在性质上是相类似的，都事先达成某种协议。银行借贷是运输企业向银行借贷一定数额的资金，租赁则是运输企业向租赁公司租借设备等固定资产；银行借贷时运输企业要定期交纳一定的贷款利息，租赁时运输企业同样要定期交纳一定的租金。

租赁与借贷的主要不同之处在于前者是借“物”，而后者是借“钱”。但对于运输企业来说，借钱的目的往往还是要购买“物”，以增加企业利润，因此从某种意义上讲，租赁融资比银行借贷更为直接。另外，由于租赁融资更具有浓厚的金融业务色彩，通常被看作是一项与设备有关的贷款业务。因此，租赁融资也被归属于银行融资方式之中。当然，租赁融资也是实物资本融资的一种典型代表。

2. 租赁融资的类型

租赁融资的形式多种多样，可以从不同角度分类。其中，较常用的方法是按租赁目的将其分为经营租赁和融资租赁。

（1）经营租赁

经营租赁又称为营运租赁或服务租赁，是运输企业为短期使用资产而发生的租赁业务。运输企业利用经营租赁可以获得使用设备的机会，解决企业短期资金不足的问题，减少设备陈旧过时造成的沉没成本风险，还可以利用出租人提供的某些低费用服务等好处。

经营租赁具有以下特点：

第一，经营租赁的资产由出租人批量采购，而非为某个特定的运输企业专门选定，这些资产具有较强的通用性和较好的二手市场。

第二，经营租赁的租期较短，一般短于租赁资产的经济寿命，运输企业在每次租约期间所支付的租金不足以抵偿出租人购买设备的资本支出和利润，出租人将需要租赁资产进行多次租赁。一次租赁期限的长短视运输企业对租赁资产的使用期而定。租期届满时，租赁的资产一般归还给出租人。由于经营租赁的期限较短，所以租赁的融资性较弱。

第三，经营租赁合同是一种可以解除的合同。在合理的限制条件内，运输企业可以提前解约、终止合同、退回租赁设备或改租更先进的设备。

第四，经营租赁的出租人不仅要承担设备过时和闲置的风险，而且通常还要负责提供设备的维修、保养和保险等专门服务，因此，经营租赁的租金要比融资性租赁的租金高。

（2）融资租赁

融资租赁又称金融租赁、财务租赁或资本租赁，是指运输企业与租赁公司签订租赁合同，由租赁公司按其要求购入所需生产设备并租给运输企业的一种租赁方式。融资租赁集融物和融资于一体，融资起主要作用。其主要特点是：

第一，融资租赁一般由运输企业向出租人提出正式申请，由出租人融通资金购入运输企业选定的设备，然后再租给运输企业使用。运输企业参与谈判，设备按照运输企业所指定的地点由供货人直接运交给运输企业，并由运输企业验收，出租人凭运输企业的验收合格通知书向供货人支付货款。出租人对租赁设备的质量与技术条件不向运输企业做出担保。

第二，融资租赁的租期较长，在租赁期间内只能租给一个运输企业使用。

第三，一般情况下，融资租赁合同一经签订，在租期内租赁双方无权单方面终止合同。只有设备毁坏或被证明已丧失使用价值的情况下才能中止执行合同。

第四，出租人通过收取租金的形式收回购买设备时投入的全部资金。运输企业要按照合同规定，分期向出租人交纳租金，并应在合同期内，承担设备的维修、保养及保险义务以及设备过时的风险。

第五，租期结束时，运输企业可以根据合同约定采用以下三种方法处理租赁资产：将设备退还给租赁公司；另定合同续租；承租企业留购，购买价格可由租赁双方协商确定。运输企业往往以较低的设备残值的市场售价把租赁设备买下来。

根据业务方式不同，融资租赁可分为直接租赁、杠杆租赁、转租赁以及回租租赁。直接租赁是融资租赁的主要形式，即租赁公司自行筹措租金，直接向供货商购买设备，直接租给承租人。杠杆租赁又称平衡租赁或减租租赁，是出租人运用杠杆原理，只需提供拟出租设备购置款的20%～40%的投资，带动其他债权人对该项目60%～80%的款项提供无追索权的贷款。转租赁是指出租人先从别的租赁公司租进设备，然后再租给承租人。回租租赁是指承租人将自有物件出卖给出租人，同时与出租人签订一份融资租赁合同，再将物件从出租人处租回的租赁形式。

3. 我国运输企业租赁融资的发展

租赁融资方式是二战后国际金融市场上的一个金融创新。1952年5月美国人H. 杰恩费尔德创立美国租赁公司，开创了租赁融资的先河，然后在世界许多国家得到迅速传播与发展。

1980年，我国民航总局采用融资租赁方式，引进了第一架波音747飞机。此后，飞机租赁迅速发展。目前，租赁已成为我国民航业的主要融资方式，国内航空公司80%～90%以上的飞机都是租赁获得的，各大航空公司基本都成立了租赁公司从事本公司的飞机租赁业务。

公路运输方面，自1992年国内第一家汽车租赁公司——北京福斯特汽车租赁公司出现以来，汽车租赁公司越来越多。世界汽车租赁业的巨头也通过各种渠道探索进入中国市场的途径。不过，目前汽车租赁业存在骗租、租车抵债和欠租三大问题。

我国上市公司运用创新租赁进行大规模经营性融资的首个案例是长运股份通过租赁融入20艘船。2002年，长运股份（重庆长江股份有限公司）与上海金海岸企业发展股份有限公司签订了《创新租赁合同》，金海岸以租赁为目的，购买价值1亿元的20艘船舶租赁给长运股份，租赁期5年，租金总额116 729 167元，按季度逐期偿付；期满后，长运股份支付金海岸1 000万元转移手续费，船舶的所有权归属长运股份。此外，长运股份必须先付给金海岸设备总价值20%的押金。这样，长运股份仅以约3 000万元的当前支出就获得了价值1亿元的船舶使用权。

我国铁路移动设备是集中管理模式，采取租赁方式的比较少，但也做了一些尝试，如广深公司采取租赁方式从瑞典引进了X2000摆式列车，取得了良好的运营效益。

4. 租赁融资的主要优点

（1）机动灵活

租赁融资期间，出租人一般不会对运输企业的营运资本水平、资本结构、继续举债、股利分派等投资、融资和经营决策施加限制，运输企业能够针对不断变化的外部环境，独立自主地决策。

（2）节约税赋支出

运输企业为固定资产支付的租金，往往大于企业直接拥有资产所能计提的折旧。因此，以租赁的方式获得资产，比以购置的方式获得资产，通常能为运输企业节省更多的税赋支出。

(3) 保持运输企业的举债能力

在经营租赁的情况下，运输企业无需在资产负债表上将租赁义务反映为负债。这样，运输企业的举债能力就不会因为租赁而受到影响。

(4) 避免技术陈旧风险

以租赁的方式获得资产，可以在很大程度上避免技术过时和陈旧，因为通过租赁，资产的所有权不属于运输企业，而属于出租人。如果租赁资产因技术发展而显得陈旧落后，所引起的损失只能由出租人承担，而与运输企业无关。

5. 租赁融资不足之处

(1) 租赁义务的不可撤销性

在融资租赁的情况下，运输企业一般不得在租赁期满之前撤销租赁合同。这无疑限制了运输企业的决策自由。

(2) 租赁成本较高

租赁融资所支付的租金总额，一般高于资产的购置价格，因为出租人会收取较高的租金，以补偿额外的信用风险和技术陈旧风险。不过，由于运输企业无需一次性付款只需在相当长的租赁期限内分次支付租金，如果将货币时间价值的因素考虑在内，其实际负担的租赁成本就可能大打折扣。

(3) 失去享受资产增值的机会

如果运输企业租入的是土地、建筑物等不动产，即使这些不动产因物价上涨而大幅度增值，运输企业也无缘享受这些好处。因为这些不动产的增值利益属于其所有者（出租人），而不属于其使用者（运输企业）。

(4) 不利于资产的技术改造

租入的资产，其产权不属于企业，即使企业对租入资产的技术性能不满意，也难以对其进行技术改造。

四、运输企业融资方案设计

针对不同的融资方式和融资渠道，运输企业必须慎重地选择最有利的融资组合方案。常见的做法是比较各种融资方案的资金成本，并结合相关财务指标的计算与分析，以寻找一个资金成本最低、融资结构合理，并承担较低风险的方案。因此，融资方案设计的内容主要包括资金成本、融资结构和融资风险分析等。

(一) 资金成本

1. 资金成本的含义

运输企业从各种渠道筹集并且使用在生产经营活动中的资金是要付出一定代价的。资金成本就是运输企业为取得和占用资金而支付的代价。这种代价通常包括以下两个部分。

(1) 资金筹集成本

资金筹集成本是指在筹资过程中发生的各项费用，如证券印刷费、发行手续费、律师费、资信评估费、公证费、担保费及广告费等。资金筹集成本通常只在筹资时一次性发生。

(2) 资金占用成本

资金占用成本是指占用资金所支付的费用，如股利及利息等。资金占用成本在资金使用期间经常发生。

2. 资金成本的性质

资金成本是资金所有权与使用权分离的结果，具有特定的经济性质。

(1) 资金成本是资金使用者向资金所有者支付的费用

资金所有者一旦将资金借出，等于失去了自己获得一定盈利的机会和条件，所以就不会让资金需要者无偿使用资金。反过来，资金使用者使用了筹得的资金，也就获得了资金不断增值的能力，这就要求资金使用者因使用资金而获得的利润必须与资金所有者分享，即要求资金使用者除按规定时间归还款项外，还必须将增值的一部分以税后利润、股利、利息或资金占用费等形式支付给资金所有者，这就是资金成本。可见，资金成本实际上就是将一部分盈利支付给资金所有者的报酬，体现着资金使用者和资金所有者之间的盈利分配关系。

(2) 资金成本是资金时间价值与风险价值的统一

资金时间价值是资金成本的基础，资金时间价值越大，资金成本就越高；反之，资金成本就越低。但是，资金时间价值与资金成本在数量并不一致。资金成本包括时间价值、风险价值，同时还受资金供求、通货膨胀等因素的影响。

3. 资金成本的意义

(1) 资金成本是拟定融资方案的依据

资金成本是运输企业选择资金来源、确定融资方案的重要依据。各种融资方式因其资金提供者面临不同风险而有不同的资金成本，最佳融资方案是使综合资金成本最低的各种融资方式的最优组合。

(2) 资金成本是评价投资方案的经济标准

资金成本是投资方案必须达到的最低报酬率。只有当内部收益率高于资金成本的投资方案在经济上才是可行的。运输企业可以将资金成本作为评价投资项目、决定投资取舍，使投资收益率必须高于资金成本的重要标准。

(3) 资金成本是衡量运输企业经营成果的重要尺度

运输企业还可以将资金成本作为衡量经营成果，即评价经营利润率是否高于资金成本的重要尺度。

4. 资金成本的类型

(1) 个别资金成本

为了便于比较分析，资金成本通常以资金成本率表示，它是资金占用费用与实际筹资额的比率。实际筹资额是指筹资总额扣除资金筹集成本后的金额，因此，资金成本率的一般计算公式为：

$$资金成本率=\frac{资金占用成本}{筹资总额-资金筹集成本} \tag{12—1}$$

实际使用中，由于各种因素的影响，运输企业经常采用通过不同渠道筹集资金，其资金成本各不相同。每一种融资方式的资金成本称为该种融资方式的个别资金成本。个别资金成本可以结合各种融资方式的特点，通过资金成本率基本计算公式的具体运用进行计算。

（2）综合资金成本

为了正确进行融资决策，确定最佳融资方案，运输企业需要首先计算每一种特定融资方式的个别资金成本，然后再以各项个别资金在总资金中的比重为权重，对各项个别资金成本进行加权平均，得到综合资金成本。通常所说的资金成本就是运输企业融资的综合资金成本。其计算公式为：

$$K=\sum_{i=1}^{n}W_iK_i \tag{12—2}$$

式中，K：综合资金成本；

W_i 第 i 种资金占总资金的比重；

K_i 第 i 种融资方式的个别资金成本。

（3）边际资金成本

边际资金成本是指每增加筹集一个单位资金时所要增加的资金成本。边际资金成本通常也是按加权平均法进行计算的，是追加筹资时所使用的综合资金成本。

一般来说，运输企业是不能以某一个固定的资金成本来筹措无限的资金的。随着运输企业融资规模的扩大，原有的资金成本会增加，追加的综合资金成本也会增加。但是，在追加的投资中，并非每增加一单位资金都会引起资金成本的变动，而是有一定的范围。在原有资金的基础上，追加一定范围内的融资，其资金成本仍会保持原有资金结构的综合资金成本。当某种新增资金突破一定限度时，边际资金成本将会提高。因此，当运输企业拟融资进行项目投资时，应以边际资金成本作为评价该投资项目经济可行性的标准，即用新筹资金的边际资金成本与投资项目的内部收益率进行比较，以评判项目的可行性。

（二）融资结构

融资结构是指各种资金来源的构成及其比例关系，包括各种融资方式的结构比例、长期融资与短期融资的结构比例，以及权益融资与负债融资的结构比例。其中，最重要的是权益融资与债务融资的比例，它将直接影响到运输企业的资产负债比例、还本付息压力和资金回收情况。

与融资结构相对应的是运输企业的资金结构，即运输企业各种资金构成的相互关系及其数量比例。由于运输企业所筹集的资金最终要形成企业的各项资产，因此在融资时运输企业就要研究并选择融资结构，以便保持合理的资金结构。

最优资金结构是指运输企业从不同来源筹集资金的最佳比例关系。最优资金结构是运输企业融资决策时所追求的目标，又称为目标资金结构。其要求是要使得运输企业的综合资金成本最低、风险程度最小、对所有者收益影响最小以及取得投资收益最大。

从理论上讲，运输企业的最优资金结构是客观存在的，各运输企业都应有最佳的资金结构。但是由于运输企业的融资活动本身和外部环境的复杂性，确定最优资金结构是一项十分复杂的工作。实际中确定资金结构可以采用综合资金成本比较法、每股收益分析法、公司总价值比较法等定量分析方法，并结合社会经济与政治环境、资本市场的发展情况、运输业状况等影响资金结构的因素进行定性分析。

（三）融资风险

融资风险是指运输企业由于融入资金而引起的丧失偿债能力的可能性和利润的可变性。运输企业融资决策除规划资金需要数量并以合适的方式筹措到所需资金外，还必须正确衡量不同融资方式下的风险程度，并提出规避和防范风险的措施。

融资风险产生的原因很多，可以从内因和外因两个方面分析。其中，内因包括负债规模过大、资金结构不当、融资方式选择不当、负债利率过高、负债期限结构不当、币种结构不当等；外因包括运输企业的经营风险、预期现金流入量和资产的流动性、金融市场的波动等。融资风险的内因与外因相互联系、相互作用，共同诱发融资风险。一方面，经营风险、预期现金流入量和资产的流动性及金融市场的波动等因素的影响，只有在运输企业负债经营的条件下，才有可能导致企业的融资风险，而且负债比率越大，负债利率越高，负债的期限结构越不合理，运输企业的融资风险就越大。另一方面，虽然运输企业的负债比率较高，但如果企业已进入平稳发展阶段，经营风险较低，且金融市场波动不大，那么运输企业的融资风险就会相对较小。

为规避融资风险，运输企业可以选择风险回避、损失控制和风险转嫁等常用的风险控制方法，并注重选择正确的融资时机、合适的融资规模、恰当的发行价格和发行方式。运输企业在进行融资决策时，首先要根据企业对资金的需要、企业自身的实际条件及融资的难易程度和融资成本情况确定合理的融资规模。其次是在掌握国内和国际利率、汇率等金融市场的各种信息，了解宏观经济形势、经济政策和国内外政治环境等各种外部环境因素的基础上，合理分析和预测影响运输企业融资的各种有利和不利条件及可能的各种变化趋势，寻找最佳融资时机，果断决策。此外，运输企业还要考虑当前金融市场的价格情况，并结合具体融资方式的特点和企业自身的实际情况，制定出合理的发行价格。通过这些措施，运输企业既能保证融资目标的实现，又能以较低的成本进行融资，降低融资风险。

第十三章　运输业宏观调控

党的十四大提出了我国经济体制改革的目标是建立社会主义市场经济体制，提出要使市场在国家宏观调控下对资源配置起基础性作用。党的十四届三中全会提出，建立健全宏观调控体系是社会主义市场经济体制框架的五大支柱之一。经过10年的改革实践，社会主义市场经济体制初步建立，党的十六届三中全会通过的《中共中央关于完善社会主义市场经济体制若干问题的决定》，明确提出要更大程度发挥市场在资源配置中的基础性作用，健全宏观调控体系。党的十八大提出加快完善社会主义市场经济体制，重要任务之一就是完善宏观调控体系。宏观调控是社会化大生产中配置资源的不可或缺的手段之一，也是发挥政府协调各种利益关系、引导经济社会健康发展职能的重要环节。

社会主义市场经济包括了发挥市场作用和国家宏观调控两个不可分割的方面。市场经济内部固有的分散市场主体的局部利益与社会整体利益的矛盾无法解决，必须借助于市场外的而又与市场经济密切结合的宏观调控。也就是说，宏观调控的必要性是由市场缺陷提出来的。市场在资源配置中起着决定性的作用，但市场并不是万能的。市场对某些经济现象无能为力，需要由市场外的力量来加以校正，这就是由政府对经济进行适度干预，以克服市场的消极方面。政府的宏观调控不是作为市场经济的外在力量作用于市场，而是市场经济的内在属性必须要具有政府的宏观经济调控，这是市场经济的一般特征。

社会主义市场经济是一种现代市场经济。健全的宏观调控体系是社会主义市场体制的重要组成部分之一。现代市场经济不同于传统市场经济的地方，就在于它不是在完全自由竞争的条件下运行的，而是在科学的、有效的和适度的宏观调控的条件下运行的，因而它可以避免市场经济发展中较大的盲目性和较大的浪费，而使市场经济有可能实现效率和效益的最大化。现代市场经济条件下政府宏观调控的主要意义是，保持经济总量的平衡；实现资源优化配置；保证社会收入分配的公平。

第一节　宏观调控的意义和目标

一、宏观调控的概念

从一般意义而言，宏观调控就是指政府运用经济、法律、行政等多种手段，对国民经济和社会发展过程进行调节和控制，引导其沿着政府预期的目标发展，实现社会资源配置和运用最优效率，促进经济繁荣、社会进步、民生改善。在我国建立社会主义市场经济体制，其基本要求是充分发挥市场机制的作用和加强宏观调控，也就是要建立起紧密联系的市场体系和宏观调控体系。实行市场经济就是要让市场在资源配置中起决定性作用。也就是要使市场在国家宏观调控下对资源配置起决定性作用。资源合理配置就是指人力、物力和资金等资源得到优化配置。

市场经济和宏观调控是互补的，市场是资源配置的基本形式，主要是在微观经济领域、日常生产经营活动和经济资源配置方面发挥作用。宏观调控是在整体上、总量控制、结构调整、经济布局等方面发挥作用。对经济活动进行宏观调控是中央政府的一项重要职能。宏观调控就是以国家为主体，为实现社会供给和社会需求总量的基本平衡、经济结构的优化进行调节与控制，使整个社会经济运行正常，社会资源配置合理，各种社会经济利益协调，以保障国民经济的持续、快速、健康发展。

交通运输是国民经济的重要组成部分，在我国经济建设中，要通过市场机制和国家宏观调控，来加强运输业的建设和发展。运输业作为一个特殊的物质生产部门，是国民经济的重要基础，发展交通运输是经济和社会发展的基础和先决条件，在物质生产、分配、流通、消费四大领域中，交通运输是再生产过程中的纽带和前提条件，国民经济发展的重要标志是生产和分配的增长，而生产和分配的增长又有赖于交通运输的发展，其他产业的发展都必须考虑交通运输这个基础的承受能力。交通运输是先导行业，必须通过国家有效的宏观调控而加以重点发展，正确处理国民经济各部门和运输业的关系，调整国民收入再分配的格局，增加交通运输基础建设的投入，完善促进国民经济协调发展的机制。

二、宏观调控的必要性

（一）改革前我国宏观调控的特点

宏观调控和市场经济两者是相辅相成的。在社会主义市场经济体制建立之前，在传统的产品计划经济体制下所形成的宏观调控体系，是一种排斥市场机制的直接宏观调控模式。

从社会主义经济制度建立到 1978 年以前，我国形成的经济体制模式是一种高度集权的产品计划经济体制。这种体制模式是排斥市场机制的直接调控模式，强调国家采用行政手段对生产、分配、交换、消费等经济活动进行直接干预，其特点是以政府行政机制为主体，直接调控为主要方式，计划指令性指标为手段，对经济调控表现出极大的强制性。

在高度集权的计划体制下，政府对企业下达指令性指标，包括产值、产量、工资总额、成本、利润以及折旧率等，企业利润和折旧基本全部上缴国家，纳入预算，基建投资和技术改造等由财政拨款。企业是国家行政机关的附属物，完全处于被动的无责、无权、无利的地位。对再生产过程的调控主要依靠直接的行政命令，而不是以企业利益的调整为激励动力，企业的物质利益原则被否定，不能发挥企业经营的主动性和积极性，导致企业微观利益低下，产需脱节。对于产品的分配，是依靠政府指令性计划来实施产品分配管理的，关系国计民生的主要物资由国家计委平衡分配，对比较重要的物资和专用物资由主管部门平衡分配。这种以政府机关为主体，指令性指标为主要形式、按企业条块行政隶属关系设置的管理体制，其管理的主要内容是搞项目审批、分钱分物、偏重于产量产值等数量目标，而忽视了经济效益。

这种集权式宏观调控机制，在改革前的20多年中，也曾进行过多次变革，但都局限在行政性的分权范围之内，反复在中央集权和地方分权之间进行权力分配。企业始终是行政机关的附属物，没有相对独立的经济利益，使宏观调控在“一统就死、一死就放、一放就乱、一乱又统”的圈子里循环，其根本原因在于这种宏观调控排斥了市场机制的作用，始终不能解决宏观经济比例失调，微观经济效率低下的问题

（二）市场经济条件下宏观调控的必要性

在我国建立社会主义市场经济体制，必须搞好宏观调控，建立一套适应社会主义市场经济的宏观调控体系。第一，我国是发展中国家，加快发展经济的任务迫切而繁重。我们既要充分发挥市场在资源配置中的基础性作用，又要注重克服市场的缺陷和防范其可能引发的经济较大波动，努力实现经济持续稳定快速增长。这决定了政府在促进经济发展方面必须发挥更积极、更主动的作用。第二，我国是正处于改革过程中的体制转轨国家，社会主义市场经济体制基本框架虽已建立，但还需要进一步完善，在这一过程中出现的新问题和新矛盾尤其需要密切关注和及时化解。这决定了我国政府承担的职能远比发达国家政府更为广泛而复杂。第三，我国是社会主义国家，政府的基本功能是实现经济社会的全面发展，保障全体居民物质生活和精神生活水平不断提高。这决定了政府宏观调控的目标必然是多重的，而且随着经济社会的发展而变得更加丰富。

市场经济条件下，有些领域存在市场失灵，必须通过政府干预来纠正。政府干预是在任何市场经济国家都存在的，它主要包括微观规制、宏观调控和制度建设三项内容。微观规制主要适用于局部、行业、部门、企业乃至个体，主要针对如环境的使用和补偿这样的经济外部性问题以及自然垄断行业等方面的问题。微观规制的目标是使局部、行业、部门、企业、个体的行为遵循国家的法律、条例、规定，符合国家总体利益。宏观调控主要针对总体的、全局的问题，特别是短期内社会总供给和总需求的矛盾或不均衡问题。制度建设则主要针对长期的体制性、机制性、结构性等问题。我国制度建设的目标是通过深化改革，逐步建立和完善社会主义市场经济体制，实现经济社会的长期可持续发展。宏观调控与微观规制、制度建设存在相互关联、相辅相成的关系。宏观调控为微观规制、制度建设营造良好的经济大环境，宏观调控的效果又在不断深化社会主义市场经济体制的各项改革中，在加快转变经济发展方式、推动产业结构优化升级的过程中，在构建社会主义和谐社会各项工作的落实中得到增强。

市场经济是以市场作为资源配置基础机制的经济形态，市场价格信号引导多种生产要素由效率低的地方流向效率高的地方，其运行的基本前提是产权明晰、分散决策、契约自由的市场主体和公平竞争的制度环境。由于社会供求受市场机制以及其他因素的影响，社会主义市场经济条件下经济运行会出现周期性波动是客观存在，必须通过加强和改善宏观调控来加以调整，熨平波动。市场机制与宏观调控，两者是相辅相成的，共同构成社会主

义市场经济体制的本质内容。宏观调控将贯穿于改革开放和现代化建设的全过程。从这个意义上讲，宏观调控不存在何时结束的问题。但是宏观调控的方向、重点和力度，应当而且必须根据不同时期经济运行情况而有所调整。

在市场经济条件下，市场机制对资源的配置比较优越，它在资源配置中起着决定性的作用，能强有力地促进生产力的发展。但市场机制不是万能的，不能解决一切经济问题，它有自身不能克服的缺陷，这就是所谓“市场失灵”。因而必须通过宏观调控加以弥补和完善。政府进行宏观调控的必要性表现在以下方面：

1. 市场调节具有一定的盲目性和波动性

因为市场是通过价格的涨落来反映社会的需求的，它是一种事后调节，不能进行事前的调节。而且市场调节具有不确定性，市场只能为企业指明社会需求变化的方向，而不能确定每个企业在社会需求总量中所应生产经营的份额。例如市场反映社会对运输的需求，但它不能确定民航发展在社会需求总量中应占的份额。同时，市场调节是由企业微观利益驱动的，因此，带有一定的盲目性而导致经济波动性。虽然通过市场最终能够实现经济总量的基本平衡，但往往是以周期性的经济波动为代价，不可避免会造成资源浪费，而且持续时间较长，影响效益和效率。因此在市场调节的同时以政府宏观调控来实现总量平衡，就可以减少经济的波动性，降低经济波动的幅度和危害程度。

2. 市场机制的外部性问题

西方福利经济学将外部性问题视为竞争性市场机制在效率上的一个明显缺陷。所谓外部性，是指某些经济活动导致外部其他人受益或受损（即外部经济效益 external economics，外部负效益 externaldiseconomics），这种外部性问题受个体边际成本和个体边际效益的影响，不能导致最优资源配置和最大社会福利。这意味着存在外部性问题的经济活动中，市场机制在合理的配置方面失灵了，这需要政府采取措施进行调控。市场机制的外部性问题在交通运输业表现尤其突出，运输业受外部影响较大。

3. 市场竞争导致垄断和不公平问题

市场机制要有效地发挥作用，必须保持市场的良好竞争状态，市场竞争是经济繁荣的源泉。但市场竞争会导致垄断和不公平，因市场竞争有一种趋向，即生产经营规模越大，效益越高，越易导致积聚和集中，从而导致垄断。企业是在一个竞争性的市场上施展自己才能的，而不能靠自己对市场的垄断来获取利润。垄断会抑制竞争，阻碍技术进步，妨碍效率提高，因此需要政府采取措施，制定“反垄断法”等一系列法规来规范企业行为，反对垄断和不公平竞争。

在我国市场经济条件下，国有、个体、私人企业、中外合资、外商独资企业等多种经济形式存在，经济关系市场化、企业行为自主化、利益主体多元化，经济具有竞争性。由于多元化经济主体有不同的利益导向目标，有的企业会采取不正当手段来实现自己的经济利益，需要政府干预，即以宏观调控手段限制非道德性商业活动，实行市场经济平等竞争的原则，企业要在公平竞争的基础上优胜劣汰。

4. 弥补市场的不足

因为在某些物品或服务领域，市场调节是无效的，如国防产品、公共事业、基础设施建设等，以及有些公用产品的提供，不能由市场机制来调节。例如，提供国防保障，推进尖端科技的研究与开发，控制环境污染等，就必须依靠政府来宏观调控。

5. 市场不能解决收入分配的公平问题

在市场经济条件下的市场竞争中，每个人都要充分发挥自己的才智和积极性，但由于人们具有的资源禀赋不同，因此，人们的收入水平必然会有差别，甚至高低悬殊。个人收入分配关系是社会生产关系的组成部分，收入分配是否公平，与每个人的物质利益息息相关，这是一个非常敏感而又严肃的重大社会问题，是不可忽视的。它关系经济发展的全局和社会安定，必须制定和执行个人分配政策，实施宏观调控，保证社会收入公正分配与实现共同富裕，是我国经济发展的一个基本目标。为此，在发挥市场机制作用以促进效率提高的同时，政府应通过税收和社会保障等措施，促进社会收入公正分配，实现效率与公平的统一。

因此，在发挥市场作为资源配置决定性机制作用的同时，还必须实行必要的国家宏观调控，以弥补市场缺陷。

三、宏观调控的目标

在市场经济的条件下，要按照宏观调控的主要任务，完善宏观调控目标体系。根据保持经济总量平衡、促进重大经济结构协调和生产力布局优化，减缓经济周期波动影响，防范区域性、系统性风险，稳定市场预期，实现经济持续健康发展的要求，健全涵盖关键领域、重点突出、相互衔接、导向明确的宏观调控目标体系。

实现未来经济发展目标，关键要在加快转变经济发展方式、完善社会主义市场经济体制方面取得重大进展。要大力推进经济结构战略性调整，更加注重提高自主创新能力、提高节能环保水平、提高经济整体素质和国际竞争力。要深化对社会主义市场经济规律的认识，从制度上更好地发挥市场在资源配置决定性作用，形成有利于科学发展的宏观调控体系。促进国民经济又好又快发展。应该说，我国宏观调控的目标是多重的，要兼顾稳定与增长、发展与改革等多方面的综合效应。其目的是保持宏观经济的持续稳定快速增长，实现经济发展与社会发展的协调、经济发展与资源环境承受能力的协调，并要兼顾短期经济增长与国家长期战略目标的一致。

总体来看，宏观调控的主要目标至少有两个特点：第一，宏观调控的重点主要是解决短期的经济稳定问题，调节总供需之间的不平衡，但也要注意与长期问题的解决有机结合起来。无论宏观调控的目标还是宏观调控的手段，其面对的问题主要是宏观经济短期的、流量性的问题，而不是长期的、存量性的问题。第二，虽然宏观调控效果是否明显依赖于经济社会制度框架，但宏观调控不能解决经济社会制度性问题。完善社会主义市场经济体制，核心问题是处理好政府与市场、宏观调控与市场调节的关系，既要更加尊重市场规律，使市场在资源配置中起决定性作用，又要更好发挥政府宏观调控作用，有效弥补市场失灵。

交通运输企业一次性投资大，资金回收期长，资金回报率低，经济效益差。在运价低，成本高的情况下，运输企业的财务收入状况低下，影响了职工的收入，亟待政府运用经济政策进行宏观调控，实现收入分配公平、公正，缓解社会矛盾，创造市场运行相对稳定的社会环境。

第二节　宏观调控的特征和方法

一、市场经济条件下政府的管理职能

各市场经济国家的实践表明，现代市场经济无不存在着一定程度的政府干预。虽然由于各国市场经济发育程度、国家经济发展所处的阶段等差异，各国政府管理职能的范围和强度并不一致，但从总体上看，在市场经济条件下，政府管理职能主要体现在以下几个方面：

（一）法规建设

竞争是市场经济的特色，也是经济繁荣的源泉，但市场经济运行的结果有时会造成对自身作用的限制或否定，如过度竞争，非公平竞争等等。因此，维持市场机制的作用，提供一套健全的法规制度对于市场经济的运行是十分重要的。从宏观经济角度来看，这些法律一般并不以个人和企业的行为为对象，而是政府在一定时期内政策的法律化，这些法律对个人和企业起引导作用。

（二）制定经济发展规划

市场经济下的计划或规划与中央计划经济体制下的计划有本质的区别。法国、日本、韩国等都运用计划方法管理经济，他们的经济计划或规划都不借助于行政手段去实现，也不强求计划要求的实现，而是力求使宏观经济运行受计划或规划的引导和影响。这些计划或规划的内容、作用、目标都随着市场的发展、经济的发展和国际竞争条件的变化而变动。

在许多情况下，企业按盈利进行的决策与社会需求并不一致，这就需要政府进行必要的干预。政府介入资源配置过程，不是要削弱市场的竞争机制，更不是取代市场的作用，而是要弥补市场调节的不足。

（三）培育和完善市场体系

培养市场是发展中国家政府重要的管理职能，培育市场方面的职能主要表现在培育市场主体、市场体系和市场机制。培育市场主体就是真正使企业成为产权明晰，自主经营、自负盈亏的经济实体。培育市场体系就是形成适应市场经济的市场体系和各类市场中介组织。培育市场机制就是真正使市场在资源配置中起到决定性的作用。

政府促进市场发育的措施包括：（1）打破地区、部门分割和封锁，建立和完善全国统一的市场；（2）统筹规划、协助建立生产资料市场、劳动力市场、金融市场、技术市场、信息市场和企业买卖市场等，促进市场体系的发育和完善；（3）发布市场信息，加强市场管理，制止违法经营和不正当竞争；（4）监督维护企业依法行使经营权，保障企业的生产

经营活动不受干预。

（四）促进信息畅通，保证市场的快速发展

由于各种条件的限制形成的经济信息传递和市场反应的时滞及不确定性，可能会给国民经济、企业发展造成一定的损失，因此，进行信息的宏观调节是必要的。政府给企业提供与它的生产决策有关的全部信息，可以使单个企业的生产经营更接近社会需求，从而使整个国民经济的运行比较和谐，更接近政府引导选择的经济发展方向。

（五）促进建立和完善社会性的企业服务体系

此项职能包括发展和完善与企业有关的公共设施和公益事业，减轻企业社会负担；发展会计事务所，审计事务所，职业介绍所，律师事务所等社会服务组织；完善劳动就业服务体系，培训失业人员，帮助其再就业；健全劳动争议仲裁制度，及时妥善处理劳动纠纷，维护企业和职工的合法权益。

（六）间接经济调节

对于那些由市场机制配置资源的领域，为了降低经济的大幅波动，缓和市场经济运行中产生的矛盾，政府的调节作用可以弥补市场自发调节的缺陷。间接经济调节主要运用财政手段和税收，财政支出和金融手段，如中央银行利率等手段协调经济持续稳定地发展，引导产业结构的合理化与现代化。

二、政府宏观调控的基本特征

宏观调控作为政府职能的一个有机组成部分，在社会主义市场经济条件下其基本特征主要表现为：

一元化领导：表现为共产党的核心领导作用伴随整个调控过程，党组织系统是实现调控任务的一个强有力系统，而不像市场经济发达国家，党政分开，政党对政府行为的干预很小甚至不干预。二级调控主体：表现为中央政府为主导，地方政府为辅助，特别是省级政府在经济和社会发展过程中所起的作用也很大，与中央政府的作用互为补充，共同对经济和社会运行过程进行调控。国际上其他国家通常以中央政府作为调控主体，地方政府一般不起作用。三层调控目标：表现为宏观经济的稳定性、协调性、有效性。稳定主要是宏观经济的稳定，反映在适度增长、低度膨胀、高度就业的有机组合；协调主要是基本经济关系的协调，反映在经济结构合理、国际收支平衡的实现；有效主要是资源配置和利用的高效利益，反映在低成本、低消耗、低污染的达成上。综合体系：表现为宏观调控体系不仅仅是个别政府部门的职责，而是由相互协调、相互制约、相互促进的决策系统、咨询系统、监督系统、反馈系统共同构成。政府作用的间接性：表现在政府的作用是建立在发挥市场基础作用之上，更多的是弥补市场的失效或低效领域。调控客体的多元性：表现在以公有制为主体的多种所有制结构、多元利益主体、多层次的市场。调控手段的多样化：表现为经济的、法律的手段为主，行政的、社会的手段为辅。

社会主义市场经济条件下与计划经济条件下的政府宏观调控相比较，有相同的形式，

也有不同的本质。从相同的形式来看：第一，就政府行为而言，在形式上两者是相同的，都是表现为一定的政府部门行使政府职能，对经济社会运行情况进行干预；第二，就调控手段而言，在运用行政手段方面，两者在形式上也是相同的，都是以行政首长负责制为特征。从不同的本质来看：在计划经济条件下，政府的管理更多的是表现为政府运用行政性指令直接配置社会资源，着眼于国有经济为主的公有制经济领域，市场机制几乎不起作用；即主要是"有形的手"起作用。社会主义市场经济条件下，宏观调控是建立在市场机制对社会资源配置起基础性作用的基础上，政府更多的是运用经济和法律的手段，着眼于全社会对经济行为主体进行间接调节、控制和管理，引导国民经济和社会发展沿着健康方向前进；即市场经济条件下，是"无形的手"与"有形的手"共同对社会资源的配置和利用起调节作用。

三、政府宏观调控的方法和手段

在现代市场经济中，政府的宏观调控已经成为市场体系及其运行的有机组成部分，政府作用与市场作用的结合构成现代经济发展的依托和保证。在市场经济的发展历程中存在着不同的宏观调控模式。在不同发展水平的国家中，虽然调控模式的选择会各不相同，但对宏观调控的需要是相同的。

（一）宏观调控组织体系结构

宏观调控是指国家按照宏观调控管理目标，运用各种不同的调控手段和机制，对国民经济进行调节和控制。宏观调控的组织结构体系如图 13—1 所示。图中的信息系统、咨询机构、监督机构、行业协会等都属于宏观调控体系的辅助机构。建立健全由这些机构所形成的辅助系统，是充分发挥宏观调控功能，促进其科学性和效益性，促进国民经济良性循环的保障条件。

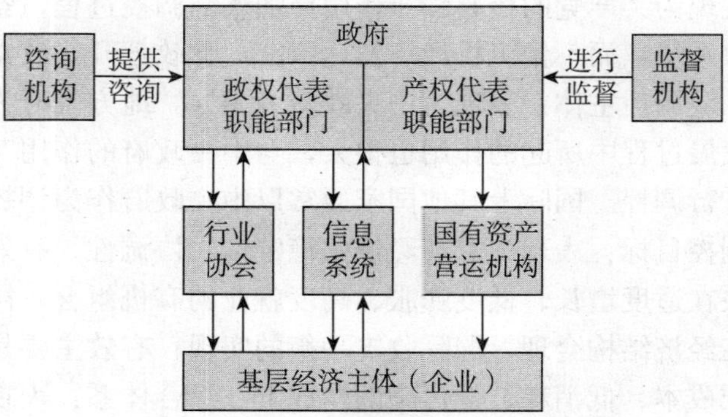

图 13—1　宏观调控的组织结构体系

（二）宏观经济调控的方法和手段

宏观调控是国家为了保持国民经济能持续、稳定、健康迅速的发展，促进经济结构的优化，引导推动社会全面进步而采取的经济措施。政府宏观调控的基本原则是通过综合运用各类经济杠杆、调节各种经济参数，来规范地调节市场上的诸种生产要素价格信号，再由市场信号引导微观市场主体（企业）的生产经营行为，从而间接地达到政府调控意图。政府实施间接调控为主的宏观调控与管理，其政策工具主要是财政政策和货币政策。要发挥财政政策在促进经济增长、优化结构、调节收入方面的重要功能，发挥货币政策在保持币值稳定和总量平衡方面的重要功能。加强财政政策、货币政策与产业、价格等政策手段协调配合。同时，还要发挥投资、消费、外资外贸、市场准入、土地、区域政策、节能环保等政策工具的支撑作用。随着政府职能的转变，政府进行宏观调控的方式和手段主要是经济政策、法律规范和行政手段，发挥各种政策的组合效应。增强宏观政策调控前瞻性、针对性、协同性。

1. 经济手段

运用经济手段是通过政府制定经济政策对宏观经济进行管理和调控，它是宏观调控的指导方针。经济政策的实施要通过各项具体政策的配合以及必要的行政干预。

(1) 政府规划。政府规划在宏观调控中起着总体指导和综合协调的作用，是宏观调控的一个重要手段。在传统的计划经济体制下，是计划排斥市场。在市场经济体制下，不能以市场来否定计划。政府通过规划提出国民经济和社会发展的总体目标和任务，遵循社会总供给和总需求基本平衡的原则，明确提出宏观调控的目标、任务和重点，为制定各方面的宏观经济政策和措施提供依据。

在市场经济条件下的政府规划，不是一套由上而下的指令性数量指标，而是对国民经济现状作出科学分析，对经济发展的前景进行预测，向企业和有关部门提供有关政府经济政策和市场状况的综合信息。规划必须是在广泛民主协商的基础上形成，它不具有行政指令性，而只是指导方向，使规划通过经济手段间接实现；规划也可以根据市场条件的变化来调整，使规划具有科学有效性。

(2) 产业政策。产业政策是调整经济结构的一项重要手段，目的是使产业结构和企业结构协调配合，资源得到最佳的配置，国民经济持续、快速、健康发展。

交通运输是国民经济的重要基础设施，其他产业的发展取决于交通这个基础的承受力，它是再生产过程中联结生产和消费、沟通城乡经济的纽带，也是发展外贸，沟通国际交往的桥梁，在现代国防建设中，交通运输业具有十分重要的地位和作用。不能把交通运输业当作一般的经济部门，它制约着整个国民经济的发展，在国民经济发展中处于先行的地位。

国家要运用产业政策对国民经济各部门和交通运输业的发展进行宏观调控，统筹规划和安排运输同国民经济各部门之间的关系，调整经济结构，把调整投资结构作为调整产业结构的重要手段，加快交通运输等基础设施的建设，实行产业倾斜政策，重点发展交通运输业。根据国外经验和我国实际情况，一般认为交通投资应占国民经济总投资的20%，交通投资应占工业投资的约50%，应占能源投资的80%，使交通运输所能提供的能力同能源、原材料工业的发展，国民经济的增长相适应。

(3) 货币政策。货币政策是调节社会总需求的重要手段，其主要目标是稳定币值、稳定物价、繁荣经济。《中共中央关于社会主义市场经济体制若干问题的决定》指出："运用货币政策与财政政策，调节社会总需求与总供给的基本平衡，并与产业政策相配合，促进国民经济和社会的协调发展"。

中央银行执行货币政策，可以采取调控货币供应量、公开市场业务、调整再贴现率和改变法定准备金率等手段。根据经济运行的不同情况使用某一种手段，或综合使用几种手段，一般情况是通过信贷和利率来调整货币的供求量。

利率对经济结构调整有重要作用，它可以制衡经济结构，使其协调合理。中央银行对国家需要重点发展的农业、能源、交通运输业等采取降低利率的办法，以支持其发展；而对国家需要限制的某些加工产业，则适当提高利率，从资金上限制其发展。但从交通运输业的状况来看，一是贷款不易，二是利率过高。因而运用货币政策并配合产业政策予以调整十分重要。

(4) 财政政策。财政政策是政府通过财政收支总量的变化来调控宏观经济的手段。财政调控的目标是社会经济发展的战略目标以及与此相适应的国民经济发展的规划性计划。财政政策主要是调节现实的总需求，一般来讲，财政赤字会扩张总需求，财政节余会紧缩总需求，收支平衡不影响总需求。财政收支是调节社会供需平衡的重要工具。

税收政策是财政政策的重要内容之一，税收是筹集财政资金的主要工具，通过税收直接作用于微观企业，影响生产者和消费者的利益，调节社会再生产过程的总量和结构平衡。税收有指导微观，调节宏观的功能。

对不同行业、不同企业，设计不同税率，达到利润大体均衡，这有利于调节资源合理配置，实现结构平衡和总量平衡；也有利于平等竞争，促进企业改善和加强经营管理。税收的调节办法可采取资源调节税，来调节资源和地理位置等因素造成的利润率高低悬殊；采取高价高税，低价低税，以调节因价格过高或过低造成的利润悬殊。

2. 法律手段

社会主义市场经济是一种法制经济，需要有法律规范。法律规范是政府调控经济的法律依据，国家立法机构将市场经济条件下的经济关系和管理方式以法律的形式固定下来，以法律条文规定经济生活的准则，形成经济立法。市场经济是以信息为先导，以承诺和契约为条件的，无论是执行政府规划、采取经济政策，运用经济手段以及实施行政干预，都必须以法律为依据，由法律来保证。法律手段较之行政手段具有权威性、强制性、合理性、公正性的特点。

以法规来保证社会资源的合理有效配置，直接规范企业的生产经营活动和市场竞争，从而指导和干预企业主体进入市场的行为，使社会主义市场经济的运行秩序正常，企业行为大体符合宏观发展的方向。

国家相继颁布的有关交通运输法规：

《铁路法》(共 6 章，74 条，1991 年 5 月 1 日起施行) 主要内容包括：铁路运输营业，铁路建设，铁路安全与保护，法律责任等。国务院铁路主管部门主管全国铁路工作，对国家铁路实行高度集中，统一指挥的运输管理体制，对地方铁路、专用铁路和铁路专用线进行指导、协调、监督和帮助。国家重点发展国家铁路，大力扶持地方铁路的发展。《铁路法》是保障铁路运输和铁路建设的顺利进行，适应社会主义现代化建设的法律依据。

铁路发展规划应当依据国民经济和社会发展以及国防建设的需要制定，应与其他方式的交通运输发展规划协调。地方铁路、专用铁路、铁路专用线的建设计划必须符合全国铁路发展规划，并征得国务院铁路主管部门或者国务院主管部门授权机构的同意。在城市规划区范围内，铁路的线路、车站、枢纽及其他有关设施的规划，应当纳入所在城市的总体规划。

《海商法》(共15章，278条，1993年7月1日起施行）主要内容包括：船舶、船员、海上货物、旅客运输合同、船舶租用合同、海上拖航合同、船舶碰撞、海难救助、共同海损、海事赔偿责任限制、海上保险合同、索赔时效、涉外关系的法律适用等。《海商法》是调整海上运输关系和船舶关系，维护当事人各方的合法权益，促进海上运输和经济贸易发展的法律依据。

《民用航空法》(共16章，214条，1996年3月1日起施行）主要内容包括：民用航空器国籍、权利、适航管理、航空人员、民用机场、空中航行、公共航空运输企业、公共航空运输、通用航空、搜寻援助和事故调整，对地面第三人的赔偿责任，对外国民用航空器的特别规定，涉外关系法律适用、法律责任等。《民用航空法》是维护国家航空主权和民用航空权利，保障民用航空活动安全和有秩序地进行，保护民用航空活动当事人各方面合法权益，促进民用航空事业发展的法律依据。

《公路法》(共9章，88条，1998年1月1日起施行）主要内容包括：公路规划、建设、养护、路政管理、收费公路、监督检查以及法律责任等。《公路法》是加强公路的建设和管理，促进公路事业的发展，适应我国社会主义现代化建设的法律依据。

公路的发展应当遵循全面规划，全面布局、确保质量、保障畅通、保护环境、建设改造与养护并重的原则。公路规划应当根据国民经济和社会发展以及国防建设的需要编制，与城市发展规划和其他交通运输方式的发展规划相协调。公路建设用地规划应当符合土地利用总体规划。国道规划由国务院交通主管部门会同国务院有关部门并同国道沿线省、市、自治区、直辖市人民政府协商后编制，报国务院批准。

交通运输法规是交通运输部门依法进行经营和建设的法律依据，关系交通运输业的生存和发展，加强运输市场的立法和执法工作十分重要。

3. 行政手段

行政手段是通过运用国家行政机关的行政权力对经济活动的管理，实现对经济运行的调控手段。政府制定有关市场、企业、经济活动的各项规定，对企业、个体经营者、居民等经济主体决策进行直接干预。现代市场经济并不是完全自由放任的市场经济，所有市场运行主体的行为都必须遵从市场经济规则。这些市场经济规则表现为法律、政府法令法规、同业准则规定等形式。政府管理监督市场运行主体遵从这些法律法规的过程本身就必须权威性地运用行政力量。政府根据需要制定的相关宏观调控政策的推行也需要行政权威，特别是在调控对象不愿意认真执行宏观调控政策时，更需要政府以行政方式推行政策，必要的行政手段本身就是宏观调控的工具之一，如国家行政部门对经济活动的审计、统计、质量检验、工商管理、社会公证等活动，利用工商、商检、卫生检疫、海关等部门禁止或限制某些商品的生产与流通等，都是运用行政手段进行调控的。

行政调节用以弥补市场调节的缺陷，市场调节失效和空白处，客观上需要政府行政调节来填补。例如社会公共产业在市场经济条件下，是资源流不充分的领域。又如不可移动性的基础产业，像铁路、公路、港口等的资本投入后，资本就有不可移动性，由此产生经营竞争的不充分性，就有可能使市场调节失效，需要政府行政调节。

政府行政调节对市场调节缺陷的弥补有事前进行的行政调节和事后进行的行政调节。事前弥补的是可预见的市场调节缺陷，如政府对不平等竞争条件的行政限制。事后弥补的是政府无法预料的市场调节的缺陷。

四、国家宏观调控重点发展交通运输的政策措施

（一）建立综合运输机构，加强行业管理

为了进一步深化改革交通运输业管理体制，加强对整个运输业的全行业管理，改变部门分管、自成系统的格局，优化运输结构，协调发展和综合利用各种运输方式，形成综合运输体系。交通运输行业主管部门应当加强政府宏观管理的职能，主要是研究制订运输业的发展战略，做好规划，协调各种运输方式的结构，制订发展运输业的方针政策、运输法规，做好监督、服务工作，协调各有关部门的关系，处理有关国际运输的重大涉外事件，对整个运输业实行宏观间接管理。

（二）建立交通运输投、融资机制

在交通运输建设上合理划分中央与地方职权范围，中央政府通过实行交通建设多项基金制，扩大交通建设投资比重，国家征收的能源交通重点建设基金，专用于交通运输重点项目的建设。增大国家预算资金投入，对交通运输等重点产业实行投资倾斜政策，从宏观上调控，加快交通运输等基础产业的建设。地方政府要在国家总体规划的指导下，集中一定资金用于地区性交通设施建设。建立投资导向机制，鼓励合资兴办交通运输业，引导预算外资金、银行信贷和企业资金投资，形成多层次、多渠道投资开发体系。进一步放宽政策，扩大交通运输的开放，广泛利用外资。

（三）改革和理顺运输价格

运价属于基础性价格，是社会商品价格的重要组成部分，优先改革运价，可为理顺国民经济价格体系创造必要条件。建立国家调控与市场调控相结合的运价形成机制，国家控制客货运价总水平，赋予企业一定的价格浮动权，对国民经济全局没有重大影响的一般性运输经营活动，由企业自主定价，实行市场调节。

（四）实行扶植运输业的政策

借鉴国外经验，世界上经济发达国家在其经济发展过程中，都对交通运输业采取了特殊的扶植政策。如美国采取了赠予铁路建设大量土地，提供低息或无息贷款，减免捐税，给予财政补贴等优惠措施；英国政府对经济的宏观调控主要采取国有化政策。20 世纪 50 年代英国工党上台后，将银行、煤炭、钢铁、邮电、航空、运输等部门都成为国有工业。目前英国只保留五个国有企业，除英格兰银行、煤炭公司外，就是邮局、铁路、伦敦市内公共交通公司。交通运输是国民经济的基础，其直接经济效益小而社会效益大，需要国家扶持发展。为此，应调整信贷政策，对国家指定的重点交通建设项目的贷款利率由国家支付，或发放专项无息、低息、贴息贷款。对内河航道和港口水上建筑项目，由贷款改拨款。可将运输企业上缴所得税的一部分以及客货运输附加费的全部返还企业，利用补贴或提高折旧率，利用差别税率或减免税收，实行优惠政策以扶植运输行业。对国防交通设施建设，给予财政保护政策。

第三节　运输管制改革概述

运输的管制从来都是政府或者行业协会经常插足的领域。在管制的历史上，管制改革也是经常发生的。管制与改革的争论、管制改革的实践为我们认识市场、政府、福利等等提供了难得的视角，也为后来的经济提供了重要的借鉴。

一、运输管制的起源

运输行业在历史上就跟公用物品密不可分，也跟财政、政治、军事联系在一起，因此从一开始，就有政府干预。古罗马著名的公路就是由政府修建的，而中国自古就有政府修建的官道和水运，并设有专门的部门进行管理，如漕运等。中世纪之后（接近中国宋代），新的运输方式开始兴起，对应的管制措施也开始应运而生。英国1844年就通过了铁路法（仅仅在铁路公司新成立21年后），规定政府有权购买，并规定了最高票价、费率等等。而到了1930年，已经有了200多个管制法案。而欧洲大陆国家与日本则一开始就由公有企业或者直接由政府进行修建和管理。美国的铁路最早为私人所有、私人投资，从1856年开始已经有了费率管理的法律。而在加拿大，民众因为担心铁路利用自己的优势滥用权力，也于1903年通过了铁路法。第一次世界大战之后，汽车的发展使客运和货运都有了长足的进步，对铁路的垄断造成了巨大的冲击。但是很快1930年英国就通过了公路运输法案，对公路运输进行管制。航空因为与军事联系在一起，因此一开始就有航空管制。

二、运输管制的原因

运输管制的原因，涉及多种因素，最主要和基本的是由于市场的失灵。第一，市场失灵。影响使用者：价格过高，服务太危险等等；影响第三方：环境污染，车祸等。第二，抑制垄断权力。这是最古老的担心，尤其是针对铁路运输。而这也是运输特殊的性质引起人们的担心，巨额初始投资，规模经济，技术的发展带来运输卡特尔的出现。第三，控制过度竞争。第四，控制外部性。环境污染、拥堵、安全等等，而且全球的关注都在增加。第五，提供公共物品。运输基础设施往往是公共物品非竞争性、非排他性，没有政府的参与，无法达到最优；而价格机制容易失效，供给者无法收回成本。第六，提供高成本基础设施。运输基础设施往往成本高、投资回报时间长、复杂、风险大，需要政府参与才能达到最优。第七，资助需要适当运输的人群。第八，高交易成本的存在。第九，将运输并入更广泛的经济政策。如应对金融危机的积极财政政策，增加基础设施的投资；或者作为国家战略进行运输的投资。第十，使反映运输的真实资源成本。以及改进运输的协调。

然而，还有另外的管制原因，或许更有代表性。

1. 第一次世界大战之后，公路货运、客运得到了长足的发展，大大削弱了铁路近80年的垄断。公路运输所需要的资本比较低，竞争者容易进入市场。对进入者的资质没有限定的情况下，容易有一些质量比较差的运输公司进入。英国盐商协会（组成人员主要是铁路职工和公路运输者），开始游说运输管理部门。“目前任何人都有进入公路运输业的无限权力，全部估计对公路的压力和现有过多的运输设施……这种不加限制的自由，对一个组织成适合于为公众服务的工业组织来说是致命的”，并于 1930 年通过公路运输法案，开始对公路客运和货运实行数量管制。

在北美大陆的情况也类似。20 世纪初，出租汽车开始取代出租马车。铁路公司在出租汽车出现之初就认识到，它会成为铁路的强劲对手，并开始游说公共事业委员会，要求州政府对从事公共运输的机动车（包括出租车）发放牌照，实施数量管制。但是州商业委员会一开始只同意限制铁路线沿提供固定线路服务的小客车数量，并没有对出租车实行数量管制。而出租车行业一开始就反对竞争对手呼吁的数量管制。但是已经存在市场的出租车公司很快就发现，数量管制可以限制竞争对手的进入，从而获得垄断租金，对自己很有好处。1929 年，出租车经营者全国联合会议通过决议，把争取数量管制作为自己的奋斗目标，并于 1929 年成功地通过数量管制的法案。

2. 管制的另外一个原因或许是因为政治、军事的原因，以及国家战略。1928 年经济大萧条之后，美国政府开始干预经济；后来又恰逢第二次世界大战，美国政府更加强了管制。1887 年到 1997 年期间，美国曾经有 14 个联邦机构和 100 多个州的机构被授予管制公司活动的权力，涉及运输、通讯和能源、银行等等。1975 年联邦管制机构控制着美国 24%的 GDP。

第十四章 运输业管理体制

运输业管理体制是指国家为发展运输业而建立的一种管理体制，是运输资源配置、组织机构、责权划分、利益分配、运行机制，以及相互间关系的总和。简言之，运输业管理体制就是社会生产关系在运输业中的具体实现形式。

运输业管理体制直接影响到交通运输活动中所涉及的各种复杂关系，是保证交通运输和经济社会协调发展的关键性因素。交通管理体制对综合交通运输体系作用方式和效果以及影响程度，受到不同的经济制度和交通运输发展阶段的制约。我国社会主义市场经济体制已经初步确立，市场化程度大幅度提高，在国家宏观调控下，围绕充分发挥市场的作用，实现运输资源配置、运用最优化来深化经济体制改革，指导交通运输发展。

第一节 运输业管理体制概述

一、运输业管理体制的内涵

现代运输业是由铁路、公路、水路、航空和管道五种主要运输方式组成的，每一种运输方式都有它特定的运输工具和运输线路，有各自的经济性能、技术营运特征和合理的使用范围。但是，无论哪一种具体的运输方式，都是在一定的经济体制下运行的。所谓运输管理体制，简要地说，就是按照客观经济规律，组织和管理运输业运行的方式和方法，它包括生产、流通、分配、消费各个领域在内的所有制形式、组织结构、决策权限、调节体系和利益分配等的整个体系。管理体制实质上是生产关系问题，是基本生产关系的更具体的表现形式。任何一种管理体制，都是依据一定时期生产力的发展情况，在一定的社会历史条件下产生的，它反映了生产关系与生产力的相互关系、上层建筑与经济基础的相互关系。随着社会生产力和社会历史条件的变化，旧的管理体制就会在一些方面与其不相适应，影响甚至阻碍社会经济进一步发展，也就表明了生产关系与生产力发生矛盾，就必然提出对现行管理体制进行改革的要求。

宏观经济体制改革带动了交通运输业的体制改革。经济基础决定上层建筑，经济体制是其他各方面体制机制的基础，其他各方面体制机制都是基于经济体制来设计和构建的。

伴随着宏观经济的发展，我国交通运输也有了较快的发展。按照宏观经济体制改革的原则，运输体制改革的实质也是要寻求市场经济的一般原则在交通运输业中的具体实现形式，推动交通运输管理制度化、规范化、程序化，注重治理能力现代化。

二、运输业管理体制改革的必要性

十一届三中全会以前，我国运输业管理体制是高度集中的计划运输管理体制。铁路、公路、水路、航空和管道五种运输方式，分别由国务院有关部（局）管理。各部（局）既是国家行政管理部门，又直接领导和经营运输企业。五种运输方式的各自纵向“条条”的专业运输体系，各自独立的规划和调控专业运输活动，使得各种运输方式之间的联运活动缺乏有效的组织。在行政机构方面，主管部（局）都直接经营直属企业，实行政企合一的管理体制。运输企业完全围绕运输计划开展经济活动，而运输计划主要以行政手段来制定和实施，运输企业没有独立的经营权。从行政效率来讲，这种垂直的管理体制可以对各自专业运输体系进行统一管理，但是，从专业运输活动的效益分析，这种体制的运作成本太高，而且使专业运输体系的发展缺少活力，无法满足社会经济的发展需要，从而形成“瓶颈”现象和运输服务质量低下等严重后果。从全国交通大系统角度讲，各自为政的部（局）运输体系，政出多门，且缺乏有效的协调，在国内、国际运输安排上，经常造成不应有的矛盾或出现损害整体利益的竞争。

传统的计划经济体制下的专业运输管理体制，不可能把主要精力用于制定政策、统筹规划、综合平衡、组织协调、监督服务上，因而也就无法保证运输行政管理效率。同时，政府直属的专业运输企业在没有独立经营权的情况下，依靠行政方法而非经济方法来管理企业，使其经营效率与效益低下，自身难以快速发展。在我国确立了社会主义市场经济体制战略目标的前提下，这种运输管理体制已经明显地不适应国民经济的发展需要，束缚了运输生产力的发展，必须进行改革，创造出适合我国现阶段生产力发展要求和生产关系的具体形式，建立最有效的运输经济运行方式和方法。

改革开放后，随着宏观市场经济体制的逐步建立，运输市场的作用逐渐显示出来。在运输业的内部，企业构成开始向多元化方向发展，除国营运输企业外，集体、个人运输开始迅速发展；运输投资主体也逐渐实现多元化，除了国家，地方、企业等成为运输建设的投资者，外资的利用速度也大大加快，运输企业还通过发行股票、债券等形式大量吸引社会资金。交通运输的建设已经向着市场化的方向发展。随着运输市场的发展与完善，各种运输方式的企业纷纷开展了企业改制活动，建立以现代企业制度为目标的企业重组不断深入，企业重组导致运输企业的构架发生了巨大变化，随着运输市场的不断变化，运输企业的改革也会不断走向深入。

从运输业管理体制来看，2008 年以前我国交通运输业实行各种运输方式分部门管理，交通运输部主管水运和公路，民航局负责航空机场，铁道部负责铁路。由于管理部门分割和部门利益的问题，使得我国各种交通运输方式在服务网络有效联结、交通资源配置、交通信息传递等方面效果和效率不够理想，使得各种交通运输方式和交通运输企业没有真正意义上实现规模经济和综合运输效益，导致我国交通运输业的资源利用效率不高。因此，建立以“大交通”体制为模式的综合运输管理体制势在必行。

三、大部制管理体制

所谓大部门体制，就是在政府的部门设置中，将那些职能相近、业务趋同的事项相对集中，由一个部门统一管理，最大限度地避免政府职能交叉、政出多门、多头管理，从而提高行政效率，降低行政成本。大部门体制改革更多强调部门整合和职能整合的有机统一。

贯彻落实以人为本的执政理念，突出改善民生，加强与整合社会管理和公共服务部门是机构改革的一项重要任务。2008 年 3 月，按照国务院“大部制”机构改革方案，组建了交通运输部，将交通部、中国民用航空总局的职责，建设部的指导城市客运职责，整合划入该部。同时，组建国家民用航空局，由交通运输部管理。为加强邮政与交通运输统筹管理，国家邮政局改由交通运输部管理。考虑到我国铁路建设和管理的特殊性，保留铁道部。当时铁道部依然能保持独立的主要理由：一是政企不分导致的管理体制差异，令整合难度加大；二是现在中国的铁路建设还没有完成；三是强调铁路的战略地位，在运输军用物资、抢险救灾物资、农用物资方面可以起到统一调度的优势；四是铁路需要统一的调度体系才能运转；五是铁路是半军事化企业。2013 年《国务院机构改革和职能转变方案》提出，将铁道部拟订铁路发展规划和政策的行政职责划入交通运输部。组建国家铁路局，由交通运输部管理，承担铁道部的其他行政职责，负责拟订铁路技术标准，监督管理铁路安全生产、运输服务质量和铁路工程质量等。组建中国铁路总公司，承担铁道部的企业职责，负责铁路运输统一调度指挥，经营铁路客货运输业务，承担专运、特运任务，负责铁路建设，承担铁路安全生产主体责任等。不再保留铁道部。交通运输部统筹规划铁路、公路、水路、民航发展，加快推进综合交通运输体系建设。

（一）交通运输部组建的背景

交通部最初成立于 1949 年 11 月，当时主要负责公路、港口建设和运输。1970 年 7 月，交通部、铁道部和邮电部的邮政部分合并组建为交通部。1975 年 1 月，交通部与铁道部分开，邮政业务归还邮电部，成立了独立的交通部。交通部是国务院对全国水路、公路交通实行组织领导和宏观调控，归口进行行业管理的职能部门。

改革开放以来，我国交通运输发展取得了重大成就。陆海空立体交通网正在快速形成，既为交通大部门制改革奠定了基础，更迫切需要进行交通管理体制的改革。2008 年以前，我国几个交通运输主管部门尽管具体所辖业务有所不同，但从其职能来看，均主要从事国民经济生产的物流运输及其配套环节，具备合并成为大部的条件。同时，根据国务院《关于深化行政体管理体制改革的意见》，合并后的政府机构职能将进一步转变，更多的加强社会经济事务的宏观管理，减少和下放具体管理事项，把更多的精力转到制定战略规划、政策法规和标准规范上来。所以，这种合并也最能体现相关部门在决策、监督、执行等方面的协调。

国际上，将不同运输方式的联运、协作水平作为衡量一国交通运输体系效率最主要的指标之一。以大交通体制为模式的综合运输管理体制在国外被广泛地采用，我国政府也一直在进行相关探索。此次重大改革有利于实现高层次的协调发展，整合各种资源和力量，为我国综合交通运输体系的发展奠定了很好的基础。

（二）交通运输部的职责

按照大部制管理体制，交通运输部承担的主要职责是，拟订并组织实施铁路、公路、水路、民航行业规划、政策和标准，承担涉及综合运输体系的规划协调工作，促进各种运输方式相互衔接等。分专业管理的交通运输管理体制，可以在发挥比较优势的同时，不削弱各种运输方式所必要的专业化管理，并给行业发展以足够的空间。

新型的交通运输管理体制重点在于将决策层和职能层相剥离，在进行综合规划、决策的同时，保证各种运输方式管理的统一，促进交通运输体系的内外部协调。在新型交通运输管理体制下，能实现统筹规划，避免重复建设和投资，提高投资效益，充分发挥各种运输方式的比较优势，实现有效衔接与协调发展。

大交通政府体制形成，有利于国家从大交通的角度，全面考虑多元协调的交通体系，合理调配铁路、公路、民航、水路等交通资源，有效实现各种运输方式的对接和利益均衡，交通资源浪费和内部的竞争将有所减弱，各种交通运输方式联结和协调能力在中长期将有所提升，尤其是经济发达地区的交通状况将有所改善。从长期看，从规模经济、降低运营成本的角度考虑，在大部制下，交通运输企业的资产整合也是一种趋势。交通运输行业进行资源整合、统筹规划，符合相关产业发展的态势和需求，也是我国交通运输事业谋求新的发展的一个重要改革。

第二节　铁路运输管理体制

一、铁路运输管理体制的沿革

我国铁路运输的建设和发展与经济发展密切相关，在不同经济发展时期，铁路运输的管理体制的特点不同。铁道部是国务院管理全国铁路的机构，成立于1949年10月。长期以来，我国铁路实行政企合一、高度集中的管理体制。

根据铁路运输工作需要高度集中、统一指挥的特点，铁道部既是国家政府部门，又担负必要的企业管理职能，为国务院政府机构中唯一实行政企合一、兼负政企双重职能的部。铁道部作为国务院铁路主管部门，主管全国铁路工作，制定全国铁路发展规划，对地方铁路、专用铁路和铁路专用线进行指导、协调、监督；是市场规则、行业政策的制定者和监督者，履行政府管理职能。铁道部又是国家铁路的直接出资人和经营者，行使国家铁路生产调度、安排客货运输计划、制定技术管理规程等企业职能，还担负铁路国有资产保值增值的责任。

在企业组织方面，我国铁路仍实行路网基础设施与客货运输一体化的组织结构，并由铁道部负责对国家铁路实行高度集中、统一指挥的运输管理体制。在这一格局下，铁路运输各生产环节、部门没有成为独立的市场主体，相互之间是以成本为基础的内部资金清算关系。

在计划经济体制下，铁路建设资金来源基本是国家财政拨款，国家以划拨基建资金形式修建铁路。80年代中后期开始，中央与地方政府合资修建铁路，这部分铁路虽也称为合资铁路，但并未改变由国有资产全额投资的格局。1986年以后，我国铁路实行经济承包责任制，并形成中央、地方及外资多方投资主体。铁道部从1986年开始，陆续撤销了一些铁路分局，铁路分局总数已由1986年的62个减少到2004年的41个。

1991年5月1日开始实施的《铁路法》，按经营管理部门将全国铁路分为国家铁路（由中央政府直接投资和管理的铁路）、地方铁路（由地方人民政府管理的铁路）、专用铁路（由企业或者其他单位管理，专为本企业或者本单位内部提供运输服务的铁路）和铁路专用线（由企业或者其他单位管理的与国家铁路或者其他铁路线路接轨的岔线）等四类。承办公共客货运输业务的主要是国家铁路和地方铁路，专用铁路经省级人民政府批准后也可兼办部分公共客货运输业务。

1992年我国开始实行宏观调控下的市场经济体制。20世纪90年代以来，铁路部门也进行了一些改革尝试，主要集中在运输辅业、少数支线和局部经营体制方面，如实行主辅业分离，支线独立核算经营，成立客运公司、行包、特货、集装箱专业运输公司，选择优良资产进行股份制改造等。在铁路工程总公司、铁道建筑总公司、机车车辆工业总公司、通信信号总公司、中国土木工程集团公司与铁道部脱钩之后，通过进一步推进主辅分离，又将铁道部属4个勘察设计院、铁路局所属38家设计施工企业和铁路物资总公司、铁通公司移交给了国资委，铁路所属中小学、医院全部移交地方政府。

从1996年开始，铁道部先后选择南昌、呼和浩特、昆明、柳州4个铁路局进行直管站段的试点。2004年成立的青藏铁路公司实行的也是直管站段的体制。2004年11月，铁道部组建了中国铁路建设投资公司，开始了政企分开的探索。同时，国家铁路加快了体制改革的步伐，铁道部先后提出对大秦铁路和羊城铁路公司进行股份制改造的方案。

二、铁路运输管理体制的改革

改革开放以来，我国铁路建设取得了很大成绩。但是，我国的铁路无论是数量还是质量，都还处于落后状态，与国民经济和社会发展的要求、与世界发达国家的铁路相比，还有很大差距。我国铁路系统实行四级管理（铁道部——铁路局——铁路分局——站段）的管理体制，管理层次多，尤其是铁路局和铁路分局都是法人，以同一方式经营同一资产，职能交叉，管理重叠，相互掣肘，效率不高，对铁路发展形成了不利影响。特别是随着铁路技术装备水平的提高、运输生产力布局的调整，铁路局和铁路分局两级法人管理体制的弊端越来越突出。

（一）铁路运输管理体制改革的内容

2005年3月18日，为适应铁路改革发展新形势的需要，经铁道部党组研究、国务院同意，决定撤销铁路分局，减少管理层次，由原来的铁道部—铁路局—铁路分局—站段四级管理体制，改为铁道部—铁路局—站段三级管理模式；即实行由铁路局直接管理站段的体制。

实施铁路局直接管理站段体制改革的总体方案是：撤销所有铁路分局，同时根据我国铁路网布局和客流货流集散的实际情况，从优化运力资源配置，提高运输效率出发，成立太原、西安、武汉 3 个铁路局。加上现有的 15 个铁路局（公司），全国铁路共设立 18 个铁路局（公司），所有铁路局（公司）实行直接管理站段的管理体制。各铁路局成立适应直接管理站段的调度指挥机构，对铁路局管辖范围内的运输工作统一指挥、集中调度，机车交路、客车担当、乘务制度、列车安全技术检查区段按现状维持不变。

具体改革方案：我国 15 个铁路局（哈尔滨、沈阳、北京、呼和浩特、郑州、济南、上海、南昌、广铁、柳州、成都、昆明、兰州、乌鲁木齐、青藏铁路公司）中设有分局的哈尔滨、沈阳、北京、郑州、济南、上海、广铁、成都、兰州和乌鲁木齐等 10 个铁路局撤销了铁路分局。撤销太原、大同铁路分局，组建太原铁路局；撤销西安、安康铁路分局，组建西安铁路局；撤销武汉、襄樊铁路分局，组建武汉铁路局；撤销哈尔滨铁路局所属的哈尔滨、齐齐哈尔、牡丹江、佳木斯、海拉尔铁路分局；撤销沈阳铁路局所属的长春、沈阳、锦州、通辽、吉林、通化铁路分局和大连铁道公司；撤销北京铁路局所属的北京、天津、石家庄铁路分局；撤销郑州铁路局所属的郑州、洛阳铁路分局；撤销济南铁路局所属的济南、青岛、徐州铁路分局；撤销上海铁路局所属的上海、蚌埠、南京、杭州铁路分局；撤销广铁集团公司所属的羊城、长沙、怀化铁路总公司；撤销成都铁路局所属的成都、重庆、贵阳铁路分局；撤销兰州铁路局所属的兰州、武威、银川铁路分局；撤销乌鲁木齐铁路局所属的乌鲁木齐、哈密铁路分局和南疆铁路临管处、北疆铁路公司。

关于其他机构的设置方案：在太原、西安、武汉组建铁路公安局、检察分院和中级法院。其他分局所在地的铁路公安处、检察院、法院的机构和体制不变。除太原、武汉、西安外，在其他分局所在地设立办事处。办事处是铁路局和铁路局党委的派出机构。主要职责是：负责运输安全检查监督工作，完成铁路局和铁路局党委交办的任务；省会所在地的办事处受铁路局委托，协调组织落实省委、省政府布置的任务。

（二）铁路运输管理体制改革的意义

实施铁路局直接管理站段的改革，是扩大铁路运输能力、提高铁路技术装备水平，深化铁路管理体制改革、加快铁路现代化建设的必然要求。撤销铁路分局这一中间层次，实行铁路局直接管理站段，不仅有利于进一步解放和发展运输生产力，而且也为实现铁路管理体制总体改革目标创造了必要的条件。

1. 实行铁路局直接管理站段体制有利于提高运输效率

运输效率是决定整体运输能力的重要因素之一，为缓解铁路运输对国民经济发展的“瓶颈”制约，在加快铁路建设的同时，必须坚持内涵扩大再生产，充分挖掘运输潜力，通过运输效率的最大化来不断提高整体运输能力。但在原有管理体制下，铁路局和分局两级法人都具有配置运力资源的职能，由于两级法人在运输组织指挥和经营管理等方面职能重复，限制了运力资源使用效率的提高。撤销铁路分局之后，由铁路局直接管理站段，减少了运力配置的中间层次，减少了分界口，为在更大范围内整合优化运力资源创造了条件，可以更好地强化运输统一指挥，发挥路网整体功能，优化运输组织，提高管理效能，提高运输效率。

2. 实行铁路局直接管理站段体制有利于发挥新技术装备的作用

近年来，经过不断的技术创新，尤其是连续多次大面积提速，我国铁路技术装备水平有了较大进步，线桥隧涵质量明显提高，通信信号设备几经更新换代，机车全部实现了内燃和电力化，客车和货车车辆技术也有了较大提升，客货车辆运行安全的保障距离也大幅度延长。随着客运专线等高等级铁路的建设和客车动车组、大功率货运机车、调度集中等先进技术装备的应用，固定设备和移动设备的安全可靠性和修程修制都将发生重要变化。通过撤销铁路分局，可以打破管理层次多和管理跨度小对新技术装备作用的限制，为新技术装备充分发挥作用排除体制性障碍，开辟广阔空间，从而适应不断扩大运输能力的需要。

3. 实行铁路局直接管理站段体制有利于减少运营管理成本

优化和控制运营成本，是增强铁路企业综合竞争力、不断提高运输经营效益的有效途径。铁路分局这一管理层次的存在，带来了运营管理成本的增加。这首先是由于两级法人职能重叠，相互掣肘，必然会降低效率，增加管理成本。其次是增加了管理人员。撤销铁路分局，不仅可以精简机构，减少管理人员，更为重要的是可以减少管理层次，解决由于两级法人以同一方式经营同一资产而造成的管理效率不高和增加管理成本的问题。同时，可以减少优秀管理人才的浪费。在铁路分局机关有一大批具有实践经验、熟悉运输业务、经营管理能力强的人才，由于铁路局与铁路分局管理重叠，这批人才的作用难以充分发挥。撤销铁路分局之后，可以把这批人才安排在适当的岗位上，为他们发挥聪明才智提供更好的条件。

4. 实行铁路局直接管理站段体制有利于加强铁路运输安全管理

有序可控的安全管理是运输安全稳定的重要保证。实现铁路运输大联动机的安全运转，最需要高效率、高质量的安全管理。铁路局作为运输企业，是铁路运输安全管理的主体，由于铁路分局这一管理层次的存在，制约了铁路局安全管理主体作用的发挥，不利于铁路局及时了解运输一线安全工作的实际情况，不利于及时有效地解决安全生产中的问题。安全管理重点在基层，确保运输安全最终要靠加强站段、车间、班组的安全管理来落实。撤销铁路分局后，由铁路局直接管理站段，既可以使铁路局安全管理主体的责任更加明晰，进一步提高安全管理的效率；也有利于更好地落实基层站段安全管理的职能，强化安全基础工作。

5. 实行铁路局直接管理站段体制有利于推进铁路管理体制创新

铁路改革的最终目标是要建立起适应社会主义市场经济的铁路管理体制和经营机制。铁路管理体制改革的基本走向是政企分开、政资分开、事企分开，建立现代企业制度。撤销铁路分局，解决两级法人以同一方式经营同一资产的问题，有利于推进铁路运输企业建立现代企业制度。由于目前我国铁路运输能力严重不足，提高路网综合运输能力是当务之急，铁路改革必须坚持运输集中统一指挥和保证路网完整性等重要原则。撤销铁路分局，既有利于运输的集中统一指挥和保持路网的完整性，又为未来铁路管理体制改革创造了有利条件，提供了广阔空间。

三、铁路运输政企分开改革

近年来，铁路实现了跨越式发展，保障了国民经济平稳运行和人民生产生活需要，但也存在政企不分、与其他交通运输方式衔接不畅等问题。为推动铁路建设和运营健康可持续发展，保障铁路运营秩序和安全，充分发挥各种交通运输方式的整体优势和组合效率，有必要实行铁路政企分开，加快推进综合交通运输体系建设。政府职能转变是深化行政体制改革的核心，改革的重点是紧紧围绕转变职能和理顺职责关系，稳步推进大部门制改革，实行铁路政企分开。考虑到铁路仍处于建设发展重要时期，同时承担很多公益性任务，2013 年《国务院机构改革和职能转变方案》提出，国家继续支持铁路建设发展，加快推进铁路投融资体制改革和运价改革，建立健全规范的公益性线路和运输补贴机制。同时，继续深化铁路企业改革，建立现代企业制度。

改革后，国家铁路局肩负着加强铁路行业监管、推动铁路改革发展、促进综合交通运输体系建设的重要职责，即加强铁路发展规划和政策研究、推进法规标准体系建设、规范铁路运输和建设市场秩序、推动铁路投融资体制改革，始终把维护铁路运输安全放在首位，促进铁路运输服务水平不断提升。中国铁路总公司统一调度指挥铁路运输，实行全路集中统一管理，确保铁路运营秩序和安全，确保重要运输任务完成，不断提高管理水平，为人民群众提供安全、便捷、优质服务。

第三节　公路运输管理体制

公路管理是指政府设立的公路管理机构，根据国家颁布的法律、法律和规章，对公路的修建、养护、使用等行为履行组织、监督、检查等行政职责的活动。其目的是保障公路的完好和通畅，延长公路的使用寿命，方便人民群众的使用和出行，发挥路网整体功能，创造最大的社会效益和经济效益。公路管理体制是国家关于公路管理工作在机构设置、隶属关系、职能划分等方面的体系、制度、形式的总称。其核心内容体现在公路管理的机构设置、机构间的行政隶属关系以及各自的职能划分三个方面。

一、公路运输管理体制的沿革

新中国成立以来，我国公路运输管理体制经历了几次变化。在国民经济恢复时期，我国建立了各级管理机构，加强对公路交通工作的领导，在修复原有公路的同时，开始修建干线公路，并制定和实施公路建设、养护和公路运输的基本政策。在“一五”时期，我国公路运输管理不受行政区别的限制，适应了当时的运输生产力发展的客观要求，公路运输效益较好。1958 年“大跃进”时期，三权（人权、财政、物权）下放，整体的公路运输管理体制分割为地区、市县之间的“块块”，因指挥不统一，工作不协调，加上运力增长不能满足社会需求，造成公路运输货运十分紧张。20 世纪 60 年代，随着国民经济的调整和恢复，公路运输管理又归属各省，基本上恢复了以“条条”为主的状态，公路运输生产秩序得到了恢复，有了一定程度的发展。1966 年至 1976 年，公路运输管理体制经历了从“条条”向“块块”再向“条条”的两次变化。

党的十一届三中全会以后，公路运输进入改革开放新时期。20 世纪 80 年代初，公路运输市场全面开放。在坚持国有制为主体的条件下，鼓励个体经济、私营经济、外资进入公路运输，“有路大家行车”，放开搞活，多渠道筹集公路建设资金。1984 年国务院作出提高养路费征收标准、开征车辆购置附加费、允许贷款或集资修路收取车辆通行费（即贷款修路、收费还贷）三项重大决策，同时采取转让公路收费权、在境内外发行股票等形式筹措建设资金，并积极利用外资，使公路建设有了稳定的资金来源。1998 年交通运输部与直属企业全面脱钩，实现了政企分开。根据公路运输发展的实际，各级交通主管部门出台了一系列公路法规、规章，规范公路建设市场秩序，保障了公路运输通畅。大力培育和健全公路运输专业市场的运行机制，逐步实现以市场竞争为基础的运价改革；为适应经济体制转轨的新形势，国有运输企业通过深化改革，转换机制、优化结构，采取了各种形式的承包经营制，增强了市场竞争能力。通过改组、联合、兼并、租赁、股份制等形式有序地进行了运输企业的改制，建立现代企业制度，使运输企业成为自主经营、自负盈亏、自我发展、自我约束的市场主体。公路运输企业开始多种经营、多元化发展，向其他运输方式和其他产业渗透发展，壮大了运输企业的规模与实力。

改革开放 30 余年，公路运输在全国范围内建立起比较完整的运政管理体系，管理工作逐步走上了规范化、法制化的轨道。

二、我国现行公路管理体制

我国现行的公路管理体制是按照“统一领导、分级管理”的原则建立起来的。公路建设、养护和管理的事权均以地方为主。经过 50 多年的发展，从总体上看，我国已形成了较为完善的中央、省、地、县四级公路管理体系，基本模式是：中央政府交通运输部主管全国公路工作，主要从法律法规、宏观政策、国道规划、技术标准和业务上指导各地的公路工作；各省（自治区、直辖市）人民政府设立交通厅（局、委），负责本区域内公路交通基础设施的建设、养护和管理；有关公路养护管理的具体工作由厅（局、委）下设的公路局（处）、高等级公路管理局等机构负责；各地（市）以下机构基本上与省（自治区、直辖市）级机构相对应，地市级、县级政府设交通局，在地市级交通局下设公路总段（局、分局、处）；县级交通局下设公路段（局、分局、站）；部分乡级政府还设有交通管理站（所），接受县交通局领导。

从省级及省级以下各级管理机构间的行政隶属关系来看，全国有以下三种形式：

条条管理：省级公路管理机构直接负责国道、省道及部分重要县道的建设、管理和养护。地市公路总段（局、分局、处）、县公路段（局、科）的人、财、物由省公路局实行垂直管理。县乡道路以地（市）交通局为主实施规划设计和建设养护，省公路局给予技术指导和少量的资金补助。

块块管理：省交通厅是全省交通的行业主管部门，主要负责方针政策、统筹规划、综合平衡、组织协调和监督服务。其下属的公路局只是业务上对各地市公路管理机构实施归口管理和指导。地市公路总段、公路段及道班分别隶属于各地市县的交通局。养路费由省级交通主管部门根据收入情况，在各地市之间切块包干，建养计划按区域制定并落实。

条块结合：是前两种管理形式的混合，即国省干线及部分重要县道的财和物，采用自上而下的计划管理，人事管理则隶属于当地交通局。县乡公路仍由地市县交通局负责。

三、公路运输市场的管理

公路运输市场管理，也称道路市场管理，是指各级交通主管部门以及道路运政管理机构，运用各种必要的手段，调整和规范道路运输经营活动中的各种关系和行为。根据《中华人民共和国道路运输条例》，国务院交通主管部门主管全国道路运输管理工作；县级以上地方人民政府交通主管部门负责组织领导本行政区域的道路运输管理工作；县级以上道路运输管理机构负责具体实施道路运输管理工作。公路运输市场的管理，是为了保障运输服务交换的合法性和承托双方的正当权益，按照国家有关政策与法规，通过经济的、法律的、行政的手段，对运输市场进行组织、协调和监督等管理活动的全过程，其目的是保证运输市场活动的有序性和高效性。

公路运输市场管理是国家行政管理的组成部分，具有行政管理的基本属性，通常也称道路运政管理。各级交通主管部门所属的道路运政机构具体负责道路运输市场的管理工作，负有监管道路运输市场的责任，但不享有参与道路运输市场经营活动的权利。对道路运输市场实施管理是我国经济制度和道路运输发展的客观要求。我国道路运输存在着多种经济成分和多种所有制结构，客观上要求在经济活动中加强统一管理，运用法律手段、经济手段和必要行政手段，打击各种违法违章行为，维护道路运输市场秩序，保护消费者和经营者的合法权益。

公路运输市场管理的对象与范围，是在社会经济活动中从事营业性运输的所有企业与车辆。它不仅包括专业运输企业（国有、私营、民营、合营），还包括以企业自有车辆、从事营业性运输的运输活动。

（一）道路运政管理机构

道路运政管理机构在各级交通主管部门的领导下，通过法规赋权或主管部门委托授权，行使政府对道路运输行业的行政管理职权，负责道路运输行业的指导、规划、协调、服务、监督工作。道路运政管理机构分为中央、省、市、县、乡五级。

（二）道路运政管理机构的职责

道路运政管理机构的主要职责是管理道路运输市场，包括对运输市场进行调控，规范市场行为，开业审批，提供市场信息，依法征收交通规费等，具体有：制定发展道路运输的方针、政策和规划；研究制定有关道路运输市场的规章制度及技术规范、标准；负责道路运输市场的准入管理和资质审定；负责经营行为的监督管理，维护道路运输市场秩序，建立平等竞争的市场环境；负责道路运输市场信息的收集、整理、汇总和发布；协调道路运输行业内、外经济关系和搞好各部门、各地区、各种运输方式之间的相互配合；负责指导道路运输行业协会和道路运输企业；组织对外交流等。

（三）收费公路的运营管理

收费公路的产生和发展是特定历史时期的产物，为推动社会与国民经济的发展做出了巨大贡献。我国收费公路建设始于 1984 年，伴随着经济体制的改革，收费公路发展经历了实践探索、快速发展、规范管理三个阶段。90％以上的高速公路、70％的一级公路和46％的二级公路都是依靠收费公路政策建设的，收费公路具有公共物品属性和垄断性。

我国收费公路有两种形式：一是收费还贷型，就是由县级以上地方人民政府交通主管部门利用贷款或者向企业、个人集资建成的公路，交通主管部门或其所属机构作为收费公路投资、建设、养护、管理以及收费经营的行为主体，其收费性质属于行政事业性收费，是政府行为；二是收费经营型，就是由国内外经济组织依法受让收费权的公路或者由国内外经济实体投资建成的公路。各类国内外经济实体是收费公路投资、建设、养护和收费经营的行为主体。路政、交通安全等仍然由政府有关部门负责。

收费公路运营管理主要包括路政管理、交通安全管理、收费管理、养护管理、通信监控管理和服务区管理等6个方面的内容。

收费经营公路的基本管理模式是按照国家有关法律、法规的规定，成立收费公路经营企业，负责收费公路的养护、收费、通信、服务等，经济上独立核算，自负盈亏。由国内外经济组织投资建设和依法受让收费权的收费公路都属这种模式。收费还贷公路的管理机构为事业单位，代表政府行使管理收费公路的各项职能，其通行费为行政事业性收费，采取“自收自支、收支两条线”，收入全部上缴上级主管部门，养护和各项管理经费根据年度计划由上级主管部门审批核拨。

四、高速公路管理体制

国家高速公路属于国道范畴，并视为相对独立的干线公路系统，作为全国公路主骨架，是全国公路网中最高功能层次的公路通道。高速公路是社会经济发展到一定阶段的必然产物，是现代化公路运输的高级形式，也是衡量一个国家公路交通运输发达与否的重要标志。科学合理高效的高速公路管理体制是保障高速公路良好运行、发挥最佳经济效益作用的重要前提。

（一）高速公路管理体制现状

我国高速公路管理体制是伴随着高速公路建设的发展逐步演变形成的。由于我国各省区存在经济水平、行业发展思路等多方面的差异，各地在不断探索过程中逐步形成了各具特点的高速公路管理模式。从广义上看，高速公路管理体制涉及建设管理体制、行业管理体制、运营管理体制等方面。

1. 建设管理体制

高速公路建设管理体制可分为建管一体型模式和建管分离型模式。

建管一体型模式是指高速公路从规划、设计、筹资、建设到营运、养护、管理等由一个管理机构负责。建管一体型模式的优势是有利于精简管理机构，降低工程造价及经营成本，提高工程质量和运营效益，有利于促进建设和运营管理有机衔接等；其劣势主要在于建设、运营两个阶段的专业化管理要求较高。北京市首都公路发展集团有限公司曾采用了这种体制。建管分离型模式是指高速公路规划、设计、筹资、建设管理均由专门机构负责管理，建成后由另外的专门机构负责养护、运营和管理。

建管分离型模式的优势是有利于投资建设和营运管理性质完全不同的工作各自实行专

业化管理，不断提高其管理水平，有利于对高速公路的资产经营权与国家所有权实行分离，也有利于政企分开，实现市场机制对收费还贷的激励作用；其劣势是不利于高速公路投资建设与营运管理的衔接。河北省境内的京石、石太等高速公路和辽宁省境内的高速公路均属于这种管理模式。

2. 行业管理体制

高速公路行业管理是指政府交通主管部门代表政府对高速公路实施的一种行政性管理，它是中央和地方各级交通主管部门的重要职能之一。高速公路行业管理的主要内容包括规划指导、法规建设、监督检查、市场培育、协调服务等。高速公路行业管理体制可分为行业归口型模式和行业独立型模式。

行业归口型模式是指一个省只有一个公路行业管理职能机构，即由省级交通主管部门及其派出的公路管理机构——省公路局负责管理。省公路局既是一般公路的行业管理机构，又是高速公路的行业管理机构。采用这种管理模式的有黑龙江、内蒙古、云南、河北、天津、上海、海南等省（市、区）。这一模式的优势是有利于较好地理顺公路系统内高速公路与一般公路之间的管理关系，有利于执法管理；但其劣势是需要协调行业管理和运营管理的关系，否则会影响到高速公路的效益。

行业独立型模式是指在设置省级公路管理机构的同时，另行设置高速公路管理局或高等级公路管理局，形成一省两局的结构。高速公路和一般公路的行业管理分别归口于两个局。这一模式的特点是有利于高速公路的特殊管理，但不利于处理好公路系统内高速公路与一般公路之间的管理关系；也不利于统一执法管理。目前实行这一模式的有辽宁、山西、江西、贵州、广西、宁夏、青海、新疆等省（区）。

3. 运营管理体制

由于现行中国高速公路建设的投融资体制不同，按照“谁投资、谁经营”，“统筹规划、条块结合、分层负责、联合建设”的方针，高速公路运营管理体制可分为事业型管理模式和企业型管理模式。

事业型管理模式其核算方式采用自收自支的形式，实行收支两条线。通行费收入全额上交主管部门，养护管理费根据年度计划由主管部门审批划拨。中国大多数省份的收费还贷型的高速公路管理属于这种模式。这种体制体现了高速公路作为社会公共设施由政府职能管理部门统一管理的特性，管理上虽有利于统一指挥和协调，但缺乏收费管理单位和人员的自主性，受政府干预影响大，不利于及早收回公路建设投资。

企业型管理模式一般采取高速公路集团公司形式。这种公司一般是对事业型高速公路管理局进行集团化改制重组后所形成的国有独资有限责任公司，而原有的各路段收费经营公司一般转变为这类公司的子公司。母子公司之间以资产为纽带，形成母公司对子公司的控股关系，母公司对子公司以股东、监事、董事的身份实行股权管理，按股份享受所有者权益，从而形成以股权关系为链条的集团公司架构。按照隶属关系的不同，企业型管理模式又可以细分为两类。

第一类是隶属于省级人民政府的企业型。这种模式下，集团公司归省级国有资产管理委员会统一管理，直属于省级政府领导，基本上与省级交通厅处于同一行政等级序列。集团公司主要负责全省（市、区）高速公路的国有资产管理、市场融资、收费经营等。省级交通主管部门负责行业管理和路政执法的派驻。采取这一模式的主要有陕西、山东、北京、河南、安徽、江苏、福建、广东等省（市）。第二类是隶属于交通厅的企业型管理模式。这种模式一般是省级政府将省（市、区）域范围内的高速公路管理机构进行整合，由省级交通厅以独资方式或控股方式成立公路经营集团公司，履行出资人职能，实施产权管理和营运管理，并依据出资额度享有资产收益分配、重大决策和选择经营管理者的权利。高速公路经营集团公司授权建设、经营、管理高速公路资产。采用这一模式的有湖北、湖南、甘肃、四川、重庆等。

（二）高速公路管理的发展改革

国家高速公路管理改革的总体思路是通过理顺管理职能、实现统一监管，建立政事企分开、责权利清晰、职能明确、权责一致、运转协调的高速公路管理体制，并逐步完善法律法规。建立一个政策法规统一、行政执法统一、规划建设协调、运营监管有效的国家高速公路管理体系，实现管理高效、运行规范、服务优良的目标，充分发挥国家高速公路网对社会经济发展的基础性保障作用。

国家高速公路管理改革的重点在于：一是理顺管理事权在相同部门、不同层次政府间的纵向划分和在不同部门、相同层级政府间的横向划分。二是要根据行政部门的职能定位，设定不同行政主体的管理职能和责任。三是逐步调整完善机构设置，并制定有法可依的管理运行机制。其中，理顺国家高度公路管理事权是推进改革工作的基本方向。国家高速公路的管理事权按照不同的管理阶段可以分为规划、建设、运行三个主要阶段。当前，国家高速公路规划的相关事权比较明确。因此，改革设想主要涉及建设和运行管理阶段的相关事权划分。一是国务院交通主管部门与地方交通主管部门在国家高速公路管理事权上的纵向划分；二是交通主管部门与公安交通及国有资产管理行政主管部门对国家高速公路管理有关事权的横向划分。

在交通行业实行大部门制行政体制改革的背景下，推进国家高速公路网管理改革工作，需要与目前及未来的各项改革趋势相适应，采取稳步推进的策略比较符合发展现状和要求。从近期看，在国家高速公路的建设发展阶段，可将统一监管、适度分权作为完善国家高速公路管理的中短期理想模式。一是在纵向管理方面，建立全国路网信息管理中心，使各省国家高速公路网信息具有统一的管理平台，为有效提高国务院交通主管部门对国家高速公路网的统一管理与应急指挥能力奠定基础。同时，加大中央政府必要的资金投入，国务院交通主管部门可以提供专门资金对国家高速公路信息管理、交通安全管理加大支持力度，对各省公路管理机构中内设的专事国家高速公路管理部门和路网信息中心建设给予一定补助。二是在横向管理方面，建立国家高速公路道路管理部门与交通安全管理部门的联勤机制，提高执法水平和效率，增强国家高速公路通行服务保障水平。同时，理顺国家高速公路资产管理体制，明确国家高速公路的行政性国有资产属性，通过建立高速公路特许经营制度，加强并规范国家高速公路的收费经营行为。从远期看，中央政府加强对国家高速公路网的垂直、统一管理，更有利于发挥主骨架路网的整体服务效能。纵向管理方面，国务院交通主管部门可以通过行政委托的方式，进一步明确中央与省级两级对国家高速公路网的管理权限和要求，增强垂直管理力度。横向管理方面，为提高管理工作效率，减少多头管理所产生的责任不清、协调成本高等问题，国家高速公路的行政执法及资产权益应逐步实现统一管理。

第四节　水路运输管理体制

一、水路运输管理体制的沿革

（一）新中国成立初期的水运管理体制

1949年11月1日，中央人民政府交通部成立，统一全国水运交通的行政管理；同年11月19日交通部召开首届全国航务、公路会议，在中央人民政府交通部下设航务总局及其国营轮船总公司，统一领导全国航政、航务建设和航务管理工作，即确定了全国统一的各级航务机构、领导关系、职责分工及主要工作制度。

1950年2月1日，长江航务局成立，对长江实行统一的航务管理。

1950年7月，中央人民政府政务院财政经济委员会发布的《关于统一航务港务管理的指示》指出，国营轮船公司的经营管理、航运业务和运价率等，统一由交通部直接领导，轮船公司必须遵守统一的航务管理制度并服从当地港务局的领导。

1950年9月，在天津成立了国际运输公司，其任务是租用海外华侨、华商和外国人的商船，代理国家租船的管理工作，开展海外贸易运输。1952年8月，该公司迁至北京，1953年更名为中国海外运输公司，不久改称中国外贸运输公司，亦称中国租船公司。

1951年2月，交通部将国营轮船总公司改组为中国人民轮船公司，由上海迁往北京，上海改设人民轮船公司的区公司，同时在天津、青岛、广州、汉口分别设立分公司，均归北京总公司领导。

1951年6月15日，中波两国政府本着互利合作的原则，组建中波轮船股份公司，从此，我国恢复了远洋运输业务。

1951年3月，交通部在北京召开了第2届全国航务会议。会议决定，按照港航统一管理的原则，从同年7月开始，分设海运、河运和航道工程3个管理总局；撤销中国人民轮船总公司，由交通部海运管理局统一管理全国海上运输工作；同时分别在大连、上海、广州成立北洋、华东、华南3个海运管理局。至此，新中国海运管理体系初步形成。

（二）计划经济时期的水运管理体制

“一五”时期，我国水运业建立了高度集中、统一领导、分级管理、政企合一的管理体制。交通部主管长江、珠江、黑龙江水系的干流及海洋运输的航政、航务和主要企事业单位，各级地方政府主管本省、市、区的航政、航务企事业单位；跨省区的水运发展计划和基本建设，由交通部统一协调。对沿海港口的管理，则分别设置港务局，负责海港行政管理和生产业务。1953年1月1日，交通部海运管理总局建立远洋运输科，对外称中国外轮代理总公司，设在北京，并在沿海主要港口设立其分支机构。它既是一个政府机构，又是一个国营企业，凡航行于国际航线和港澳地区的中外籍船舶在中国港口、水域所需进行的边检、报关、签证、引航、锚泊、靠泊、装卸、客运、保险、船检、供给、救助、海事处理等业务，均由其出面代理。1956 年 8 月 1 日成立中华人民共和国船舶登记局（现中国船级社），同时明确各地内河航运管理机构为内河航道的主管部门。1958 年，交通部远洋运输局成立。1961 年 4 月 27 日，中国远洋运输公司和广州分公司同时成立。

把航政管理和企业经营融为一体，这是社会主义生产资料公有制和集中统一的计划管理模式下的水运管理体制。这种体制是时代的产物，是当时客观的需要，它使分散落后的水上运输逐步走向正轨的科学的管理，顺利完成了国家运输计划。但这种体制集中过多，统得过死，一定程度上妨碍了生产力的发展。例如，交通部直属北方、南方两大航区的海运管理局，不仅统管了全国沿海的港、航、厂、道以及大小海轮，甚至连地方公、私营的几十吨载重量的机帆船，也都归并该两局统一经营管理，这种过分集中的体制，必然使企业缺乏自主经营的活力，不利于提高企业经济效益。这以后水路运输管理体制经历了集中与分散、上收与下放，频繁更替。

（三）改革开放以来的水运管理体制

改革开放以来，我国水路运输管理体制进行了一系列重大改革。实行港航分管、企业下放，以运为主，多种经营，多元化发展，有序地进行运输企业的租赁制、承包制、股份制的改制；进行资产重组，规模经营，大力培育和发展社会主义运输市场体制，逐步实现以市场竞争为基础的运价改革，以及企业经营者的激励机制等等；在坚持以公有制为主体，多种经济成分共同发展的基础上，进一步转换国有企业经营机制，建立适应社会主义市场经济要求的产权清晰，权责明确，政企分开，管理科学的现代企业制度。

随着水运业的发展和国家经济体制改革的不断深化，组建全国性海运企业集团的战略逐步展开和深入。1993 年国务院批准成立中国远洋运输集团，进入国家首批企业集团试点之列，1997 年，又批准成立中国海运集团，由原交通部直属的上海海运局、广州海运局、大连轮船总公司为主体组合而成，中国港湾建设集团于 1998 年也宣告成立，由交通部直属中国港湾建设总公司为主体组合的新的企业集团，中国海运集团和中国港湾集团进入国务院确立的大型企业集团之列。

我国内河运输是以长江、珠江、黑龙江、大运河为主的各水系组成的运输网络，其中长江水系运输网是全国最大的内河运输网。建国 40 多年来长江航运管理体系围绕“统、分、收、放”经历了多次改革发展历程，至 1984 年，在国务院总体改革部署下，长江航运实行“港航分管、政企分开”的体制，将港口下放给地方，实行双重领导以地方管理为主的管理体制。1993 年，国务院批准成立以中国长江轮船公司为核心的中国长江航运集团，该集团亦进入国家首批企业集团试点之列。在进行港航系统管理体制改革的同时，航运企业内部也进行内部体制的改革。

总之，交通部在采取“努力转变政府职能”、“理顺运输管理体制”、“组建国家级航运市场”以及“实施集团发展战略”等一系列重大改革举措的同时，还积极推进水运法制建设，出台了一系列交通法律、行政法规和各类规章，在规范市场主体行为，与国际法接轨，明确市场管理，理顺港航关系，确定代理范围及委托原则等方面均有了突破性的进展。

二、港口管理体制

（一）港口管理体制的沿革

港口管理体制是指国家通过什么样的部门、设置什么样的管理机构、管理机构的层次、不同层次管理机构之间的相互关系和管理机构所行使的职权等法律规定形成的一套港口行政管理系统，用以实现国家对港口的行政管理。港口管理体制是一种体系和制度，具有较大的常规性和稳定性。我国港口的管理体制，在计划经济体制下是政企合一、政资合一的体制。交通部和各省市地方交通行政部门，直接管理港口企业，港口行政管理和港口企业经营的职责不分，行政管理职能常陷入具体的生产业务之中，而港口企业的自主经营权则被束缚。从解放初期到改革开放的 30 年中，我国对沿海和长江干线主要港口一直实行政企合一、高度集中的管理模式。

1978 年，国务院成立港口口岸工作领导小组，沿海港口口岸设立口岸办公室，负责协调海关、边防、港务监督、卫生检疫、动植物检疫、商品检验、船舶检验、外轮代理、外轮理货、外轮燃料物资供应、外轮修理、外贸及援外物资托运和提供等部门的关系。1980 年 8 月国务院批转了（港口口岸工作条例），制定了港口口岸的管理政策。1982 年 1 月，经国务院批准正式在大连港进行政企分开的管理体制改革，将大连港务管理局分为两个性质不同的独立组织，即大连港口管理局和大连港装卸联合公司。1984 年 6 月，国务院决定将天津港下放到天津市，实行“双重领导，地方为主”、“以收抵支，以港养港”的管理体制，把港口有关的业务单位全部配套下放。这次改革，是我国整个港口体制的一场重大变革。国务院又决定于 1986 年起，对大连港、上海港实行以地方为主的双重领导的管理体制。之后，沿海港口除秦皇岛港之外，原交通部直属港口全部下放给地方并实行“双重领导”体制。长江沿线港口，也按这一体制实施改革。1992 年以后，我国主要港口的管理体制又逐渐显现与国家不断深化改革开放要求不相适应的矛盾冲突。

（二）港口管理体制的深化改革

2001 年 11 月 23 日，国务院办公厅发布了《国务院办公厅转发交通部等部门关于深化中央直属和双重领导港口管理体制改革意见的通知》，转发了交通部、国家计委、国家经贸委、财政部、中央企业工委等部委《关于深化中央直属和双重领导港口管理体制改革的意见》（以下简称《意见》），确定了港口管理体制政企分开、权责明确、统一政令、促进发展的总体指导思想；并提出于 2002 年 3 月底前完成港口下放工作。《意见》的主要内容是将现由中央管理的秦皇岛以及中央与地方双重领导的港口全部下放地方管理，并实行政企分开，地方政府按照“一港一政”的原则设立港口的行政管理机构，履行必需的行政管理职能；港口企业则按照建立现代企业制度的要求，进一步深化企业内部改革，成为自主经营、自负盈亏的法人实体。港口将由现行中央计划管理改为地方管理，财务管理则由“以港养港、以收抵支”改为“收支两条线”。取消港口企业定额上缴、以收抵支的办法，同时按照国家税收管理有关规定征缴港口企业所得税。港口下放时，其财务关系相应划转。港口的资产除交由国家开发投资公司管理的资产外，无偿划转地方管理，其债权、债务一并随之转移。同时将逐步放开理货市场，引入竞争机制。现行引航管理体制也将逐步进行改革。

这次港口体制改革，有利于政府主管部门进一步转变职能、加强港口行业的行政管理，有利于港口企业按照现代企业制度的要求自主经营、走向市场，有利于我国港口事业不断协调发展，符合我国入世后国民经济进一步快速发展的要求。改革的核心是实行中央宏观调控、地方政府进行具体管理的港口管理，并建立“一港一政”统一管理的行政体制，政企分开、多家经营的港口运行机制。改革的目的是按照社会主义市场经济的要求，合理划分中央与地方政府管理港口事权，充分发挥各级政府建设和管理港口的积极性；建立完善的港口行政管理体系，加强港口行业的行政管理；促进港口现代企业制度的建立，发挥市场在配置港口资源中的基础性作用，进一步解放和发展港口生产力，促进港口事业全面发展。

2004 年 1 月 1 日正式实施的《港口法》，通过法律形式将政企分开、职责明确、统一管理、运转协调的这一港口管理模式固定下来，并推广到全国所有港口，明确规定了各级政府交通和港口行政管理部门管理港口的职责，赋予政府交通和港口行政管理部门履行统筹规划、制定政策、维护市场秩序、信息发布、组织协调、提供公益性服务和检查监督的职能；明确港口企业作为独立的市场主体，依法自主经营、自负盈亏、自我发展。

（三）引航体制改革

引航工作关系到船舶航行安全和港口经营安全，关系到港口的综合竞争力和健康发展，关系到国家主权和对外开放的整体形象。加强引航管理，对促进港口业健康有序发展，提升我国港口的综合竞争力和国际地位具有十分重要的意义。早在 2001 年年底，我国开始实施新一轮的港口管理体制改革，就提出了关于引航机构从港口企业分离出来的原则，即“沿海港口的引航机构作为为向各码头靠泊船舶提供引航服务的单位，应从港口企业中分离出来。鉴于当时引航机构与港口企业分离的条件尚未成熟，为平稳过渡，引航机构尚未与港口企业分离的港口可暂维持现状，过渡期为三年，在业务上接受港口管理机构的指导，为全港所有码头提供服务。长江引航机构作为独立向航行在长江的船舶提供引航服务的单位，仍隶属于长江航务管理局。”考虑到当时港口的实际状况，为平稳过渡，维持原状三年。经过三年的过渡期后，我国港口生产经营形势发生了很大的变化，港口引航管理体制改革的内部和外部条件都已经成熟。2006 年 2 月，交通部出台了《我国港口引航管理体制改革实施意见》，标志着我国引航管理体制改革全面启动。此次改革按照“一个港口一个引航机构”的原则，将沿海港口的引航机构从港口企业中分离出来。

为进一步加强我国港口引航管理，加快建立良好的港口公共服务环境，全面提升引航服务水平，2007 年 4 月，交通部发布了《关于加强我国港口引航管理的通知》（以下简称《通知》）。《通知》主要内容包括：(1) 充分认识加强引航管理的重要性，切实加强组织领导；(2) 严把准入关，加强引航资质管理；(3) 实行科学管理，加强制度建设，全面提升引航服务水平；(4) 加强引航队伍规范化建设，全面提升引航队伍素质；(5) 切实加强引航安全管理工作；(6) 严格监管，规范引航行为。引航体制改革有利于加强港口行业的行政管理，加快建立良好的港口公共服务环境；有利于港口企业建立现代企业制度，全面提升引航服务水平；有利于建立公平、公正的引航秩序和我国港口事业不断协调的发展。

根据引航体制改革的要求，2008 年交通运输部完成了全国 41 家引航机构的资质审查，并完成除大连港以外的所有沿海港口引航体制改革工作。2008 年 1 月 8 日中国引航协会成立。作为政府和引航机构的桥梁，中国引航协会利用各种资源，突出行业特色，围绕中介、管理、服务、咨询四大职能，创新运行机制，在加强行业自律和维护行业合法权益等方面发挥积极作用。2012 年全国有 45 家引航机构。

(四) 理货体制改革

理货在我国港口发展和对外贸易中发挥着独特的作用，其核心功能是为货物承运方和托运方办理货物交接提供公正性服务，具有很强的公正性和公益性，关系到国家经济安全和社会公共利益。我国长期以来一直对理货行业按照特殊行业对待，实行国家层面行政审批管理，全国仅有中国外轮理货总公司及其下属的各港外轮理货公司。

自 2002 年起，交通部先后颁发了《关于各港外轮理货公司改制工作有关问题的通知》和《关于组建第二家外轮理货公司有关问题的通知》等相关文件，不断推进原有港口理货企业改制和建立第二家港口理货企业的改革。第二家全国性理货总公司的组建主体为中央国有大型海运企业或其海运辅助企业和中国外轮理货总公司。各港第二家理货公司的投资主体，以新组建的第二家全国性理货总公司和各港口企业共同组成。

截至 2007 年底，原中央直属和双重领导港口外轮理货分公司的改制工作基本完成，中理系统已有 42 家外轮理货分公司基本完成改制工作。2003 年初成立的第二家全国性理货总公司——中联理货有限公司，截至 2010 年底，先后在 26 个港口成立了第二家理货企业。各理货公司按照建立现代企业制度的要求，成为自主经营、自负盈亏的法人实体，规范运作，初步建立了公平、公开、竞争的港口理货市场。通过理货体制的改革，加强了港口理货经营的监督管理，逐步建立理货市场的竞争机制，促进理货质量的不断提高。

随着我国社会主义市场经济体制的不断完善和政府职能的不断转变，行业组织的桥梁纽带作用越来越明显，为维护理货企业合法权益，提高行业自律意识，增进理货企业沟通交流，推进理货体制改革深入进行，促进行业健康持续发展，2010 年 12 月 23 日，中国理货协会成立。协会的成立标志着我国理货行业逐步走上行业自律、协调可持续的健康发展之路。

第五节　民用航空管理体制

1949 年 11 月 2 日，中国民用航空局成立，揭开了我国民航事业发展的新篇章。从这一天开始，新中国民航迎着共和国的朝阳起飞，从无到有，由小到大，由弱到强，经历了不平凡的发展历程。特别是改革开放以来，我国民航事业无论在航空运输、通用航空、机群更新、机场建设、航线布局、航行保障、飞行安全、人才培训等方面都持续快速发展，并逐步建立和不断完善了我国民用航空运输业的管理体制。

一、民航管理体制的发展沿革

（一）第一阶段（1949 年—1978 年）

1949 年 11 月 2 日，中共中央政治局会议决定，在人民革命军事委员会下设民用航空局，受空军指导，隶属于中国人民解放军空军司令部。

1958 年 2 月 27 日，国务院通知：中国民用航空局自本日起划归交通部领导。1958 年 3 月 19 日，国务院通知：全国人大常委会第 95 次会议批准国务院将中国民用航空局改为交通部的部属局。

1960 年 11 月 17 日，经国务院编制委员会讨论原则通过，决定中国民用航空局改称“交通部民用航空总局”，为部属一级管理全国民用航空事业的综合性总局，负责经营管理运输航空和专业航空，直接领导地区民用航空管理局的工作。

1962 年 4 月 13 日，第二届全国人民代表大会常务委员会第五十三次会议决定，民航局名称改为“中国民用航空总局”。1962 年 4 月 15 日，中央决定将民用航空总局由交通部属改为国务院直属局，其业务工作、党政工作、干部人事工作等均直归空军负责管理。这一时期，民航由于领导体制几经改变，航空运输发展受政治、经济影响较大。

（二）第二阶段（1978 年—1987 年）

1980 年 3 月 5 日，我国民用航空系统进行重大体制改革，由半军事化管理转变成企业化管理。我国政府决定民航脱离军队建制，把中国民航局从隶属于空军改为国务院直属机构，实行企业化管理。这期间中国民航局是政企合一，既是主管民航事务的政府部门，又是以“中国民航”（CAAC）名义直接经营航空运输、通用航空业务的全国性企业。下设北京、上海、广州、成都、兰州（后迁至西安）、沈阳 6 个地区管理局。

（三）第三阶段（1987 年—2002 年）

这一阶段主要是以政企分开为原则，转变政府职能，进行管理局、航空公司和机场分设的改革。进一步落实企业经营自主权；改革机场建设和管理体制，初步形成民航、地方以及民航与地方联合建设和管理的三种主要模式；进行空管体制改革。

1987 年，中国政府决定对民航业进行以航空公司与机场分设为特征的体制改革。主要内容是将原民航 北京、上海、广州、西安、成都、沈阳 6 个地区管理局的航空运输和通用航空相关业务、资产和人员分离出来，组建了 6 个国家骨干航空公司，实行自主经营、自负盈亏、平等竞争。这 6 个国家骨干航空公司是 ：中国国际航空公司、中国东方航空公司、中国南方航空公司、中国西南航空公司、中国西北航空公司、中国北方航空公司。此外，以经营通用航空业务为主并兼营航空运输业务的中国通用航空公司也于 1989 年 7 月成立。

在组建骨干航空公司的同时，在原民航北京管理局、上海管理局、广州管理局、成都管理局、西安管理局和沈阳管理局所在地的机场部分基础上，组建了民航华北、华东、中南、西南、西北和东北 6 个地区管理局以及北京首都机场、上海虹桥机场、广州白云机场、成都双流机场、西安西关机场（现已迁至咸阳，改为西安咸阳机场）和沈阳桃仙机场。6个地区管理局既是管理地区民航事务的政府部门，又是企业，领导管理各民航省（区、市）局和机场。

航空运输服务保障系统也按专业化分工的要求相应进行了改革。1990年，在原民航各级供油部门的基础上，组建了专门从事航空油料供应保障业务的中国航空油料总公司，该公司通过设在各机场的分支机构为航空公司提供油料供应。属于这类性质的单位还有从事航空器材（飞机、发动机等）进出口业务的中国航空器材公司；从事全国计算机订票销售系统管理与开发的计算机信息中心；为各航空公司提供航空运输国际结算服务的航空结算中心；以及飞机维修公司、航空食品公司等专业性的直属企业。

1993年4月19日，中国民用航空局改称中国民用航空总局，属国务院直属机构。12月20日，中国民用航空总局的机构规格由副部级调整为正部级。

1994年，中国民航空中交通管理局成立。

1996年2月，全国民航6大地区空管局相继成立。

1996年6月，京沪和沪穗航路由军队管制交由民航管制。

二、航空管理体制的改革

2002年3月，按照国务院批准的《民航体制改革方案》，中国政府决定对中国民航业再次进行重组，形成了以国航、东航、南航和海航为主体的市场格局，其中海航属股份制公司。主要内容有：

（一）航空公司与服务保障企业的联合重组

民航总局直属航空公司及服务保障企业合并后于2002年10月11日正式挂牌成立，按照“企业自愿、政府引导、发挥集团优势”原则，组成为6大集团公司，分别是：中国航空集团公司（以国航为主体，联合中国航空公司和西南航空组建而成）、东方航空集团公司（以东航为主体，兼并西北航空，联合云南航空组建而成）、南方航空集团公司（以南航为主体，联合北方航空和新疆航空组建而成）、中国民航信息集团公司（由民航计算机信息中心与中国航空结算中心合并而成）、中国航空油料集团公司、中国航空器材进出口集团公司。成立后的集团公司与民航总局脱钩，交由中央管理。

（二）民航政府监管机构改革

民航总局下属7个地区管理局（华北地区管理局、东北地区管理局、华东地区管理局、中南地区管理局、西南地区管理局、西北地区管理局、新疆管理局）和26个省级安全监督管理办公室（天津、河北、山西、内蒙古、大连、吉林、黑龙江、江苏、浙江、安徽、福建、江西、山东、青岛、河南、湖北、湖南、海南、广西、深圳、重庆、贵州、云南、甘肃、青海、宁夏），对民航事务实施监管。

（三）机场实行属地管理

按照政企分开、属地管理的原则，对90个机场进行了属地化管理改革，民航总局直接管理的机场下放所在省（区、市）管理，相关资产、负债和人员一并划转；民航总局与地方政府联合管理的民用机场和军民合用机场，属民航总局管理的资产、负债及相关人员一并划转所在省（区、市）管理。首都机场、西藏自治区区内的民用机场继续由民航总局管理。2004 年 7 月 8 日，随着甘肃机场移交地方，机场属地化管理改革全面完成，也标志着民航体制改革全面完成。重组后，民航总局对集团公司承担安全管理、市场管理、空中交通管理、宏观调控及对外关系 5 大方面的职能。

民航总局并入交通运输部后仍具有上述职能。由运输航空、通用航空、机场、空管、航空保障以及政府监管部门构成的民航系统，经过一系列的体制和制度改革，基本形成了各子系统配置合理、有序分工的局面，与社会主义市场经济体制相适应的行业管理体制基本建立并日趋完善，为民航协调发展奠定了坚实基础。

第十五章 运输政策

运输政策是国家对运输业实施宏观调控的重要手段。政府通过运输政策的制定和实施，目的在于实现资源配置、产业布局、环境保护以及运输业与其他产业的协调发展。运输政策主要由运输投资政策、运输财政政策和运输价格政策等组成。政府通过运输投资政策引导运输投资的方向，确定运输投资总量及其占国民经济投资总量的比重，以及运输投资总量在不同运输方式之间的分配。国家财政政策是调节国民收入再分配的重要手段。政府通过税收政策、补贴政策以及信贷政策鼓励或限制某种运输方式的发展。运输价格政策是为了对运输业的市场价格进行控制监督和管理。

运输政策是为实现政府的经济社会目标服务的，具有明确的倾向性。虽然世界上有些国家在其运输政策上具有自由主义倾向，但为了本国利益，多数国家对本国运输业均采取了不同程度的保护措施，具有保护主义倾向。

第一节 运输政策的功能

一、运输政策概述

运输政策是一国经济政策的一部分。所谓经济政策，是指政府为实现一定时期内的目标而制定的具有鼓励或限制各经济主体活动，协调各个经济主体利益关系的行为准则。运输政策则是一国政府为实现一定时期的目标而制定的协调参与运输活动的各个经济主体利益关系的行为准则。运输政策作为国家宏观经济政策的一部分，不仅具有合理配置运输资源的作用，而且还与国家的其他宏观经济政策一道影响和促进国民经济的产业合理布局以及其他宏观经济总量的协调发展。

（一）运输政策与政府对运输业的干预

环顾全球经济的发展，各国政府都将运输业的发展放在国民经济中极其重要的位置，并且通过各种手段参与到运输业中。各国政府之所以要制定各种运输政策来干预运输业的发展，除了运输对国民经济具有重要影响这个原因外，还在于运输业有着不同于其他行业的如下特性。

首先，运输业容易形成垄断，这种情况在经济发展的初期尤其是这样。例如从1830至1930年铁路几乎垄断了英国的主要运输业务。又如班轮运输中班轮公会组织对航线具有很强的垄断性。由于垄断将导致社会资源的不合理配置和社会净效益的损失，因而各国政府都一直通过政策的干预来抑制运输业中垄断势力的增长。

其次，运输业在促进国民经济发展的同时，具有污染、拥挤、交通事故等严重的外部性。这种外部性所造成的危害是巨大的，但往往并不为运输业者或运输生产经营者所重视，所造成经济损失更无法得到补偿。这些问题仅靠运输市场的自行调节无法得到解决。有些问题即使可以由运输市场通过市场机制得以解决，但这种解决的办法往往也会造成社会财富的巨大浪费。因此，各国政府都把规范运输市场、减轻运输带来的社会公害作为政府干预运输的一个重要目标。

再次，运输业在很大程度上具有公共产品的性质，即个别消费者进行这些产品的消费时无法排除其他消费者的消费。而且这些基础设施一般都具有极高的投资成本。正因为这样，这些产品在没有政府的干预下无法由私人企业提供。因而世界上几乎没有一个国家的政府不通过各种方式，不同程度地直接投资和提供这些运输设施，或者间接补贴这些设施和服务的提供者。

（二）运输政策的内容

各国的地理条件、资源（包括运输资源）状况、经济发展水平不同，各自运输政策的内容也有差别。某一国家在国民经济的运输业的不同发展阶段，其运输政策的目标及产生背景、调整的重点对象和政策手段等，显然也是有差异的。此外，运输政策的表达形式、制定过程以及执行方式也因各国的情况而有所不同，相应的运输政策的执行结果也各异。

但各国的运输政策又都存在共同点。对大多数国家来说，制定运输政策的许多目标是很接近的，如加快运输业的发展以促进经济发展、提高运输效率、在使所有人、货都有合理流动的权利方面保障社会的平等、开发落后地区、保护环境和有效地利用资源等。在形式上，很多国家出台的运输政策常常会包括以下内容：

1. 政策目标

说明制定该项政策所要解决的主要问题，例如为促进运输业发展筹集充足的资金、改善运输服务水平、推广新的运输技术、提高交通安全水平、缓解交通拥挤状况、节约资源、降低交通运输所造成的污染、促进运输业合理竞争等，都可能是制定运输政策所要实现的目标。

2. 制定政策的背景

对不同时期或不同经济发展阶段所面临的不同运输问题应制定不同的运输政策，为使公众和政策执行者对政策能有更好的了解并愿意配合执行，以保证其顺利实施，一般应对该项政策制定的原因、实际及其背景情况加以说明。

3. 政策手段

制定运输政策要根据问题的特性，考虑当时的社会、经济、政治、技术等各种环境条件，选择实现政策目标的手段。解决不同问题所选择的途径可以是多种多样的，例如调整运价、征税、政府补贴、兴办运输工程、制定运输工具的废气排放和噪音标准、实行运输管制或放松管制、推行新的运输业组织管理体制、对某种运输方式实行国有或反之实行民营、私营等。

4. 实行政策的区域范围

有些运输政策是全国普遍适用的，但不同地区的运输问题有时各有特点，需要制定有区别的运输政策，因此有些情况下应规定实施某项运输政策的区域范围。

5. 保证政策实施的法规

运输政策与交通运输法规有十分密切的关系。很多国家并无运输政策的正式文件，运输政策本身是通过一系列的交通运输法规体现出来的，而成文的运输政策有时也只是原则性的抽象政策，必须根据该政策制定可以具体实施的交通运输法规，以便实际贯彻。用法律的形式肯定一些重要的运输政策目标，也有利于保障它的权威性和一定程度的稳定性。因此交通运输法规已成为各国运输政策的重要组成部分。一些国家目前已越来越明确地用立法的形式制定和颁布运输政策，甚至具体时间期限内的运输建设规模、筹款方式和数额、政府补贴方式以及专门负责机构等，都用法律固定下来，以保证运输政策的实现。

6. 运输建设规划

很多运输政策涉及交通运输建设规划，而且非通过建设规划付诸实施不可，而每一个国家的交通规划，也都必然会反映其政府的运输政策。因此，运输建设规划也是运输政策的重要组成部分。

7. 政策的执行机构

各国都有运输主管部门，它们一般是国家运输政策的制定和执行机构。但有些国家在交通立法中往往还对一些具体的运输政策目标或事项，规定或设立特殊的执行机构，使其负有相应的特殊的责任和权力。

（三）运输政策手段

运输政策的主体是各国政府及其代表。一般地说，一国的运输政策均是由一国政府制定的。但有些运输政策则是由各国政府的代表制定的。如欧盟的运输政策就是由其成员国的运输部长等政府代表制定的。各国地方政府都是其中央政府运输政策的执行者，但地方政府也会在中央政府运输政策的框架下制定具有一定针对性的地方性运输政策。如美国各州和我国各省都有地方的运输政策。

在实施有关的运输政策时，各国政府可以采取各种不同的措施和手段。归结起来主要有如下几种手段：

第一，税收和补贴。政府可以利用财政手段对运输业或其中的某种运输方式进行鼓励和限制。具体地说，就是增加税收或者给予补贴。这种税收和补贴不仅可以直接地施之于运输业本身，而且还可以施之于运输业投入要素的生产，例如对钢铁生产征收较低的税收或者给予补贴就必然会降低船舶和汽车制造（均使用大量钢材）成本，从而间接降低水运和公路的运输成本。

第二，直接投资和提供运输服务或运输基础设施。中央和地方政府可以通过对运输企业的拥有和对运输基础设施的直接投资来提供运输基础设施和部分运输服务。

第三，制定有关交通法规。制定有关交通法规是政府实施其运输政策的最主要手段。通过有关法律和规章的实施来规范运输市场行为，控制运输公害，引导运输生产和消费。

需要指出的是一般的运输法律与运输政策是有区别的。运输法律是由立法机关提出的旨在规范运输行为，明确何种运输行为是受法律保护的，何种运输行为是受法律制裁的这样一些正式的法律条文。而运输政策则强调作为政府组织和引导运输业的作用，通常有比较明确的目标。然而为了实施政府的有关运输政策，各国政府往往制定较多的规定、规章、规则来补充国家有关的运输法律并使其细则化。正因为运输规章等与运输法律密不可分，我们认为可以将运输法规看成是实施运输政策的工具。

第四，政府对运输服务的直接购买。通常情况下，政府往往是最大的运输服务的用户，因而政府可以通过对运输服务的直接购买来实施支持和倡导某种运输方式或限制和反对某种运输方式的使用。例如在两伊战争中，美国政府就大量购买了美国总统轮船公司和海陆公司的海上运输服务来为其运送军需物资。在我国，由于国有经济仍占经济成分的较高比重，因而这种政府购买就变得非常重要。

第五，许可证制度。政府通过给驾驶人、运输工具或运输企业签发和吊销许可执照来控制和管理运输设施、运输工具的数量和质量，或达到其他目的。

第六，提供信息服务。政府通过许多不同机构向运输使用者提供技术建议，并提供一般信息以提高运输的决策水平。有些信息服务专门针对运输活动，如天气预报对于航运；而有些信息对运输部门只能起间接作用，如各种经济发展信息、各种会议信息。

第七，制定与投入有关政策。运输是重要的能源消耗者，尤其是石油，它还要使用各种各样的其他原料和中间产品，因此政府对这些运输投入物有关的政策会对运输产生重要的间接影响。

另外，直接进行有关运输技术和管理问题的研究亦是政府制定和实施其运输政策的重要手段。

（四）运输政策的实施目标

运输政策作为国家经济政策的一个重要组成部分，应当按照经济政策的总体目标进行制定。世界各国均依据各自社会结构与经济状况，分别制定各自不同的具体交通运输政策。

制定运输政策的目标主要是为了维护正常的交通秩序、协调交通运输系统的工作及保证交通运输安全等。

1. 维护正常交通秩序

任何一种活动，只要参与者众多，就必须要有规定的秩序才能正常进行游戏，交通运输服务的供给和消费，是一种具有广泛公众性的经济活动。不仅有多种运输方式、多种经营方式、多种经济成分以及数量众多的交通运输经营者，而且还有类型繁杂和众多的运输对象。

既然交通运输服务是一种经济活动，就会有经济利益发生。无论是交通运输服务的攻击者还是需求者，无论任何以何种运输方式经营的单位或个人及用户，都有各自的利益。这些不同的利益取向，将使其相互之间在一定程度上、一定时间和一定范围内有着各种矛盾和制约。为了社会总体利益的基本需要，包括既保证各运输方式和经营单位正常进行运输服务工作，尽可能有效利用其运输能力，合理发挥其优势，又保证运输需求者总体的基本经济利益，必须要有一个正常的交通运输秩序。

2. 协调交通工作

在考虑维持交通运输正常秩序的同时，为了提高整个运输系统的效率，为了提高运输服务质量，还必须考虑各种运输方式协调的进行系统性的、有组织的运输供给。

为了保证社会总体经济效益，同时兼顾不同运输供给方的效益，必须发挥各自优势，才能提高交通运输系统总体的运转效率。例如，在城市电车、公共汽车、出租汽车运输与铁路、航空、水路运输等运输工具运行时刻表上，应进行统一规划、统一制定，使其合理衔接、便利乘客转乘，并尽可能减少转乘等待时间，提高整个城市公共客运系统的运转效率。否则即使某种或几种运转工具的运输效率很高，但乘客转乘等待时间长，也会显著降低总体运输效果。因此，有必要对各运输方式统一采取计划运营的交通正常，以保证各运输方式在合理分工的同时，又能相互合理衔接，提高整个运输体系的运转效率。

交通运输协调工作内容主要有：合理地确定各运输方式的服务分工及比价关系，设置各运输方式的共同终点站，组织不同运输工具的共同使用和联合直达运输以及设立直达运价等。

3. 保证交通安全

交通安全包括运输安全与交通安全。运输安全是运输对象的安全，即从起运点运至目的地，对货物要保持其数量无差错、质量无变异；对乘客要保证其乘车安全，不得发生任何危及其人身与财务安全的责任事故。交通安全是运输工具运转行驶时，要保证有关行人、交通工具和沿线设施的安全。

二、运输政策对产业结构布局的影响

当前经济社会中的各种产业均需要各种运输方式为其输送原材料和运送产品，尤其对于那些原材料匮乏而产成品又需要以别国（地区）为市场的产业更是如此。同时，各产业也需要运输作为联系的纽带。故此，优质的运输可以促成合理的产业布局和产业结构。因而各国运输政策均以追求资源的合理配置以及产业的合理布局为目标。

（一）运输政策与资源的合理配置

资源的布局是无法人为地改变的。而且通常情况下，资源的分布又往往与国民经济发展不相适应。有些国家自然矿产资源匮乏，而有些国家资源的分布分散，资源所在地由于经济或自然的原因无法建立工厂对资源直接利用。同时，资源的配置不仅牵涉到自然资源，还牵涉到生产的产品和半成品。由于自然和经济的原因，原材料产地不一定适合建立生产基地，而产品的生产地又往往不在消费者集中的所在地。这就要求通过运输来克服资源（自然资源和产品资源）在生产和使用上的空间障碍，从而使得运输成为在地区间资源配置中必不可少的条件。资源的配置不仅涉及自然资源，还涉及生产的成品和半成品。

由于自然和经济的原因，原材料产地不一定适合建立生产基地，而产品的生产地又往往不在消费者集中的所在地。这就要求运输来克服资源（自然资源和产品资源）在生产和使用上的空间障碍。

合理的运输政策往往鼓励和支持在原材料产地和生产基地之间建立大型的运输干线以保证资源配置的及时、合理。而对产品与消费者之间的联系，各国的运输主管亦给予了高度的重视。为了使某些偏僻地区（可能是自然资源的产地）与外界社会（可能是生产基地）联系起来，多数国家都不惜巨资建立公路或铁路等运输通道。这样做，一方面是为了政治、社会和文化的需要；另一方面客观上有利于通过运输促进资源在地区间的合理配置。

（二）运输政策与产业布局

各国的产业布局往往优先考虑将重工业布置在原材料的产地（或供应地），而将轻工业及与人民生活密切相关的工业和服务业布置在城市或人口比较稠密的消费地区。这种产业布局在经济上往往是合理可行的。但是由于一些国家某些资源的匮乏，一些工业的原材料主要是依靠进口（如日本几乎没有铁矿石的蕴藏），因而这种理想化的工业布局就无从谈起。然而，通过这些国家的政府运输政策的作用，使产业布局与自然资源之间的联系不再密切，那些本来不能依靠本国（或本地区）原材料而建立的工业，在这些国家却得到了大力发展。日本在缺少铁矿石的自然资源状况下能够成为世界主要的钢铁出口国，其政府支持海运的运输政策功不可没。

三、运输政策促使运输合理化

运输合理化是各国运输政策追求的最主要目标之一。运输的合理化主要包括运输布局的合理化、运输结构的合理化和运输组织的合理化。

从经济的发展需要看，运输的布局应服从于资源分布和服务于工业布局。但是多数运输方式（除航空以外）的运输线路均需依靠一定的自然地理条件，运输布局不得不考虑不同地形、地貌的影响。因而，为了满足工农业生产和国民经济发展的需要，运输布局就必须在给定的自然地形条件下合理地规划，而这就需要相应的运输政策提供政策支持和保障。

运输结构是指各种运输方式的运输能力和实际运输量在总运输能力和运输量中所占的比重。运输结构的合理化不仅是运输资源合理配置的要求，更是国民经济发展的要求。运输政策对运输结构在宏观上的管理，可以充分有效地利用各种运输方式的优势以及地理地形优势，最为经济地为国民经济和社会提供服务。

运输组织的合理化是指在现有的运输布局的基础上有效地利用各种运输方式，尽量减少或避免运输的不合理性，如对流运输、重复运输和过远运输等。在计划经济的体制下我国曾经利用国家计划的手段来实行运输组织的合理化，曾取得一定的效果，当然也存在一定的弊端。现在在市场经济机制下政府对运输组织的合理化并不是无能为力了，而是政府将达到这一目的的手段转变为利用建立合理高效的市场机制和指导性政策，而非仅仅使用行政命令和计划手段。

四、运输政策与环境保护

由于运输产生的各种污染压力的增加以及人们环保意识的普遍增强，各国政府在制定运输发展政策时相应地制定了环境保护政策。由于运输发达程度与各国经济发展水平相关，而在相当长的时间里运输带来的环境污染又与运输发展程度成正比，因而在经济发展程度不同的国家或同一国家在不同的经济发展阶段，其运输环保的重视程度就不同，采取的政策也就不同。

一般地说，越是经济发展水平高，运输就越是发达，对环境保护的要求就高，国家和民众对环境重视程度就高，环保投入就多；相反经济发展水平越低，运输就越不发达，从而运输造成的环保压力就小，政府对环保的要求就低，投入就少。但另外一种情况也是比较普遍的，即在经济不发达的发展中国家，由于经济对运输的需求高，而经济和技术条件又差，因而被迫使用技术性能差、污染严重而价格便宜的运输方式和运输工具。此时，由于经济条件差，发生的污染得不到及时有效的治理，运输对环境造成的污染问题反而相对更严重。

政府对运输环保政策的实施主要是通过一系列的环保法规来实行的。有些国家已经通过各种政策来限制某种运输方式在部分地区的发展，或通过政策引导企业和个人使用节能和无污染或少污染的运输方式。如欧盟现在出台的种种与运输相关的政策都相对地有利于铁路和内河运输而不利于公路运输的发展，这在很大的程度上是从环保的角度来考虑的。在城市交通中，为了减轻城市中心地区的环保压力，不少国家的市政府规定城市中心地区禁止各种车辆的运行。而且国家不惜花费巨额财政资金来补贴城市公共交通。这样做一方面是为了能够向一般市民提供运输福利，另一方面也是为了抑制市区汽车发展从而保护城市环境。

第二节　运输投资政策

运输投资政策是政府为了使交通运输业适应国民经济的发展，形成合理的交通运输布局和结构而制定的有关运输投资总量占国民经济投资总量的比例，国家投资在各种运输方式中的分配，以及引导或限制社会资本投向运输业而制定的相关的法规、政策或采取的措施的总称。

一、运输投资政策与投资总额

国家对交通运输投资，尤其是对交通运输基础设施的投资，是各国运输业发展的重要保证。一国政府投资占本国国民经济的投资比重反映了该政府对交通运输业在国民经济发展中的作用和地位的重视程度。

在经济发展的不同阶段，各国政府投入到运输业的资金占同期国民经济投资总量的比例各不相同。一般地说，在经济进入高速发展之前，各国政府都会大力投资运输业这个国民经济的先行产业。在主要交通运输框架基本形成以后，政府在国民经济较高层次上稳定发展阶段则主要是对已经形成的运输框架进行完善，因而相对地对运输的投资比例就会有所下降。各国一般是根据本国国民经济对交通运输的需要，以及本国交通运输发展水平，来制定对交通运输投资总量的。

各国在确定运输投资占国民经济投资总量比例时，主要遵守以下一些原则：

（一）运输投资与本国经济发展需要相适应的原则

国民经济的发展离不开发达的交通运输网络，几乎所有国家的政府都将运输看成是国民经济发展的先行产业。因而各国政府在制定投资政策时都将适应国民经济发展的需要看成是交通运输发展政策制定的最重要的原则。由于交通运输基础设施一般具有较长的投资建设期，加之配套设施多，一般不能马上形成生产力，同时国民经济发展的不同阶段对交通运输的要求有所不同，因而交通运输投资就必须具有一定的超前性。这个超前性需要对国民经济各部门的发展具有比较准确合理的预期，以及国民经济各部门发展对交通运输需求的准确合理的预期。只有正确地预测国民经济发展对交通运输发展的需求和交通运输基础设施形成预期生产能力所需的投资时间和投资数额，才能得出政府在不同阶段对交通运输业的投资总额。

（二）运输投资与本国经济实力相适应的原则

如上所述，交通运输要与国民经济发展相适应，就必须在投资时间和规模上具有超前性。然而这种超前性必须与本国经济实力结合起来。即使我们根据国外大发展经验明确知道交通运输业发展的方向是电气化、组成化、联运化等，但由于受到本国经济实力的制约，有时无法一步到位地赶上世界最新的交通运输发展潮流。虽然在交通运输基础设施上不排除借助于国际金融机构进行借贷投资的情况，但是无论是借债的规模还是投资项目的先进性必须在总体上与本国国民经济发展水平相适应，否则就会造成国民经济发展的失衡。

（三）运输投资与交通运输技术相适应的原则

在科学技术发展日新月异的今天，交通运输技术的发展也出现了突飞猛进。铁路运输电气化、公路运输高速化、船舶运输的大型化以及出现在各种运输方式中的自动化等等都为交通运输业提高效率，提高服务水平提供了技术保障。国家交通运输投资政策一方面鼓励和支持交通运输高新技术的发展，另一方面交通运输政策也要求本国的各项投资项目能够充分利用现有的科学技术成果，尽早地使科技成果转换为生产力。

根据以上三个原则，各国政府应从现实出发，根据本国经济整体发展规划来规定运输投资在国民经济总投资中所占比例和投资总额。政府的投资比例和投资总额的确定将在很大程度上决定了一定时期内一国交通运输的建设规模和生产规模，尤其是那些政府投资占整个投资比重较高的国家更是这样。对于那些私有化程度较高的国家，政府对运输投资将与私人投资一起共同形成交通运输的建设规模和生产规模。

二、国家投资在各种运输方式间的分配

国家投资在各种运输方式间的分配是政府发展合理的交通运输结构，满足国民经济各部门对不同运输方式需要的重要手段。一般地说，政府在考虑国家投资在各种运输方式之间分配时通常应考虑以下因素：

（一）将资金投向运输网中的瓶颈环节或最薄弱环节

如连接港口的铁路的建设或机场设施的建设。支持这一投资政策的依据就是瓶颈的形成必然会阻碍整个运输网功能的发挥，进而造成运输能力的巨大浪费，而整个交通运输网必须是均衡发展，才能产生最大的生产力。

（二）有意识地投向那些国民经济最需要的运输方式

如随着石油开采和炼油工业的发展，国家可能花费较大财力投资输油管道的建设。国家投资也会投向那些在国际竞争中具有战略地位的运输方式。如大力投资建立本国集装箱商船船队，或者投资那些对于邻国具有竞争性的港口等。

（三）国家国土的大小和各种运输方式的可应用程度

美国、中国、俄国等国土辽阔、经济发展潜力大的国家，政府对五种运输方式都给予了足够的重视。而有些国家由于受到国土幅员的限制，加之产业比较单一，因而只有某些运输方式得到发展。如在中部非洲经济极不发达的内陆国家，那里的运输工具还主要以汽车运输为主，甚至有些国家仍以畜力为动力进行运输，而海上运输几乎是一片空白。

（四）国家对某种运输方式在国防中的地位的认识

由于运输在国防中的重要作用，有些运输方式甚至还是现代战争中必不可少的战略环节，各国政府都很重视现代运输与现代战争的关系，积极支持和投资对国防有重要影响的运输方式的建设。

三、国家直接投资和国家引导投资

国家实施的投资政策包括两个内容，一是国家直接投资，二是国家引导投资。

（一）国家直接投资

国家直接投资是指直接由国家财政将资金投向某一地区的某一运输方式。这种形式的投资能够直接地体现国家的意图，也能够较快地实现国家的投资目标。但是由于这种形式的投资需要从国家财政直接投入，因而其规模往往视国家财力大小而定，一般与一国的国民经济发展程度成一定的比例关系。

国家直接投资的交通运输项目往往是涉及一国交通运输总体网络的关键项目，私人投资或企业投资不愿投向的项目，或者由于投资项目过大，企业无力投资的项目。另外一些国家急于发展某些具有国防或其他战略意义的项目，政府一般也不愿让企业投资或参与，更不愿使这些项目为企业所控制，因而这些项目也成为国家直接投资的对象。

在我国，大多数的铁路建设、公路建设、港口的水下工程建设均是由国家直接投资的，因为这些设施具有明显的公益性和基础性。在美国，1916 年国会正式授权联邦政府为改善公路提供资助，并规定了公路归州所有、修建和维护，建立了联邦政府按比例给予一定资助的公路系统投资模式。

（二）国家引导投资

国家引导投资政策是国家通过财政、税收、信贷等经济杠杆引导或者限制社会资本投向某一运输项目。运输业有五种方式，而且都具有投资数额巨大的特征。由于财力有限，中央政府不可能包揽运输业所需的全部投资。加之有些运输方式需要具有一定的竞争性，因而各国中央政府都希望利用社会资金来完成国家无法完成的交通运输项目的投资。

一般地说，国家常鼓励投资于那些社会效益较好的运输项目。由于企业所追求的目标是企业自身利润的最大化，而国家需要投资的却往往是社会效益较好的项目，这两者通常难以统一。为此，各国政府往往采取各种优惠政策来加以鼓励。

由于多数交通运输项目具有公益性和基础性，国家为了防止垄断带来社会净效益的损失，同时也为了国家交通运输网络的完整配套和高效率运转，国家鼓励投资往往是与限制投资相结合使用的。例如，为了保证国家有限的海岸线资源的有效利用，多数国家对企业投资港口建设制定了审批手段。在比利时、荷兰、德国和法国，对于较大项目的港口投资需要得到中央政府的批准。目前只有英国未对企业在港口投资审批做出规定。

我国除了应该加强国家直接投资在整个运输事业发展中的作用，把握住国家运输网中的关键性项目外，同时还要充分发挥引导投资的作用，更好地发挥企业尤其是境外企业的资金优势，将其吸引到国家最需要建设的交通运输的基础设施项目上来。

四、各种不同项目的投资主体

我国除了应该加强国家直接投资在整个运输业发展中的作用，把握住国家运输网中的关键性项目外，同时还要充分地发挥企业，尤其是境外企业的资金优势，将其吸引到国家最需要建设的交通运输的基础设施项目上来。

我国的交通运输网中瓶颈环节较多，各种运输方式之间的连接较差，总体的经营效率不高。与世界先进水平相比，国家运输业的整体水平偏低，其中基础性的和公益性的项目投资不足。针对这些情况，我国应该加大交通运输投资占国民生产总值的比重，从而使交通运输总投资有一个比较大的改善。但是由于我国国力有限，能够从国家财政直接获取的投资很难满足交通运输投资的全面要求，很难完全依靠国家投资使整个交通运输网络水平有较大程度的提高，在这种情况下，一定要充分地利用社会资金来进行交通运输业的投资。但是由于交通运输投资项目和性质不同，国家应区别对待，分清轻重缓急。

交通运输项目可分为公益性、基础性和竞争性的项目。公益性项目包括如入港航道、引航设施、防波堤等。这些设施具有公共产品性质，公共性强，社会效益高，而投资回收困难。这些设施往往体现出一国政府对交通运输的重视程度，因而在世界各国多数是由国家和地方政府出资建造。而基础设施包括公路、码头、车站等从事运输不可或缺的设施，同样具有较高的社会效益，但是这些设施投资往往可以通过一定方式来回收，国家应该大力投资。在国家资金有限的情况下，可以引导企业投资。但是由于这些设施的经营容易形成垄断，国家在吸收企业进行投资时，一定要采取适当的措施防止垄断造成收费过高，实际交通流量受到限制等弊端。交通运输投资中还有另一类具有很强的竞争性的投资，如运输工具的投资。对于这类投资国家除了必要的审批手续外，应该全面地对企业开放，由市场来调节供需平衡，国家无须将过多的资金投向这些项目。由于竞争性的项目投资具有一定的盈利性，有些甚至具有较高的盈利性，因而对企业是有吸引力的。

在交通运输项目中公益性投资项目由于其非盈利性，甚至无法收回投资成本，因此政府不应指望私人投资在这些领域起绝对的作用，政府应该将其可动用的直接投资投向这些项目。具有基础性的投资项目，虽然其投资回收期一般较长，但仍可望收回投资甚至获得利润，因而对企业具有一定的吸引力。如果政府能够对此采取比较灵活的优惠政策，是可以引导企业投向这些领域的。例如在港口、车站和隧道的投资经营中，将邻近地区的土地开发和该地区的其他经营权同时授予投资者，或者采取“BOT”方式可以吸引企业将资金投向交通运输的基础设施。由于我国经济发展水平有限，国家无力承担投资巨大的交通运输基础设施项目建设投资，在这种情况下，国家可以通过极为有限的出资，通过特许权的许可，鼓励企业投资建设交通运输项目。

竞争性项目投资的市场化，不仅是由于我国资金缺乏，国家不可能有较多的直接投资投向这些项目所决定，而且也是建立社会主义市场经济的需要。在社会主义市场经济中，企业应该是市场的主体，这个主体同样也应该是投资的主体。这在运输市场中也应该同样如此。

第三节 运输财政政策

国家财政政策是政府用来调节社会资源再分配的一个重要手段。一个国家财政政策的总目标就是要达到国内的“经济增长”。除了这个总目标，各国还为财政政策设立了子目标。这些子目标中有产业政策、扶贫政策、公共工程支出政策、发展教育政策等等。交通运输财政政策实际是国家财政政策的一部分。国家为了发展交通运输，使其达到或控制在一定的水平上，会利用各种财政手段来调节运输业的发展。国家为达到其财政目标可以使用多种多样的手段或措施，其中主要是政府支出手段、税收手段、补贴手段和公债手段等。政府支出是运输财政政策的最重要手段，即国家从财政中拿出一定数额的资金直接用于交通运输业，从而使交通运输业适应国民经济的发展。

一、税收政策

税收是国家对社会产品和国民收入所进行的一种强制性的分配，是国家财政政策的最主要工具。通过税收不仅可以增加财政收入，而且通过税收的增免以及税种、税目、税率和纳税人的变化可以实现资源在不同行业之间的分配。在一个国家的税收政策中，税种、税目、税率和纳税人是政策控制的主要变量。政府也是通过这些变量的变化来达到不同时期国家财政政策的目标的。

对于运输业而言，政府税收政策的调节可以是直接的也可以是间接的，调节的税种可以是普通的税种也可以是特别税种。政府税收对经济的影响可以分为收入效应和替代效应。收入效应是指由于增加税收而使纳税人的境况变坏的效应。替代效应是指由于增税影响了相对价格，而使纳税人选择某种活动或消费来代替另一种活动或消费时所产生的效应。目前各国专门针对交通运输企业、运输工具的税收有船舶吨税、汽油税、牌照税、增值税等。这些税种的增收不同程度地产生了收入效应和替代效应。例如船舶吨税和车辆牌照税的征集和税率的提高将会直接影响这些运输业者的收益，而汽油税税率的提高有可能导致消费者由消耗汽油较多的私人小汽车的消费向公共交通消费转变。又如国家防止污染的有关环保税种的征收有可能抑制公路运输的发展，从而转向发展水运和铁路运输。

不仅如此，有些国家还为交通运输发展专门征税，以用于交通运输的发展。如我国曾于 1983 年—1996 年期间征收能源交通基金，旨在集中资金、尽快改变我国能源和交通发展的落后状况。这充分反映了国家对交通能源发展的重视。

然而，各国政府的运输税收政策对运输业发展影响最为直接的则是一些税收的减免。由于国家的税收政策一般是由税法来保证和实施的，而税法是根据本国经济发展的一般情况来确定的，无法区别对待某些特殊情况，也不能及时地反映经济发展中对个别经济活动的调节的要求，因此各国政府往往用税收的减免来实现对个别经济活动进行调节的要求，从而达到一定时期的经济目标。例如希腊对船公司就不征收利润税。又如丹麦船公司可税利润的 25%如果用于购造新船即可免税。对于港口当局，欧洲多数国家对其免征利润税、地方税或增值税。如对港口免征利润税的国家就有比利时、丹麦、德国、法国、爱尔兰、意大利、英国和西班牙等。在美国，联邦政府则允许船舶经营人通过设立“资本建设基金”等办法来延期缴纳税金。

二、运输补贴政策

运输补贴政策是各国政府为了维护某种运输方式能够正常经营所给予的优惠。各国政府之所以给予运输业以不同程度的补贴是基于运输业项目往往投资额巨大，具有较大的风险。国家对运输业补贴可以使风险减少，从而保证运输业得到健康的发展，鼓励和刺激企业和私人对运输业投资的兴趣和勇气。

另外，政府对运输业的补贴也可以是出于对运输业发展的特殊目的而设定的。如对运输船队现代化补贴，或者是为了发展某项新的运输方式如管道运输、多式联运而给予的补贴等。

政府补贴运输业还可以是从保证国防安全和保护公民福利的角度出发考虑的。如多数发达国家的本国运输从业人员尤其是高级船员工资非常高，这种较高的工资报酬是稳定从业人员的重要手段，同时有关法规又禁止雇佣外籍员工，这样就会使本国的船公司因劳务成本过高而在国际航运市场的竞争中处于非常不利的地位，为此政府要对因为使用本国从业人员而经营不利或亏本的企业给予一定的补贴。又比如有些国家为了保证边远地区的居民享有最基本的交通出行权力，要求一些运输企业在这些航线或道路上经营。但由于运输条件恶劣（如气象条件和路况条件）或者由于运输需求偏少，运输企业无法盈利，这种情况下政府也会给予补贴。总之，由于运输业或某种运输方式对一国国民经济和社会发展的贡献，多数国家的政府对运输业会给予各种形式的补贴。

尽管各国政府对运输补贴的形式多种多样，但总的归纳起来运输补贴可以大致可分为直接运输补贴和间接运输补贴。通常直接运输补贴是指政府（中央政府和地方政府）对运输业的财政支持，而间接运输补贴通常是指政府对运输业的财政减免。其中，直接运输补贴包括对运输业的营运补贴、运输工具（尤其是船舶）的建造补贴、现代化补贴和运输设备的折旧补贴等。间接运输补贴包括对运输业的投资津贴、投资保证、建造储备金、关税免除、通胀补贴、海员福利补贴以及运输研究补贴等等。

三、信贷政策

运输信贷政策是国家给运输企业的资金使用政策。其政策的优惠性主要体现在资金使用的时间、利息和条件上。由于运输业对国民经济发展的重要作用，以及运输业投资具备投资量大，回收期长，社会效益较高而企业的财务效益不明显的特点，各国政策对运输业普遍给予优惠的信贷政策。

世界各国的信贷政策具有明显的保护主义倾向，即保护本国运输业并使其在国际竞争中处于有利的地位。同时，各国政府的信贷政策对本国不同的运输方式有时采取不同的信贷政策，以体现政府扶植和支持某种运输方式的态度。对于同一种运输方式不同的经营者又采取了不同的政策。例如对港口中的港口当局，因其具有行政管理当局的性质，在多数国家里属于政府的一部分，加之其投资对象又多是投资数额大，对运输影响大的基础设施项目，如港口水下工程设施，码头设施等，而多数国家又明文规定港口当局不得直接从事码头业务，因而其投资只能靠码头及其设施的租赁费来回收。而租赁期往往长至几十年。所以各国政府对这些投资项目都给予一定优惠信贷。在欧盟和日本，港口当局和港口内的经营企业之间是相互独立的，因而港口内的经营企业多数情况下被等同于其他公司，按照公司法的有关规定照章纳税，在资金筹措方面没有明显的不同于其他企业的优惠信贷政策。

另外，为了发展运输业，一些国家还设立了专业的信贷机构来专门负责运输业的资金筹措。如交通银行和一些专项的交通发展基金等等。

第四节　运输价格政策

运输的价格政策是指政府对运输业价格制定的引导、限制和规范等方面的政策。制定价格政策的动因较多，但归纳起来主要是为了促进运输业稳步发展和维护运输消费者的合法权益。

一、运输价格政策的目标

政府运输价格政策制定的目标主要是为了使运输资源在不同的运输方式中得到合理的配置和使用，保持各种运输方式配套地稳定发展。政府制定运价政策还在于保护消费者的权益，促进经济和贸易的发展等。具体如下：

（一）稳定运输价格，促进经济和贸易的发展

由于运输业在国民经济中的特殊地位以及其对国民经济其他部门尤其是贸易和工业、农业生产的影响，政府和广大的运输服务的消费者都迫切地需要长期稳定的和优质的运输服务。在国际贸易中运输成本占其交易成本的比重较高，有些高达30%左右，因而运输价格的稳定就更具有重要的意义。过高的运输价格不仅增加了交易成本，有些甚至严重影响到国际贸易的成交。

稳定运输价格并不一定意味着政府要求企业降低价格，而是要求运输企业将运输价格维持在一个合理而又稳定的水平上。当然更多的情况是政府希望运输企业提供低价服务，例如要求公共交通企业为居民提供最为便宜的价格。这种做法主要是达到政府的福利目标。然而这种做法的后果往往是比较复杂的。一方面减少了运输企业的收入，甚至造成亏损；另一方面政府为了维护这种运输服务又不得不对其进行长期的补贴。而长期的补贴又会造成经营效率的低下，使得企业亏损情况更为严重。这种恶性循环已经成为很多国家公共交通所面临的最为头疼的问题。

（二）合理的配置运输资源

合理配置运输资源是各国政府制定运输价格的又一重要目标。由于价格是企业投资所参照的重要信号之一，价格的高低有可能导致投资在各个不同产业间的分配。运输业是国民经济中最重要的部门之一。优先发展交通运输业不仅成为各国政府的共识，事实上也是多数经济发达国家的成功经验。要发展运输业没有政府的投资不行，没有政府的扶植政策不行，但是运输真正发展还将依靠于企业的广泛参与。为了达到优先发展运输业的目标，政府的运输价格政策就不能过多地限制运输价格，因为这样会导致运输企业的亏损和资源配置的不合理，进而影响到整个运输业的发展。另一方面，运输价格还是资源在各种不同的运输方式之间配置的重要信号。由于多数运输方式之间存在一定的竞争性和可替代性，因此错误的价格信号可能导致某种运输方式的过度发展或者过度萎缩。

（三）防止无序的竞争和垄断

出现在运输市场上的无序竞争和恶性竞争将会导致一些企业倒闭或转向其他产业。由于运输业具有固定投入大，投资报酬率低等特点，企业的倒闭和转向必然会导致社会资源的巨大浪费。同时也由于市场无序和不规范竞争可能使消费者无法得到稳定和高质量的服务。因此在市场出现价格战的情况下，往往当局加以干涉，使之趋于平息，并对市场进行整顿。另一方面运输市场也有可能造成垄断。造成运输垄断的原因主要是由于运输投资规模巨大，运输生产过程中潜藏着规模经济性等。加之有些运输部门如港口、机场、车站存在着地理位置的垄断，因而运输业者就有可能借机提高运输价格以实现其超额利润。政府为了防止这种状况的出现也会制定一定的运价政策对其进行限制。

二、政府对运输价格控制的主要方法

在市场经济较为发达的国家，政府一般不采用直接的方法来控制运输价格，而是通过《反不公平竞争法》、《反垄断法》等一系列的法规对运输价格进行规范和调节。但对于一些特殊的运输部门如班轮运输、旅客运输和公共交通，政府又往往使用一些直接的方式进行控制运输价格。

（一）确定价格上限

对可能形成垄断或者缺少竞争的运输服务，为了防止垄断，政府一般都采取确定价格上限的方法。这种方法旨在防止过高的垄断利润出现，从而使消费者遭受损失。一般的价格上限是由政府通过对该行业进行测算，确定了企业平均生产成本和边际生产成本后来决定的。理论上讲，政府制定的价格上限应该处于垄断定价和平均成本定价所得出的两种价格之间。这样做一方面限制了运输企业过高的垄断利润的产生，另一方面由于其高于平均成本因而不会导致运输企业亏损。然而在实践当中，由于垄断企业自身所面临的需求曲线（即市场需求曲线）比较难以估计和描述，政府制定价格的上限往往是困难的。比较多的做法就是制定一个适当高于企业平均成本的价格上限。

价格上限的确定通常是多数国家为了达到一定时期的目标而实施的短期价格政策。这种方法一般只适用于具有垄断性质的运输行业，或者适用于战争或国民经济某个特殊时期，从而保证运输为国民经济和战争服务。在这些环境下，这种价格政策手段一般容易奏效。但从长期的运输市场发展看，这种价格政策手段往往会造成运输市场的僵化。

（二）运输价格的审批和报备

运输价格审批是指运输企业在实施其制定的运输价格之前须经政府主管部门的审批。这样做同样是为了防止运输业垄断利润的产生。政府在审批过程同样必须为每一种运输服务先找到一个价格上限。只有这样才能起到价格审批的作用。否则没有根据地批准或驳回企业的价格计划都具有很大的盲目性，同样会对运输市场产生冲击，无法从宏观上管理好运输价格。

价格的报备制度是一些国家（如美国等）为了稳定某些运输市场（如班轮市场）而采取的一种办法。运输企业必须将其将要实施的价格上报其运输主管部门（如美国的联邦海事委员会）备案，并规定在一定的时间里不得变更其价格。这样就有力地控制了部分市场上一些运输企业竞相杀价竞争的做法，防止出现不公平竞争和倾销某些运输服务。这种保持了运输价格相对稳定的做法有利于运输企业健康地发展，同时也有利于运输服务的用户能够获得较为稳定的运输服务。一些国家还在报备有效期上对本国企业和外国企业区别对待，这样做将有效地对本国企业进行保护。比如，如果本国企业必须在价格变化前的24小时内报备，而外国企业则需要在价格变化前的10天内报备，则本国企业就会利用这个时间差降低价格，吸引货源。由于货源一旦被吸收就会相对稳定，即使外国企业能够使价格保持与本国企业一致也很难再将全部货物吸引回去。运输价格报备制度虽然不像确定价格上限或价格审批那样直接制定和审批价格，但是这种方式却能使政府及时掌握市场的价格动态。在价格违背了政府价格目标时便于政府及时地发现问题，用其他的政策手段来进行调节。正由于价格报备制度对市场干预较少，而政府的价格管理又十分有用，因而被一些国家用来对班轮运输、公交运输等进行管制。

（三）不公平价格投诉

一些国家对某些运输服务并不直接制定价格上限或报备制度，而是规定政府的主管部门接受运输用户关于不公平价格的投诉。这种政策手段实施的假设前提是运输服务的生产者和消费者都是明智的决策者。对于某一特定的运输服务如果双方都能接受某种价格，说明这个价格是合理的。如果某种价格不合理，则该种运输服务的供求双方会展开谈判，直至双方都能接受为止。在运输市场具有可竞争性的条件下，运输业的供给者由于考虑到竞争对手的存在，因而会将运输价格定在一个相对合理的水平上来吸引货源。在这种情况下，由于供求双方在价格上的不一致，完全可以由市场来调整，因而产生消费者投诉的可能性较小。

不过有些运输服务的提供可能借助其地理位置（如港口）垄断或规模效益带来的自然垄断向消费者收取高额的运费。而消费者由于没有其他运输服务可替代，不得不使用这种运输服务。这种情况下运输价格的投诉就产生了。

对于投诉的不公平价格，政府往往需要先进行调查。通常调查运输企业收取高额运价是否具有一定的理由，是否违反了国家有关的法规，如“反垄断法”和“反不公平竞争法”等。如果经查企业在定价过程中确实违反了国家的有关法规，则交通主管将会会同有关的司法机关对违法者进行追究。对违反行政和行业法规的做法由交通运输主管部门进行处理，触犯国家有关法律的则要由国家司法机关依法进行处理。

相对于其他运输价格政策手段而言，价格投诉的方法具有一定的优越性。即政府不必要逐项为运输服务制定价格或价格上限（事实上这样是不可能的），也不需对运输业的每项价格进行审批和备案，只需在出现投诉的情况下才进行调查和处理。这样一方面比较行之有效，另一方面也节省了大量的管理成本。但是这种运输价格管制方法的实施必须基于有关的国家法律、行政和行业法规及制度的健全以及政府的运输主管部门处罚的权威性和有效性。否则即使收到投诉也会出现无法可依或执法不力的现象。

第五节　运输政策倾向

运输政策倾向是指政府在制定运输政策时对运输业的根本态度。虽然由于经济发展水平的不同，各国对运输业的基本认识各式各样，但运输政策的倾向基本可以分为保护主义政策倾向和自由主义政策倾向两种。

一、保护主义政策倾向

持有保护主义观点的各国政府认为运输业是一个特殊的国民经济部门。它具有明显的宏观效益，而微观经济效益往往较差，加之运输业的特征又造成了其容易造成垄断的可能，因而政府通常直接参与或干预运输业，使运输业能够最大程度地满足国民经济和社会发展的需要。在这种情况下，即使运输企业自身发生了亏损，也可以由政府出面进行补贴和扶植。实质上这也就是保护主义的理论。

保护主义政策倾向具有两层含义：一是指相对于其他行业而言，政府对于运输业给予较好的政策保护；二是针对国外运输企业的竞争，政府在制定政策时给本国运输企业以保护。

（一）保护主义存在的动因

虽然各国在各个时期对不同的运输业的保护可能基于当时的形势有所不同，但总体说来各国所以采取保护主义政策主要是基于如下一些原因，具体如下：

1. 幼稚产业说

一些政府认为本国运输业（如海运和航空运输等）相对于国外同行，处于一种初期发展阶段或不发达阶段，无法与国外同行展开竞争，需要给予一定的保护政策。这种情况在国际航运和航空运输中尤为突出，因为这些运输市场具有非常明显的国际性，任何航运或航空运输企业不管其发展程度如何，都不得不在一个统一的世界市场上展开较量，经济发展程度相对较差的发展中国家其航运业和航空运输业处于起步阶段，无论从硬件设施、运输工具，还是从经营和管理经验上说都是弱小的。为了使这些相对幼稚的运输业能在国际运输市场竞争中生存，就需要一定程度的政府保护。

对于部分国家来说，本国国内运输市场的开放也存在着同样的问题。即多数经济不发达的发展中国家以及部分经济发达国家，为了保护本国相对幼稚的民族运输业，通常会拒绝或者非常谨慎地逐步开放本国的国内运输市场。

2. 对付垄断说

一些政府（尤其是发展中国家政府）认为在一些国际运输市场上（如班轮市场和航空市场上）存在着垄断组织，本国的中小运输企业很难凭借自身的能力在这些运输市场上生存下去，但为了本国贸易和经济的发展又必须使本国的中小企业参与到这种国际运输市场的竞争中。故此，为应对国际运输市场的垄断，政府通常会对本国的运输企业给予一些保护政策。

3. 运输业或运输工具的重要作用

在运输业的作用上，各国政府都一致认为运输业是国民经济的重要支柱。由于运输业对国民经济的重要作用以及运输业自身具有的投资大、收益低等特点，各国政府都以此为理由对运输业进行扶植。不仅如此，一些国家（既有发达国家也有发展中国家）还认为一些运输工具和运输线路对于国防和抗灾、救灾也具有十分重要的意义。为了能够在特殊情况下调用本国船队或运输车辆，平时就应该给予一定的保护和扶植。例如，美国政府认为集装箱船队是战争时期军事后勤运输的主要工具，因而在美国多数集装箱班轮得到了政府的补贴。同时维护一个具有一定实力的本国船队，是保证本国国际贸易不致中断的重要措施。

（二）保护主义政策的主要内容

运输保护主义政策倾向主要表现在政府在对待运输业和其他产业时，倾向于保护运输业的做法；以及政府在对待本国运输业和外国运输业时，倾向于对本国运输业的进行保护和对外国运输业进行歧视的做法。因而，保护主义政策的内容实际上主要就是相对于其他行业而言政府给予运输业的优惠政策以及对外国运输业的限制和歧视的政策。

一个国家对国外运输业的歧视以及对本国运输业的扶植，不仅表现在政府从财税、信贷、投资等方面给本国运输业以优惠政策，而且还表现在国家的有关外贸法规、双边或多边运输协议中的有关规定。一般说来，对本国运输业保护多数伴随着对外国运输业的歧视，具体表现在如下几个方面。

1. 货载保留

货载保留是各国政府对本国运输业（尤其是国际航运）最具有典型意义的保护主义政策。几乎所有的航运国家都曾经历过货载保留的阶段。货载保留政策通常表现为货载分配、货载优先和货载保留。

货载保留是国家在其贸易政策中明确地或者隐含地规定将进出口贸易中一定百分比的货物交由悬挂本国国旗的船队进行运输。这种做法曾经在世界航运中非常普遍。甚至一度在联合国《班轮公会行动守则公约》中也对货载分配提出了著名的4：4：2原则，即允许贸易的双方将货载的40％交给本国船队运输，而20％交由第三方运输。一些发展中国家提出"国货国运"实际上也是对本国船队的一种保护。美国更是通过种种形式的规定将所有的"政府货物"（包括"外援货物"、"剩余农产品"和"人道主义援助货物"等）交由本国船公司运输。

在公路运输、航空运输中，虽然没有国际海运这样明确的货载保留政策，但是只要涉及国际运输，各国政府都尽力使用本国的运输工具。这种形式的保护主义政策很大程度上保护了本国的运输业者，使其在国际运输的竞争中处于有利的地位。但政府这种保护主义通常使本国运输业处于一种垄断的优势地位，往往会造成本国运输业的服务质量差、效率低下以及缺乏竞争能力等弊端。从这个意义上说政府的货载保留的保护主义政策的后果与政府实施保护主义政策的初衷是背道而驰的。同时由于货载保留政策具有比较明显的保护主义痕迹，因而已经成为世界主要航运国家的众矢之的。其实货载保留政策几乎在所有的航运大国都曾使用过。发达的航运国家之所以大肆反对货载保留，是他们感到货载保留妨碍了其承运第三国货，遏制了其航运扩张。目前虽然一些航运发达国家仍保留着一定的货载保留的做法，但是目前货载保留政策比较多地出现在发展中国家和地区。

随着经济的发展和各国政府对货载保留政策负面影响的认识，货载保留这种比较典型的保护主义做法将会逐步被多数国家所放弃。

2. 对外国运输企业的限制和歧视

为了保护本国运输业，不少国家在给予本国运输业一系列的优惠政策以外，还对外国运输业的经营范围和经营内容进行限制，以在经营的范围等方面对外国运输业者给予一定的歧视和限制。

一般地说，多数主权国家对外国运输业在本国范围内经营运输业都持谨慎的态度。如几乎所有的国家对国内沿海航运权都是不开放的，即外国企业不得经营本国港口之间的运输。又如几乎所有的国家将本国铁路的经营权限制在本国企业手中。除了欧盟外，世界上很少有国家开放其境内的公路运输的经营。这种对外国经营者经营范围的限制有效地保护了本国的运输企业。由于在这些范围内本国运输企业之间也可以存在竞争，因而对外国企业经营范围的限制不会造成货载保留那样所引起的本国运输企业显著的低效率及服务质量的低下。但是这种排他性的本国经营权往往会导致外国政府的非议。

当前很多国家根据双边协议开始逐步地按对等原则开放国内的运输市场。同时一些国家为了弥补国家严重的投资不足，允许外国企业投资本国国内运输业，尤其是运输基础设施。这样就弥补了运输供给的不足，有效地促进了本国运输市场的繁荣，同时也为本国运输业提高服务水平和竞争意识提供了动力。但是对于一个本国经济，尤其运输业不很发达的国家，过早地开放本国运输市场，有可能导致本国运输业缺少足够的时间成长，在外国同类企业强有力的竞争压力下，民族运输业会逐步地被外国运输企业所挤垮。

对外国企业的歧视还表现在港口费收、服务费率以及土地地租等方面向外国企业征收高于本国企业的费收。即使是相同的费用，但通过规定外国企业必须支付外汇等方法来变相地对外国企业进行歧视。这种做法，由于其过于明显的歧视性质，因而遭到世界范围的广泛反对，不少国家开始在运输业中给外国企业以“国民待遇”，允许其在本国的“商业存在”等等。随着国际经济形势的变化，明显的歧视性政策将越来越少地被应用在运输业上。

二、自由主义政策倾向

一国的自由主义政策倾向是指政府将经济社会的运行完全交由市场来调节，极少地干预社会、企业和个人的经济活动。国家运输政策的自由主义倾向是指在对待本国运输业的态度上政府不过于强调对本国运输业的保护，而是将运输业看成是与其他行业没有太多区别的一个国民经济部门。运输市场的供给和需求由市场来调节。在对待本国运输业与外国运输业竞争时，主动开放运输市场，允许国际运输的国际竞争，并给予外国企业以“国民待遇”。

当然，虽然有些国家（如西欧）一直以自由主义为标榜，但实际上真正达到完全不干预的自由主义在世界上是很少见的。多数声称自由主义的国家一方面口头上标榜自己执行的是自由主义的运输政策，而另一方面却给予本国运输业以各种较为隐蔽的保护和优惠。

运输政策自由主义倾向主要表现在政府对运输业私有化和民营化的容忍程度，以及对运输业的不干预和支持自由竞争的政策上。

（一）运输业的私有化和民营化

政府拥有运输业和参与运输业的经营是各国存在的普遍现象。但是，与保护主义理论相对的经济自由主义者认为，运输业仅是国民经济的一个普通部门，其对国民经济的贡献不一定就大于其他行业对国民经济的贡献。即使真是具有社会效益，运输业的宏观效益也是难以衡量和计算的。加之运输业也并不是无利可图的行业。因而政府没有必要直接拥有和控制运输业，应该使运输业私有化。

在这样一些理论和认识的指导下，一些国家的运输业纷纷私有化。在西欧、日本、北美运输业的私有化程度相当高。在英国几乎所有的运输都实行了私有化，就连港口也实行了私有化。这与西欧和新加坡甚至美国的做法有较大的差别。

在多数西方发达国家里，一般地将港口分成港口管理当局和港口经营企业。港口经营企业一般都是私营企业，但是港口管理当局一般是属于中央政府或地方政府的，或者由政府参加的公众自治港务当局来管理。在运输企业的私有化进程中，有些国家将原有的国家企业股份制化后使其股票上市销售，在国家企业仍握有一定股份的前提下，将公司的产权多元化了。

与运输私有化相关的另一个概念是运输业的民营化。这个概念不及私有化那样彻底，它不过多地涉及运输业的产权，相反比较多地涉及运输业的经营。民营化这个过程多出现在原社会主义国家或计划经济的国家。在这些国家，由于政府不想完全地放弃对重要的运输业的控制，但又苦于无力（能力、财力）经营，因而就将有关的运输业的经营权出售给民营企业，但仍保持有关港口的所有权。例如在中国的中外企业合资经营港口，合资的范围是经营，合资的时间不是永久的，一般为50年以下。因而可以说私有化和民营化讲的是事物的两个方面。私有化主要是从运输业的所有权角度来分析，是国家所有还是私人所有；而民营化则主要是从经营角度来分析运输的发展趋势。

运输业的私有化和民营化的程度反映了各国政府对运输业的态度以及对运输业的控制能力。一般地说，对于那些认为运输业在国民经济中具有重要意义的国家而言，国家或地方政府对运输业（至少某些重要的运输方式）拥有一定的所有权，私有化程度相当低。在认为运输是一个普通的行业的国家和整个国民经济私有化程度较高的国家，其运输业的私有化程度也较高。从客观上说运输业的私有化和民营化主要带来了运输业所有制中的多主体化，即运输中国家所有（或地方所有）与私人所有共存的局面，也带来了运输业投资的多元化。这不仅弥补了运输业的投资不足，同时还克服了运输业由于国家垄断带来经营效率低下的弊端，有利于运输业的发展。但另一方面，由于运输业所具有的特性，使运输业（尤其是港口业、航空业等）完全私有化，将其等同于一般行业，并将其推向市场，则有可能造成市场的无序竞争。而竞争的结果有可能造成社会资源的极大浪费。因而在我国当前市场经济条件下，国家或地方政府仍应拥有一定数量的运输业，但对于民营化问题应该根据个案处理和有利于国民经济发展的原则区别对待。

（二）对运输业的不干预和鼓励自由竞争的政策

对运输业的不干预政策主要出现在经济自由化的国家和地区。在这些国家和地区里，运输业经营过程中私营化程度较高，政府对这些运输企业的经营往往不予太多的干预。即既不给予太多的限制，也不给予太多的关照（或补贴），而是任由运输企业在市场中自生自灭，自行发展。为了倡导自由竞争，有些国家和地区还制定了一系列的法规，用来防止运输业的垄断。例如美国对封闭式班轮公会这种垄断组织就采取限制性的政策。又如香港的港口管理提供了一个非常好的政府对运输不干预政策的例证。在香港，私人企业不仅可以自由地经营码头以及与港口相关的活动，而且港口多数基础设施也是由私营企业所拥有和经营的。在香港，政府不仅不干预港口的经营，而且对企业的作业方式也不过问，因而导致了香港集装箱驳船直接海上过驳作业这一独特的景象。香港不干预的运输政策主要与其整个经济政策的政府不干预性相一致。香港这种不干预政策下发展起来的经济成为自由经济的一个典范。

当然，运输业的不干预和鼓励自由竞争的政策并不是无政府性的。政府对运输业的不干预性和鼓励自由竞争是建立在完善的法律制度基础上的。政府的不干预是和严格的执法结合使用的。同时，我们也看到世界上对运输实现不干预政策的国家并不多。就连香港近年来也感到要能够在国际竞争中保持自己的优势，政府在港口投资中的作用不容忽视。这与我们前面谈到的运输业私有化的发展方面相反，但我们可以看到其趋同性，即在社会经济发展到一定程度后，完全的国有化运输和私有化运输都不能适应经济和社会发展需求。各国的运输所有制应该是在适合本国当时社会经济发展状况的基础上，在国有化和私有化两个极端之间找到均衡点。

总之，政府的运输政策应该以本国的社会经济发展的需要为基础，结合运输业所具有的特点，以最大限度地发挥运输业在国民经济中的作用为目标，并根据各种运输方式对经济发展的适应性来实施国家经济发展战略。

主要参考文献

1. 陈贻龙，邵振一．运输经济学．北京：人民交通出版社，1999
2. [英] Kenneth Button．运输经济学．李晶，吕靖，贾晓惠等译．北京：机械工业出版社，2013
3. 徐剑华．运输经济学．北京：北京大学出版社，2009
4. 余思勤．运输经济（水路）专业知识与实务（初级）．北京：中国人事出版社、中国劳动社会保障出版社，2014
5. 余思勤．运输经济（水路）专业知识与实务（中级）．北京：中国人事出版社、中国劳动社会保障出版社，2014
6. 本书编写组．党的十八届三中全会《决定》学习辅导百问．北京：党建读物出版社、学习出版社，2013
7. 贾顺平．交通运输经济学．北京：人民交通出版社，2011
8. 胡思继，邵春福．交通运输学．北京：人民交通出版社，2011
9. 隽志才．运输技术经济学（第五版）．北京：人民交通出版社，2013
10. 严作人，张戎．运输经济学．北京：人民交通出版社，2003
11. 张丽娟．水运价格理论与实践．北京：人民交通出版社，2003
12. 秦四平．运输经济学（第二版）．北京：中国铁道出版社，2007
13. 孔令宇，朱沛．运输经济（民航）专业知识与实务（初级）．北京：中国人事出版社、中国劳动社会保障出版社，2011
14. 孔令宇，朱沛．运输经济（民航）专业知识与实务（中级）．北京：中国人事出版社、中国劳动社会保障出版社，2011
15. 欧国立．运输经济（铁路）专业知识与实务（初级）．北京：中国人事出版社、中国劳动社会保障出版社，2011
16. 欧国立．运输经济（铁路）专业知识与实务（中级）．北京：中国人事出版社、中国劳动社会保障出版社，2011
17. 陈引社．运输经济（公路）专业知识与实务（初级）．北京：中国人事出版社、中国劳动社会保障出版社，2014
18. 马天山．运输经济（公路）专业知识与实务（中级）．北京：中国人事出版社、中国劳动社会保障出版社，2014

19. 蒋惠园. 交通运输经济学. 武汉：武汉理工大学出版社，2009
20. 帅斌，霍娅敏. 交通运输经济学. 成都：西南交通大学出版社，2007
21. 韩彪. 交通运输学. 北京：中国铁道出版社，2006
22. 戴实. 铁路货运组织. 北京：中国铁道出版社，2006
23. 许庆斌，荣朝和. 运输经济学导论. 北京：中国铁道出版社，2006
24. 赵锡铎. 运输经济学. 大连：大连海事大学出版社，2006
25. 林晓言. 铁路的民营化改革与市场融资. 北京：经济科学出版社，2006
26. 刘寿兰. 国际货物运输. 北京：中国铁道出版社，2006
27. 韩增林. 集装箱港口发展布局研究. 北京：海洋出版社，2006
28. 沈志云，邓学均. 交通运输工程学. 北京：人民交通出版社，2006
29. 匡敏. 运输效率论——运输资源优化配置的理论与实践. 北京：中国铁道出版社，2005
30. 国家发改委综合运输所. 轨道交通建设与发展. 北京：中国铁道出版社，2005
31. 苏东水. 产业经济学. 北京：高等教育出版社，2000
32. 荣朝和. 西方运输经济学（第二版）. 北京：经济科学出版社，2008
33. 季令. 交通运输政策. 北京：中国铁道出版社，2003
34. 孙晚华，韩学雷. 铁路运输生产力布局理论及应用. 北京：中国铁道出版社，2005
35. 田平. 公路工程经济. 北京：人民交通出版社，2005
36. 骆温平. 中国水运物流研究. 北京：人民交通出版社，2005
37. 中华人民共和国铁道部. 铁路客运运价规则. 北京：中国铁道出版社，2004
38. ［美］西蒙·哈奇姆，保罗·塞登斯塔特，加里·W·鲍曼编. 运输业的民营化. 林晓言，蔡文燕译. 北京：经济科学出版社，2004
39. 现代交通远程教育教材编委会. 运输经济学. 北京：清华大学出版社，2004
40. 赵淑芝. 运输经济分析. 北京：中国铁道出版社，2003
41. 成耀荣. 综合运输学. 北京：人民交通出版社，2003
42. 彭巍. 公共航空运输概论. 北京：中国民航出版社，2003
43. 黄镇东. 领导干部交通知识读本. 北京：人民交通出版社，2003
44. ［英］肯尼思·巴顿. 运输经济学. 冯宗宪译. 北京：商务印书馆，2002
45. 管楚度. 新视域运输经济学. 北京：人民交通出版社，2001
46. 王成钢. 交通运输市场概论. 北京：人民交通出版社，2000
47. 周伟. 道路经济与管理. 北京：人民交通出版社，2000
48. 王杰. 国际航运组织的垄断与竞争. 大连：大连海事大学出版社，2000
49. 李华. 道路运输经济学. 北京：人民交通出版社，1999
50. 蔡庆麟等. 运输经济与管理决策. 北京：人民交通出版社，1998
51. ［美］小艾尔弗雷德·D·钱德勒. 看得见的手——美国企业的管理革命. 北京：商务印书馆，1994
52. 马克思. 资本论（第2版）. 第1、2、3卷，中共中央马克思恩格斯列宁斯大林著作编译局译. 北京：人民出版社，2004
53. 马克思恩格斯文集（第1版），第6、8卷，中共中央马克思恩格斯列宁斯大林著作编

译局译. 北京：人民出版社，2009
54. 郭超，樊建强. 高速公路管理体制现状与改革. 长安大学学报（社会科学版），2006（9）
55. 交通运输部科技司. “十一五”交通运输部软科学研究优秀成果汇编. 北京：人民交通出版社，2011

教师信息反馈表

为了更好地为您服务，提高教学质量，中国人民大学出版社愿意为您提供全面的教学支持，期望与您建立更广泛的合作关系。请您填好下表后以电子邮件或信件的形式反馈给我们。

<table>
<tr><td>您使用过或正在使用的我社教材名称</td><td></td><td>版次</td><td></td></tr>
<tr><td>您希望获得哪些相关教学资料</td><td colspan="3"></td></tr>
<tr><td>您对本书的建议（可附页）</td><td colspan="3"></td></tr>
<tr><td>您的姓名</td><td colspan="3"></td></tr>
<tr><td>您所在的学校、院系</td><td colspan="3"></td></tr>
<tr><td>您所讲授的课程名称</td><td colspan="3"></td></tr>
<tr><td>学生人数</td><td colspan="3"></td></tr>
<tr><td>您的联系地址</td><td colspan="3"></td></tr>
<tr><td>邮政编码</td><td></td><td>联系电话</td><td></td></tr>
<tr><td>电子邮件（必填）</td><td colspan="3"></td></tr>
<tr><td>您是否为人大社教研网会员</td><td colspan="3">□ 是，会员卡号：____________
□ 不是，现在申请</td></tr>
<tr><td>您在相关专业是否有主编或参编教材意向</td><td colspan="3">□ 是　　　　□ 否
□ 不一定</td></tr>
<tr><td>您所希望参编或主编的教材的基本情况（包括内容、框架结构、特色等，可附页）</td><td colspan="3"></td></tr>
</table>

我们的联系方式：北京市西城区马连道南街 12 号
中国人民大学出版社应用技术分社
邮政编码：100055
电话：010-63311862
网址：http://www.crup.com.cn
E-mail：rendayingyong@163.com